江苏水利年鉴

2022

江苏省水利厅◎编著

河海大学出版社
HOHAI UNIVERSITY PRESS
·南京·

图书在版编目(CIP)数据

江苏水利年鉴. 2022 / 江苏省水利厅编著. -- 南京：河海大学出版社，2022.12
ISBN 978-7-5630-7917-9

Ⅰ. ①江… Ⅱ. ①江… Ⅲ. ①水利建设—江苏—2022—年鉴 Ⅳ. ①F426.9-54

中国版本图书馆 CIP 数据核字(2022)第 246855 号

书　　名　江苏水利年鉴(2022)
　　　　　JIANGSU SHUILI NIANJIAN (2022)
书　　号　ISBN 978-7-5630-7917-9
责任编辑　彭志诚
特约编辑　方　璐
特约校对　薛艳萍
装帧设计　黄　煜　徐娟娟
出版发行　河海大学出版社
地　　址　南京市西康路 1 号(邮编:210098)
电　　话　(025)83737852(总编室)
　　　　　(025)83722833(营销部)
网　　址　http://www.hhup.com
排　　版　南京布克文化发展有限公司
印　　刷　南京工大印务有限公司
开　　本　787 毫米×1 092 毫米　1/16
印　　张　21.75
字　　数　510 千字
版　　次　2022 年 12 月第 1 版
印　　次　2022 年 12 月第 1 次印刷
定　　价　220.00 元

《江苏水利年鉴》编辑委员会

《江苏水利年鉴》编辑部

序

“卅四春秋承年鉴，水利历程载其间”。《江苏水利年鉴》的出版发行，见证了江苏水利所经历的风雨，所前进的脚步和所创造的瞩目业绩。

《江苏水利年鉴》是历史的真实记载。她以其鲜明的特点、详实的事例、朴实的语言，客观反映了这一时期江苏水利改革、开拓、创新的发展历程和崭新风貌，为我们鉴往知来，开阔视野，提高科学决策水平，更好地推动江苏水利事业发展，提供了有益的帮助。

《江苏水利年鉴》是凝炼的史鉴。积极实践新时期治水新思路，努力把握水的自然规律和经济规律，需要以史为鉴而“正衣冠”；改革水利工作，创新水利发展，努力开创经济社会与水资源环境协调发展的新局面，需要传承和发展。《江苏水利年鉴》正是更好地认知水利，参悟水利的经验大成。

《江苏水利年鉴》是传承的平台。新的时期，江苏工业化、城市化快速发展对水利工作提出新要求、新圭臬；保障水资源可持续利用，统筹规划、综合治理水环境是我们面临的新课题；全面提高水利工程的防洪保安能力、水资源保障能力、水环境保护能力和水利行业的公共服务社会管理能力是民生对水利提出的新任务；为促进科学发展、建设和谐社会提供更好的基础支撑和保障，是全社会对水利提出的新使命。而《江苏水利年鉴》可以让我们进一步深化治水规律认识，她是江苏水利现代化不断前进的科学记录、文脉载体。

《江苏水利年鉴》已历时 34 载春秋，她生动地记录了每一年的“风雨扬帆路”“沧桑与辉煌”。希望《江苏水利年鉴》不断与时俱进，求真唯实，不断提高编辑水平和刊物质量，更好地体现水利特色和时代特色，进一步强化信息功能、资政功能和服务功能。

让治水之志在年鉴的记载中春意盎然，让水利之史在年鉴的著述中根深叶茂！

是为序。

目　录

特　载

大事记

综　述

重要文献

水 利 法 治

水 利 建 设

水 利 管 理

防 汛 防 旱

水 文 工 作

南 水 北 调

水 利 科 技

政务工作

组织人事

党建及精神文明建设

地方水利

水利统计资料

特　　载

特　　载　　001~016 页

全省水利系统落实习近平总书记视察江苏重要讲话重要指示精神纪实

——牢记嘱托再出发，奏响奋进江苏水利现代化最强音

越过四季，转瞬又一年，回眸过往，总有一些时间节点因其具有特殊意义而熠熠生辉。2020 年 11 月 13 日，习近平总书记考察调研江都水利枢纽。

嘱托，殷殷在耳；壮志，拳拳在念。

2021 年 11 月 13 日，江苏省水利厅在江都水利枢纽，开展“牢记嘱托再出发”活动，回顾一年来牢记嘱托取得的成绩，部署更高质量推动水利发展。省水利厅党组书记、厅长陈杰为江都水利枢纽创建成果揭牌，宣布南水北调智能调度系统启用，并远程为宝应站机组开机。

活动现场，进行了首批省级水情教育基地名单发布，节水型社会建设等一系列成果展示，对南水北调研究项目、数字水利工程项目和南水北调沿线工程等重点项目集中“云开工”。

习近平总书记的视察，为全省水利发展注入了强大精神动力；习近平总书记的指示，为全省水利发展明确了长远发展方向。一年来，全省水利系统把贯彻落实习近平总书记重要讲话重要指示精神作为重大政治使命，牢记嘱托、真抓实干。

这一年，锚定“四条生命线”目标，推动南水北调事业高质量发展。遵照总书记“确保南水北调东线工程成为优化水资源配置、保障群众饮水安全、复苏河湖生态环境、畅通南北经济循环的生命线”的嘱托，研究制定江苏省南水北调事业高质量发展意见，建成智能化调度运行系统，完成向山东送水6.7亿立方米任务，抗御“烟花”台风期间抽排涝水7.6亿立方米。

这一年，立定“两手都要硬”要求，全面推进丰水地区节水优先。遵照总书记“坚持调水、节水两手都要硬”的嘱托，率先确立丰水地区节水优先目标，率先探索“以水四定”分类选取苏北、苏中、苏南县区试点推进，率先实现丰水地区水权交易。万元 GDP 用水量较去年同期下降 6.8%，南水北调沿线国家级达标县和省级示范区全面建成，最严格水资源管理考核名列前茅，国务院通报表扬。

这一年，笃定“永远造福人民”期望，推动幸福河湖建设全域展开。遵照总书记“共同保护好大运河，使运河永远造福人民”的嘱托，省委省政府主要领导签发总河长令，以长江、大运河、太湖等河湖为重点，部署在全省全面开展幸福河湖建设。太湖连续 14 年实现“两个确保”，洪泽湖 2 万住船渔民上岸安居，长江生态岸线占比再提高1.1个百分点。我省河长制实践入选治国理政案例，作为生态文明领域唯一案例，6 月 15 日在北京向国际社会发布，向世界讲述江苏治水故事。

这一年，认定“国情和水情教育”方向，推动节水爱水社会风尚渐次深入。遵照总书记“依托大型水利枢纽设施和江都水利枢纽展览馆，积极开展国情和水情教育”的嘱托，联合省委宣传部、省财政厅等 5 部门，在全国率先出台省级水情教育基地管理办法，新增 13 家省级基地，国家级基地数量全国第一。

乘风破浪，江苏水利人踏遍江河湖海；沐浴阳光，我们牢记嘱托再出发！

关于全力建设幸福河湖的动员令

各级河长湖长，各级各有关部门：

为深入贯彻落实习近平总书记视察江苏重要讲话重要指示精神和建设“造福人民的幸福河”伟大号召，省委、省政府决定，在全省组织开展幸福河湖建设，力争到2025年全省城市建成区河湖基本建成幸福河湖，到2035年全省河湖总体建成“河安湖晏、水清岸绿、鱼翔浅底、文昌人和”的幸福河湖。各级河长湖长和各级各有关部门要坚持以习近平新时代中国特色社会主义思想为指导，深入贯彻习近平生态文明思想，立足进入新发展阶段，坚决贯彻新发展理念，服务构建新发展格局，强化“争当表率、争做示范、走在前列”的使命担当，履职尽责，创新实践，笃信笃行，确保幸福河湖建设取得切实成效。

要充分认识幸福河湖建设的必要性。河湖是生态系统和国土资源的重要组成部分，是“强富美高”新江苏建设的空间所在、优势所在、潜力所在。江苏依水而生、因水而兴，水韵特色鲜明。开展幸福河湖建设，对于推动河湖治理保护方式变革，进一步处理好经济社会发展与水安全、水资源、水环境、水生态、水文化的关系，助力经济社会高质量发展，建设美丽江苏，提升人民群众福祉，具有十分重要的意义。

要牢牢把握幸福河湖建设的基本原则。坚持人民至上，统筹解决新老水问题，不断满足人民日益增长的美好生活需要；坚持保护优先，正确处理河湖管理保护与开发利用的关系，不断改善河湖生态环境和水域生态功能，提升生态系统的质量和稳定性；坚持系统治理，统筹水资源供给、水环境保护、水灾害治理，兼顾全面和重点、当前和长远、需要和可能，整体谋划、综合治理；坚持改革创新，以空间管控为基础，以资源管护为关键，以功能管理为根本，推动政府作用与市场机制共同发力，提升河湖治理水平。

要全面落实幸福河湖建设的主要任务。着力提升水安全保障水平，河湖防洪达标率达 90％以上，集中式饮用水水源地水质达标率 100％。强化河湖管理，水域和岸线功能分区管控全覆盖，水域面积稳中有升、水域功能稳步提高，河湖生态普遍复苏，生态岸线占比达到 50％以上，沿河沿湖各类污染源全面管控。传承弘扬水文化，水文化遗存有效保存率 100％，现代水文化形态不断呈现。

要协同形成幸福河湖建设的强大合力。建设幸福河湖，是践行新发展理念的具体实践，是美丽江苏建设的重要内容。各级各有关部门要充分发挥河湖长制组织体系作用，加强组织领导，明确工作举措，研究制定幸福河湖建设的保障措施、评价体系和激励机制，推动各项工作落地见效，让人民群众满意。

江苏省总河长：娄勤俭

吴政隆

2021 年 6 月 19 日

江苏河湖长制实践案例专场专题发布会在北京举行

2021年6月15日，中国国际发展知识中心在京举办第四期交流沙龙，专场专题发布江苏省河湖长制实践案例。国务院发展研究中心党组成员余斌出席并致辞，他指出，在习近平生态文明思想引领下，一些地方探索出以河长制为代表的新时代河湖流域治理创新实践，江苏就是其中的典型代表之一。绿色答卷的背后，充分彰显出中国走绿色发展的坚定步伐，体现了中国水治理的制度创新。

江苏省河长制工作办公室主任、江苏省水利厅厅长陈杰作了《河长治河，让水韵流芳泽被美丽江苏》的主题发言，从河长制的建立、运转、成效以及愿景四个方面分享了江苏河长制实践的收获和感悟。

近年来，江苏抓住了集中党政力量、集中部门力量、集中社会力量三个关键，推进了重要河湖的整治、跨界河湖的治理、镇村河湖的改善，实现了大江大河更安澜、湖泊湖荡更生态、家沟村塘更漂亮，全省水环境面貌发生转折性变化，百姓满意度逐年提升，成为中国共产党集中力量办大事优势的又一生动实践。

在随后的交流中，河湖长制工作机构代表、南通市水利局局长吴晓春，党政河长代表、苏州市吴江区区长王国荣，企业民间河长代表、常州市广宇花辊机械有限公司董事长余克，外籍民间河长代表、迪亚姆展示设备（昆山）有限公司何诺，联合河长代表、上海市青浦区金泽镇副镇长吕剑、浙江省嘉兴市秀洲区清溪河河长孙琪分别发言。

中国国际发展知识中心主任赵昌文主持沙龙并作总结发言。经济合作与发展组织发展中心主任佩兹尼、丹麦驻华使馆部长级公使罗蔓蕊、国务院发展研究中心资源与环境政策研究所副所长谷树忠、世界银行水资源专家卢琼结合国际有关情况作了点评发言，对中国河长制给予赞许。部分驻华使馆、在华多双边机构代表和专家学者就相关问题展开充分讨论。

这次交流沙龙是围绕新时代治国理政实践案例举办的首场活动。阿尔及利亚、墨西哥、埃及驻华大使，以及来自18个驻华使馆的代表，联合国教科文组织、国际红十字会等10个国际机构组织负责人，国务院发展研究中心，水利部，江苏省政府研究室、省水利厅相关负责同志，人民日报、新华社、中国日报、新华日报、江苏广电总台等媒体记者等代表近百人参加活动。

抗击“烟花”台风纪实

2021年，第6号台风“烟花”是有气象记录以来在江苏“滞留时间最长、过程雨量最大、影响范围最广”的台风，造成防汛抗台抗洪严峻局面。在省委、省政府坚强领导下，省防汛部门坚持人民至上、生命至上，全省动员、全力以赴，依托较为完备的防洪工程体系和行之有效的协同指挥体系，打赢了抗御6号台风“烟花”这场硬仗，实现了“城镇不看海、工程不失事、次生灾害不发生、力争不死一个人”的防台目标，保障了人民群众生命财产安全，为维护经济发展和社会稳定大局提供了坚强保障。

台风“烟花”特点及影响

台风“烟花”7月24日凌晨开始影响江苏，7月26日17时进入江苏，打破江苏多项气象纪录，带来长时间超强风力和巨量降雨，全域降雨量频创纪录，叠加上游过境洪水，导致多地水位发生超警超保，与此前梅雨期降雨偏少偏旱形成明显反差，防汛抗台形势严峻复杂。

一是滞留时间最长。台风“烟花”以热带风暴级别横穿苏南，一度在南京市高淳区盘旋 7 小时，在苏南地区滞留 32 小时；减弱为热带低压后，在徐州丰县停留约 5 小时，累计在我省停留约 37 小时。过境速度缓慢，是有气象记录以来在江苏停留时间最长的台风。

二是过程雨量最大。台风影响期间，内陆最大风力 9 级，太湖及沿海海面 10～11 级；最大过程雨量 569.2 毫米，平均过程雨量 220.9 毫米，接近我省常年平均梅雨量；7 月 28 日，泗阳县等 6 个县（市、区）日雨量超有气象记录以来极值，最大降雨量达 322.3 毫米，是有气象记录以来影响江苏的过程雨量最大的台风。

三是影响范围最广。台风“烟花”从苏州吴江区进入江苏，然后沿江而上，在苏皖分界线游离，随后穿过徐州丰县，纵贯全省南北，整个台风云系覆盖江苏全域，是有气象记录以来影响江苏范围最广的台风。

受台风“烟花”影响，江苏及周边省份连续强降雨，造成大量客水压境、严重暴雨内涝、超强风暴潮增水等多种不利因素叠加，全省江河湖库水位快速上涨，共有 120 个河道、潮位站超警戒水位，8 个站点超保证水位，15 个站点超设站以来最大值，淮河入江水道、新沂河、中运河等河道持续大流量行洪，全省面临严峻的防汛形势，一度启动防台风Ⅱ级应急响应。

台风“烟花”也造成一定的损失，据统计：造成农作物受灾面积62 245公顷，成灾面积 17 654 公顷，绝收面积 799 公顷；水产养殖受灾面积 2 326 公顷；倒塌房屋 31 间、严重损坏 179 间；直接经济损失 4.22 亿元，其中主要为农林牧渔业损失 3.43 亿元，工矿商贸损失 4 748 万元。

抗御台风“烟花”工作情况

超前谋划、快速反应，周密部署、科学应对，江苏全力做好防汛抗台各项工作。

一是组织指挥坚强有力。时任省委书记娄勤俭主持召开省委常委会会议，认真学习贯彻习近平总书记关于防汛救灾工作重要指示，研判部署防汛抗台工作，打好防汛抗台这场硬仗，确保全省平安度汛，确保人民群众生命财产安全。时任省长吴政隆多次召开视频调度会议部署防汛抗台工作，要求以大概率思维应对小概率事件。省有关领导坐镇省防指值守指挥，逐个重点区域、逐个重要节点调度部署，关键时刻奔赴一线现场督导，调度海上施工作业船只和渔船避风避险。省水利厅超前会商，准确研判，科学调度，全面防范；各地密切配合、狠抓落实；省、市、县、乡、村五级同心协力，各级防汛责任人履职尽责，合力打赢防汛抗台的人民战争。

二是监测预报精密有据。省水利厅联合气象、水文、海洋等部门建立联合会商机制，加强监测预报，强化分析研判，提高预报精准度，密切监视天气变化和台风动向，超前作出应对之策。气象部门密切监测气象数据，滚动预报风情雨情变化。水文部门结合气象信息，加强水文巡测及应急监测，高频率全覆盖滚动预报水雨情信息，超前准确预判各地河湖库最高水位和水量，共开展洪水预报500余站次，实测流量2 524测次，制作预报站次与频次均创新高。根据汛情发展、台风动向及监测预报成果，及时启动调整应急响应，先后发布洪水预警23次，启动调整防台风、防汛应急响应3次；向省内外号码发送台风防御提醒短信1亿多人次、市域内外号码347万人次，实现重点区域所有号码全覆盖。

三是科学防御应对有方。始终把确保人民生命财产安全作为防汛抗台的首要任务，及时调整优化防汛防台风、人员撤退转移等方案，提前确定撤离路线和避险场所，落实人员转移、应急避险、疫情防控等措施。防台风期间，共转移危险区域人员459 144人，组织24 528艘船只回港避风，排查消除户外广告牌等市政隐患20 531处，全省未发生人员伤亡和重大财产损失。提前开展预演训练，6至7月多次组织全省军地联合抢险演练和防洪调度演练，提升队伍联合作战能力，超前对防汛抗台全过程进行实战预演。加密会商科学决策，实行每日两次行政会商指挥部署，视频点调防汛抗台重点市县，落细落实各项防汛抗台措施。统筹流域区域调度，建立与淮河、太湖等流域机构联动会商机制，既坚持流域一盘棋，又兼顾江苏汛情洪情，防台关键时刻，省领导与流域机构视频会商防汛抗台方案，实现流域与区域防汛抗台协调统一。

四是工程调度精准有策。台风来前，留足裕量，预降河湖水位为防汛抗台赢得空间和时间。沿江 11 座泵站提前一周全力抽排；秦淮河两大口门高挡低排；淮河流域三河闸保持敞泄，高良涧闸、二河闸尽可能加大泄量；里下河沿海五大港闸全力抢潮排水。太湖、洪泽湖、里下河地区腾出 16.7 亿立方米库容。病险水库原则上一律空库运行。暴雨期间，用足能力，刚通过试运行验收的新孟河界牌泵站立即投入排涝，适时开启江都站、高港站、宝应站、大套站，会同沿海 5 港，最大排水量达 2 100 立方米每秒。洪水来时，加强统筹，兼顾泄洪排涝，调度淮河入江水道长时间大流量泄洪，控制分淮入沂水道泄量；及时排除白马湖、宝应湖地区涝水；协调沂沭泗水利管理局，调度嶂山闸降低骆马湖水位，加大石梁河水库下泄流量，全力消纳沂沭泗地区暴雨洪水。

五是应急处置及时有效。针对超警超保河湖库堤坝，精准前置抢险力量和应急物资，超前组织加强巡堤查险，确保第一时间发现险情、第一时间抢护到位。水利部门先后派出 21 个工作组、4 个专家组赴各市一线现场督导；动员 9 支省级、63 支市县级水利专业抢险队伍集结待命。储备块石 170 万吨，防汛“三袋”4 200 万只，土工布、彩条布 410 万平方米，移动泵车 276 辆，水泵 9 224 台，基本满足防汛抢险需要。应急部门组建以综合性消防救援队伍为主的防汛抗台抢险、排涝、水域救援突击队，在全省 486 个重点易涝点前置备勤，出动专业抢险队 3 653 人次；协调省军区、武警筹备抢险力量6 500人，出动武警和民兵2 902人，协助地方做好群众转移、巡堤查险、加固堤防、抽排涝水工作。消防救援总队出动消防车1 533辆次、装备设备4万余台套、指战员7 897人次，共接处相关灾情1 457起，营救和疏散群众411人。积极动员社会力量，全省共出动社会应急队伍561队次、7 350人次，累计投入巡堤查险43.22万人，对防汛重点堤段、险工险段、病险涵闸等组织力量开展拉网式排查，投入机械设备2 281台套、土石方6.6万立方米，确保堤防防洪安全。

全面完成省政府民生实事工程

两万渔民上岸安居 洪泽湖住家船成为历史

2021年6月29日，洪泽湖住家船整治工程通过江苏宿迁、淮安两市政府的终验，实现“两年任务一年基本完成”，近两万住船渔民上岸安居，标志着洪泽湖“住家船时代”成为历史。

“没想到离开住家船后，在镇上能住到这么好的房子，环境比船上好太多了。”江苏省淮安市淮阴区高家堰镇的上岸渔民刘万学喜笑颜开，他即将搬进113平方米的新居。告别“靠水吃水”的日子，刘万学准备承包2公顷地尝试虾稻共养。

作为中国第四大淡水湖，洪泽湖上曾密密匝匝停靠着7 000余条住家船，近四成位于入湖河口，不光渔民的安全和卫生隐患多，对湖泊生态环境也造成较大影响。2020年初，江苏省委、省政府把洪泽湖住家船整治及渔民上岸安居工程，确定为全省遵循新发展理念排查解决突出民生问题的重点任务之一，纳入省委、省政府年度考核重点，并作为对设区市高质量考核的重要指标。2020 年 9 月，省政府要求洪泽湖住家船、餐饮船“两船”整治“两年任务一年基本完成”。

时间紧任务重，省市县三级洪泽湖管委办通过“一船一档”调查确认，锁定了 7 066 条住家船、49 条餐饮船，协调解决有关安置保障等问题。禁捕退捕工作成为河长湖长履职的重要内容，沿湖六县区政府全力保障退捕渔民的养老补助、子女教育补助、过渡性补贴和再就业安置，确保渔民“退得出”“稳得住”。

据省水利厅资料，洪泽湖全域退圩还湖，规划清退 347 平方千米圩区，恢复洪泽湖调蓄能力近 7 亿立方米。洪泽湖水环境质量逐渐好转，湖区 26 个重点断面平均水质达标率 100%，泗洪洪泽湖自然保护区鸟类数量回升至 208 种。

（摘编自新华日报·交汇点）

高质量建设淮河行蓄洪区居民上岸及搬迁建房工程

淮河行蓄洪区及干流滩区居民迁建工程是《淮河流域防洪规划》《全国蓄滞洪区建设与管理规划》确定进一步治淮工程之一。在党中央、国务院的关怀下，2014 年此工程被列入国家 172 项节水供水重大水利工程项目。

江苏省境内淮河行蓄洪区及干流滩区主要包括鲍集圩行洪区及腰滩、哈滩、城根滩 3 个洲滩，总面积 200 平方千米，共 7.89 万人。20 世纪 50 年代以来，沿淮群众逐年在淮河外滩圈圩耕种，形成众多生产圩和村庄，影响防洪安全，人民生命财产极易遭受威胁。为解决行蓄洪与生产生活矛盾，地方政府多次计划搬迁，但因人口多、安置难，一直未能推进。2013 年江苏省水利厅抓住国家加快进一步治淮的契机，积极向国家发改委、水利部争取，将工程纳入了进一步治理淮河实施方案。根据淮安市、盱眙县加快推进居民迁建的工作诉求，2017 年、2019 年，江苏省政府、江苏省发改委先后批复了规划和实施方案，迁建6 655户26 940 人，省级以上补助 3.07 亿元。

淮河行蓄洪区及干流滩区居民迁建工程于 2019 年 5 月全面开工建设，由盱眙县政府组织推进。根据群众自愿原则，主要采用货币安置和集中安置两种方式。货币安置主要通过支付搬迁补偿款并落实在城区、集镇购房；集中安置主要通过搬迁至新农村建设集中居住区或保庄圩。截至 2021 年底，6 655 户不安全居住人口全部完成搬迁，江苏省政府民生实事目标任务顺利完成。其中，2019 年、2020 年完成 4 001 户搬迁，2021 年完成剩余的 2 654 户搬迁。

江苏省水利厅按照省委、省政府工作部署，加大工作力度：一是加大资金投入。积极向国家汇报争取，落实中央补助资金。主动协调省相关部门，足额下达省级配套，2020 年 4 月省级以上资金全部下达。二是加大推动力度。多次召集淮安市水利局、盱眙县政府专题会商居民迁建工作，江苏省水利厅领导每季度带队开展进度督查。专门下发督办函，要求淮安市对照目标任务，倒排工作计划、加大推进力度，并每月向厅上报工作进度。三是加强统筹协调。指导地方政府制定滩区居民搬离方案、年底考核验收办法、安置房建设施工进度计划。主动对接城镇规划和新农村建设，及早落实集中安置用地指标，协调解决建设矛盾。

江苏省水利厅还指导地方推进淮河行蓄洪区垦殖，着力做好“后半篇文章”。优化土地利用方式，加快农业产业结构调整，推进土地流转及耕地连片整治，通过土地复垦相关耕地指标交易收益，促进区域经济社会可持续发展。

大 事 记

2021年江苏水利大事记

1月

4日，省委常委、省委统战部部长杨岳赴淮安、宿迁，巡查洪泽湖与淮河干流江苏段河湖长制工作，组织召开座谈会，进一步落实省委省政府部署要求，持续推动洪泽湖和淮河的治理与保护工作。省水利厅厅长、省河长办主任陈杰主持座谈会。

12日，省水利厅在苏州召开长三角一体化示范区建设水利工作现场推进会，省水利厅厅长陈杰出席会议并带队考察了“三河两湖一网”建设现场。厅总工程师周萍主持会议。

15日，省水利厅召开2020年第四季度厅安全生产委员会、厅水利重大风险防范化解工作领导小组暨厅水利督查工作领导小组会议，传达贯彻江苏深化安全生产专项整治动员部署会议和全省安全生产电视电话会议精神，部署近期工作。副厅长朱海生主持会议并讲话。

19日，省水利厅召开2020年度综合考核述职汇报会。

21日，《江苏省农村水利条例》贯彻实施座谈会在南京召开，省人大常委会副主任魏国强出席会议并讲话，省政府副秘书长诸纪录就贯彻实施《条例》作了动员部署。省水利厅厅长陈杰在会上发言，厅一级巡视员叶健参加座谈会。

22日，省水利厅召开全省节约用水工作推进会，探索开创丰水地区节水优先之路，厅长陈杰出席会议并讲话，厅领导张劲松、叶健、郑在洲出席会议。

28日，江苏省南水北调工程2020－2021年度第一阶段向省外调水任务顺利完成。该阶段调水历时37天，宝应站、睢宁二站等7座泵站投入运行，累计调水出省2.14亿立方米，占年度计划出省水量的31%，调水期间干线水质持续稳定达到国家考核标准。

△ 省水利厅、省公安厅、江苏海事局、长江航运公安局联合部署开展长江河道专项整治执法巡查行动。省水利厅副厅长韩全林赴一线指挥，参加此次行动。

2月

1日，省水利厅召开全省水利工作会议，总结“十三五”和2020年工作，分析当前水利改革发展形势，谋划“十四五”发展蓝图，部署2021年重点任务。厅长陈杰在会上强调，要牢记嘱托、勇担使命，奋力走在水利现代化新征程最前列，答好命题作文，回报总书记殷殷厚望。全体厅领导出席会议。

4日，省水利厅召开全省水利系统全面从严治党暨党风廉政建设会议，厅党组书记、厅长陈杰出席会议并讲话。会议深入学习贯彻习近平总书记重要讲话和中纪委五次全会精神，研究落实省纪委六次全会部署要求，总结2020年工作、分析面临形势，部署2021年全省水利系统全面从严治党和党风廉政建设工作。副厅长张劲松主持会议，驻厅纪检监察组组长徐杰分析了全省水利系统党风廉政建设形势，副厅长高圣明传达了中纪委五次全会和省纪委六次全会精神。全体厅领导出席会议。

9日，省水利厅召开援派干部座谈会，厅长陈杰与厅系统参加对口帮扶、对口支援工作的援派干部代表座谈，向广大援派干部表示诚挚慰问、致以新春祝福。副厅长韩全林主持会议。

10日12时，望虞河常熟水利枢纽控制运用调整为节制闸适时引排，关闭望亭水利枢纽，停止引水入湖。这标志着江苏省2020—2021年度"引江济太"第一阶段任务圆满结束。该阶段调水历时50天，累计调引长江水6.29亿立方米，累计入太湖3.33亿立方米。

24日，江苏省全国水土保持规划实施情况考核联席会议召开，审议《江苏省全国水土保持规划实施情况考核评估自评报告(2016—2020年)》。厅一级巡视员叶健主持会议，省发展改革委、财政厅、自然资源厅、生态环境厅、农业农村厅、林业局、省水土保持生态环境监测总站相关同志参加了会议。

25日，省水利厅召开专题会议部署推进水情教育工作，厅长陈杰出席会议并强调，要牢记嘱托、奋楫笃行，力争在水情教育事业上当表率、做示范，答好命题作文，回报总书记厚望。全体在宁厅领导出席会议。

3月

2日，省水利厅召开厅系统党史学习教育动员大会，厅党组书记、厅长陈杰出席会议并讲话。会议传达学习习近平总书记重要讲话精神，贯彻落实全省党史学习教育动员会议精神，研究部署厅系统党史学习教育工作。全体厅领导出席会议。

△省水利厅召开水旱灾害防御工作视频会议，厅长陈杰出席会议并讲话。会议深入学习贯彻习近平总书记关于防灾减灾救灾一系列重要指示，认真落实全国水旱灾害防御工作视频会议精神，回顾总结2020年全省水旱灾害防御工作，分析面临的新形势新要求，安排落实2021年水旱灾害防御各项任务。全体在宁厅领导出席会议。

4—7日，中国国际发展知识中心调研组一行来江苏省调研河长制工作。省水利厅副厅长张劲松参加调研。

6日，副省长、省公安厅厅长刘旸赴徐州、宿迁两市巡查骆马湖、徐洪河河湖长制工作，要求研究加强"一湖一河"治理保护，努力把"一湖一河"建设成为生态美丽幸福河湖样板，打造成"水韵江苏"的亮丽名片。省南水北调办副主任郑在洲陪同巡查。

10日，经省市场监督管理局批准，《河长公示牌规范》(DB32/T 3984—2021)发布实施。这是全国首部河长公示牌方面的省级地方性标准，也是全国首部关于公示牌方面的规范性标准。

16日，省洪泽湖管理委员会召开全体成员会议，副省长、省洪泽湖管委会主任赵世勇出席会议并讲话。省政府副秘书长、管委会副主任诸纪录主持会议。会议研究分析面临的新形势新要求，部署安排下阶段重点工作任务，深入推进洪泽湖治理保护工作。省水利厅厅长、管委会副主任陈杰通报了2020年洪泽湖管理保护工作进展及2021年工作计划。管委会各成员、管委办负责同志和成员单位联络员，省水利厅相关负责同志，省纪委驻厅纪检监察组负责同志，相关处室、单位主要负责人在主会场参加会议；淮安、宿迁市政府负责同志，沿湖六县(区)政府负责同志，淮安、宿迁市及沿湖六县(区)管委办负责人在分会场参加会议。省纪委监委、省委巡视办应邀派员参加。

26 日，党史学习教育省委宣讲团宣讲报告会水利系统专场在南京举行，省委宣讲团成员、江南大学马克思主义学院院长刘焕明教授以《回眸百年 瞻望未来 从胜利走向胜利的中国共产党》为题作宣讲报告。

30 日，省水利厅党员领导干部一行赴盱眙黄花塘新四军军部纪念馆、张闻天陈列馆开展现场学习，重温入党誓词，接受革命传统精神熏陶教育。

4 月

1 日，省水利厅召开全省水利“走出去”工作座谈会，深入学习贯彻习近平总书记视察江都水利枢纽重要讲话精神。厅长陈杰出席会议并讲话，要求以企业需求为导向，加大政策研究，加快人才培养，助力水利企业行稳致远“走出去”。全体在宁厅领导出席会议。

8 日，省水利厅、省发改委、省财政厅、省农业农村厅、省自然资源厅、省生态环境厅、省住建厅联合印发《关于切实加强全省农村水利建设与管护工作的意见》。

9 日，《江苏改革简报》专题报道宿迁洋河新区完成全国首例地下水水权交易改革，盘活水权 15 万立方米，相关做法在全国推广。

28 日，太湖防总召开视频会议，深入贯彻习近平总书记关于防灾减灾救灾的一系列重要讲话、重要指示和李克强总理重要批示精神，全面落实党中央、国务院决策部署和国家防总要求，总结工作、分析形势，部署推进 2021 年太湖流域防汛抗旱工作。江苏省省长、太湖防总总指挥吴政隆，水利部副部长陆桂华出席会议并讲话。省水利厅厅长陈杰、副厅长张劲松出席会议。

29 日，全省防汛抗旱工作电视电话会议在南京召开，省委常委、常务副省长、省防指指挥樊金龙出席会议并讲话，副省长齐家滨主持会议。省防指副指挥、省水利厅厅长陈杰、副厅长张劲松、省南水北调办副主任郑在洲、副厅长韩全林、总工程师周萍出席会议。

5 月

4 日，颁布实施江苏省地方标准《集中式饮用水水源地管理与保护规范》，省水利厅联合省生态环境厅、省住建厅开展全省集中式饮用水水源地规范化建设，全省城市水源地由达标建设转入规范化管理新阶段。

10 日，接省委通知：方桂林同志任省水利厅副厅长，王冬生同志任省水利厅副厅长，试用期一年。

11 日，副省长潘贤掌赴扬州市检查防汛备汛和水利建设情况。省水利厅厅长陈杰、副厅长朱海生陪同。

11—12 日，国家防总副秘书长、中国气象局副局长余勇率国家防总太湖流域检查组赴江苏省检查太湖流域防汛抗旱防台风工作。省防指副指挥、省水利厅厅长陈杰陪同检查并汇报江苏省防汛抗旱防台风工作，省水利厅副厅长兼省应急管理厅副厅长张劲松等陪同检查。

13 日，省水利厅召开全省水利服务“双循环”工作座谈会，研究部署江苏水利“走出去”、服务构建国内国际双循环的发展格局，厅长陈杰出席会议并讲话，全体在宁厅领导出席会议。

14 日，习近平总书记在河南省南阳市主持召开推进南水北调后续工程高质量发展座谈会并发表重要讲话，在广大干部群众中引发热烈反响。大家表示，将认真学习贯彻习近平总书记重要讲话精神，深入分析南水北调工程面临的新形势新任务，完整、准确、全面贯彻新发展理念，按照高质量发展要求，统筹发展和安全，坚持“节水优先、空间均衡、系统治理、两手发力”的治水思路，遵循确有需要、生态安全、可以持续的重大水利工程论证原则，立足流域整体和水资源空间均衡配置，科学推进工程规划建设，提高水资源集约节约利用水平。

18 日，长江防总召开 2021 年指挥长视频会议。江苏省副省长潘贤掌在江苏分会场参加会议并作交流发言，省水利厅厅长陈杰等在江苏分会场参加会议。

20 日，苏鲁省际台儿庄泵站抽水量达到年度调水计划并停机，标志着 2020—2021 年度江苏省南水北调向省外调水 6.74 亿立方米的任务圆满完成。

△ 经省市场监督管理局批准，《集中式饮用水水源地管理与保护规范》（DB32/T 4030—2021）正式发布，将于 6 月 14 日全面实施。这是全国首部水源地管理与保护方面的省级地方性标准。

26 日，长三角三省一市以“云开工”方式，共同启动太湖及水环境综合治理领域 9 个重大项目建设，奏响新时代长三角一体化发展更加动人的《太湖美》。省水利厅厅长陈杰出席启动仪式。

△ 经省政府同意，省水利厅、省长江办联合印发《关于进一步提升长江岸线保护利用水平 更好服务长江经济带高质量发展的意见》。

6 月

2 日，省水利厅组织江苏水利发展史专题宣讲。省水利厅原一级巡视员沈之毅主讲，省水利厅厅长陈杰等全体厅领导出席宣讲会。

3 日，厅党组书记、厅长陈杰以《汲取精神力量 淬炼党性本色 全力扛起水利现代化建设重大历史使命》为题，讲党史学习教育专题党课，省委党史学习教育第十四巡回指导组到会指导。

4 日，省水利厅召开南水北调专题会议，研究廖家沟全湖输水方案，厅长陈杰参加会议。

△ 江苏华电句容发电有限公司和建华建材（中国）有限公司水权正式签订协议，标志着江苏省首例地表水水权交易顺利完成。

8 日，副省长潘贤掌到省水利厅调研指导工作。他强调，全省水利系统要深入贯彻落实习近平总书记视察江苏重要讲话指示精神，按照党中央国务院和省委、省政府部署要求，扎实推进水利改革发展各项工作，做好新时代江苏治水文章，为“强富美高”新江苏建设提供重要的水利支撑和保障。省水利厅厅长陈杰等全体在宁厅领导参加座谈。

△ 副省长惠建林赴连云港巡查沂河、新沂河、分淮入沂河长制工作，并组织召开座谈会，研究部署“三河”生态保护和防汛备汛工作，积极推进幸福河湖建设。省水利厅副厅长朱海生陪同巡查。

15 日，中国国际发展知识中心在京举办第四期交流沙龙，沙龙聚焦“中国治理创新的地方实践”，以江苏河长制探索实践作为典型案例，专场专题介绍江苏河长制实践案例。这是沙龙首次专场专题发布一个省的案例，也是首次将河长制工作作为治国理政案例向世界发布。国务院发展研究中心党组成员余斌出席沙龙并致辞。江苏省河长制工作办公室主任、江苏省水利厅厅长陈杰作了《河长治河，让水韵流芳泽被美丽江苏》的主题发言。活动特别邀请了外籍河长何诺等出席活动，他们发言点赞江苏河长制实践经验，高度评价中国治水成效，表达了与中国开展治水合作的意愿。多个国家的驻华使节和国际机构驻华代表参加沙龙活动。

18 日，省水利厅召开了全省水利系统安全生产工作视频会议，厅长陈杰出席会议并讲话。会议深入学习贯彻习近平总书记关于安全生产重要论述和对湖北十堰市燃气爆炸事故的重要指示精神，全面贯彻 6 月 17 日全国安全生产电视电话会议和 6 月 15 日全省安委会会议精神，按照省委、省政府和水利部部署要求，对全省水利行业安全生产工作进行再部署、再落实。副厅长张劲松主持会议并就贯彻落实会议精神提出具体要求，副厅长朱海生通报了 2021 年以来督查检查发现的水利安全风险和隐患情况，全体在宁厅领导出席会议。

19 日，省委书记娄勤俭，省委副书记、省长吴政隆签发 2021 年第 1 号省总河长令，部署在全省组织开展幸福河湖建设，力争到 2025 年全省城市建成区河湖基本建成幸福河湖，到 2035 年全省河湖总体建成“河安湖晏、水清岸绿、鱼翔浅底、文昌人和”的幸福河湖。

23 日，厅党组开展“重温誓词强党性、牢记嘱托开新局”专题活动，厅党组书记、厅长陈杰带领大家深入学习贯彻习近平总书记视察江苏以来关于治水兴水一系列重要论述，研究推进江苏水利现代化建设战略举措，打开新局面、走在全国前列，以优异成绩庆祝建党一百周年。全体厅领导参加专题活动。

25 日，省防指指挥、省长吴政隆主持召开省防汛抗旱指挥部会议，深入学习贯彻习近平总书记关于防灾减灾救灾重要论述重要指示精神和李克强总理重要批示精神，研究部署全省防汛抗旱工作。

30 日，省水利厅组织厅系统近千名党员干部参观“百年征程、初心永恒”中国共产党在江苏历史展。厅长陈杰等全体厅领导参加。

7 月

2 日，省水利厅召开学习习近平总书记在庆祝中国共产党成立 100 周年大会上重要讲话精神座谈会，厅党组书记、厅长陈杰出席会议并讲话，他要求厅系统广大党员干部更加紧密地团结在以习近平同志为核心的党中央周围，高举中国特色社会主义伟大旗帜，以习近平新时代中国特色社会主义思想为指导，牢记初心使命，践行伟大号召，沿着总书记指引的方向坚定前行，奋力开创江苏水利现代化建设新局面。会议表彰了厅系统先进基层党组织、优秀共产党员和优秀党务工作者。副厅长高圣明主持会议，全体厅领导参加会议。

2—10 日，江苏省迎来入梅以来最强降雨，同时淮河上中游也有连续降雨过程。全省面平均降雨量 141.5 毫米，单站累积最大降雨量溱潼站 389 毫米。淮河上游水位快速上涨，来水量增加。洪泽湖水位上涨超过汛限水位，里下河区域河网水位普遍上涨超过警戒水位。省委书记娄勤俭要求，要立足防大汛、抢大险、救大灾，全力以赴做好防汛工作，确保河湖安澜、人民安全。省防指指挥、省长吴政隆主持召开省防指会议，对全省防汛抗旱工作作出全面部署，并于 6 月 30 日、7 月 2 日分别作出批示，要求各地提前做好防范工作。7 月 2 日下午，厅长陈杰主持召开全省水利系统防御近期强降雨工作视频会议，深入学习贯彻习近平总书记关于防汛工作重要指示精神，认真落实国务院、省委省政府领导批示要求，分析当前防汛形势，研究部署近期强降雨防范工作。7 月 5 日至 9 日，副厅长张劲松连续 5 天召集防汛会商。通过三河闸开闸泄洪并增加泄量至敞泄，将洪泽湖水位降至汛限水位以下，里下河地区全力自排抽排，有效抑制区域水位上涨。

3 日，省委常委、省政府秘书长赵世勇主持召开学习习近平总书记庆祝中国共产党成立 100 周年大会重要讲话精神学习会，省水利厅党组书记、厅长陈杰交流学习体会。

5 日，省委常委、常务副省长樊金龙在连云港巡查沭河、新沭河河长制工作，组织召开座谈会，要求深入贯彻习近平生态文明思想和对江苏工作的重要指示精神，认真落实 2021 年第 1 号省总河长令，以更大力度推动沭河、新沭河保护治理工作。省水利厅党组成员、省南水北调办副主任郑在洲参加巡查。

6 日，省委常委、省委组织部部长郭元强巡查里下河腹部地区河湖长制工作，实地察看了兴化市永东河生态河道、永丰镇水产养殖尾水处理、海南镇水环境综合治理、平旺湖生态修复和里下河洼地治理等工程现场，并召开座谈会听取淮安、盐城、扬州、泰州市级湖长和省有关部门负责同志汇报，研究部署湖泊湖荡治理保护工作。省河长办主任、省水利厅厅长陈杰主持会议。

6 日 17 时，里下河兴化站水位涨至 2.01 米，超警戒水位 0.01 米，水位仍在继续上涨。省水利厅 7 月 6 日 18 时发布里下河地区洪水蓝色预警，要求影响区域内各级政府及有关部门全力做好排洪调度。

8 日，全国水利系统第 31 届工会主席联席会议暨“助推绿色发展，建设美丽长江”全国引领性劳动和技能竞赛总结大会在江都水利枢纽召开。

11 日，江苏省淮河以南地区出梅，梅雨期 29 天，较常年略偏长。梅雨期间全省共出现了 3 段连续降雨天气和 5 次区域性暴雨过程。沿江苏南地区降雨明显偏少，江淮、淮北地区降雨偏多。

13 日，省水利厅召开既有建筑安全工作视频会，贯彻省委书记娄勤俭和省长吴政隆关于苏州市吴江区四季开源酒店辅房坍塌事故的指示批示要求，落实全省安全生产工作暨既有建筑安全管理紧急电视电话会议精神，对全省水利系统既有建筑、在建工程和安全度汛等工作进行再部署、再落实。厅长陈杰出席会议并讲话，副厅长朱海生通报了全省水利系统既有建筑安全情况，副厅长方桂林主持会议。

15 日，副省长潘贤掌主持召开视频调度会，部署防御沂沭泗地区强降雨工作。

17 日，省防指副指挥、省水利厅厅长陈杰带队赴徐州市检查防汛工作。其间，陈杰与徐州市领导庄兆林、王维峰共商徐州地区防汛抗洪、水利高质量发展、丰县湖西地区富民强村帮促行动等工作。

19—20 日，副省长潘贤掌带队赴太湖局调研，省水利厅厅长陈杰参加调研。

21 日，省水利厅组织开展 2021 年防洪调度演练。本次选择太湖流域横山水库及周边地区，对防汛抗洪进行全过程实战预演。省水利厅副厅长兼应急管理厅副厅长张劲松任演练指挥长，省水利厅副厅长王冬生主持演练，厅二级巡视员季红飞率演练督导组在横山水库参加演练。

22 日，省长吴政隆主持召开省防汛抗旱指挥部视频调度会议，认真学习贯彻习近平总书记关于防汛救灾工作重要指示，全面落实党中央、国务院和省委、省政府决策部署，分析研判当前江苏省防汛防台风形势，要求各地各部门进一步强化工作举措，努力夺取防台工作全面胜利。第 6 号台风“烟花”7 月 24 日至 29 日影响我省，是有气象记录以来在江苏“滞留时间最长、过程雨量最大、影响范围最广”的台风，全省自南向北先后发生强风暴雨，“风雨潮洪”四碰头，流域洪水和区域涝水交织。长江高潮位全线超警；太湖发生第 1 号洪水，河网 97% 的站点水位超警。洪泽湖以上淮河干支流全线超警，洪泽湖入湖最大流量超过 10 000 立方米每秒，蒋坝站最高水位13.64米，超警 0.04 米，三河闸长时间敞泄，7 月 31 日最大泄量 8 150 立方米每秒，为 2007 年以来新高；里下河地区 24 个水位站全面超警，超警幅度 0.23～1.21 米，兴化站最高水位2.95米，为 2007 年以来新高。7 月 30 日中运河运河站最大流量 3 840 立方米每秒，为设站以来最大流量；骆马湖嶂山闸最大泄量 4 570 立方米每秒，新沂河行洪沭阳站最高水位10.88米，超警戒水位 1.38 米，列设站以来第 2 位；沂南淮西地区发生严重雨涝，多站水位创历史新高。全省 6 座大型水库和 29 座中型水库水位超汛限，其中溧阳沙河水库和大溪水库最高水位分别为 22.55 米、16.19 米，为设站以来最大值。通过预降水位、全力排水、错峰排洪等有力调度措施，打赢了台风暴雨洪水防御战。

△ 副省长潘贤掌主持召开太湖水环境治理工作会议，省水利厅厅长陈杰汇报水利工作进展。

23 日，省委常委会召开会议，认真贯彻习近平总书记关于防汛救灾和疫情防控工作的重要指示精神，传达学习李克强总理关于江苏省疫情防控的批示精神和孙春兰副总理的批示要求，听取全省防汛抗台风工作情况、疫情防控进展情况汇报，研究部署下一步工作。省委书记娄勤俭主持会议。

△ 省防指召开台风“烟花”防汛防灾工作调度会，部署相关工作。

△省水利厅召开厅系统疫情防控专题部署会，厅长陈杰主持会议并讲话。要求充分认清当前南京禄口机场疫情形势，细化部署厅系统疫情防控工作。全体在宁厅领导出席会议。

25 日，省防汛抗旱指挥部决定，7 月 25 日 9 时起，提升江苏防台风应急响应至Ⅱ级。

△ 25 日晚，省防指召开防御台风“烟花”视频调度会议，进一步部署江苏省防汛防台风工作。省长、省防指指挥吴政隆主持会议，他强调，要深入学习贯彻习近平总书记关于防汛救灾工作的重要指示精神，认真落实李克强总理在国务院常务会议上提出的明确要求，坚持人民至上、生命至上，坚持底线思维，强化责任担当，根据省委、省政府工作部署，严阵以待、全力以赴，坚决打赢防御台风“烟花”这场硬仗，确保人民群众生命安全，尽最大努力把财产损失降到最低。

26 日，国务院抗洪抢险救灾和防汛工作视频会议召开，国务院总理李克强作重要讲话。省长、省防指指挥吴政隆在江苏分会场参加会议并发言。省水利厅厅长陈杰、副厅长张劲松等在江苏分会场出席会议。

△ 26 日 17 时 18 分，中央气象台发布消息，台风“烟花”移出浙江，移入江苏省苏州市吴江区境内，中心位置为北纬 31.0°、东经 120.7°，强度等级为热带风暴级，最大风力 9 级(23 米每秒)。

△ 26 日晚，省防指再次召开视频会议，传达贯彻李克强总理在抗洪抢险救灾和防汛工作视频会议上的重要讲话精神，以及会后省长吴政隆的具体要求，对江苏省防台工作措施进行再部署、再细化、再落实。省委常委、常务副省长、省防指常务副指挥樊金龙，副省长、省防指副指挥潘贤掌出席会议并讲话。省水利厅厅长陈杰、副厅长张劲松等出席会议。

27 日 8 时，太浦河平望站水位涨至 4.36 米，超警戒水位 0.66 米，且继续上涨；8 时 30 分，江苏省水利厅发布太浦河江苏段洪水红色预警。28 日 8 时 55 分，平望站最高涨至 4.44米，为设站以来最大值。

△ 27 日 17 时，水阳江水碧桥站水位上涨至 11.80 米，超警戒水位 1.30 米，且继续上涨；27 日 18 时，江苏省水利厅发布水阳江江苏段洪水黄色预警。

28 日 5 时，受“烟花”台风降雨影响，刚刚完成验收的新孟河界牌枢纽泵站9台机组全部开启投入运行，流量300立方米每秒，全力抽水排涝，及时发挥工程效益。

△ 28日9时起，省防汛抗旱指挥部决定启动江苏省防汛Ⅳ级应急响应。

8月

2日，江苏省河长办联合淮安市、扬州市、泰州市、南通市、盐城市政府印发了《里下河地区跨界河湖水葫芦联保共治协作机制规则》《里下河地区“清剿水葫芦、改善水环境”联保共治2021年专项行动方案》，贯彻落实2021年第1号省总河长令要求，推进里下河地区幸福河湖建设。

4日17时，江苏省结束防汛Ⅳ级应急响应。2021年防汛抗台首战告捷，实现了“城镇不看海、工程不失事、次生灾害不发生、力争不死一个人”的防台风目标。

6日，水利部公布2021年度农村供水规范化水厂名单，江苏省响水县运河水厂、淮安市洪泽区城南水厂、东海县城北水厂、灌南县硕项湖水厂4家水厂上榜。

16日，国家机关事务管理局、国家发展改革委、水利部联合发布2021—2023年全国公共机构水效领跑者，江苏省有6家单位入选，江苏省水利厅是其中之一。

24日，全国人大环资委副主任委员王洪尧主持召开网络视频座谈会，就全国人大代表、省水利厅厅长陈杰提交的加快推进节约用水立法的议案进行会办。

27日，截至8月27日8时，三河闸2021年累计泄洪204亿立方米。通过科学合理调度，江苏省成功将洪泽湖蒋坝站最高水位控制在警戒水位附近，保障了淮河上中游洪水的顺畅下泄，避免了启用淮河入海水道带来的耕地淹没损失。

△ 水利部组织完成了2016—2020年度全国水土保持规划实施情况评估，向各省人民政府通报了全国水土保持规划实施情况评估结果，江苏省获得“优秀”等次，这是江苏省水土保持规划考核评估连续两年获优秀等次。

9月

8日，省委常委、省委政法委书记、苏南运河省级河长费高云在常州巡河调研，察看了武进区滨湖污水处理厂、大运河文化带及生态廊道新北区奔牛段建设（二期）项目、新孟河奔牛水利枢纽。省水利厅厅长、省河长办主任陈杰，常州市代理市长、市级总河长盛蕾参加巡河调研活动。

△ 省水利厅厅长陈杰带队赴常州武进区调研镇村河道治理工作，现场察看湟里镇农村河道建设、小微水体整治情况，召开座谈会听取意见建议。

12日，受2021年第14号台风“灿都”影响，12日11时江苏省启动了防台风Ⅳ级应急响应，17时提升至Ⅲ级。

15日，省政府办公厅印发《关于巩固提升水库运行管护和除险加固工作的通知》，健全小型水库除险加固和运行管护常态化机制，提高小型水库安全管理水平。

15日，省水利厅在南京组织召开丰县湖西片区整体帮促工作联席会议，深入贯彻落实省委、省政府开展富民强村帮促行动决策部署，全面总结丰县湖西片区“十三五”整体帮扶工作，研究部署“十四五”整体帮促重点任务，加快推进片区2021年帮促项目建设。厅长陈杰出席会议并讲话，副厅长高圣明主持会议，省级联席会议成员单位、丰县县委负责同志作了发言。

17—18 日，水利部副部长陆桂华到江苏调研太湖流域水治理进展及科技创新工作，出席太湖流域水治理重点实验室创建启动仪式。江苏省委常委、苏州市委书记许昆林参与接待，副省长潘贤掌陪同调研。水利部太湖流域管理局、南京水利科学研究院等有关负责同志参加调研。省政府副秘书长诸纪录，省水利厅厅长陈杰，副厅长朱海生、方桂林等参加活动。

28 日，国务院通报表彰"十三五"期间落实最严格水资源管理制度成绩突出的省份，江苏省荣获国务院通报表扬。"十三五"期间，江苏省连续荣获优秀等次第一名。

29 日，省水利厅召开"推动新阶段高质量发展 奋力开创水利现代化建设新局面"学习研讨会，厅党组书记、厅长陈杰出席会议并讲话。会议进一步深入学习习近平总书记关于治水兴水重要论述和视察江苏重要讲话指示精神，贯彻落实省委十三届十次全会精神，研究推进水利现代化建设。全体在宁厅领导出席会议。

30 日，取水许可全面进入电子化时代，完成近 9 000 个存量纸质取水许可证电子化转换入库，规模以上取用水户与监测站点完成关联，实现取用水单位和个人线上申领取水许可证。

10 月

12—13 日，省人大常委会副主任陈震宁察看淮安水利，省水利厅厅长陈杰陪同。

16—18 日，水利部建设管理与质量安全中心总经济师黄玮一行 5 人组成考核组，对江苏省 2020—2021 年度水利建设质量工作进行考核。省水利厅厅长陈杰向考核组介绍了江苏水利高质量发展相关情况，并就加强水利建设质量管理等有关工作交换了意见，厅一级巡视员朱海生陪同考核。

17 日，江苏省河湖长制研究院成立大会暨幸福河湖建设报告会在南京举行。省水利厅厅长、省河长办主任陈杰出席成立仪式并致辞，中国工程院院士张建云、河海大学党委书记唐洪武为研究院揭牌。

19 日，省水利厅副厅长张劲松、王冬生以及相关部门负责人走进《政风热线》，就关于防汛抗旱、河湖保护、水资源管理、水利建设、农村水利等方面的问题和投诉，现场回应群众诉求。

27—31 日，受水利部委托，中国水利工程协会组织专家组对江苏省丰县华山闸运行服务中心和镇江市谏壁抽水站管理处申报国家级水管单位进行了考核验收，两家单位均顺利通过验收。江苏省国家级水管单位总数达 24 家，居各省之首。

31 日，江苏省委、省政府印发《关于对全省脱贫攻坚暨对口帮扶支援合作工作表现突出集体予以通报表扬的通知》，省水利厅农村水利与水土保持处获扶贫先进集体称号。

11 月

3 日，水利部召开长江经济带发展水利工作协调机制会议，江苏省水利厅厅长陈杰作交流发言。

△ 省水利厅、省委宣传部、省财政厅、共青团省委、省科协联合印发通知，公布扬州中国大运河博物馆等 13 家省级水情教育基地名单。

4 日，全国冬春农田水利暨高标准农田建设电视电话会议在北京召开。副省长潘贤掌在江苏分会场参加会议并作交流发言，省水利厅厅长陈杰、副厅长高圣明在江苏分会场参会。

△江苏南水北调工程运行管理智能化建设研讨会在南京召开。省水利厅党组成员、省南水北调办公室副主任郑在洲出席会议。

8日,《最美运河地标》新书首发仪式举行,书中重点介绍了徐州窑湾古镇、淮安总督漕运公署、扬州三湾公园、镇江西津渡、无锡环城古运河、苏州宝带桥等40个江苏最美运河地标。

10日,副省长、白马湖省级湖长储永宏巡查白马湖。省水利厅厅长陈杰、副厅长王冬生陪同。

12日,省水利厅厅属管理单位和水文系统现代化建设推进会在江都水利枢纽召开,厅长陈杰出席会议并讲话。会议回顾总结厅属管理单位和水文系统改革发展成效,深度剖析高质量发展面临的瓶颈问题和制约因素,研究确定全面推进厅属管理单位和水文系统现代化建设思路和发展布局。全体厅领导出席会议。

13日,省水利厅在江都水利枢纽举办"牢记嘱托再出发"活动,回顾一年来牢记嘱托取得的成绩,部署更高质量推动水利发展。厅长陈杰为江都水利枢纽创建成果揭牌,宣布南水北调智能调度系统启用,并远程为宝应站机组开机。活动现场,进行了首批省级水情教育基地名单发布,节水型社会建设等一系列成果展示,对南水北调研究项目、数字水利工程项目和南水北调沿线工程等重点项目集中"云开工"。全体厅领导参加活动。

20日,全省5 000万亩高标准农田暨农村水利建设现场推进会议在南通市海门区举行。会议强调,各地要大力实施"藏粮于地、藏粮于技"战略,高起点规划、高标准建设、高质量管控,科学有序抓好新发展阶段,为今冬明春和今后一段时期的全省高标准农田和农村水利建设工作做好准备。副省长潘贤掌出席会议并讲话,省政府副秘书长诸纪录主持会议,省农业农村厅厅长杨时云、省水利厅厅长陈杰部署具体工作。

25日,经省政府同意,省最严格水资源管理考核和节约用水工作联席会议印发《2021年度实行最严格水资源管理制度考核工作的通知》。

26日,在摩洛哥马拉喀什召开的国际灌排委员会第72届国际执行理事会会议公布了2021年(第八批)世界灌溉工程遗产名录,里运河—高邮灌区成功入选,成为江苏省首个世界灌溉工程遗产。

29日,省十三届人大常委会第二十七次会议审议了《江苏省洪泽湖保护条例(草案)》。条例草案拟通过将洪泽湖管委会模式上升为法规制度、强化入湖河道地方政府责任等规定,遏制和逐步解决洪泽湖保护中的突出问题。受省政府委托,省水利厅厅长陈杰在会上作立法说明。

30日,省水利厅党组召开专题学习研讨会,传达学习省第十四次党代会精神,厅党组书记、厅长陈杰出席会议并讲话。会议强调要牢记习近平总书记视察江都水利枢纽重要讲话指示精神,深刻把握省党代会精神的内涵要求,牢记使命,不负嘱托,真抓实干,接续奋斗,奋力谱写水利现代化建设新篇章。

12月

1日,副省长马欣到省水利厅调研全省水利工作,省水利厅厅长陈杰汇报。全体厅领导参加调研。

2日,省水利厅党组召开党的十九届六中全会精神专题学习会,厅党组书记、厅长陈杰作宣讲报告。他强调,要全面贯彻习近平新时代中国特色社会主义思想,深刻理解党的十九届六中全会重大意义，切实用全会精神统一思想、统一意志、统一行动，在实现第二个百年奋斗目标的新征程上，扛起使命、务实苦干、勇毅前行，谱写“强富美高”新江苏现代化建设水利篇章。副厅长张劲松主持会议，全体厅领导参加学习。

15 日，经省政府同意，省最严格水资源管理考核和节约用水工作联席会议印发《关于表扬“十三五”实行最严格水资源管理制度工作的通报》，公布“十三五”期间各设区市实行最严格水资源管理制度情况。

17 日，水利部、国家发展改革委公布第二批灌区水效领跑者名单，我省扬州市高邮灌区、南京市龙袍圩灌区入选。

22 日，水利部公布了 2021 年度国家水土保持示范名单，我省张家港市获评全国水土保持示范县，江宁区汤山水土保持科技示范园成功创建国家水土保持科技示范园，其中张家港市为江苏省首个国家级水土保持示范县。

27 日，按省委统一部署，省水利厅党组书记、厅长陈杰在河海大学宣讲十四次党代会精神。

△ 2019—2020 年度中国水利工程优质（大禹）奖评选结果最终揭晓，全国共有 45 项工程获奖。江苏省扬州市瓜洲泵站、淮河入江水道整治工程石港泵站更新改造、南京市溧水区天生桥套闸除险加固、淮河入江水道整治万福闸加固、长江澄通河段铁黄沙整治、世行贷款淮河流域重点平原洼地治理工程泰东河、南水北调东线一期工程蔺家坝泵站、睢宁二站共 8 项工程获此殊荣，江苏年度获奖总数创历史新高，占全国获奖总数的 17.8%。

31 日，水利部公布 2020—2021 年度水利建设质量工作考核结果，江苏省荣获 A 级（优秀）。

综　　述

2021 年水利发展综述

2021 年，江苏水利系统深入贯彻习近平总书记关于治水重要论述，铭记习近平总书记视察江都水利枢纽重要指示精神，对标习近平总书记的战略擘画，谋划“十四五”水利发展布局和水利高质量发展路径，全力彰显南水北调东线源头省份担当，奋力走好新时代赶考路，以实际行动践行三大光荣使命，以实际成效落实中央和省委省政府重大决策部署，为“强富美高”新江苏建设提供水安全保障。

一是防汛防台夺取全面胜利。依托完善的工程体系，精准调度、周密防守，夺取防汛抗旱防台全面胜利。战胜有气象记录以来登陆江苏省时间最长、过程雨量最大、影响范围最广的“烟花”台风和沂沭泗地区长历时秋汛，累计转移撤离人员 49.67 万人，组织避风船只 33 540 艘，实现无重大险情、无重大损失、无人员伤亡。保质保量完成南水北调年度调水出省 6.74 亿立方米任务。

二是重大水利建设有序实施。大力推进重点水利工程建设，完成投资 139 亿元。新孟河延伸拓浚、淮河流域平原洼地近期治理、中小河流治理等重点水利工程建设进展顺利，16 项灾后应急治理工程如期实施并发挥效益，淮河干流滩区居民迁建工程不安全居住人口全部搬迁。重点易涝区排涝能力建设、新一轮中小河流治理、中型灌排泵站更新改造等顺利实施。江都水利枢纽精细化管理模式荣获中国质量奖提名奖，国家级水管单位数量保持第一。

三是农村水利建设纵深推进。持续推进大中型灌区改造工程建设。率先基本实现城乡供水一体化，全省农村区域供水入户率 98%以上、供水保证率 95%以上。全面加强农村水环境治理和生态河道建设，疏浚土方 1.54 亿立方米，建成农村生态河道 500 条以上。22 个国家水土保持重点工程项目有序实施，水土保持考核评估全国优秀。水系连通及水美乡村建设试点 2020 年度实施评估获优秀等级，新增两批 3 个试点县区。完成 20 个“美丽库区·幸福家园”项目和 15 个移民村产业项目。

四是水资源管理考核全国优秀。国家最严格水资源管理制度考核连续荣获优秀等次，获国务院通报表扬。“十三五”期末全省用水总量稳定在 500 亿立方米以内，万元 GDP 水耗下降 28.3%。开展水资源刚性约束“四水四定”试点。率先开展取水工程管理规范化建设，取水许可电子证照实现省市县三级全覆盖，出台全国首个《集中式饮用水水源地管理与保护规范》地方标准，推进取水计量规范化，基本实现非农计量和大型、重点中型灌区计量全覆盖。从严从细管护地下水，地下水红线区域全部消除。

五是河湖生态环境逐步复苏。省委省政府主要领导签发总河长令，部署开展幸福河湖建设。省政府公布湖泊保护名录，常态化开展“清四乱”行动，全省 84%的重要河湖生态状况达到优良，退圩还湖累计新增河湖自由水面 200 平方千米。长江生态岸线占比增加 1.2 个百分点，太湖连续 14 年实现国务院确定的“两个确保”目标，洪泽湖 2 万住船渔民上岸安居，告别水上漂，实现安居梦。

六是重点领域改革持续深化。持续深化农业水价综合改革成果，实现改革面积、计量措施、工程产权、管护组织“四个全覆盖”，全省灌溉水利用系数提高至 0.616。7 个省级部门联合印发《关于切实加强全省农村水利建设与管护工作的意见》，制定农村水利基础设施管护体制改革实施方案，全省基层水利管理服务网络基本建成。水权改革纵深推进，累计完成 12 单水权交易。“放管服”改革持续深入，组织对省级以上开发区开展水资源区域评估，探索取水许可告知承诺制度。

（许芬）

法规文件

地下水管理条例

（2021年9月15日国务院第149次常务会议通过，2021年10月21日国务院令第748号公布，自2021年12月1日起施行。）

第一章　总　　则

第一条　为了加强地下水管理，防治地下水超采和污染，保障地下水质量和可持续利用，推进生态文明建设，根据《中华人民共和国水法》和《中华人民共和国水污染防治法》等法律，制定本条例。

第二条　地下水调查与规划、节约与保护、超采治理、污染防治、监督管理等活动，适用本条例。

本条例所称地下水，是指赋存于地表以下的水。

第三条　地下水管理坚持统筹规划、节水优先、高效利用、系统治理的原则。

第四条　国务院水行政主管部门负责全国地下水统一监督管理工作。国务院生态环境主管部门负责全国地下水污染防治监督管理工作。国务院自然资源等主管部门按照职责分工做好地下水调查、监测等相关工作。

第五条　县级以上地方人民政府对本行政区域内的地下水管理负责，应当将地下水管理纳入本级国民经济和社会发展规划，并采取控制开采量、防治污染等措施，维持地下水合理水位，保护地下水水质。

县级以上地方人民政府水行政主管部门按照管理权限，负责本行政区域内地下水统一监督管理工作。地方人民政府生态环境主管部门负责本行政区域内地下水污染防治监督管理工作。县级以上地方人民政府自然资源等主管部门按照职责分工做好本行政区域内地下水调查、监测等相关工作。

第六条　利用地下水的单位和个人应当加强地下水取水工程管理，节约、保护地下水，防止地下水污染。

第七条　国务院对省、自治区、直辖市地下水管理和保护情况实行目标责任制和考核评价制度。国务院有关部门按照职责分工负责考核评价工作的具体组织实施。

第八条　任何单位和个人都有权对损害地下水的行为进行监督、检举。

对在节约、保护和管理地下水工作中作出突出贡献的单位和个人，按照国家有关规定给予表彰和奖励。

第九条 国家加强对地下水节约和保护的宣传教育，鼓励、支持地下水先进科学技术的研究、推广和应用。

第二章 调查与规划

第十条 国家定期组织开展地下水状况调查评价工作。地下水状况调查评价包括地下水资源调查评价、地下水污染调查评价和水文地质勘查评价等内容。

第十一条 县级以上人民政府应当组织水行政、自然资源、生态环境等主管部门开展地下水状况调查评价工作。调查评价成果是编制地下水保护利用和污染防治等规划以及管理地下水的重要依据。调查评价成果应当依法向社会公布。

第十二条 县级以上人民政府水行政、自然资源、生态环境等主管部门根据地下水状况调查评价成果，统筹考虑经济社会发展需要、地下水资源状况、污染防治等因素，编制本级地下水保护利用和污染防治等规划，依法履行征求意见、论证评估等程序后向社会公布。

地下水保护利用和污染防治等规划是节约、保护、利用、修复治理地下水的基本依据。地下水保护利用和污染防治等规划应当服从水资源综合规划和环境保护规划。

第十三条 国民经济和社会发展规划以及国土空间规划等相关规划的编制、重大建设项目的布局，应当与地下水资源条件和地下水保护要求相适应，并进行科学论证。

第十四条 编制工业、农业、市政、能源、矿产资源开发等专项规划，涉及地下水的内容，应当与地下水保护利用和污染防治等规划相衔接。

第十五条 国家建立地下水储备制度。国务院水行政主管部门应当会同国务院自然资源、发展改革等主管部门，对地下水储备工作进行指导、协调和监督检查。

县级以上地方人民政府水行政主管部门应当会同本级人民政府自然资源、发展改革等主管部门，根据本行政区域内地下水条件、气候状况和水资源储备需要，制定动用地下水储备预案并报本级人民政府批准。

除特殊干旱年份以及发生重大突发事件外，不得动用地下水储备。

第三章 节约与保护

第十六条 国家实行地下水取水总量控制制度。国务院水行政主管部门会同国务院自然资源主管部门，根据各省、自治区、直辖市地下水可开采量和地表水水资源状况，制定并下达各省、自治区、直辖市地下水取水总量控制指标。

第十七条 省、自治区、直辖市人民政府水行政主管部门应当会同本级人民政府有关部门，根据国家下达的地下水取水总量控制指标，制定本行政区域内县级以上行政区域的地下水取水总量控制指标和地下水水位控制指标，经省、自治区、直辖市人民政府批准后下达实施，并报国务院水行政主管部门或者其授权的流域管理机构备案。

第十八条 省、自治区、直辖市人民政府水行政主管部门制定本行政区域内地下水取水总量控制指标和地下水水位控制指标时，涉及省际边界区域且属于同一水文地质单元的，应当与相邻省、自治区、直辖市人民政府水行政主管部门协商确定。协商不成的，由国务院水行政主管部门会同国务院有关部门确定。

第十九条 县级以上地方人民政府应当根据地下水取水总量控制指标、地下水水位控制指标和国家相关技术标准，合理确定本行政区域内地下水取水工程布局。

第二十条 县级以上地方人民政府水行政主管部门应当根据本行政区域内地下水取水总量控制指标、地下水水位控制指标以及科学分析测算的地下水需求量和用水结构，制定地下水年度取水计划，对本行政区域内的年度取用地下水实行总量控制，并报上一级人民政府水行政主管部门备案。

第二十一条 取用地下水的单位和个人应当遵守取水总量控制和定额管理要求，使用先进节约用水技术、工艺和设备，采取循环用水、综合利用及废水处理回用等措施，实施技术改造，降低用水消耗。

对下列工艺、设备和产品，应当在规定的期限内停止生产、销售、进口或者使用：

（一）列入淘汰落后的、耗水量高的工艺、设备和产品名录的；

（二）列入限期禁止采用的严重污染水环境的工艺名录和限期禁止生产、销售、进口、使用的严重污染水环境的设备名录的。

第二十二条 新建、改建、扩建地下水取水工程，应当同时安装计量设施。已有地下水取水工程未安装计量设施的，应当按照县级以上地方人民政府水行政主管部门规定的期限安装。

单位和个人取用地下水量达到取水规模以上的，应当安装地下水取水在线计量设施，并将计量数据实时传输到有管理权限的水行政主管部门。取水规模由省、自治区、直辖市人民政府水行政主管部门制定、公布，并报国务院水行政主管部门备案。

第二十三条 以地下水为灌溉水源的地区，县级以上地方人民政府应当采取保障建设投入、加大对企业信贷支持力度、建立健全基层水利服务体系等措施，鼓励发展节水农业，推广应用喷灌、微灌、管道输水灌溉、渠道防渗输水灌溉等节水灌溉技术，以及先进的农机、农艺和生物技术等，提高农业用水效率，节约农业用水。

第二十四条 国务院根据国民经济和社会发展需要，对取用地下水的单位和个人试点征收水资源税。地下水水资源税根据当地地下水资源状况、取用水类型和经济发展等情况实行差别税率，合理提高征收标准。征收水资源税的，停止征收水资源费。

尚未试点征收水资源税的省、自治区、直辖市，对同一类型取用水，地下水的水资源费征收标准应当高于地表水的标准，地下水超采区的水资源费征收标准应当高于非超采区的标准，地下水严重超采区的水资源费征收标准应当大幅高于非超采区的标准。

第二十五条 有下列情形之一的，对取用地下水的取水许可申请不予批准：

（一）不符合地下水取水总量控制、地下水水位控制要求；

（二）不符合限制开采区取用水规定；

（三）不符合行业用水定额和节水规定；

（四）不符合强制性国家标准；

（五）水资源紧缺或者生态脆弱地区新建、改建、扩建高耗水项目；

（六）违反法律、法规的规定开垦种植而取用地下水。

第二十六条 建设单位和个人应当采取措施防止地下工程建设对地下水补给、径流、排泄等造成重大不利影响。对开挖达到一定深度或者达到一定排水规模的地下工程，建设单位和个人应当于工程开工前，将工程建设方案和防止对地下水产生不利影响的措施方案报有管理权限的水行政主管部门备案。开挖深度和排水规模由省、自治区、直辖市人民政府制定、公布。

第二十七条 除下列情形外，禁止开采难以更新的地下水：

（一）应急供水取水；

（二）无替代水源地区的居民生活用水；

（三）为开展地下水监测、勘探、试验少量取水。

已经开采的，除前款规定的情形外，有关县级以上地方人民政府应当采取禁止开采、限制开采措施，逐步实现全面禁止开采；前款规定的情形消除后，应当立即停止取用地下水。

第二十八条 县级以上地方人民政府应当加强地下水水源补给保护，充分利用自然条件补充地下水，有效涵养地下水水源。

城乡建设应当统筹地下水水源涵养和回补需要，按照海绵城市建设的要求，推广海绵型建筑、道路、广场、公园、绿地等，逐步完善滞渗蓄排等相结合的雨洪水收集利用系统。河流、湖泊整治应当兼顾地下水水源涵养，加强水体自然形态保护和修复。

城市人民政府应当因地制宜采取有效措施，推广节水型生活用水器具，鼓励使用再生水，提高用水效率。

第二十九条 县级以上地方人民政府应当根据地下水水源条件和需要，建设应急备用饮用水水源，制定应急预案，确保需要时正常使用。

应急备用地下水水源结束应急使用后，应当立即停止取水。

第三十条 有关县级以上地方人民政府水行政主管部门会同本级人民政府有关部门编制重要泉域保护方案，明确保护范围、保护措施，报本级人民政府批准后实施。

对已经干涸但具有重要历史文化和生态价值的泉域，具备条件的，应当采取措施予以恢复。

第四章 超采治理

第三十一条 国务院水行政主管部门应当会同国务院自然资源主管部门根据地下水状况调查评价成果，组织划定全国地下水超采区，并依法向社会公布。

第三十二条 省、自治区、直辖市人民政府水行政主管部门应当会同本级人民政府自然资源等主管部门，统筹考虑地下水超采区划定、地下水利用情况以及地质环境条件等因素，组织划定本行政区域内地下水禁止开采区、限制开采区，经省、自治区、直辖市人民政府批准后公布，并报国务院水行政主管部门备案。

地下水禁止开采区、限制开采区划定后，确需调整的，应当按照原划定程序进行调整。

第三十三条 有下列情形之一的，应当划为地下水禁止开采区：

（一）已发生严重的地面沉降、地裂缝、海（咸）水入侵、植被退化等地质灾害或者生态损害的区域；

（二）地下水超采区内公共供水管网覆盖或者通过替代水源已经解决供水需求的区域；

（三）法律、法规规定禁止开采地下水的其他区域。

第三十四条 有下列情形之一的，应当划为地下水限制开采区：

（一）地下水开采量接近可开采量的区域；

（二）开采地下水可能引发地质灾害或者生态损害的区域；

（三）法律、法规规定限制开采地下水的其他区域。

第三十五条 除下列情形外，在地下水禁止开采区内禁止取用地下水：

（一）为保障地下工程施工安全和生产安全必须进行临时应急取（排）水；

（二）为消除对公共安全或者公共利益的危害临时应急取水；

（三）为开展地下水监测、勘探、试验少量取水。

除前款规定的情形外，在地下水限制开采区内禁止新增取用地下水，并逐步削减地下水取水量；前款规定的情形消除后，应当立即停止取用地下水。

第三十六条 省、自治区、直辖市人民政府水行政主管部门应当会同本级人民政府有关部门，编制本行政区域地下水超采综合治理方案，经省、自治区、直辖市人民政府批准后，报国务院水行政主管部门备案。

地下水超采综合治理方案应当明确治理目标、治理措施、保障措施等内容。

第三十七条 地下水超采区的县级以上地方人民政府应当加强节水型社会建设，通过加大海绵城市建设力度、调整种植结构、推广节水农业、加强工业节水、实施河湖地下水回补等措施，逐步实现地下水采补平衡。

国家在替代水源供给、公共供水管网建设、产业结构调整等方面，加大对地下水超采区地方人民政府的支持力度。

第三十八条 有关县级以上地方人民政府水行政主管部门应当会同本级人民政府自然资源主管部门加强对海（咸）水入侵的监测和预防。已经出现海（咸）水入侵的地区，应当采取综合治理措施。

第五章 污染防治

第三十九条 国务院生态环境主管部门应当会同国务院水行政、自然资源等主管部门，指导全国地下水污染防治重点区划定工作。省、自治区、直辖市人民政府生态环境主管部门应当会同本级人民政府水行政、自然资源等主管部门，根据本行政区域内地下水污染防治需要，划定地下水污染防治重点区。

第四十条 禁止下列污染或者可能污染地下水的行为：

（一）利用渗井、渗坑、裂隙、溶洞以及私设暗管等逃避监管的方式排放水污染物；

（二）利用岩层孔隙、裂隙、溶洞、废弃矿坑等贮存石化原料及产品、农药、危险废物、城镇污水处理设施产生的污泥和处理后的污泥或者其他有毒有害物质；

（三）利用无防渗漏措施的沟渠、坑塘等输送或者贮存含有毒污染物的废水、含病原体的污水和其他废弃物；

（四）法律、法规禁止的其他污染或者可能污染地下水的行为。

第四十一条 企业事业单位和其他生产经营者应当采取下列措施，防止地下水污染：

（一）兴建地下工程设施或者进行地下勘探、采矿等活动，依法编制的环境影响评价文件中，应当包括地下水污染防治的内容，并采取防护性措施；

（二）化学品生产企业以及工业集聚区、矿山开采区、尾矿库、危险废物处置场、垃圾填埋场等的运营、管理单位，应当采取防渗漏等措施，并建设地下水水质监测井进行监测；

（三）加油站等的地下油罐应当使用双层罐或者采取建造防渗池等其他有效措施，并进行防渗漏监测；

（四）存放可溶性剧毒废渣的场所，应当采取防水、防渗漏、防流失的措施；

（五）法律、法规规定应当采取的其他防止地下水污染的措施。

根据前款第二项规定的企业事业单位和其他生产经营者排放有毒有害物质情况，地方人民政府生态环境主管部门应当按照国务院生态环境主管部门的规定，商有关部门确定并公布地下水污染防治重点排污单位名录。地下水污染防治重点排污单位应当依法安装水污染物排放自动监测设备，与生态环境主管部门的监控设备联网，并保证监测设备正常运行。

第四十二条 在泉域保护范围以及岩溶强发育、存在较多落水洞和岩溶漏斗的区域内，不得新建、改建、扩建可能造成地下水污染的建设项目。

第四十三条 多层含水层开采、回灌地下水应当防止串层污染。

多层地下水的含水层水质差异大的，应当分层开采；对已受污染的潜水和承压水，不得混合开采。

已经造成地下水串层污染的，应当按照封填井技术要求限期回填串层开采井，并对造成的地下水污染进行治理和修复。

人工回灌补给地下水，应当符合相关的水质标准，不得使地下水水质恶化。

第四十四条 农业生产经营者等有关单位和个人应当科学、合理使用农药、肥料等农业投入品，农田灌溉用水应当符合相关水质标准，防止地下水污染。

县级以上地方人民政府及其有关部门应当加强农药、肥料等农业投入品使用指导和技术服务，鼓励和引导农业生产经营者等有关单位和个人合理使用农药、肥料等农业投入品，防止地下水污染。

第四十五条 依照《中华人民共和国土壤污染防治法》的有关规定，安全利用类和严格管控类农用地地块的土壤污染影响或者可能影响地下水安全的，制定防治污染的方案时，应当包括地下水污染防治的内容。

污染物含量超过土壤污染风险管控标准的建设用地地块，编制土壤污染风险评估报告时，应当包括地下水是否受到污染的内容；列入风险管控和修复名录的建设用地地块，采取的风险管控措施中应当包括地下水污染防治的内容。

对需要实施修复的农用地地块，以及列入风险管控和修复名录的建设用地地块，修复方案中应当包括地下水污染防治的内容。

第六章 监督管理

第四十六条 县级以上人民政府水行政、自然资源、生态环境等主管部门应当依照职责加强监督管理，完善协作配合机制。

国务院水行政、自然资源、生态环境等主管部门建立统一的国家地下水监测站网和地下水监测信息共享机制，对地下水进行动态监测。

县级以上地方人民政府水行政、自然资源、生态环境等主管部门根据需要完善地下水监测工作体系，加强地下水监测。

第四十七条 任何单位和个人不得侵占、毁坏或者擅自移动地下水监测设施设备及其标志。

新建、改建、扩建建设工程应当避开地下水监测设施设备；确实无法避开、需要拆除地下水监测设施设备的，应当由县级以上人民政府水行政、自然资源、生态环境等主管部门按照有关技术要求组织迁建，迁建费用由建设单位承担。

任何单位和个人不得篡改、伪造地下水监测数据。

第四十八条 建设地下水取水工程的单位和个人，应当在申请取水许可时附具地下水取水工程建设方案，并按照取水许可批准文件的要求，自行或者委托具有相应专业技术能力的单位进行施工。施工单位不得承揽应当取得但未取得取水许可的地下水取水工程。

以监测、勘探为目的的地下水取水工程，不需要申请取水许可，建设单位应当于施工前报有管辖权的水行政主管部门备案。

地下水取水工程的所有权人负责工程的安全管理。

第四十九条 县级以上地方人民政府水行政主管部门应当对本行政区域内的地下水取水工程登记造册，建立监督管理制度。

报废的矿井、钻井、地下水取水工程，或者未建成、已完成勘探任务、依法应当停止取水的地下水取水工程，应当由工程所有权人或者管理单位实施封井或者回填；所有权人或者管理单位应当将其封井或者回填情况告知县级以上地方人民政府水行政主管部门；无法确定所有权人或者管理单位的，由县级以上地方人民政府或者其授权的部门负责组织实施封井或者回填。

实施封井或者回填，应当符合国家有关

技术标准。

第五十条 县级以上地方人民政府应当组织水行政、自然资源、生态环境等主管部门，划定集中式地下水饮用水水源地并公布名录，定期组织开展地下水饮用水水源地安全评估。

第五十一条 县级以上地方人民政府水行政主管部门应当会同本级人民政府自然资源等主管部门，根据水文地质条件和地下水保护要求，划定需要取水的地热能开发利用项目的禁止和限制取水范围。

禁止在集中式地下水饮用水水源地建设需要取水的地热能开发利用项目。禁止抽取难以更新的地下水用于需要取水的地热能开发利用项目。

建设需要取水的地热能开发利用项目，应当对取水和回灌进行计量，实行同一含水层等量取水和回灌，不得对地下水造成污染。达到取水规模以上的，应当安装取水和回灌在线计量设施，并将计量数据实时传输到有管理权限的水行政主管部门。取水规模由省、自治区、直辖市人民政府水行政主管部门制定、公布。

对不符合本条第一款、第二款、第三款规定的已建需要取水的地热能开发利用项目，取水单位和个人应当按照水行政主管部门的规定限期整改，整改不合格的，予以关闭。

第五十二条 矿产资源开采、地下工程建设疏干排水量达到规模的，应当依法申请取水许可，安装排水计量设施，定期向取水许可审批机关报送疏干排水量和地下水水位状况。疏干排水量规模由省、自治区、直辖市人民政府制定、公布。

为保障矿井等地下工程施工安全和生产安全必须进行临时应急取(排)水的，不需要申请取水许可。取(排)水单位和个人应当于临时应急取(排)水结束后5个工作日内，向有管理权限的县级以上地方人民政府水行政主管部门备案。

矿产资源开采、地下工程建设疏干排水应当优先利用，无法利用的应当达标排放。

第五十三条 县级以上人民政府水行政、生态环境等主管部门应当建立从事地下水节约、保护、利用活动的单位和个人的诚信档案，记录日常监督检查结果、违法行为查处等情况，并依法向社会公示。

第七章 法律责任

第五十四条 县级以上地方人民政府，县级以上人民政府水行政、生态环境、自然资源主管部门和其他负有地下水监督管理职责的部门有下列行为之一的，由上级机关责令改正，对负有责任的主管人员和其他直接责任人员依法给予处分：

(一) 未采取有效措施导致本行政区域内地下水超采范围扩大，或者地下水污染状况未得到改善甚至恶化；

(二) 未完成本行政区域内地下水取水总量控制指标和地下水水位控制指标；

(三) 对地下水水位低于控制水位未采取相关措施；

(四) 发现违法行为或者接到对违法行为的检举后未予查处；

(五) 有其他滥用职权、玩忽职守、徇私舞弊等违法行为。

第五十五条 违反本条例规定，未经批准擅自取用地下水，或者利用渗井、渗坑、裂隙、溶洞以及私设暗管等逃避监管的方式排放水污染物等违法行为，依照《中华人民共和国水法》《中华人民共和国水污染防治法》《中华人民共和国土壤污染防治法》《取水许可和水资源费征收管理条例》等法律、行政法规的规定处罚。

第五十六条 地下水取水工程未安装计量设施的，由县级以上地方人民政府水行政主管部门责令限期安装，并按照日最大取水能力计算的取水量计征相关费用,处 10 万元以上 50 万元以下罚款;情节严重的,吊销取水许可证。

计量设施不合格或者运行不正常的,由县级以上地方人民政府水行政主管部门责令限期更换或者修复;逾期不更换或者不修复的,按照日最大取水能力计算的取水量计征相关费用,处 10 万元以上 50 万元以下罚款;情节严重的,吊销取水许可证。

第五十七条 地下工程建设对地下水补给、径流、排泄等造成重大不利影响的,由县级以上地方人民政府水行政主管部门责令限期采取措施消除不利影响,处 10 万元以上 50 万元以下罚款;逾期不采取措施消除不利影响的,由县级以上地方人民政府水行政主管部门组织采取措施消除不利影响,所需费用由违法行为人承担。

地下工程建设应当于开工前将工程建设方案和防止对地下水产生不利影响的措施方案备案而未备案的,或者矿产资源开采、地下工程建设疏干排水应当定期报送疏干排水量和地下水水位状况而未报送的,由县级以上地方人民政府水行政主管部门责令限期补报;逾期不补报的,处 2 万元以上 10 万元以下罚款。

第五十八条 报废的矿井、钻井、地下水取水工程,或者未建成、已完成勘探任务、依法应当停止取水的地下水取水工程,未按照规定封井或者回填的,由县级以上地方人民政府或者其授权的部门责令封井或者回填,处 10 万元以上 50 万元以下罚款;不具备封井或者回填能力的,由县级以上地方人民政府或者其授权的部门组织封井或者回填,所需费用由违法行为人承担。

第五十九条 利用岩层孔隙、裂隙、溶洞、废弃矿坑等贮存石化原料及产品、农药、危险废物或者其他有毒有害物质的,由地方人民政府生态环境主管部门责令限期改正,处 10 万元以上 100 万元以下罚款。

利用岩层孔隙、裂隙、溶洞、废弃矿坑等贮存城镇污水处理设施产生的污泥和处理后的污泥的,由县级以上地方人民政府城镇排水主管部门责令限期改正,处 20 万元以上 200 万元以下罚款,对直接负责的主管人员和其他直接责任人员处 2 万元以上 10 万元以下罚款;造成严重后果的,处 200 万元以上 500 万元以下罚款,对直接负责的主管人员和其他直接责任人员处 5 万元以上 50 万元以下罚款。

在泉域保护范围以及岩溶强发育、存在较多落水洞和岩溶漏斗的区域内,新建、改建、扩建造成地下水污染的建设项目的,由地方人民政府生态环境主管部门处 10 万元以上 50 万元以下罚款,并报经有批准权的人民政府批准,责令拆除或者关闭。

第六十条 侵占、毁坏或者擅自移动地下水监测设施设备及其标志的,由县级以上地方人民政府水行政、自然资源、生态环境主管部门责令停止违法行为,限期采取补救措施,处 2 万元以上 10 万元以下罚款;逾期不采取补救措施的,由县级以上地方人民政府水行政、自然资源、生态环境主管部门组织补救,所需费用由违法行为人承担。

第六十一条 以监测、勘探为目的的地下水取水工程在施工前应当备案而未备案的,由县级以上地方人民政府水行政主管部门责令限期补办备案手续;逾期不补办备案手续的,责令限期封井或者回填,处 2 万元以上 10 万元以下罚款;逾期不封井或者回填的,由县级以上地方人民政府水行政主管部门组织封井或者回填,所需费用由违法行为人承担。

第六十二条 违反本条例规定,构成违反治安管理行为的,由公安机关依法给予治安管理处罚;构成犯罪的,依法追究刑事责任。

第八章 附 则

第六十三条 本条例下列用语含义是：

地下水取水工程，是指地下水取水井及其配套设施，包括水井、集水廊道、集水池、渗渠、注水井以及需要取水的地热能开发利用项目的取水井和回灌井等。

地下水超采区，是指地下水实际开采量超过可开采量，引起地下水水位持续下降、引发生态损害和地质灾害的区域。

难以更新的地下水，是指与大气降水和地表水体没有密切水力联系，无法补给或者补给非常缓慢的地下水。

第六十四条 本条例自 2021 年 12 月 1 日起施行。

江苏省防洪条例

（1999年6月18日江苏省第九届人民代表大会常务委员会第十次会议通过 根据2010年9月29日江苏省第十一届人民代表大会常务委员会第十七次会议《关于修改〈江苏省防洪条例〉的决定》第一次修正 根据2017年6月3日江苏省第十二届人民代表大会常务委员会第三十次会议《关于修改〈江苏省固体废物污染环境防治条例〉等二十六件地方性法规的决定》第二次修正 根据2018年11月23日江苏省第十三届人民代表大会常务委员会第六次会议《关于修改〈江苏省湖泊保护条例〉等十八件地方性法规的决定》第三次修正 根据2021年9月29日江苏省第十三届人民代表大会常务委员会第二十五次会议《关于修改〈江苏省河道管理条例〉等二十九件地方性法规的决定》第四次修正）

第一章　总　　则

第一条　为了防治洪水，防御、减轻洪涝灾害，维护人民的生命和财产安全，保障社会主义现代化建设顺利进行，根据《中华人民共和国防洪法》等法律、行政法规，结合本省实际，制定本条例。

第二条　本省境内一切与防洪有关的活动，适用本条例。

第三条　地方各级人民政府应当加强对防洪工作的统一领导，组织和动员一切社会力量，有计划地进行江河、湖泊治理，加强防洪工程设施建设和管理，做好防汛抗洪工作和洪涝灾害后的恢复与救济工作。

第四条　防洪经费按照各级政府投入与受益者合理承担相结合的原则依法筹集。

第五条　任何单位和个人都有保护防洪工程设施和依法参加防汛抗洪抢险的义务。

在防汛抗洪抢险中做出显著成绩的单位和个人，由地方各级人民政府及有关部门给予奖励。

第六条　县级以上地方人民政府水行政主管部门在本级人民政府的领导下，负责本行政区域内防洪的组织、协调、监督、指导等日常工作。

县级以上地方人民政府住房城乡建设行政主管部门和其他有关部门按照各自的职责分工，在本级人民政府的领导下，负责有关的防洪排涝工作。

经省人民政府批准设立的水利工程管理机构，在其管辖范围内行使省水行政主管部门委托的具体防洪管理职责。

第二章　防洪规划

第七条　省水行政主管部门依据国务院或者国务院水行政主管部门批准的流域和区域防洪规划，会同有关部门和有关设区的市人民政府，编制本省境内长江、淮河、沂沭泗、太湖、洪泽湖、滁河、青弋水阳江等流域性干河和省际边界河道、湖泊及其周边地区的具体防洪规划，报省人民政府批准。

跨设区的市的河道、湖泊的流域和区域防洪规划、海堤规划，由省水行政主管部门依据流域综合规划和区域防洪规划，会同有关部门和有关设区的市人民政府组织编制，报省人民政府批准。

其他河道、河段、湖泊或者区域的防洪规划，由设区的市、县（市、区，下同）水行政主管部门依据流域、区域综合规划，会同有关部门和有关地区编制，报本级人民政府批准，并报上一级人民政府水行政主管部门备案。

城市防洪规划，由城市人民政府组织水行政主管部门、住房城乡建设、自然资源行政主管部门和其他有关部门依据流域防洪规划、上一级人民政府区域防洪规划编制，经上一级水行政主管部门、住房城乡建设、自然资源行政主管部门审核后，由本级人民政府批准，并纳入城市总体规划。国家确定的重点防洪城市的防洪规划由省人民政府批准。

第八条　防洪规划的重点是：加固海堤和长江、淮河、沂沭泗、太湖、洪泽湖堤防、大中型水利工程，清除河道行水障碍，疏浚河道，整治河口，扩大入江入海行洪通道，提高防洪工程设施的综合调度能力，完善非工程措施，保证防洪安全。

第九条　沿江、沿海地区的设区的市、县人民政府，应当把防御风暴潮纳入本地区的防洪规划。

沿江、沿河、沿湖、沿海等因洪（潮）致涝地区，平原、洼地、水网圩区等易涝地区的设区的市、县人民政府应当制定除涝治涝规划。

第十条　除长江、淮河的入海河口的整治规划外，本省流域性或者区域性的骨干河道入海河口的整治规划，由省水行政主管部门会同有关部门和有关设区的市人民政府制定。其他河道入海河口的整治规划由设区的市、县水行政主管部门制定。

第三章　治理与防护

第十一条　本省境内国家确定的重要江河以及省际边界河道的规划治导线按照国务院水行政主管部门批准的执行。

省确定的重要河道以及市际边界河道的规划治导线，由省水行政主管部门拟定，报省人民政府批准。

其他河道的规划治导线分别由设区的市、县水行政主管部门拟定，报本级人民政府批准。

第十二条　河道、湖泊等防洪工程实行统一管理和分级管理相结合的制度。省管的河道、湖泊等防洪工程，除省属单位管理的外，省水行政主管部门负责工程管理状况的检查监督，对防汛岁修以及重点工程除险加固给予经费补助；设区的市、县水行政主管部门按照属地管理的原则实施具体管理，加强维修、养护，确保工程安全运行。

县级以上地方人民政府可以在重要河道堤防管理范围的相连地域划定堤防安全保护区，并予以公告。在城市或者村镇规划区范围内的堤防安全保护区，应当由设区的市、县人民政府在城市规划或者村镇规划中明确。

第十三条　在河道管理范围内采砂、取土等，应当依法报经批准，并按照批准的范围、时间、地点和作业方式开采，确保防洪安全、航运安全、河势稳定。

在本省长江水域内的采砂活动，依照《江苏省人民代表大会常务委员会关于在长江江苏水域严禁非法采砂的决定》执行。

第十四条　开发利用河道、湖泊、湖荡、滩涂，包括岸线、荡滩、水面等，必须符合本地区的防洪规划，涉及入海河口的还应当符合河口整治规划。开发利用规划应当按照规划审批管理的权限，事先经水行政主管部门审查同意。

第十五条　禁止在湖泊、湖荡内围湖造地，圈圩养殖。已经圈圩的，应当按照防洪规划的要求进行治理，有计划地实施退地、平圩还湖或者合理调整利用。

禁止围垦河道。确需围垦的，应当进行科学论证，经水行政主管部门确认不妨碍行洪、输水后，报省以上人民政府批准。

第十六条 在长江、淮河、太湖集水区域范围内，应当保护和扩大森林植被，涵养水源，加强流域性水土保持的综合治理。

河道、湖泊、海堤、涵闸管理单位应当在适宜植树造林地段营造护堤林、护岸林，任何单位和个人不得任意采伐。

第四章 防洪区和防洪工程设施的管理

第十七条 本省防洪区分为蓄滞洪区、防洪保护区、洪泛区。

本省蓄滞洪区、防洪保护区、洪泛区的范围由省水行政主管部门在防洪规划或者防御洪水方案中划定，经省以上人民政府批准后予以公告。

第十八条 在洪泛区、蓄滞洪区内建设非防洪建设项目的，其建设项目中按照规定编制的洪水影响评价报告，必须报水行政主管部门审查批准。

第十九条 根据本省防洪要求，设立行洪区。

行洪区是指河道两岸主堤防之间的滩地，有限制标准的堤防保护，遇较大洪水时作为泄洪通道的区域。

在行洪区内禁止设置有碍行洪的各类建筑物和障碍物，禁止种植高秆作物。对已建的有碍行洪的设施，应当有计划地拆除；对居住的居民应当有计划地组织外迁。

第二十条 防洪工程设施应当严格按照国家有关法律、法规和技术规范、规程、标准进行设计、施工、监理和验收，确保工程质量符合要求。防洪工程设施建设实行项目法人责任制，项目法人对工程质量负全面责任。设计、施工、监理单位按照合同及有关规定对各自承担的工作负责。

防洪工程设施建设应当按照国家有关规定实行招标、投标，不得违法分包，禁止将工程转包。

第二十一条 城市建设应当按照城市防洪规划要求，严格控制建设用地竖向标高，兼顾低洼地改造、城市河道整治、排水管网敷设、泵站建设。在进行房地产开发时，必须同时对开发区域采取相应的防洪排涝措施。

城市人民政府住房城乡建设行政主管部门应当依据防洪规划，加强对城区排水管网、泵站等排涝工程设施的建设与管理。

县级以上水行政主管部门应当加强对穿越城区的具有防洪功能的流域性、区域性的河道及其水利工程设施的建设和管理。

第二十二条 任何单位和个人不得占压、拆卸、穿凿、挖掘、堵塞、填埋城市防洪排涝设施，不得擅自在城市防洪排涝设施安全保护范围内进行爆破、打桩、修建建筑物、构筑物，不得向城市河道倾倒垃圾以及实施其他危害城市防洪设施的行为。

第二十三条 县级以上水行政主管部门应当加强水政监察，依照有关法律、法规的规定查处危害防洪工程设施的行为，确保防洪工程设施的安全与完好。

第五章 防汛抗洪

第二十四条 防汛抗洪工作实行地方各级人民政府行政首长负责制，统一指挥、分级分部门负责。行政首长负责制的主要内容：

（一）贯彻实施国家有关防洪的法律、法规和政策，组织制订本地区有关防洪措施；

（二）建立健全本地区防汛指挥机构及其常设办事机构；

（三）按照本地区的防洪规划，加快防洪工程设施建设；

（四）部署和组织本地区汛前检查和清障，做好对特大洪水的处置措施等安全度汛的各项准备；

（五）贯彻执行上级重大防汛调度命令，做好防汛宣传和思想动员工作，组织抗洪抢险，及时安全转移受灾人员；

分;构成犯罪的,依法追究刑事责任。因设计、施工、监理单位责任造成的,还应当依法追究其法定代表人及有关责任人员的法律责任。

第四十三条 违反本条例第三十八条规定,拒不缴纳或者不如数缴纳水利建设基金、防洪保安资金的,由征收机关责令补缴;逾期不补缴的,可以依法申请人民法院强制执行。

第四十四条 除本条例第四十二条、第四十三条规定外,本条例规定的行政处罚,由水行政主管部门决定。

第四十五条 水行政主管部门在实施本条例规定的罚款处罚时,应当使用省财政部门统一印制的收据,罚款上缴国库。

第八章 附 则

第四十六条 本条例自 1999 年 7 月 1 日起施行。

江苏省河道管理条例

（2017 年 9 月 24 日江苏省第十二届人民代表大会常务委员会第三十二次会议通过 根据 2021 年 9 月 29 日江苏省第十三届人民代表大会常务委员会第二十五次会议《关于修改〈江苏省河道管理条例〉等二十九件地方性法规的决定》修正）

第一章 总 则

第一条 为了加强河道管理和保护，规范开发利用，保障防洪和供水安全，改善水生态环境，发挥河道的综合效益，根据《中华人民共和国水法》《中华人民共和国防洪法》《中华人民共和国河道管理条例》等法律、行政法规，结合本省实际，制定本条例。

第二条 本省行政区域内河道（包括湖泊、水库、人工水道、行洪区、蓄洪区、滞洪区）的管理、保护和利用，适用本条例。

第三条 河道管理实行全面规划、统筹兼顾、保护优先、综合治理、合理利用的原则，服从防洪的总体安排。

第四条 县级以上地方人民政府应当加强对河道管理工作的领导，建立健全河道管理单位，将河道管理纳入国民经济和社会发展规划，将河道建设、维修养护、管理运行所需经费纳入年度财政预算。

第五条 县级以上地方人民政府水行政主管部门是本行政区域内河道的主管部门。县级以上地方人民政府其他有关部门根据各自职责做好河道管理的有关工作。

经省人民政府批准设立的水利工程管理机构，履行法律、法规规定和省人民政府赋予的河道监督管理职责。

对本省行政区域内由流域管理机构直接管理的河道，流域管理机构按照国家规定履行河道管理职责。

第六条 乡镇人民政府、街道办事处应当按照规定的职责，加强日常巡查，制止违法行为，做好河道的维修养护和清淤疏浚、保洁等工作。

村民委员会、居民委员会可以依法制定村规民约或者居民公约，引导村民、居民自觉维护河道整洁，协助做好河道的清淤疏浚和保洁工作。

第七条 全面实行河长制，落实河道管理保护地方主体责任，建立健全部门联动综合治理长效机制，统筹推进水资源保护、水污染防治、水环境治理、水生态修复，维护河道健康生命和河道公共安全，提升河道综合功能。

第八条 地方各级人民政府及有关部门、新闻媒体应当加强河道管理和保护的宣传教育，普及河道管理和保护的相关知识，引导公众自觉遵守河道管理和保护的法律、法规。

任何单位和个人有权对违反河道管理法律、法规的行为进行制止和举报。对管理和保护河道作出突出贡献的单位和个人，由地方各级人民政府或者水行政主管部门给予奖励。

第二章 管理和保护

第九条 省、设区的市、县（市、区）、乡镇

(街道)四级设立总河长,河道分级分段设立河长。总河长、河长名单向社会公布。

第十条 各级总河长是本行政区域内河长制的第一责任人,组织领导、协调解决河长制落实过程中的重大问题,组织督促检查、绩效考核和问责追究。

各级河长负责组织相应河道的管理、保护、治理等工作,开展河道巡查,协调、督促解决河道管理保护中的问题。

各相关部门按照分工履行职责,落实河长制有关工作。

第十一条 县级以上地方人民政府应当建立河长制考核评价制度和公众参与信息平台,并聘请有关专业组织、社会公众对河长的履职情况进行监督和评价。

第十二条 河道管理实行统一管理与分级管理相结合,下级管理服从上级管理的管理体制。对上级水行政主管部门管理的河道,下级水行政主管部门可以按照职责权限的规定,根据河道的统一规划和管理技术要求实施管理。

县级以上地方人民政府水行政主管部门应当按照河道分级管理权限制定河道管理名录,经本级人民政府批准后向社会公布。

第十三条 县级以上地方人民政府水行政主管部门应当做好本行政区域内河道水系、水域状况、开发利用等基础情况调查工作,建立和完善河道档案,加强河道管理的信息化建设。

第十四条 县级以上地方人民政府水行政主管部门应当根据河道分级管理权限,按照防洪、水资源配置和保护的总体安排,会同发展改革、交通运输等部门编制河道保护规划,报本级人民政府批准后实施,并报上一级水行政主管部门备案。

河道保护规划应当包括河道管理范围、保护范围与管理保护措施,防洪治涝措施,蓄水、输水要求与措施,水功能区划、水质保护目标与管理保护措施,生态保护目标与保护措施,河道内重要基础设施保护措施,资源开发利用控制指标,饮用水源保护区和饮用水源准保护区的划分方案与管理保护措施以及岸线资源利用与保护、河道采砂管理,河道占用清退与清淤方案、河道管理方案等内容。

河道保护规划应当符合流域、区域综合规划和防洪、水资源等专业规划,与土地利用总体规划、城乡建设规划、环境保护规划、生态红线保护规划等规划相衔接。其他专业规划应当与河道保护规划相协调。

第十五条 县级以上地方人民政府应当设立河道水域和岸线资源的保护区、保留区、控制利用区和开发利用区,保证水域和岸线资源的有效保护与合理开发利用。

第十六条 县级以上地方人民政府应当加强对具有重要历史文化价值河道的保护,明确保护范围和标准,建立相关档案,对涉及河道的非物质文化遗产进行挖掘、整理,保护和弘扬河道文化。

第十七条 县级以上地方人民政府应当组织开展河道的划界工作,依法对本行政区域内的河道划定管理范围和保护范围,并向社会公布。

河道管理范围按照《江苏省水利工程管理条例》的规定划定。

河道管理范围内属于国家所有的土地,可以由河道管理单位使用,并依法办理不动产登记手续。其中,已经县级以上地方人民政府批准由其他单位或者个人使用的,可以继续由原单位或者个人使用。属于集体所有的土地,其所有权和使用权不变。土地的使用不得损害河道功能和影响河道安全。

第十八条 县级以上地方人民政府水行政主管部门应当设置河道管理范围的界桩和标识牌。标识牌应当载明河道名称、管理责任人、河道管理范围以及河道管理范围内禁止和限制的行为等事项。

任何单位和个人不得擅自移动、损毁、掩盖界桩和标识牌。

第十九条 修建河道工程，在工程设计中应当包括主体工程和观测、防汛、自动控制（监控）、水文、管理用房等各类管理基础设施和附属设施，明确工程管理范围。工程概算中应当包含上述工程设施的投资。在工程开工前应当依法办理用地手续，确定土地权属。工程竣工验收时，应当将上述工程一并验收，并将有关资料（包括不动产权属证书）移交工程管理单位。

第二十条 河道管理单位应当加强河道的安全检查和维修养护，消除安全隐患，保障安全运行。

县级以上地方人民政府水行政主管部门应当积极培育河道维修养护市场，规范市场秩序，逐步实行河道管理和维修养护分离，提高河道管护效能。

第二十一条 地方各级人民政府应当加强河道环境整治，限期消除黑、臭、脏河道，定期组织水生植物清理、漂浮物打捞、河道保洁等。

第二十二条 县级以上地方人民政府水行政主管部门应当对河道淤积情况定期监测，并根据监测情况制定清淤疏浚计划，报经本级人民政府批准后实施。

清淤疏浚计划应当明确清淤疏浚的范围和方式、责任主体、资金保障、淤泥处理等事项。

河道清淤不得损害河道水生态环境。淤泥利用应当经无害化处理，并符合环境保护的要求。

第二十三条 河道管理单位应当加强堤防及其护堤地绿化工作，防止水土流失，美化河道环境。

河道管理范围内护堤护岸林木不得擅自砍伐。采伐河道管理范围内水利防护林的，应当依法办理采伐许可手续，并按照规定更新补种。其他部门在河道管理范围内营造的林木，其日常管理和更新采伐应当满足河道行洪排涝、防汛抢险、工程安全和水土保持的需要。

第二十四条 在船舶航行可能危及堤岸安全的河段，应当限定航速。限定航速的标志，由交通运输主管部门与水行政主管部门商定后设置。

通行船舶应当遵守限定航速规定，不得超速行驶。

第二十五条 禁止擅自围垦河道。因江河治理需要围垦的，应当经过科学论证，并经省水行政主管部门同意后报省人民政府批准。

已经围河造地的，应当制定计划，明确时限，按照国家规定的防洪标准进行治理，退地还河。

第二十六条 禁止填堵、覆盖河道。

因城市建设确需填堵原有河道的沟叉、贮水湖塘洼淀和废除原有防洪围堤的，应当按照管理权限，报城市人民政府批准，并按照等效等量原则进行补偿，先行兴建替代工程或者采取其他补偿措施，所需费用由建设单位承担。

第二十七条 在河道管理范围内禁止下列活动：

（一）倾倒、排放、堆放、填埋矿渣、石渣、煤灰、泥土、泥浆、垃圾等废弃物；

（二）倾倒、排放油类、酸液、碱液等有毒有害物质；

（三）损坏堤防、护岸、闸坝等各类水工程建筑物及防汛、水文、通讯、供电、观测、自动控制等设施；

（四）在行洪、排涝、输水河道内设置影响行水的建筑物、构筑物、障碍物或者种植阻碍行洪的林木或者高秆作物；

（五）在堤防和护堤地建房、垦种、放牧、开渠、打井、挖窖、葬坟、晒粮、存放物料、开采地下资源、进行考古发掘以及开展集市贸易活动；

（六）其他侵占河道、危害防洪安全、影响河势稳定和破坏河道水环境的活动。

第二十八条 涵、闸、泵站、水电站应当设立安全警戒区。安全警戒区由水行政主管部门在工程管理范围内划定，并设立标志。禁止在涵、闸、泵站、水电站安全警戒区内从事渔业养殖、捕（钓）鱼、停泊船舶、建设水上设施。

禁止在行洪、排涝、输水的主要河道或者通道上设置鱼罾、鱼簖等捕鱼设施。

设区的市、县（市、区）人民政府农业农村主管部门应当会同同级水行政主管部门、交通运输行政主管部门制定河道内渔具管理办法，报同级人民政府批准后施行。

第二十九条 县级以上地方人民政府水行政主管部门应当建立河道巡查、督查制度，定期开展监督检查，查处违法行为。河道管理单位应当开展日常管理巡查，向水行政主管部门报告巡查中发现的重大问题。

第三章 开发利用

第三十条 在河道管理范围内确需建设跨河、穿河、穿堤、临河的建筑物、构筑物等工程设施的，其工程建设方案以及工程位置和界限应当经县级以上地方人民政府水行政主管部门批准，但由流域管理机构审批的除外。

第三十一条 在河道管理范围内建设工程设施，应当符合防洪要求、河道保护规划和相关技术标准、技术规范，不得妨碍河道行洪输水、航运畅通，不得危害堤防安全、影响河势稳定。

修建前款规定的工程设施占用水域的，应当根据建设项目所占用的水域面积、容量及其对水域功能的不利影响，由建设单位或者个人建设等效替代水域工程。

经批准的工程设施的性质、规模、地点、用途确需变更的，建设单位或者个人应当向水行政主管部门重新办理审批手续。工程设施主体变更的，承接单位或者个人应当到水行政主管部门办理主体变更手续。

第三十二条 河道管理范围内的工程设施施工时，建设单位或者个人应当在开工前将施工方案报水行政主管部门备案，并严格按照施工方案进行施工，承担施工期间和施工范围内的防汛工作。施工围堰或者临时阻水设施影响防洪安全的，建设单位或者个人应当按照防汛指挥机构的紧急处理决定，限期清除或者采取其他紧急补救措施。施工结束后应当及时清理现场、清除施工围堰等设施，恢复河道原状。

对河道堤防等水工程设施造成损害或者造成河道淤积的，建设单位或者个人应当负责修复、清淤或者承担维修费用。

第三十三条 建设单位或者个人应当自取得水行政主管部门批准文件之日起三年内开工建设；逾期未开工建设的，原批准文件失效，水行政主管部门应当予以注销。

第三十四条 河道管理范围内经批准建设的工程设施，建设单位或者个人应当保持防汛通道（包括堤顶道路）畅通，不得阻断。本条例实施前已经阻断的，应当采取措施，恢复畅通。

第三十五条 除流域管理机构实施管理的外，从事下列活动，应当报县级以上地方人民政府水行政主管部门批准：

（一）在河道管理范围内爆破、钻探、挖筑、取土；

（二）在河道滩地存放物料或者进行生产经营活动；

（三）在河道滩地开采地下资源、考古发掘。

第三十六条 在河道管理范围内开展水上旅游、水上运动等活动，应当符合河道保护规划，不得影响河道防洪安全、行洪安全、工程安全和公共安全，不得污染河道水体。

第四章 采砂管理

第三十七条 河道采砂管理实行县级以上地方人民政府行政首长负责制。

确需开采利用河道砂石资源的，县级以上地方人民政府水行政主管部门应当根据河道分级管理权限和河道保护规划，会同自然资源、交通运输等部门编制河道采砂规划，报本级人民政府批准后实施。

第三十八条 县级以上地方人民政府应当加强对本行政区域内河道采砂管理工作的领导，建立河道采砂管理的督察、通报、考核、问责制度，健全和完善河道采砂管理联合执法机制，组织水利、交通运输、公安、自然资源、农业农村等有关部门查处非法采砂行为，及时处理河道采砂管理中的重大问题。

第三十九条 县级以上地方人民政府水行政主管部门负责河道采砂的管理和监督工作，根据河道采砂规划制订年度河道采砂计划，实施河道采砂许可，查处河道非法采砂行为。

县级以上地方人民政府交通运输主管部门依法查处无证无照或者证照不全的船舶从事采砂运砂作业，以及在航道和航道保护范围内非法采砂损害航道通航条件的违法行为。

县级以上地方人民政府公安机关负责依法查处河道采砂活动中的违反治安管理和犯罪行为。

县级以上地方人民政府农业农村主管部门依法查处因河道非法采砂破坏、损害水生生物资源的违法行为。

县级以上地方人民政府生态环境、自然资源等其他有关部门在各自职责范围内，依照相关法律、法规规定履行河道采砂监督管理职责。

第四十条 县级以上地方人民政府可以根据河道的水情、工情、汛情和管理需要，设定河道禁采区和设立禁采期，并予以公告。

下列区域应当划为禁采区：

（一）堤防及护堤地、河道整治工程、水库大坝、水文观测设施、水环境监测设施、涵闸以及取水、排水、水电站等工程及其附属设施安全保护范围；

（二）河道顶冲段、险工险段；

（三）桥梁、穿河电缆、管道、隧道等工程及其附属设施安全保护范围；

（四）饮用水水源保护区。

主汛期、超过警戒水位期间应当确定为禁采期。

第四十一条 河道采砂应当符合河道采砂规划。

在河道管理范围内采砂的单位或者个人，应当经县级以上地方人民政府水行政主管部门批准，并依法申领河道采砂许可证；涉及航道的，水行政主管部门应当征求交通运输主管部门的意见。

第四十二条 河道采砂实行一船（机）一证。河道采砂许可证有效期不得超过一个可采期。

从事采砂活动的单位和个人需要改变河道采砂许可证规定的事项和内容的，应当依法办理变更手续。

禁止伪造、涂改或者以买卖、出租、出借等方式转让河道采砂许可证。

第四十三条 因整治河道、航道进行采砂的，不受河道采砂规划限制。但河道采砂用于兴建河道、航道工程建筑物的，应当依法申领河道采砂许可证。

第四十四条 从事河道采砂的单位或者个人应当按照河道采砂许可证规定的要求进行采砂作业，不得危害水工程安全和航运安全。

第四十五条 采砂船舶、机具不得在禁采区内滞留；未取得河道采砂许可证的采砂船舶、机具不得在可采区内滞留。

取得河道采砂许可证件的采砂船舶、机

江苏省湖泊保护条例

(2004 年 8 月 20 日江苏省第十届人民代表大会常务委员会第十一次会议通过 根据 2012 年 1 月 12 日江苏省第十一届人民代表大会常务委员会第二十六次会议《关于修改〈江苏省湖泊保护条例〉的决定》第一次修正 根据 2018 年 11 月 23 日江苏省第十三届人民代表大会常务委员会第六次会议《关于修改〈江苏省湖泊保护条例〉等十八件地方性法规的决定》第二次修正 根据 2021 年 9 月 29 日江苏省第十三届人民代表大会常务委员会第二十五次会议《关于修改〈江苏省河道管理条例〉等二十九件地方性法规的决定》第三次修正)

第一条 为了加强湖泊保护,有效发挥湖泊功能,合理利用湖泊资源,维护湖泊生态环境,防治水害,根据《中华人民共和国水法》《中华人民共和国防洪法》《中华人民共和国环境保护法》等有关法律、行政法规,结合本省实际,制定本条例。

第二条 列入江苏省湖泊保护名录的湖泊的开发、利用、保护和管理,适用本条例。

省人民政府应当将面积在 0.5 平方公里以上的湖泊、城市市区内的湖泊、作为城市饮用水水源的湖泊列入江苏省湖泊保护名录,于本条例实施前确定并公布。

省人民政府可以根据本条例的实施情况,对湖泊保护名录作出调整,并予公告。

第三条 湖泊保护应当遵循统筹兼顾、科学利用、保护优先、协调发展的原则。

地方各级人民政府应当增加投入,采取有利于湖泊保护的经济技术政策和措施,加强湖泊资源保护,规范湖泊开发、利用活动,防止现有湖泊面积减少,提高湖泊行水蓄水能力,防止湖泊水质污染,改善湖泊生态环境。

第四条 地方各级人民政府及有关部门应当加强湖泊保护的科学研究,做好湖泊保护的宣传工作,增强公民的湖泊保护意识;对保护湖泊成绩显著的单位和个人给予表彰或者奖励。

第五条 县级以上地方人民政府水行政主管部门(以下简称县级以上水行政主管部门)是本行政区域内湖泊的主管机关,负责湖泊的管理和保护工作。

县级以上地方人民政府有关部门应当按照职责分工,做好湖泊的有关管理和保护工作。

沿湖乡镇人民政府、街道办事处应当根据湖泊保护的具体要求,做好相关工作。

第六条 本省境内的洪泽湖、太湖、骆马湖、微山湖、里下河腹部地区湖泊湖荡、白马湖、高邮湖、宝应湖、邵伯湖、滆湖、长荡湖、石臼湖、固城湖,除水利部流域管理机构直接管理的外,由省水行政主管部门管理。

其他湖泊由设区市、县(市、区,下同)水行政主管部门管理,城市市区内的湖泊按照现有管理权限进行管理。

跨行政区域的湖泊,由共同的上一级水行政主管部门或者其授权的水行政主管部门实施管理。

第七条 列入保护名录的湖泊,应当按照防洪和水资源配置的总体安排,分别编制湖泊保护规划。

湖泊保护规划的内容应当包括湖泊保护范围，禁止采砂、取土、采石的区域（以下简称湖泊禁采区），限制开发、利用的项目，防洪、除涝要求，水功能区划以及水质保护目标、措施，种植、养殖面积控制目标，退田（渔）还湖、退圩还湖方案，清淤措施等内容。

湖泊保护规划按照湖泊管理权限由县级以上水行政主管部门会同有关部门编制，报本级人民政府批准后实施。湖泊保护规划应当自本条例实施之日起一年内编制完成。水行政主管部门应当根据实际情况的变化对湖泊保护规划进行修订和调整，并报原批准机关批准。

湖泊保护规划是湖泊保护、开发、利用和管理的依据。任何单位和个人不得违反湖泊保护规划从事水产养殖、城镇建设、房地产开发、旅游资源开发等开发、利用活动。

第八条　湖泊保护范围为湖泊设计洪水位以下的区域，包括湖泊水体、湖盆、湖洲、湖滩、湖心岛屿、湖水出入口，湖堤及其护堤地，湖水出入的涵闸、泵站等工程设施。

县级以上水行政主管部门应当会同有关部门按照湖泊保护规划划定湖泊的具体保护范围，设立保护标志。

第九条　湖泊禁采区由水行政主管部门会同交通运输、自然资源、农业农村等有关部门按照防洪和水资源保护要求，在科学论证的基础上划定，并予公告。

第十条　县级以上水行政主管部门应当制定湖泊水量调度方案，满足城乡居民生活用水，兼顾种植、养殖和工业用水，保障湖泊生态环境用水。

湖泊蓄水量不足的，应当采取措施补充水量。湖泊水位到达死水位以下的，不得擅自向湖外调水；确需向湖外调水的，应当由有管辖权的水行政主管部门报经本级人民政府同意。

第十一条　在湖泊保护范围内，禁止建设妨碍行洪的建筑物、构筑物。在城市市区内的湖泊保护范围内，禁止新建、扩建与防洪、改善水环境以及景观无关的建筑物、构筑物。

在湖泊保护范围内，依法获得批准进行工程项目建设或者设置其他设施的，不得有下列情形：

（一）缩小湖泊面积；

（二）影响湖泊的行水蓄水能力和其他工程设施的安全；

（三）影响水功能区划确定的水质保护目标；

（四）破坏湖泊的生态环境。

在湖泊保护范围内建设跨湖、穿湖、穿堤、临湖的工程设施的，按照《中华人民共和国防洪法》的规定履行报批手续。

第十二条　湖泊保护范围内禁止下列行为：

（一）排放未经处理或者处理未达标的工业废水；

（二）倾倒、填埋废弃物；

（三）在湖泊滩地和岸坡堆放、贮存固体废弃物和其他污染物。

对城市市区内的湖泊应当建设环湖截污管网，并纳入城市污水处理系统。湖泊保护范围内的城市生活污水应当进入城市截污管网进行处理。

第十三条　县级以上水行政主管部门应当会同农业农村等有关部门，按照湖泊保护规划和防洪要求，在湖泊内划定用于种植、养殖的水域，报本级人民政府批准。在城市市区内的湖泊内，禁止围网、围栏养殖。

农业农村部门应当根据划定的种植、养殖水域依法编制种植、养殖规划，确定具体的种植、养殖面积、种类、密度、方式和布局。

种植、养殖项目应当按照依法批准的种植、养殖规划实施，并服从湖泊蓄水调洪的需要。对在规划养殖面积之外的原有养殖项目，应当在规划批准之日起五年内分期分批停止实施，停止实施计划由县级以上地方人民政府制定。

第十四条 在湖泊保护范围内，开发旅游资源项目应当符合湖泊保护规划的要求，并依法报经批准。

经批准设置的各类旅游景观、水上运动、餐饮娱乐、度假休闲等设施，不得影响防洪安全，并应当与自然景观相协调。

第十五条 在湖泊禁采区内，禁止采砂、取土、采石。

在湖泊保护范围内采矿，在湖泊禁采区以外的区域采砂、取土、采石，应当依照有关法律、法规规定的程序办理审批手续，并按照批准的地点、期限、总量、方式和深度进行。

在湖泊禁采区以外的区域，采用围堰排水疏干方式结合清淤进行的取土工程，应当做好规划和论证工作，制定科学的清淤取土方案，防止破坏湖泊生态环境，并按照规定履行报批手续。施工过程中，应当保证安全，服从防洪的安排；施工结束后，应当及时平整湖底，拆除围堰，并进行相关的工程竣工验收工作。

第十六条 城镇建设和发展不得占用湖泊。城镇规划的临湖界限，由有管辖权的水行政主管部门会同自然资源部门确定。

第十七条 禁止在湖泊保护范围内圈圩养殖。禁止在湖泊保护范围内围湖造地，不得将湖滩、湖荡作为耕地总量占补平衡用地。

已经围垦或者圈圩养殖的，批准湖泊保护规划的人民政府应当按照防洪规划的要求和恢复湖泊生态条件的需要，制定实施退田(渔)还湖、退圩还湖方案的计划。湖泊所在地县级人民政府应当根据实施退田(渔)还湖、退圩还湖方案的计划确定补偿标准，明确有关部门和沿湖乡镇人民政府的责任和分工。实施退田(渔)还湖、退圩还湖计划所需的安置补偿资金应当列入本级政府预算，对经济欠发达地区，上级人民政府应当给予必要的财政支持。

已圈圩从事水产养殖的，不得在现有的基础上加高加宽圩堤，不得转作他用。

第十八条 地方各级人民政府应当采取措施保护和改善湖泊生态系统，加强湖泊湿地保护。

县级以上地方人民政府应当组织水利、农业农村、生态环境、林业、住房城乡建设等有关部门在科学论证的基础上，有计划地种植有利于净化水体的植物，有计划地放养有利于净化水体的底栖动物和鱼类，并对各类水生植物的残体进行清除。

第十九条 地方各级人民政府应当采取措施，定期组织湖泊清淤，所需经费由地方各级人民政府根据财力情况统筹安排。湖泊清淤需要临时占用的土地由所在地市县人民政府安排。

人为造成湖泊淤积的，由致淤单位或者个人负责清淤；致淤单位或者个人不清淤的，由水行政主管部门组织清淤，所需费用由致淤单位或者个人承担。

为改善水环境进行的清淤应当选用环保型清淤机械设施。

第二十条 批准湖泊保护规划的人民政府应当对规划的实施情况进行检查，并向本级人民代表大会常务委员会报告。

第二十一条 行政机关及其工作人员有下列行为之一的，对直接负责的主管人员和其他直接责任人员依法给予处分；构成犯罪的，依法追究刑事责任：

(一)违反湖泊保护规划，批准开发、利用项目的；

(二)对围湖造地、圈圩养殖等违法行为不予查处的；

(三)违反规定的条件和程序实施行政许可，不履行监督职责的；

（四）其他玩忽职守、徇私舞弊、滥用职权的。

第二十二条 违反本条例规定的行为，由水利、自然资源、生态环境、住房城乡建设、交通运输、农业农村等有关部门依照相关法律、法规的规定进行处罚。

第二十三条 城市规划区内或者风景名胜区内的湖泊的管理，法律、法规另有规定的，从其规定。

第二十四条 本条例自 2005 年 3 月 1 日起施行。

江苏省水土保持条例

（2013年11月29日江苏省第十二届人民代表大会常务委员会第六次会议通过 根据2017年6月3日江苏省第十二届人民代表大会常务委员会第三十次会议《关于修改〈江苏省固体废物污染环境防治条例〉等二十六件地方性法规的决定》第一次修正 根据2021年9月29日江苏省第十三届人民代表大会常务委员会第二十五次会议《关于修改〈江苏省河道管理条例〉等二十九件地方性法规的决定》第二次修正）

第一章 总 则

第一条 为了预防和治理水土流失，保护和合理利用水土资源，减轻水、旱、风沙灾害，改善生态环境，维护生态安全，保障经济社会可持续发展，根据《中华人民共和国水土保持法》等法律、行政法规，结合本省实际，制定本条例。

第二条 在本省行政区域内从事水土保持活动，应当遵守本条例。

本条例所称水土保持，是指对自然因素和人为活动造成水土流失所采取的预防和治理措施。

本条例所称水土流失，是指在水力、风力、重力及冻融等自然营力和人类活动作用下，水土资源和土地生产能力的破坏和损失，包括土地表层侵蚀及水的损失。

第三条 水土保持工作坚持预防为主、保护优先、因地制宜、综合治理的原则。开发利用水土资源实行谁开发利用谁保护、谁造成水土流失谁负责治理的制度。

第四条 县级以上地方人民政府应当加强对水土保持工作的统一领导，建立健全水土保持工作协调机制，将水土保持工作纳入本级国民经济和社会发展规划，对水土保持规划确定的任务，安排专项资金，并组织实施。

水土流失重点预防区和重点治理区所在的地方各级人民政府应当建立健全水土保持目标责任制度和考核奖惩制度，将水土保持工作纳入年度工作考核内容，实行水土保持任期责任目标行政首长负责制，并将任期责任目标完成情况作为考核和评价主要负责人工作的重要内容。

第五条 县级以上地方人民政府水行政主管部门主管本行政区域内水土保持工作，会同有关部门组织编制水土保持规划，负责生产建设项目水土保持方案的审批和水土保持设施的验收监管工作，组织实施水土流失综合治理，开展水土保持监测。

县级以上地方人民政府发展改革、农业农村、林业、自然资源、住房城乡建设、交通运输、生态环境等有关部门按照各自职责，做好水土保持相关工作。

乡镇人民政府、街道办事处应当做好本行政区域的水土保持工作。

第六条 县级以上地方人民政府应当制定奖励办法和优惠政策，鼓励和支持公民、法人和其他组织参与预防和治理水土流失。

县级以上地方人民政府应当安排资金用于水土保持技术研究，推广使用新材料、新工艺、新技术，培养水土保持科技人才。

地方各级人民政府以及有关部门应当加强水土保持宣传教育工作，普及水土保持科学知识，增强公众水土保持意识。

第二章 水土保持规划

第七条 省水行政主管部门每五年组织开展一次全省水土流失调查。水土流失调查结果报国务院水行政主管部门备案后，由省水行政主管部门向社会公告。

水土流失调查结果公告的内容主要包括水土流失面积、侵蚀类型、分布状况和流失程度，以及水土流失成因、危害、发展趋势、防治情况及其效益等。

第八条 县级以上地方人民政府应当依据水土流失调查结果、上级水土流失重点预防区和重点治理区的划定结果，及时组织水行政主管部门和其他有关部门划定水土流失重点预防区和重点治理区并向社会公告。

下列区域应当划定为水土流失重点预防区：

（一）水源涵养区、饮用水水源区；

（二）水库库区及其集水区、湖泊保护范围；

（三）梯田集中分布区；

（四）水土流失微度的山区、丘陵区和平原沙土区；

（五）水土流失潜在危险较大的其他区域。

下列区域应当划定为水土流失重点治理区：

（一）崩塌、滑坡危险区；

（二）荒山荒坡和坡耕地分布集中的地区；

（三）废弃矿山（场）、采石宕口；

（四）大型基础设施工程建设迹地；

（五）水土流失轻度以上的山区、丘陵区、平原沙土区等区域。

第九条 水行政主管部门应当在水土流失重点预防区、重点治理区划定的基础上，会同有关部门编制本行政区域水土保持规划，报本级人民政府或者其授权的部门批准后，由水行政主管部门组织实施。实施情况应当向本级人民政府报告。

第十条 编制水土保持规划，应当遵循统筹协调、分类指导的原则，与主体功能区规划、土地利用总体规划、水资源规划、城乡规划和环境保护规划等相协调。

水行政主管部门应当在编制水土保持规划过程中采取论证会、听证会或者其他方式征求有关单位、专家和公众的意见。水土保持规划草案应当向社会公告，公告时间不得少于三十日。

第十一条 编制基础设施建设、矿产资源开发、城镇建设、土地开发利用、地下空间开发利用、公共服务设施建设、产业园区建设、风景名胜区、经济林开发等方面的规划，在实施过程中可能造成水土流失的，规划的组织编制机关应当分析论证规划中项目总体布局、规模以及建设的区域范围对水土资源和生态环境的影响，提出水土流失预防和治理的对策和措施，并在规划报请审批前征求本级人民政府水行政主管部门的意见；未提出水土流失预防和治理的对策和措施，或者提出的对策和措施不符合要求，规划审批机关应当要求其补充或者修改。

第三章 水土流失预防

第十二条 地方各级人民政府以及有关部门应当按照水土保持规划采取预防措施，保护植被、涵养水源，组织植树造林，扩大林草覆盖面积，加强对取土、挖砂、采石等活动的管理，减少对地表的扰动，预防和减轻水土流失。

第十三条 禁止在二十五度以上陡坡地开垦种植农作物。禁止开垦的陡坡地的范围由当地县级人民政府划定后公告，并设立标志。

在二十五度以上陡坡地应当优先种植生态公益林；种植经济林的，应当科学选择树种，合理确定规模。种植林木应当采取等高条垦、鱼鳞坑等种植方式和有利于水土保持的拦水、蓄水、保水、排水等措施。

在二十五度以下、五度以上荒坡地开垦种植农作物和经济林的，应当采取修建梯田、水平阶、等高条垦等种植方式和坡面拦水、排水等措施。

第十四条 在山区、丘陵区采伐林木的，采伐方案中应当有水土保持措施；采伐方案经林业主管部门批准后，抄送同级水行政主管部门，并由林业主管部门和水行政主管部门监督实施。

第十五条 不得违反法律、法规的规定从事取土、挖砂、采石等可能造成水土流失的活动。

经依法批准从事取土、挖砂、采石的，应当严格按照批准的环境治理和水土保持方案实施，做好水土流失预防工作。

第十六条 地方各级人民政府以及有关部门应当对饮用水水源保护区、水库集水区域内的产业结构进行优化调整，采取预防保护、自然修复和综合治理措施，建设水源涵养林、水土保持林和生态保护带、隔离带，增强涵养水源功能，预防水土流失。

第十七条 在水土流失重点预防区、重点治理区和水土保持规划确定的容易发生水土流失的其他区域开办基础设施建设、矿产资源开发、城镇建设、房地产开发、旅游开发等生产建设项目，生产建设单位应当编制水土保持方案，在项目开工前报水行政主管部门审批。但是，按照国家有关规定不再办理水土保持方案审批手续的除外。

第十八条 在本条例第十七条规定的区域以外建设经济开发区的，开发区管理机构应当采取水土保持措施，预防水土流失。

第十九条 水土保持方案报告形式分为水土保持方案报告书和水土保持方案报告表，具体编报情形按照国家有关规定执行。

编制水土保持方案应当符合相关技术规范和规定，内容主要包括：

（一）水土流失防治的责任范围，包括生产建设项目永久征地、临时占地以及其他使用与管辖区域；

（二）水土流失防治目标，包括水土流失治理度、土壤流失控制比、渣土防护率、表土保护率、林草植被恢复率、林草覆盖率等指标；

（三）水土流失防治措施，包括采取的工程措施、植物措施、临时防护措施和管理措施等；

（四）水土保持投入，包括按照国家和省制定的水土保持投资编制规定估算的各项水土保持措施投资以及相关的间接费用；

（五）其他需要说明的问题。

第二十条 应当编制水土保持方案的生产建设项目，生产建设单位未编制水土保持方案或者水土保持方案未经水行政主管部门批准的，生产建设单位不得开工建设项目主体工程、附属配套工程和前期工程。

第二十一条 经批准的生产建设项目水土保持方案中的水土保持设施，应当与主体工程同时设计、同时施工、同时投产使用。水土保持设施在设计、施工中有重大变更的，应当报原审批水土保持方案的水行政主管部门批准。

水土保持设施未经验收或者验收不合格的，生产建设项目不得投产使用。

第二十二条 水行政主管部门应当加强对生产建设项目水土保持方案实施情况的跟踪检查。检查的内容主要包括：水土保持工程设计、重大变更报批、水土保持设施建设进度和质量、资金投入、水土保持监理和监测、废弃物处置等。

第二十三条 生产建设项目的水土保持设施符合以下条件的，方能确定为验收合格：

（一）生产建设项目水土保持方案审批手续完备，水土保持工程设计、施工、监理、监测报告等资料齐全；

（二）水土保持设施按照批准的水土保持方案建设；

（三）水土流失防治目标达到批准的水土保持方案要求以及国家和地方的有关技术标准；

（四）水土保持设施具备正常运行条件，符合交付使用要求；

（五）水土保持设施的管理、维护措施落实到位。

第四章 水土流失治理

第二十四条 治理水土流失应当符合国家和省有关技术规范和要求，坚持开发利用水土资源与改善生态环境相结合，注重提高生态效益、社会效益和经济效益。

第二十五条 地方各级人民政府应当根据水土保持规划确定的治理目标和任务，组织有关部门、单位和个人对水土流失进行综合治理，确保治理目标任务完成。

地方各级人民政府应当组织开展清洁小流域建设，通过湿地修复保护、污水处理设施建设、垃圾集中处理、化肥和农药的控制使用等措施，减少水土流失引起的环境污染。

第二十六条 山区、丘陵区水土流失治理，应当以小流域为单元，采取工程措施与植物措施、坡面治理与沟道治理、田间工程与保护性耕作相结合，建立水土流失综合防护体系。

平原沙土区水土流失治理，应当以村镇河道或者村为单元，采取沟、河、渠堤坡工程防护与植被防护等措施，建立水土流失综合防护体系。

城市市区水土流失治理，应当以生态措施为主，采取植树、种草、固坡和雨水蓄渗、雨水洪水利用等措施，恢复和提高生态系统功能，减轻水土流失，防止河道淤积。

第二十七条 开办生产建设项目或者从事其他生产活动造成水土流失的，应当负责治理。损坏水土保持设施、地貌、植被，不能恢复原有水土保持功能的，应当缴纳水土保持补偿费，专项用于水土流失预防和治理。水土保持补偿费的收取使用管理按照国家和省有关规定执行。

第二十八条 大中型水库的水费征收单位应当按照库区流域水土流失防治任务的需要，每年从收取的水费中提取部分资金，用于本库区及其上游的水土保持。

第二十九条 财政资金扶持建设的水土保持工程竣工后，水行政主管部门应当按照国家和省有关技术规范与要求组织验收，并建立档案，设立标志，明确管理主体。

水土保持工程设施的所有权人或者使用权人应当加强水土保持设施的管理，建立和完善运行管理制度，落实管理责任，建立管理台账，做好日常维护，保证水土保持设施功能正常发挥。

第五章 水土保持监测和监督

第三十条 省水行政主管部门应当加强水土保持监测工作，编制全省水土保持监测规划，建立和完善水土保持监测网络，对全省水土流失进行动态监测和预报。

水土保持监测网络由县级以上地方人民政府设立的水土保持监测机构和按照规划设立的水土保持监测站、点组成，水土保持监测机构和监测站、点建设和运行管理经费列入同级财政预算。

第三十一条 编制水土保持方案的生产建设项目，用地面积五万平方米以上或者挖填土石方总量五万立方米以上的，生产建设单位应当自行或者委托具备水土保持监测工作相应能力和水平的单位，对生产建设活动造成的水土流失进行监测，并将监测情况每季度上报水行政主管部门。

第三十二条 从事水土保持监测活动，应当遵守国家有关技术标准、规范和规程，保证监测质量。任何单位和个人不得拒报、瞒报和伪造水土保持监测数据。

省水行政主管部门应当制定水土保持监测数据汇交制度，定期发布水土保持监测公告。

第三十三条 上级人民政府应当对下一级人民政府水土保持工作进行目标考核。年度考核内容主要包括年度生产建设项目水土保持方案报批和实施情况、水土流失预防和治理情况等。

上级人民政府水行政主管部门应当对下一级人民政府水行政主管部门水土保持工作进行监督检查。监督检查内容主要包括水土保持规划实施情况、水土流失治理效果、水土保持资金使用情况等。

第六章 法律责任

第三十四条 违反本条例第十三条第二款、第三款规定，未采取有利于水土保持的种植方式和措施的，由水行政主管部门责令限期改正，采取补救措施，按照开垦面积，可以对个人处以每平方米二元以下罚款，对单位处以每平方米二元以上十元以下罚款。

第三十五条 违反本条例第二十九条第二款规定，水土保持工程设施的所有权人或者使用权人未保证水土保持设施功能正常发挥的，由水行政主管部门责令限期改正；逾期不改正的，对个人处以一千元以上五千元以下罚款，对单位处以二万元以上十万元以下罚款。

第三十六条 县级以上地方人民政府以及有关部门有下列情形之一的，对直接负责的主管人员和其他直接责任人员依法给予处分：

（一）未按照规定发布水土流失调查结果、水土保持监测公告的；

（二）未按照规定划定、公告水土流失重点预防区和重点治理区的；

（三）不依法审批水土保持方案或者办理批准文件的；

（四）违反法定程序审批生产建设项目以及有关建设、开发规划的；

（五）发现违法行为或者对违法行为的举报不予查处或者查处不力的；

（六）拒报、瞒报或者伪造水土保持监测数据的；

（七）其他滥用职权、玩忽职守、徇私舞弊的行为。

第七章 附 则

第三十七条 本条例自 2014 年 3 月 1 日起施行。1994 年 12 月 30 日江苏省第八届人民代表大会常务委员会第十二次会议通过的《江苏省实施〈中华人民共和国水土保持法〉办法》同时废止。

江苏省水资源管理条例

（1993 年 12 月 29 日江苏省第八届人民代表大会常务委员会第五次会议通过 根据 1997 年 7 月 31 日江苏省第八届人民代表大会常务委员会第二十九次会议《关于修改〈江苏省水资源管理条例〉的决定》第一次修正 2003 年 8 月 15 日江苏省第十届人民代表大会常务委员会第四次会议修订 根据 2017 年 6 月 3 日江苏省第十二届人民代表大会常务委员会第三十次会议《关于修改〈江苏省固体废物污染环境防治条例〉等二十六件地方性法规的决定》第二次修正 根据 2018 年 11 月 23 日江苏省第十三届人民代表大会常务委员会第六次会议《关于修改〈江苏省湖泊保护条例〉等十八件地方性法规的决定》第三次修正 根据 2021 年 9 月 29 日江苏省第十三届人民代表大会常务委员会第二十五次会议《关于修改〈江苏省河道管理条例〉等二十九件地方性法规的决定》第四次修正）

第一章　总　　则

第一条　根据《中华人民共和国水法》等有关法律、行政法规，结合本省实际，制定本条例。

第二条　凡在本省行政区域内开发、利用、节约、保护、管理水资源，适用本条例。

本条例所称水资源，包括地表水和地下水。

第三条　开发、利用、节约、保护水资源，应当全面规划、统筹兼顾、标本兼治、综合利用、讲求效益，发挥水资源的多种功能，协调好生活、生产经营和生态环境用水。

第四条　县级以上地方人民政府应当加强水资源开发、利用、节约和保护工作，并将其纳入国民经济和社会发展计划，增加财政投入，加强水工程建设，促进水环境改善。

第五条　省人民政府水行政主管部门负责全省水资源的统一管理和监督工作。

市、县（市）人民政府水行政主管部门按照规定的权限，负责本行政区域内水资源的统一管理和监督工作。

县级以上地方人民政府有关部门按照职责分工，负责本行政区域内水资源开发、利用、节约和保护的有关工作。

第六条　单位和个人依法取得的水资源使用权以及其他合法权益，受法律保护。

单位和个人有保护水资源和节约用水的义务。

在开发、利用、节约、保护、管理水资源等方面成绩显著的单位和个人，由地方人民政府给予奖励。

第二章　水资源开发利用

第七条　水资源规划是开发、利用、节约、保护、管理水资源和防治水害的基本依据，应当按照流域、区域统一制定。

编制水资源规划应当在对水资源科学考察、调查评价和分析的基础上，按照水资源和水环境承载能力，合理安排生活、生产经营和生态环境用水。

第八条　全省水资源综合规划、本省境内长江、淮河、太湖流域和沂沭泗、秦淮河、里下河地区等跨市的流域和区域的水资源综合规划由省水行政主管部门、发展改革主管部门会同同级有关部门和有关市人民政府编制，报省人民政府批准，并报国务院水行政主管部门备案。

市、县(市)所辖范围内的中小河流、湖泊或者区域水资源综合规划，由市、县(市)水行政主管部门会同同级有关部门编制，报本级人民政府批准，并报上一级水行政主管部门备案。

第九条 开发利用水资源，应当统筹安排地表水和地下水，优先开发利用地表水，合理开采浅层地下水，严格控制开采深层地下水。

第十条 淮北地区、沿海垦区、丘陵山区等水资源紧缺的地区，应当限制高耗水项目建设，加快地表水水源工程建设，加大调水力度，鼓励和扶持农村集体经济组织和农民兴建蓄水、保水工程。

水资源紧缺的地区应当在水资源规划中确定。

第十一条 有条件的地区应当制定和实施区域供水规划，加快地表水供水工程建设，实施区域联网供水，逐步实行分质供水。

提倡优水优用、分质用水。鼓励用水单位使用中水。对建立中水系统的单位应当给予一定的扶持。

第十二条 任何单位和个人兴建的灌溉、供水、发电等各类水工程，应当按照水行政主管部门批准的用水计划调度运用。出现严重旱情，应当服从水行政主管部门的统一调度安排。

第十三条 地下水禁止开采区、限制开采区划定和调整方案由省水行政主管部门会同同级有关部门，根据地下水开采状况、地下水位变化、地面沉降及其他地质灾害、地表水源替代等情况编制，报省人民政府批准，并予以公告。

第十四条 在地下水禁止开采区内，禁止开凿深井。对已有的深井，有关市、县(市)人民政府应当根据省人民政府规定的禁止开采期限，制定封井计划，组织实施，并对封井、改水给予资金扶持。

在地下水限制开采区内，不得新增深井数量，并逐步压缩地下水开采量。

其他地区开采地下水实行总量控制，省水行政主管部门下达开采计划，由当地人民政府组织实施。

对在地下水禁止开采区内改用非地下水源后将导致产品质量严重受损或者致使生产无法正常运行的极少数企业，省人民政府在不影响地下水水位回升的条件下，可以批准其在规定的期限内继续取用地下水。获准继续取用地下水的企业，必须严格执行取水计划，不得因扩大生产规模而新增地下水开采量，并在规定的期限内停止使用地下水。

第三章 水资源节约

第十五条 省有关行业主管部门应当制订本行业用水定额，报省水行政主管部门和市场监督管理部门审核同意后，由省人民政府公布，并报国务院水行政主管部门和市场监督管理部门备案。

没有隶属主管部门的行业，其行业用水定额由省水行政主管部门会同市场监督管理部门制订，报省人民政府公布，并报国务院水行政主管部门和市场监督管理部门备案。

行业用水定额应当根据用水需求变化、技术进步和经济发展情况及时修订。

第十六条 用水单位应当采取一水多用、循环用水等措施，提高水资源的重复利用率，间接冷却水一般不得直接排放。

工业用水重复利用率低于国家规定水平的城市，在达标之前不得新增工业用水量。

用水单位用水量高于行业用水定额的，不得增加用水计划，不得新建自备取用水设施。

第十七条 新建、改建、扩建建设项目需要取用水的，应当制订节水方案，进行节水评估，配套建设节水设施。节水设施应当与主体工程同时设计、同时施工、同时投入使用。

已建项目未配套建设节水设施的，应当在水行政主管部门或者有关部门规定的期限内进行节水设施的配套建设。

第十八条 地方各级人民政府应当采取措施，推广节水工艺和节水设备、产品，鼓励节水技术的研究，建立节水技术开发推广体系，培育和发展节水产业，重点节水研究开发项目应当列入地方重点科研项目计划。

用水单位应当使用节水新技术、新工艺、新设备，改造落后生产工艺、设备、设施，增加节水技术改造的资金投入。

新建、改建、扩建的公共与民用建筑均应当安装使用节水型器具、设备。

第十九条 年取水量十万吨以上的单位应当开展水平衡测试，加强用水管理，减少漏损，提高水资源的利用效率。

水行政主管部门应当加强对水平衡测试的技术指导和节水示范推广工作。

第二十条 地方各级人民政府在制定农业产业发展规划时，应当根据当地水资源条件，合理调整农业生产布局、种植结构，推广节水栽培技术。水资源紧缺地区应当积极发展耐旱作物和品种。

地方各级人民政府应当对农业节水项目优先立项，并在资金等方面给予重点扶持。

第二十一条 地方各级人民政府应当加强农业灌溉的节水管理，修建节水灌溉工程设施，改造原有非节水灌溉工程设施，加强取用水计量设施建设，根据当地自然条件、经济发展水平，推广喷灌、滴灌、渗灌等节水灌溉技术，提高灌溉水的有效利用率。

第四章 水资源保护

第二十二条 地方各级人民政府应当加强水资源的保护工作，采取有效措施，防止水土流失和水源污染，防止水流堵塞和水源枯竭，改善生态环境。

第二十三条 生态环境主管部门会同同级水行政等有关部门，按照流域综合规划、水资源保护规划和经济社会发展要求，编制江河、湖泊的水功能区划。

下列水域的水功能区划由省生态环境主管部门会同水行政等有关部门编制，报省人民政府批准，并报国务院生态环境主管部门和水行政主管部门备案：

（一）流域的干流、一级支流，重要的跨省、跨市河流以及边界水污染纠纷频发的河流；

（二）开发利用程度较高的二级支流以及市内骨干河流，流经较大城镇的河流；

（三）城镇的主要饮用水水源地、大中型工矿企业区取水水源地以及重要的鱼类洄游场地和养殖基地。

未纳入省水功能区划的水体，可以由设区的市生态环境主管部门会同水行政等有关部门编制设区的市水功能区划，报本级人民政府批准后实施，并报省生态环境主管部门和水行政主管部门备案。

第二十四条 经批准的水功能区划是水资源开发、利用和保护的依据。任何单位和个人从事开发利用水资源的活动以及向水体排污，不得影响水功能区确定的保护目标。

第二十五条 生态环境主管部门应当按照水功能区对水质的要求和水体的自然净化能力，核定该水域的纳污能力，提出该水域的限制排污总量意见。限制排污总量意见作为制定污染物排放总量控制实施方案的依据。

水行政主管部门应当对水功能区的水质状况进行监测，发现重点污染物排放总量超过控制指标的，或者水功能区的水质未达到水域使用功能对水质的要求的，应当及时报告有关人民政府采取治理措施，并向生态环境主管部门通报。

第二十六条 地方各级人民政府以及有关部门应当采取措施，加强管理，防止工业污水、城市生活污水、城市垃圾填埋和航运船舶对水资源的污染。定期组织河道清淤，提高水体的净化能力。按照规划和控制指标，科学合理地确定水产养殖规模。鼓励和扶持发展生态农业，减少种植、养殖对水源的污染。

第二十七条 在江河、湖泊新设、改设或者扩大排污口，应当报经有管辖权的生态环境主管部门或者流域生态环境监督管理机构同意。

第二十八条 在河流、湖泊、水库管理范围内取土、挖砂、采矿、兴建各类工程及进行其他生产性活动的，应当依法办理有关手续，采取防护性措施，防止水土流失和破坏、污染水资源。

第二十九条 地下水应当分层开采，禁止潜水和承压水以及承压水之间混合开采、咸淡水串通开采。

在城市、集镇等建筑物密集的地区禁止开采浅层地下水用于水温空调。

开采矿藏或者建设地下工程，可能造成地下水含水层串通或者地下水污染的，以及因疏干排水导致地下水水位下降、水源枯竭或者地面塌陷的，采矿单位或者建设单位应当采取预防和保护措施。对他人生活和生产造成损失的，依法给予补偿。

第三十条 禁止向废井、废坑、裂隙和溶洞排放、倾倒有害的污水和其他废弃物。

对报废、闲置或者施工未成的深井，所属单位应当按照规定采取封填措施，防止地下水污染。

第三十一条 县级以上地方人民政府应当加强水文、水资源监测站网的规划、建设和管理。

水行政主管部门应当开展水资源量、质的监测工作，定期发布本地区水资源公报，面向社会提供水文服务；定期发布水功能区水质监测简报，通报同级人民政府及有关部门。

第三十二条 任何单位和个人有权检举、控告破坏和污染水资源的行为。受害者有权要求致害者排除危害和赔偿损失。

第五章 用水管理

第三十三条 省水行政主管部门应当会同有关部门制订全省和跨市的水中长期供求规划，经省发展改革主管部门审查批准后执行。市、县(市)水行政主管部门应当会同有关部门，依据上一级水中长期供求规划和本地的实际情况制订本行政区域内的水中长期供求规划，经同级发展改革主管部门审查批准后执行，并报上一级水行政主管部门备案。

第三十四条 直接从江河、湖泊、水库或者地下取用水资源的单位和个人，应当向水行政主管部门申领取水许可证，按照取水许可规定条件取水，并缴纳水资源费，取得取水权。

下列取水不需要办理取水许可：

(一)农村集体经济组织及其成员使用本集体经济组织的水塘、水库中的水的；

(二)家庭生活和零星散养、圈养畜禽饮用等少量取水的；

(三)法律、行政法规规定的其他情形。

农业灌溉用水、农村改水可以按照省人民政府的规定暂缓征收或者减征水资源费。

第三十五条 新建、改建、扩建的建设项目，需要申请取水许可的，建设单位应当向有审批权限的水行政主管部门提出取水许可申请。取水许可申请经水行政主管部门批准后，建设单位方可兴建取水工程或者设施。

第三十六条 取用地下水的，取水单位在取水许可申请获得批准后，施工单位方可凿井。井成后，经过水行政主管部门测定，核定取水量后，领取取水许可证。

开采矿泉水、地热水，应当向水行政主管部门提出取水许可申请，取得取水许可证，确定开采限量。其中用于矿泉水生产、地热发电、地热温泉等经营活动的，还应当依照有关法律、行政法规的规定办理相关手续。

第三十七条 发展改革主管部门会同水行政主管部门根据国家有关规定和水中长期供求规划、用水定额、本地区用水状况、水源预测、节水规划及上一级水行政主管部门下达的取水控制总量，制定本地区年度取水计划，对年度用水实行总量控制。

水行政主管部门应当建立水资源统计制度，建立和完善水资源信息系统，监督检查取水单位和个人用水计划的执行情况。

第三十八条 依法应当办理取水许可的取水单位和个人应当按照国家技术标准安装取水计量设施，实行计量取水，并保证取水计量设施正常运行，按照规定填报取用水报表。不得擅自拆除、更换取水计量设施。

第三十九条 已取得取水许可的取水单位和个人应当严格按照下达的用水计划取水。如因特殊原因确需增加用水量的，应当向下达用水计划的水行政主管部门提出申请，经批准后方可扩大取水。农村地区因改水增加取水量的，水行政主管部门应当适时调整用水计划。

超计划或者超定额取地下水和地表水的，对超计划或者超定额取水部分，按照累进加价原则加收水资源费：

（一）超计划或者超定额取水百分之五以上不足百分之十的部分加收一倍水资源费；

（二）超计划或者超定额取水百分之十以上不足百分之二十的部分加收二倍水资源费；

（三）超计划或者超定额取水百分之二十以上不足百分之三十的部分加收三倍水资源费；

（四）超计划或者超定额取水百分之三十以上的部分加收五倍水资源费。

对水重复利用率高于行业规定标准的取水单位，水行政主管部门可以从水资源费中提取一定比例给予奖励。

第四十条 水资源费由水行政主管部门负责征收。

水资源费纳入财政预算管理，用于水源工程、水资源保护工程建设、节水措施推广、水资源管理和奖励等，不得挪作他用。

第四十一条 利用水利工程供水改善水环境，应当按照省人民政府的规定缴纳水费。

第六章 法律责任

第四十二条 违反本条例规定，法律、法规已有处罚规定的，从其规定。

第四十三条 有关行政主管部门及其工作人员有下列行为之一的，对直接负责的主管人员和其他直接责任人员，依法给予处分；构成犯罪的，依法追究刑事责任：

（一）对不符合条件的单位和个人核发许可证、签署审查同意意见的；

（二）不按照水量分配方案分配水量的；

（三）违反规定批准凿井、违反规定下达取水计划、虚报瞒报地下水开采量、擅自减免水资源费的；

（四）不履行监督职责，或者发现违法行为不予查处，造成严重后果的。

第四十四条 违反本条例第十四条第一款规定，在地下水禁止开采区内开凿深井的，责令限期封井；逾期不封井的，由水行政主管部门代为封井，所需费用由违法行为人承担，可以处一万元以上五万元以下的罚款。

违反本条例第十四条第二款规定，在地下水限制开采区内，擅自增加深井数量的，责令停止违法行为，限期补办有关手续；逾期不补办或者补办未被批准的，责令限期封井；逾期不封井的，由水行政主管部门代为封井，所需费用由违法行为人承担，可以处一万元以上五万元以下的罚款。

第四十五条 违反本条例第二十九条第一款规定，混合、串通开采地下水的，责令停止违法行为，限期采取补救措施，并可以处五千元以上五万元以下的罚款。

第四十六条 违反本条例第三十条第二款规定，对深井未采取封填措施的，责令限期封填；逾期不封填的，由水行政主管部门代为封填，封填费用由深井所属单位承担。

第四十七条 违反本条例第三十八条规定，未安装取水计量设施的，责令限期安装，并按照日最大取水能力计算的取水量和水资源费征收标准计征水资源费，处五千元以上二万元以下的罚款；情节严重的，吊销取水许可证。

安装的取水计量设施不合格或者运行不正常的，责令限期更换或者修复；逾期不更换或者不修复的，按照日最大取水能力计算的取水量和水资源费征收标准计征水资源费，可以处一千元以上一万元以下的罚款；情节严重的，吊销取水许可证。

擅自拆除取水计量设施的，按照本条第一款的规定予以处罚。

擅自更换取水计量设施的，按照本条第二款的规定予以处罚。

第四十八条 违反本条例第三十九条第一款规定，未经批准擅自扩大取水的，责令停止违法行为，处二千元以上二万元以下的罚款；情节严重的，吊销取水许可证。

第四十九条 本条例规定的行政处罚，由水行政主管部门实施。

在省水利工程管理范围内，经省人民政府批准成立的水利工程管理机构可以实施有关行政处罚。

第七章 附 则

第五十条 本条例自 2003 年 10 月 1 日起施行。1989 年 10 月 25 日江苏省第七届人民代表大会常务委员会第十一次会议通过的《江苏省城镇供水资源管理条例》同时废止。

省水利厅关于印发《江苏省水情教育基地设立及管理办法》的通知

苏水规〔2021〕1号

各设区市水利(务)局、市委宣传部、财政局、团市委、市科协,省水利厅直属有关单位:

为切实推进全省水情教育工作高质量发展,进一步做好省级水情教育基地设立及管理工作,省水利厅、省委宣传部、省财政厅、团省委、省科协联合编制《江苏省水情教育基地设立及管理办法》。现将该办法印发给你们,请遵照执行。

江苏省水利厅　中共江苏省委宣传部　江苏省财政厅

共青团江苏省委　江苏省科学技术协会

2021年3月1日

江苏省水情教育基地设立及管理办法

第一章 总 则

第一条 为增强全民防患水灾害、节约水资源、保护水生态的思想意识和行动自觉，加快推动生产生活方式绿色转型，设立并规范管理江苏省水情教育基地，依据《中华人民共和国防洪法》《中华人民共和国水土保持法》《江苏省节约用水条例》等法律法规有关规定，以及水利部、中宣部、教育部、共青团中央联合印发的全国水情教育规划，参照《国家水情教育基地管理办法(2018 年修订版)》，制定本办法。

第二条 本办法所称水情教育，是指通过各种教育及实践手段，增进全社会对国情水情的认知，增强全民水安全、水忧患、水道德意识，提高公众参与水资源节约保护、水土保持和应对水旱灾害的能力，促进形成人水和谐的社会秩序。

第三条 本办法所称江苏省水情教育基地，是面向社会公众开展水情教育，具有显著科普教育功能和宣传示范引领作用的水利工程设施及场馆场所。

第四条 江苏省水情教育基地设立及管理按照“严格标准、突出特色、注重实效、动态管理”的原则，有序推进，规范运作。

第二章 基地分类

第五条 江苏省水情教育基地分为工程设施类和场馆场所类。

第六条 工程设施类基地，主要依托江河湖库治理工程、重大引调水工程、灌溉节水工程、其他水利工程设施等设立。工程设施包括现代工程设施和古代近代工程设施：

（一）现代工程设施水情教育内容主要包括：工程设施的作用、地位及意义，对生态文明建设、经济社会发展的贡献和影响；国内外先进理念、技术及工艺的应用推广；工程设施在规划设计、建设及运行过程中，为保障人民生命财产安全、增进民生福祉、促进工程设施与周边环境协调融合等方面开展的工作及成效；工程设施保护的相关法规和知识等。

（二）古代近代工程设施水情教育内容主要包括：工程设施的历史作用、地位及意义；工程设施建设与管理的历史演变，以及从中体现的古人治水理念与智慧；治水人物与历史故事；管水制度或乡规民约等。

第七条 场馆场所类基地，主要依托具有水情科普教育功能的场馆、科研机构、涉水企业等设立：

（一）水博物馆、水工程馆、水科技馆、水文化馆等开展水情教育，内容侧重水状况、水政策、水法规、水常识、水科技和水文化等，兼顾不同受众需求，体现时代特点，注重知识性、趣味性和互动性。

（二）科研场所开展水情教育，内容侧重传播普及与水相关的科学文化知识，介绍先进实用技术与设备的应用推广，宣传科技前沿领域的创新成果等。

（三）涉水企业开展水情教育，内容侧重企业节水护水、提高用水效率的措施及成效，包括现代节水理念、先进节水工艺与技术应用，实现污水达标排放及处理回用等；面向公众介绍我省水资源现状，普及水资源节约保护、水与生活、水与健康等知识。

第三章 申报条件

第八条 申报江苏省水情教育基地应当具备下列基本条件：

（一）组织机构健全，运行主体明确，管理制度完善；

（二）有确保基地正常运行的经费保障；

（三）交通便利，环境优美，受众广泛，年参观人数达到一定规模，有较大的公众覆盖面和社会影响力；

（四）有面向公众，特别是广大青少年开展水情教育的基本场所场馆及设施设备；有相关专业素质的运行管理人员，并有专兼职讲解员、志愿者为公众提供讲解服务；

（五）有安全设施和应急预案，具备处理突发事件的应急保障能力，能够保障基地安全运行；

（六）有模型、展板、实物、多媒体演示系统、知识讲座及互动体验展览展示设施；有符合水情教育需要具有自身特点的宣传册、读本读物及音视频等资料；

（七）有切实可行的水情教育工作计划，具备一定的组织策划和宣传推广能力；每年面向公众开展主题鲜明、形式新颖的水情教育活动不少于2次；

（八）基地定位准确，教育资源丰富，教育内容设置科学合理、特色鲜明，具有一定的区域代表性和示范作用。

第四章 申报与设立

第九条 符合第二章、第三章所述条件的江苏省境内单位，均可申报江苏省水情教育基地，并对申报材料的真实性、准确性负责。申报材料主要包括下列内容：

（一）江苏省水情教育基地申报表；

（二）基地建设与运行管理基本情况；

（三）基地发展目标及年度工作计划；

（四）基地开展水情教育活动情况及成果；

（五）基地用于开展水情教育的手段载体，包括展示场所、网络传播渠道（如网站、微博、微信公众号、客户端等）、宣传册、读本读物、音视频、图片等资料；

（六）有关媒体对基地进行宣传推广的报道。

第十条 各设区市水利（务）局负责所属单位和行政区域内（省水利厅直属单位除外）省级水情教育基地的申报、初审及推荐工作，将申报材料报送省水利厅。

第十一条 江苏省水情教育基地当年申报，集中认定，包括五个环节：组建专家组、材料复核及实地考察、综合评分、提出建议名单、向社会公布。

第十二条 江苏省水情教育基地由省水利厅、省委宣传部、省财政厅、团省委、省科协联合设立，认定工作不收取费用。

第五章 日常管理

第十三条 江苏省水利厅制定省级水情教育发展规划，负责省级基地的业务指导和国家级基地的审核推荐工作。江苏省水利信息中心具体承担省级基地设立的申报受理、监督考核、专家库组建、业务指导和国家级基地的技术服务工作。

第十四条 省级财政对已设立的省级以上水情教育基地适当给予一次性奖补。

第十五条 各级水利、宣传部门和共青团、科协组织负责对所属基地相关日常工作进行指导，推进基地良性运行。

洪区内人口，制定区内人口规划，加强区内人口管理，严格控制区外人口迁入，引导和鼓励区内人口逐步外迁。继续实施淮河行洪区和淮河干流洲滩圩区居民迁建，加快完成腰滩、哈滩不安全人口迁至安全地区，为淮河干流行洪通畅、行洪区安全及时有效地运用、减少灾害损失创造条件。研究推进长江洲滩圩区居民迁建，选择政府积极性高、人员撤离安置有需求的洲滩作为试点，先期组织推进。

（十一）推进迁建洲滩圩区处置。研究居民迁建后洲滩圩区处置方式，保护好行蓄滞洪功能、协调好群众生产生活。采取退人不退产的“单退”方式的洲滩圩区，建设蓄洪垦殖区，维持洲堤现有防洪能力、适当填平补齐，完善蓄滞洪区防洪撤离预案，保持现有耕地或基本农田属性，维持现有生产种植结构；采取退人退产“双退”方式的洲滩圩区，建设生态湿地，永久退出常住居民，区内耕地和基本农田不再保留，恢复水利用地性质。涉及调出的耕地和基本农田按照相关规定做好占补平衡和调整补划工作。

（十二）落实外迁安置补助政策。结合城镇化建设，统筹做好安置区规划，为今后经济社会发展留有空间。足额落实迁建补偿资金，纳入国家、省相关规划的居民迁建工程，用足用好中央财政奖补资金，省财政根据规定给予补助。地方政府积极统筹各类资金，做好兜底保障工作。积极支持迁建居民，尤其是“双退”区人口就业创业，落实基本养老保险等社会保障制度，切实维护迁建居民社会保障权益。

五、加强行蓄滞洪区生态修复

（十三）推进平圩行洪退圩还湖。依据流域综合规划、防洪规划和全省防洪总体安排，遵循“不碍洪、稳河势、优生态、促发展”的原则，科学制定平圩行洪与退圩还湖规划和实施方案，加强政策支持与实施引导，推进平圩行洪、退圩还湖。行洪河道滩地内、“双退”区内圩堤按规定平毁后开展生态修复，自然行蓄洪，扩大河湖水域面积，提升调蓄能力。“单退”区圩内土地实施低水绿色种养、高水还湖蓄洪，提升生态环境容量和调蓄能力。

（十四）推动湿地生态建设。注重保护和治理的系统性、整体性、协同性，因地制宜地推动湿地生态建设。充分发挥行蓄滞洪区滨河临湖优势，按照有利于优化滨湖岸线空间、有利于提升水生态涵养水平、有利于绿色产业转型升级的原则，实施生态清淤、聚泥成岛、堆泥成山，建设近岸生态缓坡带，修复生物适宜栖息环境和生态安全功能。抓好自然湿地保护和生态廊道建设，建立河湖休养生息制度，合理降低河湖开发利用强度，不断提升行蓄滞洪区生态质量，实现流域经济社会和资源环境协调发展。

（十五）推广绿色产业发展。以推动行蓄滞洪区周边产业绿色升级为目标，积极引导打造一批现代种植业、生态养殖业为特色产业；结合“水韵江苏”人文品牌，注重楚汉文化、淮扬文化等优秀地域文化的传承融合，完善文化旅游配套体系，循序渐进发展洪泽湖、骆马湖、大运河周边养生度假、生态休闲、民俗体验、农业旅游等特色观光旅游项目，培育塑造“苏中绿心”文化标识，涵养水韵文化自信，更好地满足周边群众的精神文化需求。

六、健全行蓄滞洪区运用补偿

（十六）研究省级运用补偿细则。认真总结近年来行蓄滞洪区运用补偿工作的经验，根据国务院《蓄滞洪区运用补偿暂行办法》、结合江苏实际，进一步研究运用补偿机制，包括补偿对象、范围、标准以及财产登记和补偿程序等，制定我省行蓄滞洪区运用补偿办法。行蓄滞洪区所在地市县人民政府要根据各地实际，制订实施细则，规范行蓄滞洪区运用补偿工作程序和内容。

（十七）严格运用补偿资金管理。根据《国家蓄滞洪区运用财政补偿资金管理规定》，严格运用补偿资金拨付和监管。运用补偿资金由财政部门统一管理，实行专账核算，任何单位或个人不得改变资金用途，运用补偿资金的发放工作由行蓄滞洪区所在地县级人民政府或其授权的部门负责。地方各级财政部门应加强对运用补偿资金管理，定期向上级财政部门报告资金使用情况，并认真做好运用补偿资金的财务决算工作。所在地各级人民政府应组织有关部门加强对运用补偿资金的监督检查。

（十八）探索洪水风险补偿机制。积极开展洪水灾害损失保险研究，建立有效的洪水灾害损失保险体系，努力推进行蓄滞洪区运用补偿商业化运行，探索研究设立专项资金，鼓励、吸引各地各级部门和各大保险机构积极参与洪水保险机制的创新实践，扩大洪水保险覆盖面，切实化解行蓄滞洪区洪水灾害损失风险，实现利益共享、风险共担，提高社会和群众灾害承受能力。

七、探索行蓄滞洪区常态补偿

（十九）探索常态化补偿机制。通过多种途径，补偿行蓄滞洪功能对行蓄滞洪区经济社会发展的影响，以及强化生态建设对区域可持续发展的贡献。探索建立对行蓄滞洪区财政转移支付的政策。加大对行蓄滞洪区内水利、交通等多类基础设施建设项目的支持，进一步改善生产生活条件。研究实施城乡居民基本养老保险和城乡居民基本医疗保险优惠政策。

（二十）加大就业创业促进与社会救助保障。加强职业技能培训和职业介绍服务，落实创业担保贷款及贴息政策。通过政府购买服务等方式，为符合条件的行蓄滞洪区居民安排公益岗位。对家庭人均收入低于当地最低生活保障标准且财产状况符合当地规定的，按政策纳入最低生活保障；对无劳动能力、无生活来源、无法定赡（抚、扶）养义务人或者法定义务人无履行义务能力的老年人、残疾人、未成年人，按规定纳入特困人员救助供养；对因灾、因祸、因病导致基本生活暂时出现较大困难的，及时实施临时救助。符合医疗救助条件的，可按规定纳入医疗救助范围。

八、强化行蓄滞洪区组织体系建设

（二十一）落实地方责任。行蓄滞洪区所在地人民政府是行蓄滞洪区管理与生态建设的责任主体，要将其列入重要议事日程，并作为“十四五”防洪减灾体系建设的重点，制订相应的政策措施和管理办法，建立和健全管理机构，加强领导，明确职责，制订计划，周密部署，扎实有序推进各项工作。

（二十二）加强行业指导。各级各有关部门要按照职能分工，各负其责，密切配合，加强对行蓄滞洪区管理与生态建设的组织、指导和协调。发展改革部门要强化行蓄滞洪区产业结构调整。财政部门要研究制定行蓄滞洪区扶贫优惠政策、生态建设投入政策。水利部门要编制行蓄滞洪区建设管理规划，完善行蓄滞洪区运用补偿办法，加快推进行蓄滞洪区安全建设，指导地方开展居民迁建、平圩行洪、退圩还湖、生态建设。自然资源、生态环境部门要研究行蓄滞洪区内土地生态红线、湿地保护等管控要求，研究优化调整基本农田、生态红线保护范围。人力资源社会保障、民政、医保等部门分别做好就业和社会保障、低保、特困供养和临时救助、医保等政策落实。

（二十三）保证社会稳定。行蓄滞洪区所在地人民政府和省有关部门要完善信息发布机制，公开行蓄滞洪区洪水运用标准、建设与管理规划、居民迁建安置补助标准等，接受公众监督。要加大宣传教育，组织各类媒体，充分利用网络、电视、报刊等新闻媒介和教育体系，加大公益广告投放力度。要搭建公众参与平台，培养公众参与意识、监督意识，鼓励社会和公众参与建设规划、管理政策制定等各项工作，营造全社会关心支持行蓄滞洪区管理与生态建设的良好氛围，促进经济社会可持续发展。

省水利厅关于印发《江苏省河道管理范围内建设项目监督管理实施办法(试行)》的通知

苏水规〔2021〕3 号

各设区市水利(务)局,厅属各水利工程管理处:

为切实加强河道管理范围内建设项目监督管理工作,保障水利工程防洪安全,维护河湖良好管理秩序,省水利厅制定了《江苏省河道管理范围内建设项目监督管理实施办法(试行)》,现予印发,请结合实际认真贯彻落实。

江苏省水利厅

2021 年 10 月 21 日

江苏省河道管理范围内建设项目监督管理实施办法(试行)

第一条 为了加强河道管理范围内建设项目监督管理，确保河道河势稳定、防洪安全，根据《江苏省河道管理条例》《江苏省水域保护办法》《水利部关于印发河湖管理监督检查办法(试行)的通知》《省政府关于加强和规范事中事后监管的实施意见》等法规规章和政策文件要求，结合本省实际，制定本办法。

第二条 本省行政区域内河道(包括湖泊、水库、人工水道、行洪区、蓄洪区、滞洪区)管理范围内建设项目(以下简称涉河建设项目)的监督检查，适用本办法。

本办法所称涉河建设项目监督管理，是指县级以上地方人民政府水行政主管部门(以下简称水行政主管部门)对涉河建设项目工程建设方案审批、建设、运行等全过程的监督管理。

第三条 水行政主管部门应当按照确保河道安全和行洪畅通，以及河湖保护规划和水域岸线功能区管控要求，加强河湖水域岸线资源总量控制、节约集约利用和违规退出制度的落实。

第四条 水行政主管部门应当按照“谁审批谁监管、谁主管谁监管”的原则，落实属地管理、分级负责责任，明确监管机构和工作职责，履行监管职能，落实监管措施，做到立行立改、监管闭环。

第五条 水行政主管部门应当将涉河建设项目监督管理工作经费纳入年度部门预算。

第六条 省水行政主管部门负责组织指导全省涉河建设项目监督管理工作，协调处理重大问题；负责跨设区的市行政区域以及省直管水利工程管理范围内涉河建设项目的监督管理；督促指导设区的市、县(市、区)水行政主管部门开展涉河建设项目监督管理工作。

设区的市水行政主管部门负责本行政区域内涉河建设项目的监督管理，制定年度监督检查工作计划；对流域性河道、省管湖泊管理范围内的越权审批、批建严重不符、严重影响河湖功能等重大问题，及时依法处置，并报告省水行政主管部门；督促指导县(市、区)水行政主管部门开展涉河建设项目监督管理工作。

县(市、区)水行政主管部门负责实施本行政区域内涉河建设项目监督管理工作，制定年度监督检查工作计划；督促指导涉河建设项目建设或者运行管理单位(以下简称项目建管单位)严格履行法定责任，定期向上一级水行政主管部门报告监督检查情况；对群众举报、媒体曝光、上级监督检查中发现的问题及时调查处理。

基层河道管理单位应当建立完善涉河建设项目监管制度，加强日常巡查，开展全过程监管；依法及时制止违法行为，按规定上报有关情况，并做好问题处置的跟踪督办。

第七条 涉河建设项目监督管理的内容

主要包括项目审批和防洪影响补偿方案审查、开工核验、施工管理、工程验收和档案管理、年度核查等。

(一) 项目审批和防洪影响补偿方案审查的监督管理内容主要包括建设方案、防洪影响补偿补救措施、重要临时工程、度汛预案等。

(二) 开工核验的监督管理内容主要包括审批文件查验、占用手续、施工方案等。

(三) 施工管理的监督管理内容主要包括施工现场核验、实施过程、防洪影响补偿工程实施等。

(四) 工程验收和档案管理的监督管理内容主要包括防洪影响补偿工程专项验收、竣工验收、档案整编等。

(五) 年度核查的监督管理内容主要包括项目年度运营情况,各项责任落实情况,巡查、监督检查发现问题的整改情况等。

第八条 涉河建设项目监督管理可以采用明查和暗访相结合的方式,开展定期巡查、专项调查、检查、驻点督查。

水行政主管部门可以委托第三方机构开展涉河建设项目监督检查。受委托的第三方机构根据委托内容,开展现场抽查复核、档案资料查验等工作,形成监督检查报告。

第九条 涉河建设项目监督管理的主要工作流程:

(一) 按照年度工作计划,制定工作方案。

(二) 通知被检查单位,做好相关准备工作(暗访除外)。

(三) 通过查勘现场、查阅相关资料、座谈讨论、走访了解水事权益人等方式组织开展涉河建设项目监督检查。

(四) 形成监督检查问题清单,根据需要与被检查单位交换意见,对检查发现的问题提出整改及责任追究意见建议。

(五) 以"一河一单"或者"一项目一单"的形式下发整改通知,督促问题整改及核验销号。

(六) 检查发现违法违规行为的,依法追究法律责任。

第十条 省水行政主管部门应当定期或者不定期组织开展涉河建设项目监督检查。

设区的市水行政主管部门应当组织开展本行政区域内的涉河建设项目监督检查,每半年不少于1次;对当年审批、跨汛期施工或破堤施工的在建项目,确保100%监管到位;每5年实现对本级及上级审批项目全覆盖监督检查。

县(市、区)水行政主管部门应当组织开展本行政区域内的涉河建设项目监督检查,每季度不少于1次;对当年审批、跨汛期施工或破堤施工的在建项目,确保100%监管到位;每3年实现对本行政区涉河建设项目全覆盖监督检查。

基层河道管理单位应当开展涉河建设项目定期巡查和检查,每月不少于1次;对当年审批、跨汛期施工或者破堤施工的在建项目,加密检查频次;对重点环节或者重要施工期,应当实施旁站式监管。

第十一条 项目建管单位应当配合涉河建设项目监督检查,按照要求做好施工现场和档案资料准备工作。

涉河建设项目主体变更或者建设性质、规模、地点、用途发生变化的,项目建管单位应当依法履行相关手续。

第十二条 涉河建设项目监督检查过程中发现的问题,水行政主管部门应当以"一河一单"或者"一项目一单"的形式下发整改通知,督促问题整改并对整改情况进行复核,实现闭环管理。需要整改的问题主要包括:

(一) 上级水行政主管部门或者本级党委、政府交办的问题。

(二) 各级河湖长交办的问题。

(三) 历次监督检查发现、仍未整改到位的问题。

(四) 群众举报、媒体曝光的问题。

（五）其他需要整改的问题。

第十三条 项目建管单位是问题整改的责任主体，按照要求实施问题整改。

设区的市、县（市、区）水行政主管部门应当指导督促项目建管单位落实整改措施，对严重影响河道防洪安全、生态安全的问题，应当督促项目建管单位立即采取措施处置到位；整改完成后，按照要求向上一级水行政主管部门报送整改情况。上一级水行政主管部门应当及时组织核查，对已整改到位的予以销号；对尚未整改到位的，责成相关单位继续整改到位。

第十四条 设区的市、县（市、区）水行政主管部门应当于每年12月底之前，将本行政区域年度涉河建设项目审批、监督管理工作开展情况和水域岸线利用情况，报送上一级水行政主管部门，并抄送同级河长办。

第十五条 水行政主管部门应当充分利用信息化管理手段，创新监督管理方式，规范监督管理流程，提高涉河建设项目的监督管理效能。

第十六条 涉河建设项目监督管理发现问题和整改情况作为河湖长制工作评估、最严格水资源管理制度及部门年度考核等工作的赋分依据。

第十七条 水行政主管部门应当根据发现问题的性质、严重程度等，依法追究项目建管单位的法律责任。

对项目建管单位失信行为的认定和惩戒，按照《江苏省社会信用条例》执行。

第十八条 对涉河建设项目问题严重、多次整改不到位、反复出现同类问题的地区，水行政主管部门可以建议相关地方人民政府按照管理权限依法追究相关责任部门、单位的责任。

第十九条 水行政主管部门应当协助水利部流域管理机构做好其审批项目的监督管理工作。水利部流域管理机构直管河湖范围内的涉河建设项目监督管理另有规定的，从其规定。

第二十条 各地可结合本地实际，制定涉河建设项目监督管理的具体办法或者实施细则。

第二十一条 本办法自2021年12月1日起施行。

附件：1. 项目审批和防洪影响补偿方案审查监督管理内容表

2. 开工核验监督管理内容表

3. 施工管理监督管理内容表

4. 工程验收和档案管理监督管理内容表

5. 年度核查监督管理内容表

附件 1

项目审批和防洪影响补偿方案审查监督管理内容表

序号	监督管理内容	监督管理结果		问题描述
		是	否	
一、建设方案				
1	涉河建设项目的建设规模、地点、工期、内容以及占用河道管理范围内水域、陆域的范围符合审批要求			
2	施工安排合理，施工方案未影响水利工程运行管理、防汛安全，不存在防洪安全隐患			
3	施工期间防汛、排水等应急措施得当，施工安排符合度汛的要求			
4	度汛措施已落实，施工现场不存在影响河道防洪安全和妨碍防汛抢险的隐患			
5	施工方案未影响第三人合法水事权益			
6	审批文件提出的其他要求基本落实			
二、防洪影响补偿补救措施				
1	补偿专项方案符合所在河道的防洪规划和其他技术要求			
2	补偿工程的位置、规模、范围、方案满足及其他相关要求			
3	补偿工程与主体工程同步设计、同步实施、同步投入使用			
4	如补偿工程跨汛期施工，已落实各项度汛安全措施			
三、重要临时工程				
1	临时工程的类型、布局、规模满足审批文件及相关要求			
2	临时工程工期安排合理			
3	临时工程施工方案不影响主体工程安全和河道防汛安全			
4	临时工程施工期间防汛应急措施得当			
5	施工导流方案，已经有权限的防汛指挥机构或水行政主管部门备案			
6	临时工程度汛措施已落实，不存在影响河道防洪安全和妨碍防汛抢险的隐患			
7	临时工程未影响第三人合法水事权益			
8	审批文件提出的其他要求已基本落实			
四、度汛预案				
1	跨汛期施工的项目已编制跨汛期施工度汛预案，并报送当地防汛指挥机构或水行政主管部门备案			
五、其他(如有)				
1	审批文件有效期内未开工建设，已按要求重新履行手续			
2	涉河建设方案有重大变更，已按要求重新履行手续			

附件 2

开工核验监督管理内容表

序号	监督管理内容	监督管理结果		问题描述
		是	否	
一、审批文件查验				
1	已按要求取得审批文件等			
二、占用手续				
1	已签订国有资源(资产)有偿使用收入交费合同			
2	已按照合同约定交纳相关费用			
3	若施工对河道堤防安全、防汛抢险、水利工程运行管理存在影响,已签订相关保证协议			
4	临时工程占用水域的,已签订临时占用水域承诺书			
5	已签订施工管理、维护等相关协议			
三、施工方案				
1	河道管理范围内拆迁、施工用水、电、通信、路和场地平整等工程、必需的生产、生活临时工程或机械安装、弃渣清除等在内的进场施工安排计划已报送水行政主管部门备案			
2	项目开工前,已向水行政主管部门申请施工方案审核和项目位置、界限核验			
3	审批文件提出必须在项目开工前落实的其他要求已落实			

附件 3

施工管理监督管理内容表

序号	监督管理内容	监督管理结果		问题描述
		是	否	
一、施工现场核验				
1	经现场旁站或第三方核验,项目位置、界限、施工方法等符合审批文件及专项审查意见要求			
二、实施过程				
1	按照审批文件和施工方案审核的要求进行施工			
2	防洪影响补偿工程及措施已落实到位			
3	不存在破坏水利工程、危及工程运行安全、影响生态环境安全的行为			
4	不存在影响第三方水事权益的行为			
5	按要求开展河势稳定和堤防稳定等监测工作			
三、防洪影响补偿工程实施				
1	补偿工程实施前,已提前报备			
2	补偿工程按照审批文件及专项方案内容实施			
3	改堤、破堤、加固堤防满足堤防工程设计、施工规范			
4	切滩、疏浚等行洪断面、水域补偿工程已实施到位			
5	护岸工程范围、规模、标准及护坡损坏的恢(修)复工程按要求实施			
6	涉河建设项目与防洪工程衔接部位处理到位			
四、其他				
1	涉河建设方案变更的,已重新履行手续,实际建设内容与变更内容一致			
2	临时工程使用期满后已自行拆除,拆除过程未影响河道行洪和防洪安全,按照要求恢复河道原貌			
3	施工过程若出现紧急情况,及时向有关部门报告并按照相关要求处置到位			

附件 4

工程验收和档案管理监督管理内容表

序号	监督管理内容	监督管理结果		问题描述
		是	否	
一、防洪影响补偿工程专项验收				
1	防洪影响补偿工程经有管理权限的水行政主管部门验收合格			
2	已建成涉河建设项目的建设位置、规模、建筑物特征参数和坐标、占用河道水域岸线范围等符合审批文件要求(以具有资质单位的测量复核报告为准)			
3	涉及堤防加固、改建、防护以及防洪影响补偿工程满足专项方案要求			
4	水域面积、库容、过水断面已按要求补偿到位			
5	河道防洪影响补偿措施已落实			
6	河道管理范围内的施工垃圾、废弃物、临时工程及施工设备设施等已清理完成			
7	河道堤防、防汛道路、绿化及管理设施等的恢(修)复已到位			
8	不存在影响第三人合法水事权益的问题			
二、竣工验收				
1	竣工验收有相关水行政主管部门参加			
2	涉河建设项目建设内容与审批文件一致			
3	涉河建设项目变更内容、改变用途等已履行相关手续			
4	竣工验收资料和相关手续齐全			
5	已签定承担工程占用段河道防汛责任协议,履行占用段河道检查观测、河势监测和维护等任务			
三、档案整编				
1	涉河建设项目竣工验收合格后60日内,主要相关资料(含涉河工程竣工图)已报地方水行政主管部门			
2	地方水行政主管部门已将建设项目监督管理资料按照“一项目一档”的要求建立档案			
3	对档案资料实现数字化、信息化、动态化管理			

附件 5

年度核查监督管理内容表

序号	监督管理内容	监督管理结果		问题描述
		是	否	
1	已建成涉河建设项目的运行管理、水域岸线的使用情况符合法律法规及审批文件的相关要求			
2	涉河建设项目的运营未对附近的河道、堤防等防洪工程造成不利影响			
3	签订的合同、协议规定的责任义务按时序进度落实到位			
4	发现问题已整改落实到位			
5	涉及涉河建设项目主体变更、用途改变、改扩建等，已履行相关手续			

省水利厅关于印发《江苏省水权交易管理办法（试行）》的通知

苏水规〔2021〕4号

各设区市水利（务）局：

为加快建立水资源刚性约束制度，推进水权水市场建设，促进水资源优化配置和节约集约利用，省水利厅组织制定了《江苏省水权交易管理办法（试行）》，经商省发展改革委、省财政厅，现印发给你们，请结合工作实际，认真贯彻执行。

各地水权改革有关情况和问题，请及时向省水利厅报告。

江苏省水利厅

2021年12月1日

江苏省水权交易管理办法(试行)

第一章　总　　则

第一条　为充分发挥市场配置水资源的作用,规范水权交易行为,促进水资源节约集约利用,根据《中华人民共和国水法》《取水许可和水资源费征收管理条例》《江苏省水资源管理条例》《江苏省节约用水条例》和水利部《水权交易管理暂行办法》等法律、法规和相关规定,结合本省实际,制定本办法。

第二条　本办法适用于本省行政区域内的水权交易及其监督管理。

本办法所称水权交易,是指在合理界定和分配水资源使用权基础上,水资源使用权(以下统称水权)在使用主体之间通过市场机制进行流转的行为。

通过交易转让水权的一方称转让方,取得水权的一方称受让方。

第三条　水权交易应当遵循节水优先、总量控制、保障发展、兼顾需求的原则,实行市场调节和政府调控相结合,控制总量和盘活存量相统筹,运用市场机制配置水资源,规范水权有序流转。

水权交易应当符合国家和省经济社会发展规划和产业政策,优先支持节水、节能、环保的项目,不得损害公共利益和第三者合法权益,不得挤占城乡居民生活和生态环境合理用水。

第四条　县级以上地方人民政府水行政主管部门(以下简称水行政主管部门)负责本行政区域内水权交易的监督管理,跨行政区域的水权交易由共同的上一级水行政主管部门进行监督管理。

第五条　水权交易一般应当通过依法设立的水权交易平台进行,也可以在转让方与受让方之间自主交易。

水权交易平台提供水权交易和收储等服务。

第二章　交易类型

第六条　水权交易类型主要包括区域水权交易、取水权交易、灌溉用水户水权交易和水权收储。

第七条　本行政区域尚未使用(含尚未分配)的用水总量控制指标可以用于水权交易。

区域水权交易对转让方及受让方产生的水资源、水生态影响应当控制在当地水资源、水环境承载能力、输配水工程体系工程能力范围内。

第八条　依法获得取水权的单位或者个人,通过调整产品和产业结构、改革工艺、节水等措施节约的取水指标,在取水许可证有效期和取水限额内,经取水许可审批机关同意,可以依法转让。

第九条　灌溉用水户或者用水组织通过水资源使用权确权登记等形式明确的水权,

可以依法转让。

第十条 水行政主管部门或者其委托的机构可以对取水单位或个人通过节约方式结余的水权采取回购等方式收储，收储的水权可以直接分配或者通过水权交易平台挂牌交易。

第十一条 属于下列情形之一的，不得开展水权交易：

（一）地表水水权指标用于地下水取水的；

（二）公共供水企业的取水转变用途的；

（三）水资源用途变更可能对第三者或者社会公共利益产生重大损害的；

（四）法律、法规规定的其他情形。

第三章 交易流程

第十二条 水权交易可以采取平台交易、自主交易等形式进行。

第十三条 具有下列情形之一的交易，应当通过水权交易平台进行：

（一）县级以上行政区域之间开展的水权交易；

（二）地表水交易量达50万立方米/年以上（含本数，下同）的取水权交易；

（三）地热水、矿泉水取水权交易，以及其他交易量达5万立方米/年以上的地下水取水权交易；

（四）水权收储。

其中跨设区市的水权交易或者地表水交易量300万立方米/年以上的取水权交易，应当在省级及以上水权交易平台上进行交易。

第十四条 平台交易可以采取协商和竞价等方式进行。

（一）当同一水权交易标的只有一个符合条件的意向转让方和受让方时，由水权交易平台组织双方协商交易。

（二）当同一水权交易标的有两个以上符合条件的意向受让方或者转让方时，由水权交易平台组织以竞价的方式进行交易。

（三）符合相关法律、法规、规章规定的其他方式。

第十五条 实行平台交易的，水权交易意向转让方应当向水权交易平台提供以下材料：

（一）转让区域水权的，应当提供水权转让意向书、地方人民政府的授权文件、经办人身份证明、相应权限水行政主管部门认可的水权交易可行性论证报告等。

（二）转让取水权的，应当提供水权转让意向书、取水许可证、经办人身份证明（统一社会信用代码证书、授权委托书、被委托人身份证复印件等证明文件）、相应权限水行政主管部门认可的水权交易可行性论证报告等。

（三）转让灌区内灌溉用水户水权的，应当提供水权转让意向书、水资源使用权属凭证、经办人身份证明（授权委托书、被委托人身份证复印件等）、相应权限水行政主管部门认可的水权交易可行性论证报告等。

第十六条 水权交易平台收到水权转让方提交的材料后，应当对交易材料进行核验。符合水权交易条件的，依照交易规则组织交易。材料不齐全的，应当要求水权转让方补充完善材料。

第十七条 水权交易平台应当及时公告水权转让信息，主要包括以下内容：

（一）水权交易的基本情况，包括名称、水源类型、水量、所在的区域位置、交易期限等；

（二）交易标的竞价起始价；

（三）交易竞价时间、地点；

（四）受让方须具备的条件；

（五）受让方申请受理截止时间；

（六）其他需要公告的事项。

第十八条 实行平台交易的，水权交易意向受让方应当向水权交易平台提供以下材料：

（一）受让区域水权的，应当提供水权受

让意向书、地方人民政府的授权文件、经办人身份证明等。

（二）受让取水权的，应当提交经办人身份证明（授权委托书、被委托人身份证复印件）、项目立项文件等。

（三）受让灌区内灌溉用水户水权的，应当提供经办人身份证明（授权委托书、被委托人身份证复印件等）、水资源原有取水的使用权证副本或者所在灌区管理单位有关新增受让方用水证明等材料。

第十九条 水权交易转让方和受让方达成交易意向后，应当向水权交易平台提供交易保证金（按水权交易平台相关规定执行）。

第二十条 水权交易平台确认水权交易符合规定的，应当与转让方、受让方签订三方协议，并及时提交一份协议至相应管理权限的水行政主管部门备案。

三方协议应明确水权交易三方名称、项目名称、地理位置、水源类型、交易量、交易期限、交易价格、违约责任、争议解决办法等内容。

第二十一条 受让方在交易协议签订起5个工作日内支付交易价款至水权交易平台指定账户，一并按标准交纳交易服务费及其他费用。水权交易平台收到上述款项后5个工作日内向受让方全额退还（含存款利息）所交的交易保证金。

第二十二条 水权交易平台应当及时公示水权成交信息，公告期不少于5个工作日。水权成交信息应当包括水权转让方、受让方、水源类型、交易量、交易价格、交易期限等内容。

因不可抗力因素导致交易活动无法正常进行的或者双方协商中止交易的，水权交易平台应当及时予以公告。

第四章 交易价格和期限

第二十三条 水权交易价格根据成本投入、市场供求关系等因素，实行市场定价。采取自主交易的，交易价格由交易双方自行协商确定；通过水权交易平台进行交易的，以水权交易可行性论证提出的评估价格为参考价格，协商定价或者公开竞价。

第二十四条 取水权交易和灌溉用水户水权交易所得资金收益，按照规定扣除相关税费后，归转让方所有。

区域水权交易所得资金收益，应当按照政府非税收入管理的规定执行，纳入一般公共预算管理，用于水资源管理与节约保护。

第二十五条 取水权转让期限应当综合水权来源、取水许可有效期限、产业生命周期、水工程供水能力与使用期限等因素合理确定。

水权交易期满，受让方需要延续交易的，应当重新办理交易手续；不再延续交易的，水权返还转让方，取水许可审批机关重新向转让方核发取水许可证。

区域水权的转让期限一般不超过10年。因水资源配置工程、城乡居民生活公共供水工程等用水需要延长转让期限的，最长不超过用水总量控制指标分配确定的规划水平年。

第五章 水权交割

第二十六条 区域水权交易完成后，交易双方的上一级水行政主管部门应当会同相关部门调整区域用水总量控制指标。

交易期限届满后，经双方同意可以延续交易，交易终止时水权归还转让方。

第二十七条 取水权交易完成后，交易双方应当依法向水行政主管部门办理取水许可手续。

第二十八条 灌溉用水户水权交易完成后，交易双方应当及时向灌区管理单位或者水行政主管部门备案。

第二十九条 在交易期限内，区域水权交易转让方转让水量占用本行政区域用水总量控制指标和河湖水量分配指标，受让方实收水量不占用本行政区域用水总量控制指标和河湖水量分配指标。

第三十条 水权交易平台出具交易结果通知书后，转让方拒绝转让的（包括不按期签订合同等情形），即视为转让方违约，并承担违约责任；受让方拒绝受让的（包括不按期签订合同或者不按期支付交易价款等情形），即视为受让方违约，并承担违约责任。

第三十一条 水权交易协议执行出现争议的，当事人可以协商解决；协商不成，可以申请水行政主管部门调解，也可依法申请仲裁或者提起诉讼。

第六章 监督管理

第三十二条 水行政主管部门应当会同同级发展改革等部门加强对水权交易实施情况的监督检查，适时组织水权交易后评估工作，通过政府或部门网站等平台依法公开水权交易的有关情况。水行政主管部门应当于每年12月31日前向上一级水行政主管部门报送本行政区域内年度水权交易情况。

第三十三条 取水权受让方应当按照取水许可证的规定取用水资源，不得擅自改变水资源的使用用途。

第三十四条 有关部门及其相关工作人员在水权交易监管工作中滥用职权、玩忽职守、徇私舞弊的，责令改正；情节严重的，依法追究责任。

第三十五条 水权交易平台应当加强内部管理，依照有关法律法规和交易规则开展水权交易活动。水权交易平台违法违规运营的，依据有关法律法规处罚。

第七章 附 则

第三十六条 本办法由省水利厅负责解释。

第三十七条 本办法自2022年2月1日起施行。

省水利厅关于印发《江苏省取水许可实施细则(试行)》的通知

苏水规〔2021〕5 号

各设区市水利(务)局:

为规范取水许可管理工作,推动建立水资源刚性约束制度,促进水资源集约节约利用,我厅组织制定了《江苏省取水许可实施细则(试行)》,现印发你们,请遵照执行。

江苏省水利厅

2021 年 12 月 9 日

江苏省取水许可实施细则(试行)

第一章 总 则

第一条 为规范取水许可管理工作,推动建立水资源刚性约束制度,促进水资源集约节约利用,根据《取水许可和水资源费征收管理条例》《地下水管理条例》《江苏省水资源管理条例》《江苏省节约用水条例》《取水许可管理办法》等法律法规和相关规定,结合本省实际,制定本细则。

第二条 在本省行政区域内从事取水申请、审批、发证等活动,适用本细则。

第三条 县级以上地方人民政府水行政主管部门(以下简称水行政主管部门)按照分级管理权限,负责取水许可制度的组织实施和监督管理。

自贸区、开发区按照政府赋予的权限负责取水许可制度的组织实施和监督管理。

第四条 取水许可应当坚持"以人为本、节水优先,因水而定、量水而行,公开公正、高效便民"的原则。

实施取水许可必须符合国土空间规划、水资源综合规划、流域综合规划和水功能区划等,优先利用地表水,保护利用地下水,科学利用外调水,鼓励利用再生水,实行总量控制与定额管理相结合,优先满足城乡居民生活用水,并兼顾农业、工业、生态与环境用水以及航运等需要。

第二章 水资源论证

第五条 申请取水的单位或者个人(以下简称申请人)应当按照有关规定要求,自行或者委托有关单位对其建设项目进行水资源论证,编制水资源论证报告书。

取水量较小且对周边环境影响较小的建设项目,申请人可填写建设项目水资源论证表。实施水资源论证区域评估范围内符合要求的取水项目,可实行取水许可告知承诺制,申请人只填写告知承诺表。

第六条 建设项目水资源论证报告书应当按照水资源论证相关导则和节水评价相关技术要求进行编制。

编制水资源论证报告书(表)时,应当突出水源方案比选、用水合理性分析、节水评价、取水可靠性分析以及与有关管控指标相符性论证。

建设项目施工期施工用水和生活用水,项目运行期生活和消防、绿化等辅助用水等,应当一并纳入水资源论证内容。

第七条 建设项目水资源论证报告书评审由取水许可审批机关组织,有关专家和相关单位代表参加,一般采取会议审查方式。

取水规模较小、技术较为简单或者遇特殊情况不能采用会议审查的,可采取函审方式。

建设项目水资源论证报告表实行备案承诺制,不再组织技术评审,由水行政主管部门直接审核。

第八条 水行政主管部门应当组织建立

涵盖水文水资源、节水、水环境、水生态以及电力、化工、纺织、造纸等行业和相关专业的水资源论证专家库。水资源论证报告书评审时应当结合地区情况和项目行业特点，选聘熟悉的专家组成评审组，并指定专家评审组组长。专家评审组人数为单数且不少于5名。

实行评审专家回避制度，报告书编制成员以及与编制单位、建设项目有利害关系的人员不得作为专家组成员。

第九条 水资源论证报告书评审应当把水资源管控指标作为刚性约束，对建设项目取用水与生态流量保障目标、河湖水量分配指标、地下水取用水总量和水位管控指标、用水总量控制指标、用水定额等指标的符合性进行评审，提出评审意见，并对其真实性、科学性负责。

建设项目的退水方案应当纳入水资源论证技术评审内容。需要设置入河排污口的，按照入河排污口设置审批管理规定执行。

第十条 水资源论证报告书技术评审中有需要修改或者补充完善的，申请人应当及时组织修改完善。修改后的报告书应当经过专家组长复核，并签字确认后方可报批。必要时可以组织复审。经复核通过的建设项目水资源论证报告书，作为取水许可审批的技术依据。

第三章 取水审批权限

第十一条 长江水利委员会、淮河水利委员会、太湖流域管理局审批权限按水利部授权文件执行。

第十二条 在下列范围内的取水，由省水行政主管部门审批：

（一）取用Ⅱ承压及以深地下水（含地热水和矿泉水）；

（二）由省发展改革部门等宏观经济主管部门立项或者核准备案项目的取水；

（三）涉及跨设区市或者影响区域跨设区市的取水。

第十三条 水行政主管部门负责本级审批事项及上一级下放或者授权的取水许可审批事项。

已由省水行政主管部门按照规定下放至设区市审批的取水许可权限，由各设区市水行政主管部门负责实施，不得再下放。省人民政府另有赋权规定的除外。

第四章 取水许可的申请和受理

第十四条 建设项目取得取水许可申请批准文件，申请人方可兴建取水工程或者设施。

第十五条 申请人应当向具有审批权限的审批机关（以下简称审批机关）提出申请。申请利用多种水源，且各种水源的取水审批机关不同的，应当向其中最高一级审批机关提出申请。取水许可权限属于流域管理机构的，应当向省水行政主管部门提出申请，由省水行政主管部门提出意见，并连同全部申请材料转报流域管理机构。

第十六条 申请取水应当提交下列材料：

（一）取水许可申请书；

（二）建设项目水资源论证报告书（表）或者告知承诺表；

（三）取水单位或者个人的法定身份证明文件；

（四）和取水行为有利害关系第三者的承诺书或者其他文件；

（五）属于备案项目的，提供有关备案材料；

（六）通过水权转让方式获得取水指标的建设项目，应当提交水权转让协议或者水权转让可行性报告等资料；

（七）联合兴建取水工程取水的，应当附具由联合兴建人出具的取水申请人委托书。

第十七条 取水许可审批机关应当对申请材料进行审查，并根据下列不同情形分别作出处理：

（一）申请材料齐全、符合法定形式、属于本机关受理范围的，或者申请人提交全部补正材料的，予以受理，并出具加盖印章和注明日期的行政许可受理通知单；

（二）申请材料不齐全、申请书内容填注不明的，或者不符合法定形式的，应当当场或者在5个工作日内一次性书面告知申请人补正的全部内容；申请材料存在可以当场更正的错误的，应当允许申请人当场更正；申请事项依法不需要取得行政许可的，应当即时告知申请人不受理；申请事项不属于本机关受理范围的，应当即时作出不予受理的决定，并告知申请人向有关行政机关申请。

第五章　取水许可的审查和决定

第十八条　取水许可审批机关应当自受理之日起，在承诺时限内作出行政许可决定（不含技术审查、听证和征求意见时间）。

审批机关认为取水涉及社会公共利益需要听证的，应当依法举行听证。取水涉及申请人与他人之间重大利害关系的，审批机关在作出是否批准取水申请的决定前，应当告知申请人、利害关系人。申请人、利害关系人要求听证的，审批机关应当组织听证。

需要征求意见的，有关部门和地方水行政主管部门应当自收到征求意见材料之日起5个工作日内提出书面意见并转送取水审批机关。

第十九条　取水审批机关决定批准取水申请的，应当签发取水申请批准文件，文件主要包括下列内容：

（一）取水水源、取水地点、取水用途，取水量及其对应的保证率；

（二）用水定额及有关节水要求；

（三）计量设施选型与安装的要求；

（四）特殊情况下的取水限制措施；

（五）蓄水工程或者水力发电工程的水量调度和合理下泄流量的要求；

（六）申请核发取水许可证的事项；

（七）监管单位及监管事项；

（八）法律法规规章规定的其他注意事项。

第二十条　有下列情形之一的，取水申请不予批准：

（一）取用水总量已经达到或者超过用水总量控制指标的地区新增取水的；

（二）不符合地下取水总量控制、地下水水位控制要求的；

（三）在地下水禁采区取用地下水的；

（四）在地下水超采区、限采区内，公共供水管网已覆盖且项目用水对水质无特殊要求的，或者通过替代水源可以解决供水需求取用地下水的；

（五）除应急供水取水，无替代水源地区的居民生活用水，为开展地下水监测、勘探、试验少量取水外，开采难以更新地下水的；

（六）列入《产业结构调整指导目录》淘汰类的或者不符合强制性国家标准的；

（七）不符合行业用水定额和节水规定的；

（八）取水可能对第三者或者社会公共利益产生重大损害的；

（九）取水布局、取水用途明显不合理的；

（十）法律、行政法规规定的其他情形。

第二十一条　取水申请批准后三年内，取水工程或者设施未开工建设，或者未经有权机关审批、核准的建设项目，取水申请的行政许可决定文件自行失效。

建设项目的建设规模、取水量、取水地点、取水方式有重大变更的，建设单位应当重新申请取水。

第六章　取水许可的验收和发证

第二十二条　取用水项目应当按照批准文件进行建设，取水工程或者设施建成并试运行满 30 日的，申请人应当向取水审批机关报送验收材料，申请核发取水许可证。

第二十三条 申请人提交的取水许可验收申请材料应当包括以下内容：

（一）取水许可验收申请文件；

（二）建设项目批准或者核准、备案文件；或者建设项目可行性研究报告审查意见及批复文件、初步设计报告审查意见及批复文件；

（三）取水计量设施安装与校验或者校准、在线监控情况和取水台账建立情况；

（四）节水设施建设和试运行情况；

（五）试运行期间的取水、退水监测结果；

（六）对第三者有影响的，附影响补偿协议及落实情况。地下水取水工程，还应当提交包括成井资料、抽水试验成果、水质分析报告等。

第二十四条 验收材料符合要求的，取水审批机关自收到材料后 20 日内，对取水工程或者设施进行现场核验，出具验收意见，验收合格的，核发取水许可证。对验收不合格的，责令其限期整改；逾期未按照要求整改的，申请人不得取水。

编制水资源论证报告表的项目取水许可验收程序可适当从简。

第二十五条 取水许可审批机关可以委托下级水行政主管部门对其审批的取水工程或者设施进行验收，受委托机关应当在验收结束后 20 个工作日内将验收材料上报委托机关。委托验收应当采用书面方式。

第二十六条 取水许可验收意见应当包括取水工程建设依据、取水设施概况、取水审批及落实情况、取水计量设施的安装与运行情况、取水许可证发放及日常监督管理要求等内容。

第七章 取水许可证的延续、变更和注销

第二十七条 取水许可证有效期限一般为 5 年，最长不超过 10 年。有效期届满，需要延续的，取水单位或者个人应当在有效期届满 45 日前向发证机关申请办理取水许可证延续手续。

取水许可日常监督管理单位应当及时通过书面、短信、微信等方式提醒取水单位或者个人按期办理延续手续。

第二十八条 取水单位或者个人向发证机关提出延续取水申请时应当提交下列材料：

（一）延续取水申请书；

（二）原取水申请批准文件和取水许可证。

第二十九条 在收到取水单位或者个人延续取水申请材料后，发证机关应当组织对原批准的取水量、实际取水量、节水水平以及取水单位或者个人所在行业的平均用水水平、当地水资源供需状况等进行全面评估，在取水许可证届满前决定是否批准延续。批准延续的，核发新的取水许可证；不批准延续的，书面说明理由；对按批复规模正常生产的取水项目，连续三年取水未达到许可水量的 80%的，发证机关应当对原批准的取水量提出核减建议。

第三十条 取水单位或者个人需要变更取水许可证载明事项的，应当持以下材料向发证机关办理变更手续。

（一）取水许可变更申请书；

（二）法定身份证明文件；

（三）取水许可证载明事项变更的相关证明文件；

（四）原取水许可证原件。

自收到申请材料之日起，在承诺时限内应当作出是否同意变更的决定，同意变更的，应当核发新的取水许可证。

第三十一条 依法获得取水权的单位或者个人，通过调整产品和产业结构、改革工艺、节水等措施节约水资源的，在取水许可的有效期和取水限额内，经批准，可以依法有偿转让其节约的水资源，并办理取水权变更

手续。

获得取水转让权的单位或者个人应当按照《水权交易管理暂行办法》和省有关规定，依法办理取水许可手续。

第三十二条 在取水许可证有效期限内出现取水水源、取水地点、取水用途发生改变（因取水权转让引起的取水量改变的情形除外）以及取水量增加的情形，取水单位或者个人应当重新提出取水申请。

第三十三条 连续停止取水满2年、取水许可证有效期届满未提出延续申请的，由审批机关注销取水许可证。由于不可抗力或者进行重大技术改造等原因造成停止取水满2年且取水许可证有效期尚未届满的，经审批机关同意，可以保留取水许可证。

第三十四条 对已注销取水许可证对应的取水工程或者设施，由原取水单位或者个人进行封填或者拆除，恢复水利工程原设计功能。已完成清产并资产已核销的取水单位取水工程或者设施，由产权所有人或者属地水行政主管部门组织封填或者拆除。

第八章 监督管理

第三十五条 取水许可审批机关可以委托下级水行政主管部门或者其所属具有管理公共事务职能的单位对其审批的取水设施实施日常监督管理。被委托管理单位需在取水许可审批文件或者验收意见中明确。

流域管理机构审批的取水工程或者设施，由取水口所在地水行政主管部门实施日常监督管理，省水行政主管部门开展监督检查。

第三十六条 除国家和省规定的不征、免征、缓征水资源费（税）情形外，取水单位或者个人均应当按规定缴纳水资源费（税）。

第三十七条 取水单位或者个人应当于每年12月31日前报送本年度取水总结（表）和下一年度取水计划申请表。

水力发电工程，还应当报送其下一年度发电计划。

公共供水工程，还应当附具供水范围内重要用水户下一年度用水需求计划。

取水情况总结（表）应当包括取水单位简介、取水基本情况、上年度取用水情况等内容。下一年度取水计划申请表应当包括预计产量、取水量、用水定额等内容。

第三十八条 取水口所在市、县水行政主管部门应当于1月31日前向取水单位或者个人下达当年取水计划，取水计划不得超过取水许可证载明的取水量及用水定额。

承担流域管理机构及省水行政主管部门审批的取水工程或者设施日常监督管理的，应当于每年2月底前将被委托管理单位计划用水情况报送省水行政主管部门备案。

第三十九条 新建、改建、扩建建设项目，取水单位或者个人应当在获得取水许可证30日内，向监督管理部门提出其该年度的取水计划建议。监督管理部门在收到申请后20个工作日内组织向取水单位或者个人下达取水计划。

第四十条 取水单位或者个人应当严格按照批准的年度取水计划取水。因扩大生产等特殊原因需要调整年度取水计划的，应当报原取水计划下达部门同意。

第四十一条 有下列情形之一的，可以核减取水单位或者个人的年度取水量：

（一）因自然原因，水资源不能满足本地区正常供水的；

（二）具备利用雨水、再生水等非常规水源条件而不利用的；

（三）出现需要限制取水量的其他特殊情况的。

第四十二条 取水单位或者个人应当安装符合国家法律法规或者技术标准要求的计量设施，并按有关技术规定定期进行检定或者校准，保证计量设施正常使用和量值的准确、可靠。

安装在线取水计量设施的，应当按有关规定将取水计量信息接入江苏省水资源管理信息系统，并保障数据传输设施的正常运行。

利用闸坝等水工建筑物系数或者泵站效率、开机时间、电表度数等计算水量的，应当由具有相应资质的单位进行率定。

第四十三条 有下列情形之一的，按照取水设施日最大取水能力计算取水量：

（一）未安装取水计量设施的；

（二）取水计量设施不合格或者不能正常运行的；

（三）取水单位或者个人拒不提供或者伪造取水数据资料的。

第四十四条 取水许可监督管理部门应当按月或者按季抄录取水单位或者个人的实际取水量，一式二份，双方签字认可，取水许可监督管理部门和取水单位或者个人各持一份。

第四十五条 取水单位或者个人（河道内用水除外）应当根据国家技术标准定期对用水情况进行水平衡测试，因新建、改建、扩建工程或者产品结构、生产工艺、水处理及循环水设施发生变化导致用水量变化的，或者超计划用水 30%以上的取水单位或者个人应当及时进行水平衡测试。

第四十六条 水行政主管部门应当对管理权限范围内的取水开展监督检查，对发现的问题提出整改要求，督促取水单位或者个人整改落实。

加强对实施告知承诺制审批项目的日常监管和监督检查，发现承诺不实的，依法予以处理，并纳入信用记录。

第九章 附 则

第四十七条 办理取水许可相关手续时，应当严格遵守保密规定。取水单位或者个人报送材料的正文或者附件若涉密应当提前告知办理人员。涉密文件不报送电子公文，必须通过机要渠道寄送纸质文件或者派专人送达。有关工作人员应当严格按照保密办法等规定处理涉密取水许可事项。

第四十八条 本细则有关期限的规定，除注明为工作日外，其他按自然日计算。

第四十九条 本细则自 2022 年 2 月 1 日起施行。

省水利厅关于印发《江苏省重点用水单位节约用水管理办法(试行)》的通知

苏水规〔2021〕6 号

各设区市、县(市、区)水利(务)局:

为深入贯彻节水优先方针,加强对重点用水单位的节水监督管理,强化水资源刚性约束,落实节约用水目标责任,有效提高水资源利用效率和效益,根据《中华人民共和国水法》《江苏省节约用水条例》以及《国家节水行动方案》《江苏省节水行动实施方案》的相关规定,我厅制定了《江苏省重点用水单位节约用水管理办法(试行)》。现印发给你们,请遵照执行。

江苏省水利厅

2021 年 12 月 9 日

江苏省重点用水单位节约用水管理办法(试行)

第一章 总 则

第一条 为深入贯彻节水优先方针,强化水资源刚性约束,落实节约用水目标责任,有效提高水资源利用效率和效益,加强对重点用水单位的节水监督管理,根据《中华人民共和国水法》《江苏省节约用水条例》以及《国家节水行动方案》《江苏省节水行动实施方案》的相关规定,制定本办法。

第二条 重点用水单位监督管理坚持依法依规、规范透明、客观公正、属地管理和分级管理相结合的原则。

第三条 本省范围内县级以上地方人民政府水行政主管部门依照法定职责和程序对重点用水单位节约用水的监督管理,适用本办法。

第二章 监管范围与名录管理

第四条 本办法所称重点用水单位是指纳入到国家、省、市三级重点监控用水单位名录的用水单位,范围包括:

(一)年取用水量 50 万立方米以上的工业企业、服务业单位;

(二)年取用水量在本行政区域同类型单位中排名前 3 位的学校、医院、宾馆等公共机构;

(三)具备专业管理机构的大型及重点中型灌区。

第五条 重点监控用水单位名录分为国家、省、市三级。

国家级重点监控用水单位名录由省级水行政主管部门按要求报送,水利部审核确定并公布。

省级重点监控用水单位名录由各设区市水行政主管部门在市级重点监控用水单位名录中选取报送,省级水行政主管部门审核确定公布。

市级重点监控用水单位名录由市级水行政主管部门依据当地实际情况和监督管理要求确定、公布,并向省级水行政主管部门备案。

鼓励有条件的县(市、区)建立县级重点监控用水单位名录,并参照本办法执行。

第六条 重点监控用水单位名录实行动态管理,各级水行政主管部门根据管理权限,对名录中发生迁址、兼并、转(停)产或生产规模和用水量发生较大变化的单位及时进行变更调整,并报上一级水行政主管部门备案。

国家级重点监控用水单位名录调整,由省级水行政主管部门提出建议,报水利部审核确定。

第三章 监管职责

第七条 各级水行政主管部门按管理权限对重点用水单位实施监督管理。

省级水行政主管部门负责指导全省的重点用水单位监督管理工作。

市、县(市、区)水行政主管部门负责所辖范围内重点用水单位的具体监管工作。

第八条 重点用水单位应当贯彻执行国家和地方有关节约用水的政策制度和规范标准,健全内部节水管理制度,制定节水措施,明确节水管理职能部门,落实节水管理责任人(水务经理)和岗位职责,提高节水水平和用水效率。

重点用水单位应当积极配合各级水行政主管部门的监督检查工作,如实反映有关情况、提供相关资料。针对节水监管中发现的问题,重点用水单位应当分析原因,制定整改方案,及时整改。

第九条 各级水行政主管部门通过定期与不定期开展检查、考核、调查等方式,加强对重点用水单位的监督管理。

第四章　监管内容

第十条 重点用水单位应当全部纳入计划用水管理。

各级水行政主管部门应当按照管理权限和规定下达、调整用水计划,并定期检查用水计划执行情况,对重点用水单位进行考核。超计划用水的,按照法律法规和相关文件规定征收超计划用水加价水资源费(水费)。

重点用水单位应当按照规定提交用水计划建议,用水计划下达后,按规定将计划进行分解,并及时报送水行政主管部门备案,同时加强内部用水考核。用水计划确需调整的,应当按照有关规定申请调整。

第十一条 国家和省、市已发布的行业用水定额应当作为制定用水计划的主要依据。重点用水单位应当严格执行用水定额标准,存在超定额用水的,应当制定并落实整改措施,限期实施节水改造。鼓励重点用水单位按照先进定额进行考核管理。

第十二条 重点用水单位应当按照国家和省有关规定安装和使用合格的用水计量设施,定期检查维修、校验,保证计量设施正常运行。同一用水单位存在不同水源类型和用途用水的,应当分类计量,并按规定实施分级计量。

第十三条 重点用水单位应当加强用水、节水统计,建立统计台账,保证用水统计资料真实、准确、完整,定期进行用水合理性分析,按时报送用水、节水报表。

第十四条 重点用水单位应当按照相关规定开展水平衡测试,对用水现状进行合理性分析,找出薄弱环节,分析节水潜力,制定节水方案,提高用水效率。

第十五条 重点用水单位应当按照相关规定,配合水行政主管部门和用水审计机构开展用水审计,按要求提供相关资料。按照用水审计结论通知书要求,制定存在问题整改方案,落实相关工程措施和管理措施,在规定的期限内整改到位,并将整改情况及时反馈所在地水行政主管部门。

第十六条 鼓励重点用水单位加大雨水、再生水等非常规水源利用设施建设力度,提高非常规水源利用率。

第十七条 重点用水单位与取用水有关的规划和建设项目应当按规定开展节水评价。

重点用水单位新建、改建、扩建建设项目需要取用水的,应当制定节水方案,配套建设节水设施,保证节水设施与主体工程同时设计、同时施工、同时投入使用。已经建成的节水设施,不得擅自停止使用。

第十八条 重点用水单位应当按照有关要求,逐步实现用水计量在线监测,保存原始监测记录,并保证监测设备正常运行。

县级以上水行政主管部门应当推进节水管理信息化建设,逐步实现对重点用水单位用水在线监管。

第十九条 鼓励重点用水单位引入合同节水等第三方节水服务,开展专业化节水诊断、技术改造、运行管理等工作。

第二十条 重点用水单位应当积极采用国家鼓励的节水工艺、技术和装备，淘汰落后的用水工艺、技术和装备，禁止使用列入国家淘汰目录的用水工艺、设备和产品。

第二十一条 重点用水单位应当积极开展节水载体创建和水效对标达标，持续提高用水水平，争当本行业水效“领跑者”，发挥节约用水示范带动作用。

第二十二条 重点用水单位应当制定年度节水宣传教育工作计划，定期组织开展节水培训和宣传教育活动，组织并参与节水公益宣传活动，提高职工节水意识和节水水平，强化节水社会责任。

第二十三条 重点用水单位应当加强用水档案管理，明确负责归档的部门和责任人。用水档案主要包括文件制度、取用水基础资料、用水过程记录、日常管理等各类相关资料。

第五章 奖励与处罚

第二十四条 重点用水单位应当接受社会监督，任何单位和个人均有权向水行政主管部门检举浪费用水的行为。

各级水行政主管部门可以对在重点用水单位监督管理工作中成效突出或节约用水成绩显著的单位和个人，依照法律法规给予表彰和奖励。

第二十五条 对违反节约用水管理规定的重点用水单位，由县级以上水行政主管部门督促其整改。对拒不整改的，将违规用水记录纳入信用信息管理。存在违法行为的，依照法律法规追究责任。

第六章 附 则

第二十六条 地方水行政主管部门可结合当地实际，制定具体实施办法。

第二十七条 本办法由江苏省水利厅负责解释。

第二十八条 本办法自 2022 年 2 月 1 日起施行。

省水利厅关于印发《江苏省重点水利基本建设工程从业单位履约信用管理办法》的通知

苏水规〔2021〕7 号

各设区市水利(务)局,厅直各有关单位,省各重点水利工程建设管理局:

《江苏省重点水利基本建设工程从业单位履约信用管理办法》已经厅党组会议审议通过,现予印发,请贯彻执行。

江苏省水利厅

2021 年 12 月 16 日

省水利厅关于印发《江苏省生产建设项目水土保持管理办法》的通知

苏水规〔2021〕8号

各设区市、县(市、区)水利(务)局、各有关单位:

为贯彻落实《中华人民共和国水土保持法》《江苏省水土保持条例》有关规定，进一步规范我省生产建设项目水土保持工作，按照《水利部关于进一步深化"放管服"改革全面加强水土保持监管的意见》(水保〔2019〕160号)等文件要求，结合本省实际，我厅制定了《江苏省生产建设项目水土保持管理办法》，并经厅党组会审议通过，现印发给你们，请认真遵照执行。

江苏省水利厅

2021年12月27日

江苏省生产建设项目水土保持管理办法

第一章　总　　则

第一条　为规范生产建设项目水土保持监督管理，防治生产建设活动造成的水土流失，保护水土资源，改善生态环境，根据《中华人民共和国水土保持法》《江苏省水土保持条例》《水利部关于进一步深化“放管服”改革全面加强水土保持监管的意见》等法律法规和规范性文件，结合本省实际，制定本办法。

第二条　在本省行政区域内从事生产建设项目水土保持方案编报审批、设计、施工、监理、监测、监督检查、验收等活动，适用本办法。

第三条　本规定所称的生产建设项目，是指经过相关部门审批（核准、备案）且在生产建设过程中需要开挖、回填、取土（石、砂）、弃土（石、渣、灰、矸石、尾矿）等扰动地表、损毁植被的项目。

第四条　各级水行政主管部门应当加强部门沟通协作，及时掌握项目信息，依法依规履行水土保持监督管理职责，对生产建设项目水土保持方案的实施情况进行跟踪检查，发现问题及时处理。生产建设项目水土保持方案审批、监督检查、自主验收备案管理以及履职督查实行分级负责制。履职督查按照水利部《生产建设项目水土保持监督管理办法》相关要求逐级开展。

生产建设项目水土保持工作遵循“谁开发利用谁负责保护”“谁造成水土流失谁负责治理”的原则。生产建设单位作为生产建设项目的水土保持责任主体，负责以下工作：

（一）依法组织编报水土保持方案；

（二）组织开展水土保持方案的后续设计，将水土保持措施经费列入工程概（预）算；

（三）组织和监督水土保持施工、监理及水土保持监测等单位落实水土流失防治责任；

（四）依法依规缴纳水土保持补偿费；

（五）组织开展水土保持设施验收；

（六）落实项目水土流失防治责任范围内水土保持设施的管护责任。

第二章　方案编报

第五条　在水土流失重点预防区、重点治理区和水土保持规划确定的容易发生水土流失的其他区域开办生产建设项目，生产建设单位应当编制水土保持方案，在项目开工前报水行政主管部门或者其他有审批权的部门审批。

第六条　根据项目规模及可能造成的水土流失程度，水土保持方案分为报告书和报告表。

（一）征占地面积在 5 公顷（含）以上或者挖填土石方总量在 5 万立方米（含）以上的，生产建设单位应当编制水土保持方案报告书；

（二）征占地面积在 0.5 公顷（含）以上不足 5 公顷或者挖填土石方总量在 0.1 万立方

米(含)以上不足5万立方米的,生产建设单位应当编制水土保持方案报告表。

征占地面积不足0.5公顷且挖填土石方总量不足0.1万立方米的,生产建设项目不再办理水土保持方案审批手续,生产建设单位依法做好水土流失防治工作。

第七条 生产建设单位可自行或委托具备相应技术条件的机构编制水土保持方案。水土保持方案内容及格式应符合《生产建设项目水土保持技术标准》和有关规定要求。

第八条 水土保持方案应在主体工程开工前完成报批手续。为避免水土保持方案造成设计方案调整,也可提前在项目可行性研究批准后办理水土保持方案报批手续。

第九条 生产建设单位未编制水土保持方案或者水土保持方案未经批准的,生产建设单位不得开工建设项目主体工程、附属配套工程和前期工程。

第十条 各级人民政府批准设立的各类开发区,其管理机构可组织编制水土保持区域评估报告,报相关水行政主管部门批准。其中,国家级开发区水土保持区域评估报告由水利部负责审查,省级开发区水土保持区域评估报告由开发区所在设区市水行政主管部门负责审批,省级以下开发区水土保持区域评估报告由设立开发区的人民政府水行政主管部门负责审批。在开发区以外各级人民政府划定的特定区域范围内,各地可结合实际开展水土保持区域评估工作。

已实施水土保持区域评估开发区范围内的生产建设项目,其水土保持方案审批程序可适当简化,应当编制水土保持方案报告书的,可简化为水土保持方案报告表,推行告知承诺制管理。

第三章 方案审批

第十一条 水土保持方案实行分级审批管理。

省级水行政主管部门负责审批中央立项下放省级审批以及省级立项跨设区市的生产建设项目水土保持方案。设区市水行政主管部门或者人民政府确定的其他水土保持方案审批部门负责审批本行政区域内省级立项下放市级审批以及设区市人民政府明确由市级审批的生产建设项目水土保持方案。县级水行政主管部门或者人民政府确定的其他水土保持方案审批部门负责审批本行政区域内设区市下放县级审批以及县级立项的生产建设项目水土保持方案。

省人民政府另有赋权规定的除外。

第十二条 生产建设单位应当向水土保持方案审批部门提交书面申请和水土保持方案。水土保持方案审批部门依法在规定时限内作出行政许可决定。规定时限内不能作出决定的,经本行政机关负责人批准,可以延长,并将延长期限的理由告知申请人。决定不予批准的,依法出具不予批准的行政许可决定。技术评审所需时间不计算在内。

第十三条 水土保持方案审批部门受理水土保持方案报告书申请材料后,应当依据有关法律、法规和技术标准组织技术评审。技术评审费用由方案审查部门承担并纳入部门预算。

第十四条 省级水行政主管部门应当建立或完善水土保持方案技术评审专家库,严格专家入库资格,加强专家培训和管理,提高专家责任意识和评审质量。设区市水行政主管部门可结合当地实际建立市级水土保持方案技术评审专家库。

同一名专家最多只能参加同一生产建设项目水土保持方案技术评审、承诺制管理专家审查、水土保持设施验收会议等工作程序中的一项审查或验收。

第十五条 生产建设项目水土保持告知承诺制管理是指生产建设单位以书面形式向审批部门作出符合审批条件的承诺,确保落实水土保持各项措施，如期实现水土流失防治目标。水土保持方案审批部门根据水土保持方案和承诺书对项目水土保持方案进行批复，在受理后即时办结。

推行水土保持告知承诺制管理的生产建设项目包括：

（一）编制水土保持方案报告表的项目；

（二）已实施水土保持区域评估范围内的项目；

（三）国务院、省人民政府批准设立的各类开发区内应当编制水土保持方案的项目。

下述情况不适用承诺制管理：

（一）开发区或特定区域内超出水土保持区域评估范围的项目；

（二）涉及生态保护红线、国家级水土流失重点预防区的项目；

（三）征占地面积在200公顷以上或者挖填土石方量在200万立方米以上的项目；

（四）生产建设项目存在违法违规行为或建设单位处于信用惩戒期的。

第十六条 实行承诺制管理的项目水土保持方案，由生产建设单位从省级水行政主管部门水土保持方案专家库中自行选取至少一名专家签署是否同意意见，审批部门不再组织技术评审。

第十七条 水土保持方案经批准后，生产建设项目地点、规模发生重大变化，有下列情形之一的，生产建设单位应当补充水土保持方案变更报告，报原审批机关审批：

（一）水土流失防治责任范围增加30%以上不足50%的；

（二）开挖填筑土石方总量增加30%以上不足50%的；

（三）线型工程山区、丘陵区部分横向位移超过300米的长度累计达到该部分线路长度的20%以上的；

（四）施工道路或者伴行道路等长度增加20%以上的；

（五）桥梁改路堤或者隧道改路堑累计长度20公里以上的。

水土流失防治责任范围增加50%以上或者开挖填筑土石方量增加50%以上的，生产建设单位应当修改水土保持方案，报原审批机关审批。

第十八条 水土保持方案实施过程中，水土保持措施发生下列重大变更之一的，生产建设单位应当补充水土保持方案变更报告，报原审批机关审批。

（一）表土剥离量减少30%以上不足50%的；

（二）植物措施总面积减少30%以上不足50%的；

（三）水土保持重要单位工程措施体系发生变化，可能导致水土保持功能显著降低或丧失的。

生产建设项目表土剥离量减少50%以上或者植物措施总面积减少50%以上的，生产建设单位应当修改水土保持方案，报原审批机关审批。

第十九条 生产建设项目自水土保持方案批准之日起超过三年未开工建设的，生产建设单位应当组织重新编制水土保持方案，报原审批机关审批。

第二十条 生产建设项目实施过程中，在批准的水土保持方案确定的专门存放地外新设弃渣场的，生产建设单位可在征得原审批部门书面同意后先行使用，做好相关防护措施，确保不产生水土流失危害，并及时向原审批部门办理变更审批手续。其中，新设弃渣场占地面积不足1公顷且最大堆渣高度不高于10米的，生产建设单位可在征得所在地县级人民政府水行政主管部门书面同意后使用，并纳入验收管理。

第二十一条 生产建设单位在向水行政主管部门提出水土保持方案审批申请时，应当提交可供公开的水土保持方案。水土保持方案审批材料和审批决定应当向社会主动公开，公开时间不得少于30个工作日。

第四章 监理监测

第二十二条 凡主体工程开展监理工作的生产建设项目，应当按照国家建设监理、水土保持监理的有关规定和技术规范、批准的水土保持方案及工程设计文件、工程施工合同、监理合同等，开展水土保持监理工作。其中，征占地面积50公顷以上或者挖填土石方总量在50万立方米以上的项目，应当配备具有水土保持专业监理资格的工程师；征占地面积在200公顷以上或者挖填土石方总量在200万立方米以上的项目，应当由具有水土保持工程施工监理专业资质的单位承担监理任务。

第二十三条 承担水土保持监理的单位应对水土保持设施建设的质量、进度和投资进行控制，并对水土保持设施的单元工程、分部工程、单位工程提出质量评定意见，作为水土保持设施验收的依据。

第二十四条 编制水土保持方案报告书的项目，生产建设单位应当自行或者委托具备相应技术条件的机构开展水土保持监测工作。实施水土保持区域评估范围内的生产建设项目水土保持监测工作由区域管理机构统一组织开展，监测经费由区域管理机构承担。

第二十五条 监测单位应按照水土保持有关技术标准及批准的水土保持方案开展水土保持监测工作，及时向生产建设单位提出控制施工过程中水土流失的意见和建议，并按规定向有关水行政主管部门定期报送监测成果。

第二十六条 生产建设项目水土保持监测主要包括水土流失影响因素、项目施工全过程各阶段扰动土地情况、水土流失状况、防治成效及水土流失危害等内容。

第二十七条 监测单位在监测工作开展前要制定监测实施方案；在监测期做好监测记录和数据整编，按季度编制监测报告；在水土保持设施验收前应编制监测总结报告。

监测单位应在开展监测工作前将监测实施方案报送审批水土保持方案的水行政主管部门或者水土保持方案审批机关的同级水行政主管部门。

监测单位应在每个季度第一个月上旬向审批水土保持方案的水行政主管部门或者其他审批机关的同级水行政主管部门报送上一季度的监测季报。

第二十八条 水土保持监测按照有关规定实行“绿黄红”三色评价。水土保持监测单位根据监测情况，在监测季报和总结报告等监测成果中提出“绿黄红”三色评价结论。

第二十九条 生产建设单位应当在项目建设期间将监测季度报告在其官方网站或其他网站公开；在水土保持设施验收合格后，将监测总结报告在其官方网站或其他网站公开。

第三十条 县级以上水行政主管部门要加强对水土保持监测工作的监督管理，强化对生产建设项目水土保持监测定期报告制度落实情况和监测成果的核查。

第五章 设施验收

第三十一条 生产建设项目的水土保持设施验收由生产建设单位自主开展。水土保持设施未经验收或者验收不合格的，生产建设项目不得投产使用。

第三十二条 生产建设单位应当根据水土保持方案（含重大变更）及其审批决定等，组织第三方机构依法编制水土保持设施验收报告。

同一项目的水土保持方案编制单位、监理单位、监测机构不得承担水土保持设施验收报告编制工作。

第三十三条 水土保持设施验收报告编制完成后，生产建设单位应当按照水土保持法律法规、标准规范、水土保持方案及其审批决定、水土保持后续设计等，组织验收工作，形成验收鉴定书，明确验收结论。验收合格意见应当经三分之二以上验收组成员同意并签字。

水土保持方案编制单位、设计单位、施工单位、监理单位、监测单位应当参加验收会议。

第三十四条 对水利部下放的、跨设区市行政区域的生产建设项目现场验收时，应当邀请省级专家库专家参加。专家名单由生产建设单位自主确定。

第三十五条 生产建设单位应当严格执行水土保持设施验收标准、规范、规程确定的验收要求，有下列情形之一的，不得通过验收：

（一）未依法依规履行水土保持方案及重大变更的编报审批程序的；

（二）未依法依规开展水土保持监理监测的；

（三）废弃土石渣未堆放在经批准的水土保持方案确定的专门存放地的；

（四）水土保持措施体系、等级和标准未按批准的水土保持方案要求落实的；

（五）水土流失防治指标未达到批准的水土保持方案要求的；

（六）水土保持分部工程和单位工程未经验收或验收不合格的；

（七）水土保持设施验收报告、水土保持监测总结报告等材料弄虚作假或存在重大技术问题的；

（八）未依法依规缴纳水土保持补偿费的；

（九）存在其他不符合相关法律法规规定情形的。

第三十六条 除按照国家规定需要保密的情形外，生产建设单位应当在水土保持设施验收合格后，通过其官方网站或者其他公众知悉的网站公示验收鉴定书、验收报告、监测总结报告等水土保持设施验收材料，公示时间不得少于20个工作日。

对于公众反映的主要问题和意见，生产建设单位应当及时处理或者回应。生产建设单位、验收评估机构和水土保持监测机构分别对各自所出具材料的真实性负责。

第三十七条 生产建设单位应当在向社会公开水土保持设施验收材料后、生产建设项目投产使用前，向审批水土保持方案的水行政主管部门或者水土保持方案审批机关的同级水行政主管部门报备验收材料。

依法编制水土保持报告书的生产建设项目，水土保持设施验收报备时应当提交水土保持设施验收报备申请、验收鉴定书、验收报告、监测总结报告和向社会公开的时间、地点及方式等材料。

依法编制水土保持报告表和实行承诺制管理的生产建设项目，水土保持设施验收报备时只需提交水土保持设施验收报备申请、验收鉴定书和向社会公开的时间、地点及方式等材料。

第三十八条 对生产建设单位报备的验收材料完整、符合要求的，县级以上地方人民政府水行政主管部门应当在5个工作日内出具水土保持设施验收报备证明，并在其门户网站进行公告。

对报备材料不完整或者不符合相应要求的，应当在5个工作日内一次性告知生产建设单位予以补充；补充完善后5个工作日内出具报备证明，并在其门户网站进行公告。

第三十九条 对于存在本办法第三十五条所列九种情形之一而通过水土保持设施验收的，视同为验收不合格。达到验收标准和条件后，生产建设单位应当依法重新组织验收。生产建设项目未按规定取得水土保持方案审批机关报备证明的，视同为生产建设项目水土保持设施未经验收。

第六章 监督检查

第四十条 各级人民政府水行政主管部

门负责对生产建设项目水土保持情况进行监督检查。

第四十一条　对生产建设项目开展的水土保持监督检查，包括对水土保持方案实施情况的跟踪检查和对水土保持设施自主验收情况的核查。

第四十二条　县级以上水行政主管部门应当采取现场检查、书面检查、遥感监管、“互联网＋监管”相结合的方式，实现在建项目全覆盖。每年现场检查比例不低于本级审批方案项目数量的10％。对有举报线索、不及时整改、不按时提交水土保持监测季报的项目要组织专项检查。

上级水行政主管部门组织开展生产建设项目水土保持监督检查，需要下级水行政主管部门配合或共同检查的，应提前告知项目所在地的水行政主管部门，明确下级水行政主管部门的主要工作内容。

第四十三条　生产建设项目跟踪检查主要包括以下内容：

（一）水土保持工作组织管理情况，包括水土保持管理机构、人员、制度、水土保持任务落实情况等；

（二）水土保持方案（含重大变更）审批情况，水土保持后续设计情况；

（三）水土保持措施落实情况，包括水土保持工程、植物、临时措施落实与运行管理情况以及表土剥离、保存和利用情况等；

（四）取、弃土（渣）场选址及防护情况；

（五）水土保持监测、监理开展情况；

（六）水土保持补偿费缴纳情况；

（七）水行政主管部门历次检查发现问题整改落实情况；

（八）水土保持法律法规要求落实的其他情况。

第四十四条　水行政主管部门应当组织生产建设项目水土保持验收核查，每年验收核查比例不低于本级接受验收报备项目数量的10％。

第四十五条　水行政主管部门应当在出具报备回执的12个月内组织开展验收核查。

第四十六条　水行政主管部门根据核查情况形成核查结论，未发现验收存在程序不合规或不满足验收标准和条件的，应当给出“水土保持设施验收程序履行、验收标准和条件执行方面未发现严重问题”的结论。对不符合规定程序或不满足验收标准和条件的，应当给出“视同为水土保持设施验收不合格”的结论。

第四十七条　水行政主管部门应当在核查结束后及时印发核查意见，核查意见主要内容包括核查工作开展情况、发现的问题、核查结论及下一步要求等。对“视同为水土保持设施验收不合格”的，应当列出核查发现的问题清单，责令生产建设单位限期整改。逾期不整改或者整改不到位的，按照水土保持法第五十四条的规定予以处罚。

第四十八条　县级以上水行政主管部门应当加强监测结果应用，对监测季报和总结报告三色评价结论为“绿”色的，可不开展现场检查和验收核查；对监测季报和总结报告三色评价结论为“黄”色的，应随机抽取不少于20％的项目开展现场检查和验收核查；对监测季报和总结报告三色评价结论为“红”色的，应全部开展现场检查和验收核查。

第四十九条　县级以上水行政主管部门检查发现生产建设项目存在违反水土保持法律、法规规定行为的，应当及时发出整改通知书，同时抄送行业主管部门。生产建设单位应当按照整改通知书的要求在规定期限内完成整改，并将整改结果报组织检查的水行政主管部门。

县级以上水行政主管部门应当依法将监督检查和整改落实情况向社会公开。

第五十条　县级以上水行政主管部门应当建立水土保持信用体系，全面实施生产建设项目水土保持信用监管“重点关注名单”制度，依法依规对失信单位实施信用惩戒。

第五十一条 生产建设项目水土保持市场主体存在下列情形之一的，应当列入水土保持“重点关注名单”。

（一）生产建设单位：“未批先建”“未批先弃”“未验先投”的；作出不实承诺或者未履行承诺的；未按规定组织开展水土保持设计、监测、监理工作的；不满足验收标准和条件而通过自主验收的；未按规定缴纳水土保持补偿费的；不依法配合水行政主管部门监督检查的；

（二）方案编制单位：1年内有2个及以上编制的水土保持方案因质量问题未通过审查审批的；

（三）验收报告编制单位：不满足验收标准和条件而作出验收合格结论的；

（四）监测单位：迟于合同规定6个月以上未开展监测工作的；同一项目的监测季报2次未按时提交的；监测季报或者总结报告三色评价结论与实际不符的；

（五）监理单位：未按照规定和合同开展监理工作，情节严重的；因监理工作不到位，出现严重水土保持质量问题的；

（六）设计单位：未按照水土保持方案和设计规范开展设计，擅自降低防治标准等级的；

（七）施工单位：水土保持工程、植物、临时措施落实到位不足50%的；未按照监督检查、监测、监理意见要求对未批先弃、乱弃乱倒、顺坡溜渣、随意开挖等问题进行整改的。

各级水行政主管部门应当在日常监管中，适度增加对列入水土保持信用监管“重点关注名单”单位的监督检查频次，对监督检查发现的问题依法予以处理。

第五十二条 设区市水行政主管部门应当于每年年底前将信用监管情况报省水利厅。省水利厅应当将水土保持信用监管情况纳入对设区市人民政府水土保持目标完成情况的考核评估。

第七章 责任追究

第五十三条 上级水行政主管部门通过监督检查、暗访督查、媒体曝光、群众举报等方式，发现下一级水行政主管部门存在不依法依规履行水土保持监督管理职责的，应当提出整改意见，对不整改或者逾期未完成整改的，应当根据情节和后果，开展责任追究。责任追究包括约谈责任单位负责人、通报批评、向同级人民政府通报等方式。

第五十四条 各级水行政主管部门对跟踪检查和验收核查发现的水土保持问题，依法依规开展责任追究。

第八章 附 则

第五十五条 本办法由江苏省水利厅负责解释。

第五十六条 本办法自2022年2月1日起施行，此前省级有关规定与本办法不一致的，以本办法为准。

附件：江苏省生产建设项目水土保持监督检查表

附件

江苏省生产建设项目水土保持监督检查表

<table>
<tr><td>项目名称</td><td colspan="2"></td><td>检查时间</td><td></td></tr>
<tr><td rowspan="3">建设单位(项目法人)</td><td>名称</td><td></td><td rowspan="3">主体工程开工(竣工)时间</td><td rowspan="3"></td></tr>
<tr><td>地址/邮编</td><td></td></tr>
<tr><td>联系人/电话</td><td></td></tr>
<tr><td>水土保持方案</td><td>编制单位</td><td></td><td>批复时间及文号</td><td></td></tr>
<tr><td rowspan="2">水土保持工作组织管理</td><td>管理机构</td><td colspan="3"></td></tr>
<tr><td>规章制度</td><td colspan="3"></td></tr>
<tr><td>水土保持后续设计</td><td>设计单位</td><td></td><td>批复时间及文号</td><td></td></tr>
<tr><td rowspan="2">水土保持方案变更管理</td><td>变更内容</td><td colspan="3"></td></tr>
<tr><td>审批备案</td><td colspan="3"></td></tr>
<tr><td colspan="2">建设期间施工单位
水土流失防治责任落实情况</td><td colspan="3"></td></tr>
<tr><td rowspan="2">水土保持监测工作落实情况</td><td>监测单位</td><td colspan="3"></td></tr>
<tr><td>开展时间</td><td></td><td>定期报告情况</td><td></td></tr>
<tr><td rowspan="2">水土保持监理工作落实情况</td><td>监理方式</td><td>□纳入主体　□专业监理</td><td>监理资质证书编号</td><td></td></tr>
<tr><td>监理单位</td><td></td><td>是否配备专业人员</td><td></td></tr>
<tr><td colspan="2">水土保持投资落实情况</td><td colspan="3"></td></tr>
<tr><td colspan="2">水土保持补偿费缴纳情况</td><td colspan="3"></td></tr>
<tr><td rowspan="2">项目实施
形象进度</td><td>主体工程</td><td colspan="3"></td></tr>
<tr><td>水土保持措施</td><td colspan="3"></td></tr>
<tr><td colspan="2">水土流失危害事件及原因</td><td colspan="3"></td></tr>
<tr><td colspan="2">水土保持档案资料建档情况</td><td colspan="3"></td></tr>
<tr><td rowspan="2">水土保持设施验收技术评估</td><td>评估单位</td><td colspan="3"></td></tr>
<tr><td>委托时间</td><td colspan="3"></td></tr>
<tr><td>取(弃)土(渣)场选址及防护措施落实情况</td><td colspan="4"></td></tr>
<tr><td>项目所在地各级水行政主管部门历次检查整改落实情况</td><td colspan="4"></td></tr>
<tr><td>本次检查自查存在的主要问题及拟采取的主要整改意见</td><td colspan="4"></td></tr>
</table>

建设单位(签字盖章)：　　　　　　　　　　　　检查单位(签字)：

领导讲话

在2022年全国水利工作会议上的讲话

水利部党组书记、部长 李国英

（2022年1月6日）

这次会议的主要任务是，总结2021年水利工作，分析当前形势与任务，部署2022年水利重点工作。

一、2021年工作回顾

2021年是中国共产党成立100周年，是党和国家历史上具有里程碑意义的一年。党中央、国务院高度重视水利工作。习近平总书记亲临南水北调工程、黄河入海口视察，主持召开推进南水北调后续工程高质量发展座谈会、深入推动黄河流域生态保护和高质量发展座谈会并发表重要讲话，多次就水旱灾害防御、水资源节约保护、河湖治理保护等作出重要指示批示。李克强总理多次主持召开会议对防汛救灾、水库除险加固、重大水利工程建设等进行安排部署，并赴河南防汛救灾一线考察指导工作。韩正副总理多次部署推动黄河流域生态保护和高质量发展、长江经济带发展、长三角一体化发展、南水北调后续工程高质量发展等工作。胡春华副总理多次召开会议并赴现场考察南水北调、全面推行河湖长制、华北地下水超采综合治理等工作。王勇国务委员多次赴一线检查指导防汛抗旱工作。

一年来，在党中央、国务院的坚强领导下，各级水利部门心怀“国之大者”，完整、准确、全面贯彻新发展理念，深入落实习近平总书记“节水优先、空间均衡、系统治理、两手发力”治水思路和关于治水重要讲话指示批示精神，真抓实干、克难奋进，推动新阶段水利高质量发展迈出有力步伐，实现了“十四五”良好开局。

——全面深入开展“三对标、一规划”专项行动。去年2月下旬，水利部党组决定在水利部机关和直属单位全面开展“政治对标、思路对标、任务对标，科学编制‘十四五’水利发展规划体系”专项行动。各司局各单位全员参与，分层次、分阶段、分主题，深入学习领会习近平总书记关于学习贯彻党的十九届五中全会精神的重要讲话精神、习近平总书记“十六字”治水思路和关于治水重要讲话指示批示精神、党中央“十四五”规划建议和国家“十四五”规划纲要，历时4个多月，反复对表对标、深入讨论研究，进一步提高了把握新发展阶段、贯彻新发展理念、构建新发展格局、推动高质量发展的政治判断力、政治领悟力、政治执行力，进一步找准了落实“十六字”治水思路的方向、目标、举措，进一步明确了推动新阶段水利高质量发展的主题、路径、步骤，形成了以69项水利专业规划为主体的定位准确、边界清晰、功能互补、统一衔接的“十四五”水利发展规划体系。完善流域防洪工程体系、实施国家水网重大工程、复苏河湖生态环境、推进智慧水利建设、建立健全节水制度政策、强化体制机制法治管理等6条实施路径的指导意见和实施方案全部出台，部分工作取得重要进展。

——全力以赴打赢抗击严重水旱灾害硬仗。2021年我国水旱灾害多发重发，一些流域雨情汛情旱情历史罕见。面对持续时间长、洪水量级大、防御战线广的严峻洪涝灾害形势，各级水利部门把防汛作为重大政治责任和头等大事来抓，坚持人民至上、生命至上，锚定“人员不伤亡、水库不垮坝、重要堤防不决口、重要基础设施不受冲击”目标，全力投入大战大考。水利部及时研判全国雨情水情汛情工情，逐流域、逐工程研究应对举措，启动11次水旱灾害防御应急响应，及时派出122个工作组赴一线技术指导。加密雨水情监测，落实预报、预警、预演、预案措施，发布洪水预报44.2万站次、水情预警1 653次、山洪灾害预警信息12.19亿条、淤地坝风险预警4 069坝次，洪水情报预报及应对措施建议直发一线。按照系统、统筹、科学、安全原则，以流域为单元科学精细调度水工程，流域、省、市、县四级共下达调度令2.3万道，嫩江尼尔基水库、漳河岳城水库关键时刻零下泄。成功抵御长江、黄河、漳卫河、嫩江、松花江、太湖等大江大河大湖12次编号洪水、571条河流超警以上洪水，有效应对黑龙江上游、卫河上游特大洪水以及松花江流域性较大洪水，有效应对超强台风“烟花”登陆北上形成的大范围长历时强降雨洪水，有效应对特大暴雨洪水对南水北调中线工程的冲击，确保了工程安全、供水安全。特别是入秋以后，提前预置抢险力量、料物、设备，下足“绣花”功夫，“一个流量、一方库容、一厘米水位”地精细调度水库，战胜了黄河中下游新中国成立以来最严重秋汛、海河南系漳卫河有实测资料以来最大秋季洪水和汉江7次超过1万立方米每秒的秋季大洪水。汛期4 347座(次)大中型水库投入拦洪运用、拦洪量1 390亿立方米，11个国家蓄滞洪区投入分蓄洪运用、分蓄洪水13.28亿立方米，减淹城镇1 494个次，减淹耕地2 534万亩，避免人员转移1 525万人，最大程度保障了人民群众生命财产安全。面对南方地区冬春连旱、西北地区夏旱和华南地区秋冬旱，有力有序有效实施抗旱措施，特别是面对珠江流域东江、韩江60年来最严重旱情，构筑当地、近地、远地供水保障三道防线，精细调度流域骨干水库，确保香港、澳门及珠江三角洲城乡供水安全。

——扎实有效开展党史学习教育。认真贯彻党中央决策部署，按照学史明理、学史增信、学史崇德、学史力行的要求，精心组织实施、有力有序推进水利系统党史学习教育。部党组示范引领，带头深入学习，开展16次党组理论学习中心组集体学习，党组成员带头讲党课，赴李大钊烈士陵园、香山革命纪念馆、中国共产党历史展览馆等地接受教育，组织部属系统2 810个基层党组织、4.5万余名党员开展研讨交流、主题党日、专题培训、现场教育、辅导讲座、演讲比赛、调研实践、网络答题、志愿服务等系列活动，深入领悟党的百年奋斗重大成就和历史经验，深刻理解“两个确立”的决定性意义。按照“切口小、发力准、效果好”和“可量化、可办成、可考核”要求，聚焦群众反映突出的涉水问题，部党组直接组织和推动四批42项“我为群众办实事”项目，示范带动部属系统推出380项办实事项目，水利干部职工深入一线推动，直接听取群众意见，切实解决了群众急难愁盼的一批民生水利问题。通过党史学习教育，水利系统党员干部普遍受到全面深刻的政治教育、思想淬炼、精神洗礼，进一步增强了做到“两个维护”的自觉性和坚定性，达到了学党史、悟思想、办实事、开新局的目标。

一年来，各级水利部门认真贯彻落实党中央、国务院决策部署，着眼保安全、促发展、惠民生，重点做了以下工作。

一是扎实推进水利基础设施建设。全年完成水利建设投资7 576亿元，为做好“六稳”“六保”工作、稳定宏观经济大盘作出了水利贡献。按照建设一批、开工一批、论证一批、储备一批的安排，加快水利基础设施建设，150项重大水利工程已批复67项，累计开工62项，水利基础设施投资惠民面大、带动力强的优势充分显现。深入开展南水北调后续工程高质量发展重大问题研究和重大专题论证，积极推进东线二期、中线引江补汉工程前期工作，南水北调东、中线一期工程累计完成设计单元完工验收146个，占全部155个设计单元的94.2%。玉龙喀什、引汉济渭二期等6项工程初步设计报告获批，一批重大工程实现重要节点目标，内蒙古东台子、陕西东庄实现截流，安徽江巷、四川红鱼洞、贵州黄家湾、广东高陂、新疆大石门等水库下闸蓄水，甘肃引洮供水二期、湖北鄂北水资源配置工程全线通水，荆江大堤综合整治工程、嫩江尼尔基水利枢纽、山东庄里水库、河南出山店水库等20项重大水利工程通过竣工验收。推进防汛抗旱水利提升工程建设，完成中小河流治理1.1万公里，实施重点山洪沟治理175条。巩固拓展水利扶贫成果同乡村振兴水利保障有效衔接，脱贫地区水利项目稳步推进，提升了4 263万农村人口供水保障水平，农村自来水普及率达到84%，创历史新高，完成9.9万处农村供水工程维修养护，开展512处大中型灌区续建配套与现代化改造。开展水利工程建设质量管理提升活动，强化质量终身责任，加大工程稽察核查力度，扎实开展水利行业安全生产专项整治三年行动集中攻坚。做好在建工程移民安置工作。

二是全面加强水利工程运行管护。持续抓好三峡后续工作规划实施，开展三峡水库运行安全监管行动，三峡水库连续12年实现175米满蓄目标，全年为下游补水138天、补水总量220.8亿立方米。南水北调东、中线一期工程年度调水97.28亿立方米，累计调水498.7亿立方米，东线各监测断面水质稳定在Ⅲ类及以上，中线水质稳定在Ⅱ类及以上。丹江口水库大坝加高后首次实现170米满蓄目标，小浪底、岳城水库拦蓄运用至建库以来最高水位。加快病险水库除险加固，实施大中型病险水库除险加固129座、小型病险水库除险加固4 295座、病险淤地坝除险加固556座。推动水利工程运行管理标准化，加快国有水利工程管理与保护范围划定，健全工程信息档案，积极推广区域集中管护、政府购买服务、“以大带小”等专业化管护模式。

三是持续加大水资源节约和管理力度。全面推进国家节水行动，建立节水工作部际协调机制，研究建立水资源刚性约束制度。明确了“十四五”全国及分省的用水总量和强度控制目标，推动万元GDP用水量指标纳入国家高质量发展综合绩效评价体系，公布《公民节约用水行为规范》，新发布实施1 966项国家和省级用水定额，计划用水覆盖水资源超载区99%的工业企业，开展8 474个规划和治理，推动新阶段水利高质量发展，为全面建设社会主义现代化国家提供有力的水安全保障，以优异成绩迎接党的二十大胜利召开。

从高质量发展要求看。习近平总书记强调，新时代新阶段的发展必须贯彻新发展理念，必须是高质量发展；经济、社会、文化、生态等各领域都要体现高质量发展的要求。党的十九届五中全会和六中全会都对立足新发展阶段、贯彻新发展理念、构建新发展格局、推动高质量发展提出了明确要求。面对当前我国经济发展的困难和挑战，中央经济工作会议强调，必须坚持高质量发展，推动经济实现质的稳步提升和量的合理增长。当前，水利发展的总体态势向好，但水利发展不平衡不充分问题依然突出。一方面，水资源水环境承载能力面临瓶颈制约，河湖生态环境问题长期累积凸显，流域和区域水资源情势动态演变，水旱灾害、病险水库等风险隐患带来严峻挑战；另一方面，应对经济发展风险挑战、保障经济发展稳中求进对水利的要求更高，人民群众对水旱灾害防御的安全性及良好水资源水生态水环境需求日益增长。推动新阶段水利高质量发展，成为多重约束条件下寻求最优解的过程。我们要完整、准确、全面贯彻新发展理念，坚定不移落实“十六字”治水思路，更加自觉地走好水安全有力保障、水资源高效利用、水生态明显改善、水环境有效治理的集约节约发展之路，全力以赴推动新阶段水利高质量发展。

从统筹发展和安全看。习近平总书记指出，安全是发展的前提，发展是安全的保障。党的十九届五中全会将统筹发展和安全写入“十四五”时期经济社会发展指导思想，明确要求把安全发展贯穿国家发展各领域和全过程，防范和化解影响我国现代化进程的各种风险，筑牢国家安全屏障。水安全是国家安全的重要组成部分。习近平总书记多次强调，水安全是生存的基础性问题，不能觉得水危机还很遥远，要高度重视水安全风险。水利既面临着水旱灾害、工程失事等直接风险，也影响到经济安全、粮食安全、能源安全、生态安全。我国自然气候地理的本底条件，水资源时空分布与经济社会发展需求不匹配的基本特征，以及流域防洪工程体系、国家水网重大工程尚不健全的现状，决定了当前和今后一个时期防洪安全、供水安全、水生态安全中的风险隐患仍客观存在。对此，必须始终保持高度警惕。我们要进一步增强风险意识，树牢底线思维，把困难估计得更充分一些，把风险查找得更深入一些，深入分析致险要素、承险要素、防险要素，下好先手棋、打好主动仗，扎实做好防汛抗洪减灾、城乡供水保障、水生态保护等工作，牢牢守住水利安全底线。

从极端天气变化风险看。习近平总书记强调，要高度重视全球气候变化的复杂深刻影响，从安全角度积极应对，全面提高灾害防控水平，守护人民生命安全。我国是全球气候变化的敏感区和显著影响区。近年来，受全球气候变化和人类活动影响，我国气候形势愈发复杂多变，水旱灾害的突发性、异常性、不确定性更为突出，局地突发强降雨、超强台风、区域性严重干旱等极端事件明显增多。2021 年，郑州“7・20”暴雨最大小时降雨量达 201.9 毫米，突破了我国大陆小时降雨量的历史极值；黄河中下游秋汛时间之长、洪量之大，历史罕见；塔克拉玛干沙漠地区发生洪水，淹没面积达到 300 多平方公里；与此同时，南方丰水地区的珠江流域降雨持续偏少，珠江三角洲部分地区遭遇 60 年来最严重旱情。在极端天气的超标准载荷下，水利工程隐患极易集中暴发，形成灾害链放大效应。随着全球气候变化加剧、极端天气增多，我国水旱灾害多发重发的态势只会加强、不会减弱。对此，务必要有清醒的认识，决不能因为局部地区短系列的降水变化就盲目乐观认为水旱灾害将减轻。我们要主动适应和把握全球气候变化下水旱灾害的新特点新规律，坚持以防为主、防抗救相结合，坚持常态减灾与非常态救灾相统一，努力实现从注重灾后救助向注重灾前预防转变，从减少灾害损失向减轻灾害风险转变，从应对单一灾种向综合减灾转变，强化预报、预警、预演、预案措施，做好各方面充分准备，有力有序有效应对极端天气事件风险。

从防汛查漏补缺找出的问题看。习近平总书记强调，要加快构建抵御自然灾害防线，立足防大汛、抗大灾，针对防汛救灾暴露出的薄弱环节，迅速查漏补缺，补好灾害预警监测短板，补好防灾基础设施短板。水利部迅速贯彻落实习近平总书记重要指示，对去年汛情和防汛工作进行全面复盘、深入检视，查找出一批突出薄弱环节和短板。**在水库安全方面**，病险水库数量多、除险加固任务重，部分水库泄洪能力不足、安全监测设施不全、管理体制机制不顺，一些小型水库运行管理责任落实不到位；防洪库容调度运用淹没损失补偿机制和政策缺失，一些水库部分防洪库容运用受限，无法充分发挥调蓄功能。**在河道及堤防方面**，中小河流缺乏系统治理，人类活动缩窄或压缩河道空间，阻水建筑物、阻水片林、高秆作物等阻塞河道，影响行洪安全；一些河流行洪能力底数不清，河道安全下泄流量测算不足，难以支撑防洪精准调度；部分河流堤防未达到设计标准，一些河段堤防质量差、险工险段多，维修养护不到位。**在蓄滞洪区方面**，一些蓄滞洪区建设严重滞后，围堤普遍标准低、质量差、豁口多，穿堤建筑物年久失修、老化病险，围村堤、避水台、撤退路等安全设施严重不足；缺乏实时监测和进退洪设施，调度运用决策程序复杂，难以安全、精确、及时启运用；长江流域洲滩民垸众多，单退双退垸启用难。**在"四预"措施方面**，局地极端暴雨预报准确率不高，山洪灾害预警精度不够、发布渠道不畅、信息传递受阻、预警覆盖面不足；防洪调度预演能力不足、模拟验算功能不强，一些预案修订不及时、可操作性差，难以满足实践需要。**在法规制度方面**，水法规体系不完善，安全度汛制度不健全，有法不依、执法不严、违法不究现象依然存在；流域区域统一调度机制不顺畅，多目标调度统筹协调难度大、水工程调度运用决策难；应急响应启动条件设置不合理，预判不足、响应滞后、联动不够；水旱灾害防御日常监督检查不到位，部分地区对监管发现问题重视不够、整改不力。我们要坚持问题导向、目标导向、效用导向，统筹体制机制法治、统筹规划工程技术、统筹目标任务责任、统筹近期中期长期，分类施策、精准施策，切实增强水旱灾害防御能力，为打好今后更加艰巨的水旱灾害防御硬仗提供有力支撑和有效保障。

三、2022 年重点工作

今年水利工作任务重、挑战多、要求高，要突出重点、把握关键，扎实有效做好以下工作。

（一）做好水旱灾害防御准备，确保人民群众生命财产安全。防汛抗旱是水利部门的天职，是必须牢牢扛起的政治责任。要坚持人民至上、生命至上，增强底线意识、忧患意识、责任意识、担当意识，立足防大汛、抗大旱，坚持防住为王、"预"字当先、"实"字托底，锚定"人员不伤亡、水库不垮坝、重要堤防不决口、重要基础设施不受冲击"目标，落实预报、预警、预演、预案"四预"措施，贯通雨情、水情、险情、灾情"四情"防御，抓紧补短板、堵漏洞、强弱项，从最坏处着想，向最好处努力，做好迎战更严重水旱灾害的准备。

提高水旱灾害监测预报预警水平。改进水文测报技术和手段，积极推进测雨雷达试点应用，实现超高时空分辨率短临暴雨预警。加强降雨预报、洪水预警与水利一张图基础数据叠加分析和深度融合，并将预警信息直达一线，直达工程管理单位，直达病险水库“三个责任人”。完成全国水库、堤防、水闸、国家蓄滞洪区基础数据整合集成，建设部省两级雨水情测报和大坝安全监测平台。

优化防汛抗旱应急响应机制。修订《水利部水旱灾害防御应急响应工作规程（试行）》，科学设置应急响应条件，量化响应启动标准，健全完善联动响应机制。各流域、各地都要结合实际，修订完善水旱灾害防御应急预案或应急响应工作规程，关口前移，变“过去完成时”为“将来进行时”。强化应急响应执行，对不响应、响应打折扣的，严肃追责问责。

强化水库安全管理。健全水库大坝安全责任制。建立覆盖所有水库的信息档案，全面、精准、动态掌握水库基本情况。严格水库运行监管，统筹病险水库除险加固与安全度汛，加快小型水库雨水情测报和大坝安全监测设施建设，逐库修订完善调度方案、应急预案。主汛期病险水库原则上一律空库运行。每一座水库都必须落实安全运行管理责任，都必须责任到机构、责任到岗、责任到人。

开展妨碍河道行洪突出问题大排查大整治。将确保河道行洪安全纳入河湖长制目标任务，依法依规严肃处理侵占河道、湖泊等行为，违法违规建筑物、阻水障碍等突出问题清理整治要在汛前基本完成，确保河道行洪畅通。

提升山洪灾害防御能力。汛前开展山洪风险隐患排查整治，建立危险区动态管理清单。优化山洪灾害监测站网布局，完善省级监测预报预警平台，规范预警信息发布，畅通预警信息“最后一公里”，实现风险预警信息及时直达受影响区域人员。完善山洪灾害防御责任机制、动员机制，从针对性、可行性、有效性全面检视和完善县乡村三级山洪灾害防御预案。

强化工程调度运用管理。精准掌握重要江河骨干河道行洪能力，精准掌握蓄滞洪区分洪运用风险隐患，精准掌握控制性水库影响区居民分布、重要基础设施、防洪高水位下居民及生产设施情况，研究完善超征地移民线防洪库容调度运用补偿机制和政策，分级负责强化工程日常管理和监督检查，及时完善水工程调度方案，牢牢掌握汛期工程调度决策主动权。

全面开展汛前隐患排查。针对防汛薄弱环节，组织开展汛前全面检查，各地要对辖区内各类水库逐一进行检查，重点对“三个责任人”落实情况和水库大坝、溢洪道、放空设施等关键部位安全隐患进行排查，对发现的问题建立台账，限期整改。汛前不能整改完成的，要采取临时安全度汛措施。水利部将按不低于10%的比例进行抽查，并建立考核奖惩机制。

抓好水利工程安全度汛。健全在建水利工程安全度汛工作监管体系、责任体系、标准体系，水利部直管工程由各流域管理机构负责，各地在建水利工程由省级水行政主管部门负责，汛前分级开展全覆盖闭环检查。抓好南水北调工程安全度汛，以渠道与河流交叉部位为重点，全面排查防范沿线安全风险。强化淤地坝安全度汛，管住增量，改造存量，加快实施病险淤地坝除险加固。抓好灾损水利工程设施修复，倒排工期、压茬推进，主汛期前基本完成修复任务。强化水库、堤防等工程汛期巡查防守，险情抢早、抢小，及时处置，确保安全。

提升流域水工程联合调度水平。统筹运用河道及堤防、水库、蓄滞洪区等各类水工程，综合采取“拦、分、蓄、滞、排”等措施，充分发挥流域水工程体系减灾效益。要充分发挥流域防总办公室作用，强化水工程联合调度，实现协同作战、集团作战，做到联调联控、共同发力，科学、精细调控洪水。

（二）提升农村供水保障水平，确保农村

供水安全。保障农村供水，事关亿万农民群众重大民生福祉。要加快提升农村供水工程建设管理水平，为巩固拓展脱贫攻坚成果、全面推进乡村振兴提供有力支撑保障。

加快农村供水工程改造提升。锚定2022年底全国农村自来水普及率达到85%的目标，推进城乡供水一体化、农村供水规模化发展及小型供水工程标准化改造，减少小型分散供水人口数量。严把工程建设质量关，优先利用大中型水库和引调水等骨干水源作为农村供水水源，因地制宜建设一批中小型水库。加强水源保护和水质监测，加快划定农村饮用水水源保护区或保护范围，配套完善净化消毒设施设备，加强水源水、出厂水和末梢水水质检测监测，着力提升农村供水水质。

健全运行管理长效机制。落实农村供水管理“三个责任”，确保有名有实有效。推进农村供水工程统一运行管理，以县为单元，整体提升工程运行管理和技术服务水平。有条件的地区，要积极推进城乡供水区域统筹管理。强化数字赋能，以规模化供水工程为重点，加强智慧应用系统建设，构建农村供水信息化管理一张图。

守住农村饮水安全底线。去年水利部12314监督举报服务平台转办核查的问题线索中，79.6%是农村饮水安全问题。要持续做好农村饮水安全监测排查，发挥乡镇、村组干部和管水员作用，实行农村饮水状况全覆盖排查，不漏一村一户；对脱贫地区和供水薄弱地区加大监测频次。健全农村供水问题快速发现和响应机制，继续用好水利部12314监督举报服务平台等监督渠道，建立问题清单、整改台账，动态清零。将农村供水问题及处置情况作为最严格水资源管理考核评分依据，推动列入脱贫攻坚后评估分省问题清单。要做实做好县级和千吨万人供水工程应急供水预案，储备应急物资，健全抢修队伍，加强应急演练，逐县逐处落实，坚决防止发生规模性、系统性、碰底线的饮水安全问题。

推进乡村振兴水利工作。推动脱贫地区、革命老区、民族地区、边疆地区巩固拓展水利扶贫成果同乡村振兴水利保障有效衔接，加大对国家乡村振兴重点帮扶县在项目、资金、人才、技术等方面支持力度，持续推进水利援疆、援藏工作，强化“一对一”监督检查，扎实抓好定点帮扶各项工作，打牢乡村振兴的水利基础。

（三）完善流域防洪工程体系，加快构建抵御水旱灾害防线。坚持建重于防、防重于抢、抢重于救，从流域整体着眼把握洪水发生和演进规律，加快完善以河道及堤防、水库、蓄滞洪区为主要组成的流域防洪工程体系，提升水旱灾害防御能力。

提高河道泄洪及堤防防御能力。加快长江干流河道整治及堤防达标建设和提质升级、黄河干流河道和滩区综合提升治理、淮河下游入海水道二期、海河河道治理、西江干流和辽河干流堤防达标建设、太湖环湖大堤后续、吴淞江及扩大杭嘉湖南排新通道等重点工程建设，保持河道畅通和河势稳定，解决平原河网地区洪水出路不畅问题。以防洪任务重、存在安全隐患、遭洪水冲毁直接威胁人民群众生命财产安全的河段为重点，加快实施大江大河主要支流和中小河流治理，确保重点河段达到规划确定的防洪标准，实现治理一条、见效一条。

增强洪水调蓄能力。以提高流域洪水整体调控能力为目标，加快珠江流域大藤峡，松辽流域阁山，长江流域牛岭、跳蹬、黄石盘、江家口，黄河流域东庄等控制性枢纽建设；推进黄河古贤、柳江洋溪等水利枢纽前期工作；开展黄河黑山峡、桃花峪水库、交溪上白石水利枢纽等前期论证。大力推进100余座大中型、3 400余座小型病险水库除险加固，确保高质量完成年度建设任务，及时消除安全隐患。

确保蓄滞洪区功能。加快长江、淮河、海河等流域蓄滞洪区布局优化调整和建设，重点推进启用几率大、分洪滞洪作用明显的蓄滞洪区建设。推动长江杜家台、华阳河、康山等蓄滞洪区建设，继续实施珠江流域湛江蓄滞洪区工程和安全建设，优化松花江流域胖头泡、月亮泡蓄滞洪区启用方式。加强洲滩民垸分类管理，推进长江中下游干流及洞庭湖、鄱阳湖综合治理，推进黄河滩区居民迁建，做好淮河干流行蓄洪区和滩区居民迁建工作。加快进退洪闸建设，确保蓄滞洪区"分得进、蓄得住、退得出"，确保关键时刻能够发挥关键作用。

（四）实施国家水网重大工程，提升水资源优化配置能力。立足流域整体和水资源空间均衡配置，科学谋划"纲""目""结"工程布局，统筹存量和增量，加强互联互通，加快构建"系统完备、安全可靠，集约高效、绿色智能，循环通畅、调控有序"的国家水网，增强我国水资源统筹调配能力、供水保障能力、战略储备能力。

加快国家水网建设。编制完成《国家水网建设规划纲要》，加快构建国家水网主骨架和大动脉。科学有序推进南水北调东、中线后续工程高质量发展，深入开展西线工程前期论证。加快推进滇中引水、引汉济渭、引江济淮、内蒙古引绰济辽、福建平潭及闽江口水资源配置、广东珠三角水资源配置等引调水工程，以及内蒙古东台子、福建白濑、海南天角潭、贵州凤山、西藏湘河、新疆库尔干等重点水源工程建设。加快环北部湾水资源配置、河北雄安干渠引水、澳门珠海水资源保障、湖北姚家平、河南张湾、重庆福寿岩、四川三坝等重大水利工程前期工作，完善国家骨干供水基础设施网络。

推进省级水网建设。各地要切实谋划和实施好本地区水网建设任务，做好与国家水网建设布局和重点任务的有效衔接，按照"确有需要、生态安全、可以持续"的原则，重点推进省内骨干水系通道和调配枢纽建设，加强国家重大水资源配置工程与区域重要水资源配置工程的互联互通。做好北京冬奥会、冬残奥会水安全保障工作。

打通国家水网"最后一公里"。依托国家骨干网及省级水网的调控作用，优化市县河湖水系布局。加强大中型灌区续建配套和现代化改造，完善灌溉水源工程、渠系工程和计量监测设施，推进标准化规范化管理，打造一批现代化数字灌区。推动在东北三江平原、黄淮海平原、长江中下游地区、西南地区等水土资源条件适宜地区，新建一批现代化灌区，夯实保障国家粮食安全水利基础。

（五）复苏河湖生态环境，维护河湖健康生命。坚持绿水青山就是金山银山理念，坚持山水林田湖草沙综合治理、系统治理、源头治理，提升江河湖泊生态保护治理能力，维护河湖健康生命，实现人水和谐共生。

开展母亲河复苏行动。全面排查确定断流河流、萎缩干涸湖泊修复名录，制定"一河一策""一湖一策"，从各地的母亲河做起，开展母亲河复苏行动，让河流流动起来，把湖泊恢复起来。推进京津冀地区河湖复苏，恢复白洋淀，恢复永定河、潮白河、大清河、滹沱河等，统筹上下游用水，实现水流贯通。实施大运河、西辽河水生态保护修复，推进北运河、南运河具备条件的河段通水，逐步复苏西辽河生态环境。推动实施新一轮太湖流域水环境综合治理，巩固黄河、塔里木河、黑河、石羊河等水资源优化配置和修复治理成果。

保障河湖生态流量。全面确定全国重点河湖名录明确的477条河湖基本生态流量保障目标，有序开展已建水利水电工程生态流量复核，研究新建水利水电工程生态流量标准。将河湖生态流量目标纳入江河流域水资源调度方案及年度调度计划，作为流域水量分配、水资源统一调度、取用水总量控制的重要依据。加强生态流量日常监管，严格跨省江河流域省界断面、重要控制断面和生态流量控制断面下泄流量水量考核和监督检查。推进小水电分类整改，逐站落实生态流量，实施小水电绿色改造和现代化提升工程，持续开展绿色小水电示范创建。

加强河湖保护治理。深入落实国家“江河战略”，大力推进黄河流域生态保护和高质量发展、长江经济带发展水利工作。纵深推进河湖“清四乱”常态化规范化，坚决遏增量、清存量，将清理整治重点向中小河流、农村河湖延伸。全面完成各行政区域内河湖划界工作，划定落实河湖管理范围。加强河湖水域岸线空间分区分类管控，确保重要江河湖泊规划岸线保护区、保留区比例总体达到50%以上。开展丹江口“守好一库碧水”专项整治行动，全面清理整治破坏水域岸线的违法违规问题。严格依法依规审批涉河建设项目和活动，严禁未批先建、越权审批、批建不符。因地制宜实施河湖空间带修复，加快推进长江、嘉陵江、乌江、岷江、涪江、沱江等生态廊道建设。以长江、黄河等大江大河为重点，完善部际协作机制，开展全国河道非法采砂综合整治。

强化地下水超采治理。贯彻地下水管理条例，制定地下水开发利用管理办法，启动地下水回补、地下水管控指标确定等标准制定修订工作。加快推进新一轮地下水超采区划定，推进禁采区、限采区划定，强化分区管控。完善地下水监测站网，加快确定地下水管控指标，实施地下水取水总量、水位双控管理，完善地下水水位变化通报机制。统筹华北地区地下水超采综合治理、南水北调东中线一期工程受水区地下水压采、晋鲁豫地下水超采综合治理，落实地下水压采和河湖生态补水任务。不折不扣完成《华北地区地下水超采综合治理行动方案》确定的近期目标任务，全面总结评估任务落实情况和治理成效，编制华北地区地下水超采综合治理实施方案（2023—2025年）。实施好三江平原、松嫩平原、辽河平原、西辽河流域、黄淮地区、鄂尔多斯台地、汾渭谷地、河西走廊、天山南北麓与吐哈盆地、北部湾地区等10个重点区域地下水超采治理工作。

推进水土流失综合防治。全面完成年度6.2万平方公里水土流失治理任务，突出抓好黄河多沙粗沙区特别是粗泥沙集中来源区综合治理，实施淤地坝、拦沙工程和沙棘生态建设工程，加大长江上中游、黄河中上游、东北黑土区等重点区域水土流失治理力度。以山青、水净、村美、民富为目标，打造一批生态清洁小流域。优化国家水土保持监测站点布局，实施全国水土流失动态监测，依法严格查处水土保持违法违规行为，整体提升水土保持监测、评价、决策、管理水平。落实水土保持工程建设以奖代补政策。推进全国水土保持高质量发展先行区建设和国家水土保持示范创建。

（六）加快建设数字孪生流域和数字孪生工程，强化预报预警预演预案功能。按照“需求牵引、应用至上、数字赋能、提升能力”要求，全面推进算据、算法、算力建设，对物理流域全要素和水利治理管理全过程进行数字化映射、智能化模拟。

做好顶层设计。出台《数字孪生流域建设技术大纲》《数字孪生水利工程建设技术导则》《水利业务“四预”功能基本技术要求》和成果共建共享制度办法，以流域为单元，编制七大江河数字孪生流域建设方案。三峡、南水北调、小浪底、丹江口、岳城、尼尔基、万家寨、大藤峡等工程管理单位要编制数字孪生工程建设方案。鼓励和支持有条件的流域管理机构、工程管理单位、地方水利部门先行实施建设。

构建数字化场景。优化完善监测站网布局，建立与防汛调度和国家水网相匹配的水文站网，重点提高洪水来源区、水资源来源自身安全以及防洪、供水、生态等功能安全管理。强化南水北调工程沿线水资源保护，强化安全调度管理，加大东线一期北延应急供水工程调水力度，更好地满足华北部分地区生活、生产、生态用水需求。做好水库移民安置和后期扶持、对口支援工作。

深化水利重点领域改革。落实适度超前开展基础设施投资要求，健全多元化水利投融资机制，积极争取扩大中央水利投资规模，用好水利中长期贷款等金融信贷资金，推进水利领域不动产投资信托基金(REITs)试点，支持社会资本参与水利工程建设运营。深化农业水价综合改革。推动修订水利工程供水价格管理、定价成本监审办法，完善动态调整机制。研究建立水网区域综合定价机制。推动全面推开水资源税改革试点。研究推动建立水流生态保护补偿机制。

完善水利法治体系。加快推进水法、防洪法等基础性法律修订工作，推动黄河保护法、节约用水条例等尽早出台，抓好长江保护法、地下水管理条例等配套制度建设，健全完善水利重点领域规章制度。支持上下游、左右岸、干支流省份在水资源节约利用、河湖管理、防洪调度、生态水量管控等方面立法协同。实施水行政执法效能提升行动，完善水行政执法与刑事司法衔接机制，开展重点领域、敏感水域常态化排查整治，实施地下水管理、汛前“防汛保安”等专项执法行动，依法严厉打击重大水事违法行为。严格行政决策合法性审查。加强“以案释法”，推深做实水利普法，提升水利系统运用法治思维和法治方式解决问题的能力和水平。推动建立涉水领域公益诉讼制度，发挥公益诉讼保障监督作用。

(九)加强水利行业能力建设，夯实水利高质量发展基础。立足推动新阶段水利高质量发展需要，扎实做好打基础、利长远的工作，着力提升行业发展综合能力。

抓好水利干部人才队伍建设。选优配强领导班子，强化政治素质把关，加强年轻干部培养选拔和实践锻炼，不断优化专业结构和年龄结构，增强干部队伍整体效能，确保水利事业后继有人。加快人才创新团队、培养基地建设，加快培养水利领军人才、科技英才、重点领域人才、复合型人才、青年拔尖人才。推广水利人才“订单式”培养模式，加强基层人才队伍建设，强化领导干部水利专业化能力培训。全链条做好人才发现、培养、使用、激励、保障工作，让水利事业激励水利人才，让水利人才成就水利事业。

强化水利科技基础支撑。抓实水利科技创新平台建设，在智慧水利、国家水网建设、水生态环境保护等领域筹建、新建一批部级重点实验室。加强科技攻关，加大泥沙、地下水、土壤侵蚀等领域基础研究力度，实施水利重大关键技术研究和流域水治理重大关键技术研究项目，努力取得一批突破性进展。加快生态流量、中小型病险水库除险加固、智慧水利等相关标准制定修订工作，推进水利技术标准国际化。优化水利科技投入机制、研发机制、应用机制、激励机制，形成贯通产学研用的水利科技创新链条，推广应用100项左右成熟适用水利科技成果。

推动水利国际交流合作。积极推进“一带一路”水利基础设施建设，不断深化水利多双边合作，积极参与第九届世界水论坛等重要多边水事活动，持续深化澜湄水资源合作。充分发挥协调机制作用，积极推进跨界河流涉外合作和管理工作，巩固强化跨界河流水文报汛及重大水情灾情信息共享合作。

进一步转变政府职能。推进水利“放管服”改革，公布水利行政许可事项清单，编制水行政备案事项清单，在流域管理机构推行行政许可一次申报、一本报告、一次审查、一件批文“四个一”改革。健全事中事后监管制度，完善水利部“互联网＋监管”系统。完善水利部12314监督举报服务平台、在线政务服务平台，开展移动端建设，推动政务服务事项“网上办”“掌上办”。推进基层水利政务公开标准化规范化，扎实做好政务督办、信访、保密、档案、离退休干部、财务审计、后勤保障等工作，高质量完成电子政务工程建设。落实意识形态工作责任制，统筹做好新闻宣传、水情教育、水文化建设。毫不松懈抓好常态化疫情防控。

(十)纵深推进全面从严治党，引领保障新阶段水利高质量发展。推动新阶段水利高质量发展必须把加强党的建设贯穿水利工作各领域各方面各环节。要认真贯彻落实新时代党的建设总要求，坚定不移推进全面从严治党，以高质量党建工作引领保障新阶段水利高质量发展。

强化政治引领。深入学习贯彻习近平新时代中国特色社会主义思想、习近平总书记“十六字”治水思路和关于治水重要讲话指示批示精神，用以武装头脑、指导实践、推动工作，确保水利工作始终沿着习近平总书记指引的方向前进。巩固拓展党史学习教育成果，推动党史学习教育常态化、长效化。扎实开展模范机关创建，推动政治机关意识教育向基层单位延伸，严格执行党内政治生活、重大事项请示报告等制度，持续抓好中央巡视反馈意见整改落实，巩固深化整改成果，进一步增强“四个意识”、坚定“四个自信”、做到“两个维护”。

抓实组织建设。将基层组织建设作为机关党建工作的重中之重，进一步巩固完善党的组织体系，做到党的组织和党的工作全覆盖。深入推进党支部标准化规范化建设，开展第二届“水利先锋党支部”评选表彰，严格党员教育管理，开展党建督查并针对问题抓好整改、强基固本。

坚定不移推进党风廉政建设和反腐败斗争。坚定不移纠“四风”、树新风，深化整治形式主义官僚主义，切实为基层松绑减负。深入开展廉政警示教育，抓好“关键少数”，做实做好“一把手”和领导班子监督。保持反腐败高压态势，紧盯要害部门、重点领域和关键岗位，坚决查处违规违纪违法问题，纠治侵害群众利益问题，一体推进不敢腐、不能腐、不想腐。深化内部巡视巡察，加快构建上下联动、贯通融合的巡视巡察工作体系，进一步提升巡视巡察监督质量。

推动新阶段水利高质量发展对党员干部职工综合素质和能力提出了更高要求。水利系统广大党员干部职工要自觉加强思想淬炼、政治历练、实践锻炼、专业训练，特别是要悟透以人民为中心的发展思想，坚持正确的政绩观，敬畏历史、敬畏文化、敬畏生态，提高政治判断力、政治领悟力、政治执行力。要坚持系统思维、科学谋划，加强调查研究，坚持“三严三实”，崇尚实干、力戒空谈，不驰于空想，不骛于虚声，做到守土有责、守土担责、守土尽责，坚决防止简单化、乱作为，坚决反对不担当、不作为。要抓细抓实迎接党的二十大和学习贯彻工作，做到统一思想、统一意志、统一行动，意气风发迈进新征程、建功新时代。

同志们，推动新阶段水利高质量发展使命如磐、重任在肩。让我们更加紧密团结在以习近平同志为核心的党中央周围，埋头苦干、勇毅前行，为全面提升国家水安全保障能力、实现中华民族伟大复兴的中国梦而不懈奋斗！

扬帆远航
奋勇开启水利现代化建设新征程

江苏省水利厅党组书记、厅长 陈 杰

深入学习习近平总书记关于治水兴水重要论述和视察江苏重要讲话指示精神，是当前和今后一个时期的重大课题，要时刻反思，时时检视。要坚定沿着习近平总书记指引的方向，围绕省委省政府决策部署，按照省委十三届十次全会部署要求，谋篇布局水利现代化，为“强富美高”新江苏提供高质量的水利支撑和保障。

一、不负重托，真抓实干，现代化之基坚实牢固

水是我省最大的特色和优势，也是最大的掣肘和隐患，水安全保障一直是全省经济社会发展的重要基础和关键先导。江苏水利人不负党和人民的重托，在重大发展关口、关键发展时期、持续发展进程，交出了一份又一份满意的答卷。

这份答卷，饱含了对人民领袖的崇高敬意。习近平总书记2020年11月13日亲临江都水利枢纽视察，充分肯定水利工作，指引未来发展，为我们领航定向。这是对江苏水利事业的最高褒奖，也是江苏水利开启现代化新征程的最大依托。近一年来，我们召开厅系统和全省水利系统会议进行学习贯彻，召开一系列专题会议就服务双循环、水情教育、示范区水利建设等进行部署，在厅门户网站开设“牢记嘱托、勇担使命”专栏，在《群众》杂志刊载“开创江苏南水北调事业新局面”“以水起笔，书写美丽江苏新篇章”等文章，用习近平总书记的重要指示解放思想、统一思想，在不断深化学习中凝聚智慧、积蓄张力，在持续推进落实中体现忠诚、展示坚毅。

一是“烟花”台风防御措置裕如。面对有气象记录以来停留我省时间最长、影响范围最广、过程雨量最大的“烟花”台风，省委、省政府多次部署，省领导多次批示、调度、专题部署、坐镇指挥、赴一线现场督导；全省水利党员干部坚决做到值班值守、查险排险、苦干实干“三在先”，将党旗牢牢插在防汛抗台第一线，成功驾驭了大量客水压境、严重暴雨内涝、超强风暴潮增水等多种因素叠加的不利局面，破解了泗阳等6个县（市、区）24小时面雨量超气象记录、77个水文测站超警戒超保、3座闸下潮位站点达到或超历史等灾害风险，打赢了台风防御这场硬仗，实现了“城镇不看海、工程不失事、次生灾害不发生、力争不死一个人”的防台目标，省委省政府给予高度肯定。2021年，通过超前蓄水保水，科学精准调度，保障了农业夏栽用水，近20年来首次未启用江水北调，节省了1个多亿元的翻水费。5月份，应急实施引江济太，有效保障了长三角地区主要领导座谈会太湖水环境用水需求。

二是节约用水探索独辟蹊径。积极探索丰水地区以水资源的刚性约束保障节水优先方针落到实处的路径。7个典型地区和工业园区节水试点有序展开，长三角一体化示范区全域开展国家级县域节水型社会建设，在全省范围内启动节水型工业园区建设，建成了一批高耗水行业节水型企业，用水情况调查工作全面完成。经省政府同意，出台水权交易改革意见，南京、徐州、南通、盐城、扬州、镇江、宿迁等市完成了9个项目57单水权交易。联合省发改委完善节约用水工作协调机制，联合省交通厅在全国率先开展节水型高速公路服务区建设并公布全省首批4家节水型服务区，全省逐步建立“水利牵头、部门共管”的节水推进机制；出台用水单位水务经理管理等制度，加快建立重点监控用水单位监督管理、取水计量设施定期检定等办法。建成水资源管理信息系统，全面实现非农用水计量和大型、重点中型灌区计量全覆盖。

三是南水北调事业芳华更茂。认真践行习近平总书记关于南水北调事业重要讲话指示精神，坚决扛起南水北调事业发展的江苏使命、源头担当。研究制定推进南水北调事业高质量发展的意见，提出7个方面、21项具体要求。全面完成13座泵站工程运行管理“标准化”建设，应用数据网络化基本实现，运行管理智能化初步实现。坚持“统一调度、优化运行”，常规调水与综合运用共同发力，干线水质与河湖生态齐抓共管，圆满完成一江清水北送年度出省6.74亿立方米。全面审视我省南水北调工程的规划布局，形成“统一调度、就近调水、依托存量、相机增调、属地管理”等一系列放眼未来的规划策略和工作思路。

四是水情教育开拓风生水起。将水情教育列入“十四五”水利发展规划、全省水利高质量发展指导意见和江苏南水北调事业高质量发展意见，推动水情教育、水文化建设、水利宣传的“三水融合”。与省委宣传部等5家单位联合印发水情教育基地设立及管理办法，首批省级基地评选工作全面展开，我省再添2座国家水情教育基地，总数全国第一。与省发改委联合印发大运河河道水系治理管护规划，江都水利枢纽等5座水利工程入选第三届水工程与水文化有机融合案例。全省建成61个国家级、104个省级水利风景区，提升了水工程形象，丰富了水文化载体。

五是幸福河湖打造鳞次栉比。我省河长制实践入选新时代治国理政案例精选，是生态文明建设领域的唯一案例，6月15日在北京由国务院发展研究中心主持向国际社会发布。在全国率先推行联合河长制，推动河长制制度优势持续向边界河湖、小微水体发力。提请省委省政府主要领导签发省总河长令，部署全省建设幸福河湖。省河长制工作领导小组印发推进全省幸福河湖建设指导意见，正在研究出台幸福河湖认定与管理办法，加快形成幸福河湖建设的保障措施、评价体系和激励机制。各地聚焦年度打造10条幸福河湖的目标，通过发布总河长令、出台幸福河湖建设方案等方式，加强组织领导，明确工作举措，形成幸福河湖建设的强大合力，推动各项工作落地见效。

六是工程设施完善韧性前行。发挥重大水利工程的投资拉动作用，全力加快投资计划执行进度、抓好重大水利工程开工、落实水利建设投资，奠定水安全保障根基。全省水利重点工程完成94.7亿元、投资完成率72%，超2020年同期9.2个百分点；新孟河主体工程全线通水，淮河平原洼地治理等工程加快实施，洪泽湖周边滞洪区工程预计12月开工。全省农村水利完成投资48.8亿元、投资完成率84%；35个大中型灌区扎实推进，进度位居全国前列，完成疏浚土方1.42亿立方米，建成省级农村生态河道275条，更新改造农村供水管网1 789千米，建成11个“美丽库区·幸福家园”项目和9个移民村产业项目。

七是服务经济循环能力初显。紧扣“一体化”和“高质量”两个关键词，推动长三角一体化示范区水利建设管理不断取得成效；协同编制长三角一体化发展规划“十四五”实施方案、水安全保障规划等，高质量绘制长三角水利规划蓝图；牵头负责长三角地区主要领导座谈会重大项目开工现场准备，启动实施清淤固淤湿地带工程等3个项目，提高长三角水安全保障水平。一体推进“放管服”改革，持续强化事中事后监管，全省审批行政许可622件，省厅审批62件，当年审批事项基本实现跟踪监管。

八是党史学习教育入脑践行。把党史学习教育进入第一议题、进入组织生活、进入青年学堂，通过集体领学、交流研讨、个人自学、党史集中宣讲、水利发展史巡回宣讲等活动，持续掀起学习热潮。把党史学习教育与学用新思想结合起来，与为民办实事结合起来，与开新局结合起来，实施中心组学习示范工程，运用“三级联学”机制，示范带动全系统学习深入推进。聚焦小切口，服务大民生，把为民办实事作为落脚点，厅党组实施“四安”为民办实事工程，洪泽湖渔民上岸等18项群众急难愁盼问题有效解决；实施开新局改革创新工程，明确9大类24项攻坚任务，全面提速了水利改革发展进程。

这份答卷，写满了在关键时期的担当作为。以习近平同志为核心的党中央高度重视水利工作，习近平总书记亲自把脉大江大河治理，发表保障水安全的重要讲话，提出新时期治水新思路，我们主动担当、全力作为，开启了江苏治水兴水新局面，收获了管水护水的新成效。

近几年，是江苏水利面临挑战最多的时期，更是发展最好的时期。一是形成了切实有效的治水路径。全面贯彻十六字治水思路，率先出台生态河湖行动计划，作为江苏系统治水的总抓手，水利部转发全国学习借鉴。针对新老水问题，立足江苏治水实践，研究确立打造“安全水利、环境水利、生态水利、节水水利、智慧水利、法治水利”六大水利的治水路径，努力构建与高水平小康社会相适应的现代化水利体系。二是构建了符合江苏的防汛格局。全面贯彻习近平总书记关于防汛救灾重要指示精神，依托较为完善的水利工程体系和多年实践构建的调度指挥体系，连续抗御大洪水、大旱情和强台风，考出了无人员伤亡、无重大险情、无重大损失的优异成绩，省委、省政府连续两年向党中央、国务院专文报告，经中央同意，省委、省政府对2020年防汛抗洪工作进行了表彰。三是推动了河湖生态的转折变化。全面贯彻“每条河流都要有河长了”的期盼，率先部署打赢打好碧水保卫战、河湖保护战，率先推动河湖长制工作高质量发展，栗战书委员长充分肯定“江苏河长制两战做法”。全面贯彻习近平总书记关于洞庭湖矮围整治重要批示精神，率先开展河湖违法圈圩和违法建设专项整治，治理突出问题3.8万个，实现两年任务一年完成，为全国“清四乱”带了好头。重点河湖治理成效显著，洪泽湖、骆马湖非法采砂活动和非法采砂船舶双清零，长江采砂有效管控，洪泽湖恢复库容1亿立方米。四是实现了工程体系的整体提升。充分发挥水利建设投资在拉动经济增长中的作用，抢抓国家加大“两新一重”工程建设契机，持续加大水利工程建设力度，每年保持全省全社会水利投入500余亿元，建成了走马塘、新沟河、新孟河、川东港整治等一批重大水利工程，流域防洪能力持续提升，区域引排能力不断完善，水资源配置能力切实增强。五是增强了服务民生的能力水平。全面贯彻习近平总书记关于农村饮水安全工程的指示要求，提前半年完成年度任务，率先实现全省城乡供水一体化；基本形成县城以上双源供水与应急备用水源地相互调配、互为补充的安全供水格局。基本建成布局合理、功能完善、运转有效的“挡、排、引、蓄、控”农村水利工程体系，服务“三农”的能力持续提升。丰县湖西片区整体帮扶5年任务4年完成，一批困难群众从水利脱贫攻坚中受益。率先在全国出台省级农村水利条例，农业水价综合改革等工作全国领先。

这份答卷，展现了为水利荣耀的赓续奋斗。江苏水利之所以保持全国前列，靠的是一代又一代人的顽强拼搏，靠的是江苏人民自强不息的奋斗精神。新中国成立 70 多年来，我们持续开展了 4 次治水斗争，水利迈上了一个又一个台阶，也为水利现代化奠定了雄厚的物质基础。

第一次治水高潮的艰苦，为防洪安全奠了基。在经济异常困难、技术十分落后的局面之下，从 1949 年冬天开始的短短几年时间内，江苏开挖了新沂河、苏北灌溉总渠等 300 多千米排洪骨干河道，整修了 1 000 多千米江河湖海堤防，兴建了三河闸、高良涧进水闸等十几座大中型水闸，初步构建起防洪挡潮的安全屏障。

第二次治水高潮的艰辛，为粮食安全扎了根。1970 年代，我省掀起了以建设旱涝保收、高产稳产农田为中心的治水改土运动，全省农田水利建设全面展开，江水北调、淮水北送工程体系基本建成，江淮沂沭泗水系初步实现了互济互调。

第三次治水高潮的艰难，为工程标准升了级。1991 年夏天，江淮再次遭遇百年一遇的特大洪涝灾害。按照中央进一步治理淮河和太湖的决定，我们建成了入江水道加固、分淮入沂、洪泽湖大堤加固等“老三项”工程，初步形成沂沭泗河洪水东调南下格局，建成望虞河、太浦河、环太湖大堤等太湖治理工程，实施江海堤防达标建设，自筹资金建设泰州引江河、通榆河、泰东河等一批重大水源工程，促进了沿海地区发展和滩涂开发。2002 年底，南水北调东线江苏境内工程开工，历时 10 余年建成通水。2003 年 6 月 28 日，淮河入海水道一期工程提前半年建成，建成不到 10 天就投入抗洪运用，其后实施进一步治淮 19 项工程，淮河流域防洪标准全面提高。2007 年太湖蓝藻暴发后，全面实施太湖水环境治理工程，“两进三出”引排格局不断完善。

第四次治水高潮的艰巨，为生态文明增了彩。党的十八大以来，党中央把生态文明建设放在治国理政的突出位置，作为统筹推进“五位一体”总体布局和协调推进“四个全面”战略布局的重要内容。我们完整、准确、全面贯彻新发展理念，以全面推行河长制为抓手，以长江、太湖、洪泽湖等“一江两湖”为重点，开启河湖系统治理新阶段。中央环保督察反馈、长江经济带警示片反映问题全面整改，长江岸线 596 个清理整治项目全面完成，在沿江省份中整治项目最多、整治效果最好、退出岸线最长，得到水利部充分肯定；太湖 4.5 万亩围网养殖全部清除，连续 13 年实现国务院明确的“两个确保”目标；洪泽湖渔民上岸 2 年任务 1 年完成，2 万住船渔民告别了水上漂、实现了安居梦。水生态文明建设渐次展开，9 个全国水生态文明城市率先建成，一批省级水生态文明城市示范引领；1 000 条农村生态河道活水畅流，1 820 个水美乡村留住乡愁。最严格水资源管理制度考核 5 次蝉联全国第一，省政府受到国务院通报表扬，河长制工作连续获国务院奖励激励，各项工作走在全国前列，为率先全面建成小康、深化生态文明建设作出了水利贡献。

更让我们引以为豪的是，江泽民同志、胡锦涛同志、习近平同志，连续 3 任总书记都亲临江都水利枢纽视察，这是党中央对江苏水利的巨大鼓舞，也是我们昂首阔步展开水利现代化新实践的不竭动力。

二、面向未来，精心谋划，现代化之路图景壮美

踏上新征程，百年再出发。习近平总书记要求江苏在率先实现社会主义现代化上走在前列。省委十三届十次全会以“六个走在前列”向全省发布动员令。水利作为基础性、战略性和先导性行业，我们到了掀起第五次治水高潮的历史阶段，这就是“实现水利现代化”。《江苏省“十四五”水利发展规划》已经省政府批复。总体宏观目标是:加快构建与省域现代化进程相适应的水安全保障体系,努力建设“水安全有效保障、水资源永续利用、水生态系统复苏、水管理智能高效、水文化传承弘扬”的水利现代化,保障经济社会安全与发展,为美丽江苏建设增添水韵成色。

水利现代化涉及水利工作的方方面面,需要统筹好山水田林湖,协调好东西南北中,落实于省市县乡村,具体到干支斗农毛。推进水利现代化,我们要坚定“六大水利”发展路径,加快实现中观层面的“六大目标”。

(一)互联互通的现代水网。目前,全省基本形成了较为完善的水利基础设施体系,基本适应经济社会发展需求,但仍存在薄弱环节。主要是:流域防洪安全程度还不高,太湖、洪泽湖洪水出路不足,沂沭泗地区洪水风险大,长江部分堤防和局部河势、沿海侵蚀段海堤不够稳固;区域治理短板还较明显,淮北地区因洪致涝问题尚未根本缓解,里下河地区“中滞”与“下排”能力萎缩,沿江地区引排能力与城镇化进程不相适应,太湖地区存在防洪排涝与水质保护双重保障两难问题。

要奠定水安全保障的根基,就要完善“功能综合、空间融合、循环畅通、调控自如”的现代水网。一是优化水网格局。根据国家南水北调规划和淮河、长江、太湖流域综合规划战略布局,以流域性行蓄洪河湖及跨流域供水河湖为骨架,以大中型闸站库等控制性工程为节点,以区域性骨干河湖为脉络,以城乡河塘为机体,打造“九路入海、八河归江、三纵调度、五湖调蓄”为纲、“百湖、千库、万河、兆塘”为目的江苏水网,成为现代国家水网的江苏板块。二是强化水网功能。在巩固防洪、排涝、灌溉、供水、航运等功能基础上,着力提升生态、文化功能,凸显长江、大运河、太湖、洪泽湖等骨干河湖在流域防洪、跨流域调水、重要生态屏障中的骨架地位,扩大引排航能力,建设生态廊道、生态绿核。强化中小河流、湖荡的生态涵养功能,提高自净能力,建设高品质亲水休憩空间。注重功能协调、治理协同、空间融合,促进水利治理融入国土综合整治,提高治理的系统性。三是提高水网标准。确保一般洪旱不受损失,中等洪旱安全应对,特大洪旱有效防御,超标准洪涝和极端干旱有序应对。淮河达到100年一遇、并向300年一遇过渡,沂沭泗中下游地区骨干河道向100年一遇过渡,太湖流域、长江干流向100年一遇过渡。到2025年,全省江河堤防达标率达到86%。

(二)高质高品的工程体系。近年来,全省水利工程保持大规模、高强度投入,工程建设管理水平不断提高。依托已建成的水利工程体系,我省成功战胜了历次洪涝旱和台风灾害。但服务区域一体化发展、城市现代化建设和乡村全面振兴还不够紧密,工程建设管理和运行管理的现代化水平还有待提升。2030年要碳达峰,我们的工程建设、工程管理,在低碳、零碳、负碳方面该做些什么?能做些什么?在工程规划和布局上,都要预留足够空间,以适应并适度超前经济社会发展需要。

要筑牢水旱灾害防御的坚实基础,就是要建成“安全可靠、品质精良、管护精细、运行高效”的工程体系。一是形成区域特色。围绕区域发展布局,在沿江苏南,以太湖治理为核心,以示范区水利建设为引领,继续扩大通江达湖引排河道,建设世界级生态湖群,打造展示中国现代化高度的水利现代化建设示范区;在江淮湖洼,扩大淮河流域洪水入海能力,实施洪泽湖滞洪区安全建设,完善里下河腹部“六纵六横”引排河网,提升沿海防洪挡潮和水资源保障能力,充分彰显生态碳汇示范区的江苏水韵特色;在淮北大地,持续推进南水北调后续工程规划建设,加快实施沂沭泗东调南下提标、大中型灌区节水改造等工程,着力建设与“四化”同步相配套的水利高标准示范区。二是建设精品工程。统筹建设与管理、质量与效益、进度与安全、政府与市场等各要素，打造一批设计方案先进、施工组织规范、工程质量优良、项目管理科学、功能效益突出、外观环境美观的精品工程。严格执行基本建设“五项制度”，健全长效管理机制，提升质量管理水平。加强市场监管，推动市县建立稽查制度，促进和维护水利建设市场秩序良性运行。落实安全生产责任，坚持综合监管与专业监管相结合，强化过程管控和动态管理，不断提升本质安全水平。三是强化精细管理。实现精细化管理单位全覆盖，规范水利工程质量和功效监测评估，完善工程运行管护消耗补偿机制，实现工程设施完好率、达效率100%。落实工程维修养护要素保障，推进安全鉴定、维修养护、除险加固常态化、规范化。加强数据汇集和服务能力建设，推行工程运行“无人值守、少人值班”的现代管理模式。

（三）可防可控的灾害防御。坚实完备的水利工程基础和行之有效的指挥调度体系，是我省水旱灾害防御实践的宝贵经验。目前水旱灾害防御技术支持的专业化、信息化、社会化程度还需进一步加强。

要保障人民生命财产安全，就是要实行“预防为要、调度精准、防控智能、协同有序”的防御策略，努力提高预报、预警、预演、预案能力。一是前移防御关口。立足防范洪水灾害“黑天鹅”和“灰犀牛”事件，前移风险防控关口，修订洪水、水量调度方案，完善超标准洪水、特殊干旱、突发水污染事件防御预案，做到风险应对有案可依。要严格执行防汛供水调度指令，确保流域、区域、城市整体防洪目标的实现，确保省内用水和出省调水目标的实现。以全面提升“四预”精准度为着力点，加强实时雨水情信息监测和分析研判，提高预报精准度，延长预见期，完善水旱灾害预警发布机制。开展水工程调度模拟预演，依法依规、科学精准调度水工程，充分发挥水工程防洪减灾、抗旱供水、生态环境等效益。二是提升处置能力。组建专业化抢险队伍，以厅属工程管理单位为主体加强队伍建设和培训演练，运用市场机制将更多的社会力量引导至防汛抢险过程中。建立水旱灾害防御专家库，优化动态管理，完善防汛检查、巡查险情报送办法和应急抢险现场支撑机制。加强物资储备，构建规模适度、种类齐全、结构完善、布局合理的防御物资及仓储体系，提高物资管理水平和调运效率。三是强化社会协同。加强多部门、跨区域协调，优化联合会商机制，协力防御水旱灾害。提高规划避险意识，洪水高风险区不布设城镇与重要基础设施，缺水地区不布设高用水、高耗水产业，加强重点基础设施自保工程建设。提高公众风险意识，科学避险避灾，积极抗灾救灾。要以新一轮流域防洪规划修编为契机，科学确定流域性骨干河湖内洲滩圩区规划定位，能保的保，该退的退，在确保人民生命财产安全的前提下，实现河湖行蓄洪达标与洲滩资源利用双赢。

（四）集约节约的资源利用。坚定走丰水地区节水之路，就是要把节水与减排、与提效、与绿色发展统筹考虑。从当前进程来看，水资源节约利用尚需强化，水质性缺水问题还未系统解决，用水效率仍有较大提升空间。

要支撑经济社会可持续发展，就是要深化构建“节水优先、配置有序、利用高效、保障有力”的用水格局。一是有度节约水资源。坚持节水优先，深入推进节水型社会建设，实现节水载体全覆盖。推进工业节水减排，实施“近零排放”改造；推进城镇节水降损，改造供排水管网，全面使用节水型器具；推进农业节水增效，发展节水灌溉。强化水资源集约利用和分质供水，提高水资源利用效率。二是有序配置水资源。严守水资源开发利用上限和河湖生态用水保障底线，完善水资源综合规划。推行精准分水，推进水流资源确权登记。强化用水计划管理和精准调度，保障用水。对局地性、资源性、工程性、生态性缺水地区，有针对性地采取加强水量调度、完善调水蓄水工程、优化配置水资源等措施。严格水资源论证和取水许可管理，实现全省取水工程和设施规范化管理全覆盖。三是有效利用河湖资源。在确保河湖挡洪蓄水、排洪供水能力达标的前提下，严格水域用途管制，建立水域分区管理机制，规范涉河涉湖涉库项目建设和开发利用活动，保障水域空间完好、生态良好，确保不再发生非法种植养殖阻碍行洪通畅的行为。强化岸线集约节约利用，增加生活、生态、景观岸线比重，优化生产岸线功能布局，提高岸线利用效率和效益。严格砂石资源管理，科学划定禁采区和可采区、禁采期和可采期，强化河湖禁采执法，确保不再发生河湖库非法采砂危及河势稳定、堤坝安全的情况。

（五）灵秀灵动的河湖生态。经过生态河湖三年行动，我省河湖面貌发生了转折性变化。但是，河湖生态复苏是一项系统工程，往往不能一蹴而就。当前，一些河湖入湖污染物量仍超过环境容量，河湖生态退化问题还很突出。如何推进河长制的深化发展？如何确保幸福河湖建设取得成效？对我们都是很大的考验。

要为高品质生活提供高标准水环境保障，就是要努力打造“河安湖晏、水清岸绿、鱼翔浅底、文昌人和”的幸福河湖。一是推动入河排污全达标。发挥河湖长制优势，加大河湖水污染防治力度，强化流域协同防治。深化入河湖排污口整治，实行污染物通量与浓度双控制。以支流水质保干流水质，以干流水质保湖体水质，倒逼河湖污染源治理。健全水葫芦、水面垃圾等漂浮物常态化打捞和跨界联控机制，保持河面洁净。二是推动河湖违占零发生。全面“定空间”，完成乡级河道、面积 0.5 平方千米以上湖泊管理范围划界。做好河湖与水利工程管理范围内及毗邻地区空间规划的衔接，提高国土空间利用效能。强化“管空间”，实现河湖管护空间全覆盖、时间无缺失、责任全到位。积极“增空间”，加快退圩还湖进程，积极探索水库清淤，调整错划基本农田，协调生态空间区划，强化环境系统治理，多途径筹措治理资金，保障移民安居乐业，扩大湖库面积容积，打造区域“生态绿核”。三是推动生境复苏广覆盖。各地要把修复生态作为河湖治理的重点任务，统筹推进江河湖库的系统治理。加强长江岸线利用项目整治与生态复绿，展现大江风貌。加强大运河管护和文化展示，塑造美丽中轴。推进太湖蓝藻打捞、湖泛防控、清淤固淤，加快滆湖、长荡湖整治，再现太湖水美。实施洪泽湖退圩还湖，建设生态湖岸，保障清水北调。加强水土流失防治，建设清洁小流域和生态圩区、生态灌区。加强全域水量精细调度，保持良好的生态水位、生态流量、生态流速。

（六）智能赋能的数字水利。江苏是水利大省，水系纵横、气候多变、功能交错、工程体系复杂，通过智慧调度提升工程体系综合防御能力十分必要、最为经济。江苏也是科技大省，科研院所众多，具备加快智慧水利建设的技术优势。但是，水利信息化进程不快、智慧化程度偏低，主要是重视程度和整合力度还不大，顶层设计有待完善。信息化推进遇到的最大问题就是认识不到位、统筹不到位，低水平重复建设。在网络安全方面，近两年，我们攻防演练中也暴露出不少问题，在水利信息化和网络安全方面，亟需统一思想，统一认识。

以信息化引领水利现代化，就是要尽快形成“全面感知、数字孪生、智慧模拟、精细决策”的智慧水利。一是构建智能感知网络。以空天地一体为方向，建设智能感知网络。

利用融合通信新技术,实现网络全覆盖,满足高频次应用和突发性事件的会商需求。健全水利系统主要数据和服务资源的共享平台,升级江苏水利"一张图",构建水利混合云。二是加快数字孪生应用。以数字化场景、智慧化模拟、精准化决策为目标,逐步形成全域河湖与水利工程数字孪生,逐步实现在线实时同步仿真运行和动态预测预报预警。开展太湖流域水环境、水生态、水安全一体化防御调度应用系统建设试点,建设"一江两湖"数字孪生模型,助力河湖管理、防汛管理创新。探索AI技术在工程管理中的应用,建设现代化智能泵站,全面提升水利工程运行管理效能。三是智慧赋能行业发展。要全面提档升级水利网络安全体系,秉持急用先行的原则,建成"3+N"智能业务应用系统。也就是:重点实施水旱灾害防治、水资源管理、河湖生态等"3大系统"智慧提升,支撑快速精准决策;建设电子政务、水文业务、水土保持监管,水利工程建设、水工程安全与运行调度、水政执法及河湖采砂管理等"N个应用系统",实现核心业务智慧应用全覆盖。

三、锚定目标,脚踏实地,现代化之行任重道远

在水利现代化建设新征程上,江苏既有"走在前列"的目标定位,又有"强富美高"的战略牵引。我们每一位江苏水利人,都要锚定发展目标,争当领跑人、不当跟跑人,争当运动员、不做评论员,争当赋能者、不当耗能者,全面实践,身体力行,用苦干奋斗交出党和人民满意的水利现代化建设新答卷。

(一)以新的理念引领水利现代化。习近平总书记强调,一定的发展实践都是由一定的发展理念来引领的。进入新发展阶段,必须完整、准确、全面把握新发展理念,切实把新发展理念贯彻于现代化建设的实践中。对水利而言,就是要做到3个强化:一是强化民生优先。这是现代化建设的出发点和落脚点,也是新发展理念的"根"和"魂"。水利关乎国计民生,如何在现代化新征程上实现新作为,首要的就是落实好民生优先。要聚焦共同富裕目标,突出做好丰县湖西片区、移民库区、革命老区等重点地区的水利帮促工作,巩固拓展脱贫致富奔小康成果;要聚焦乡村全面振兴,着眼满足人民群众高品质生活要求,持续做好居民安全饮水、村塘家沟整治、农田灌溉排涝等重点工作,不断提升水利公共服务质效。二是强化问题导向。我省水利工作一直走在全国前列,但在发展中积累下来的矛盾问题也更超前、更突出。我们不仅要守护好接续奋斗打下的坚实基础,更要担负起解决深层次问题这一绕不过去的责任,用新发展理念来审视和解决这些问题。要对标对表习近平生态文明思想,审视整改治理模式创新不够、水岸统筹治理不足等方面的问题,在充分发挥水的基础性和战略性功能基础上,着力提升先导性作用。三是强化底线思维。国家"十四五"规划把安全问题摆在非常突出的位置,强调要把安全发展贯穿国家发展各领域和全过程。水旱灾害是必须防范化解的重大风险之一,防洪保安是水利的主要任务。要在夯实工程基础的同时,着力优化防汛策略,扭转通过工程手段根治洪水和消除洪水风险的"人水对立"思想,加快由控制洪水向洪水资源化利用和洪水风险管理转变。与此同时,水利系统安全稳定、疫情防控平稳可控、领导干部清正廉洁,是我们必须一直守牢的底线,必须持之以恒抓紧抓实抓到位。

(二)以高的标准厚植水利现代化。标准化是现代化的基本要素,一定程度反映经济社会现代化水平和国家治理水平。从我省来看,尽管我省水利标准化的许多工作走在了全国前列,也积累了不少经验。但是与现代化发展的要求来看,仍然有不少差距,需要尽快补齐短板,提高水利专业生产、科学治理和智慧管理水平。当前来看，重点要补齐3个方面短板。一要加快工程建设的标准化。要按照绿色低碳的要求，推进涵闸、泵站等水工程标准化设计、工厂化生产与装配式施工，提高绿色生产水平和建设效率。二要加强水利管理的标准化。健全河湖、水库、闸站等规范化管理标准，强化河湖生态流量管理，提高水利工程精细化管理水平，保障工程效益发挥。三要提升生态治理的标准化。国家明确要求，把水环境治理作为河长制的首要任务。要依托河长制平台，加快水生态治理领域的标准化工作。围绕饮用水安全保障，健全水质评价指标体系与标准，探索生物评价等综合评价办法，提高水安全保障水平。围绕幸福河湖建设，重点研究入河入湖污染物排污问题，比如水体中有毒有害污染物远超纳入控制的污染物种类，要增加有毒有害污染物控制指标。

（三）以强的本领支撑水利现代化。走好新的赶考之路，根本是要增强接受大考的本领。水利现代化建设，需迫切提升3个方面的能力。一是方向性把握的能力。政治方向是党生存发展第一位的问题，党员干部只有把准政治方向，才能切实担负使命、履行职责。我省要走在现代化建设的前列，我省水利工作也肩负为全国探路的重任。广大水利党员干部要始终胸怀国之大者，通过党史学习教育、“两在两同”建新功行动，不断锤炼过硬党性，努力提高政治判断力、政治领悟力、政治执行力，坚定现代化发展目标不动摇、坚定新发展理念指引不动摇、坚定高质量发展路径不动摇，以极大的定力办好自己的事。二是系统性谋划的能力。系统观念是我们党领导经济社会发展的重大原则，而现代化建设本身也是一场系统革命，这迫切需要大家强化系统思维。要注重前瞻性思考，坚持走一步谋十步、干当下5年想未来30年，把历史、现实和未来统筹起来，确保发展不走偏；要注重全局性谋划，把习近平总书记的嘱托融会贯通到水利实践之中，把水利事业放在经济社会发展大局之中，做到各项工作定位准、方向明；要整体性推进，既要抓主要矛盾和矛盾主要方面，又要把握各项工作的关联性和耦合性，在多重目标中找到动态平衡点，提高整体发展质效。三是创造性落实的能力。创造性落实，就是在共性条件下解决好个性问题，在约束条件下找准打开局面的突破口，在条件看似不成熟情况下把事情办成。要做到创造性落实，就必须在吃准中央和省里的政策精神前提下，看清我们工作的底线和边界，把握好事物发展的规律和趋势，在这个大框架下大胆闯、放手干。这一方面，要真正的务实，奔着矛盾去、迎着困难上，把问题解决作为攀登的阶梯；另一方面，要提高依法行政的能力，在法定条件下、组织充分信任下放开手脚、勇于创新。

（四）以实的作风保障水利现代化。习近平总书记强调，中华民族伟大复兴，绝不是轻轻松松、敲锣打鼓就能实现的。江苏水利事业要高质量发展，江苏水利的大旗要继续高扬，唯有担当实干。一要有“狭路相逢勇者胜”的气概。有多大担当，决定了能干多大的事业；尽多大责任，决定了会有多大的成就。当前，我们面临着未曾有过的“前有标兵、后有追兵”的竞争态势，稍有松懈就会落伍。必须大兴担当之风，不管是防汛抗旱，还是水利建设，不管是工程管理，还是河湖治理，都要拿出等不起的紧迫感、慢不得的危机感、坐不住的责任感，雷厉风行、提速提效抓好落实。二要有“绝知此事要躬行”的自觉。实干才能兴邦，真正的实干，需要广大党员干部、特别是各级领导干部带头身体力行，少在办公室发号施令，多到一线现场实践，坚决杜绝形式主义、官僚主义现象和“推、拖、绕”等懒散作风。近期，按照“两在两同”建新功行动部署，省厅各位厅领导都领办一件实事，这就是实干，希望全省上下都行动起来，大兴务实之风，以实实在在的行动成效，展示水利风采。三要有“敢教日月换新天”的豪情。习近平总书记视察江都水利枢纽时，对南水北调事业发展、节约用水、水情教育等工作作出一系列重要指示，是新时代水利工作的根本遵循。应该说，实现习近平总书记的期盼，责任重大，压力不小。我们每个人都要有“敢啃硬骨头、敢于涉险滩”的勇气与决心，以“踏石留印、抓铁有痕”的干劲与豪情，以对党和人民绝对忠诚、对事业高度负责的态度，撸起袖子加油干，奋力创造新辉煌。

（五）以硬的队伍护航水利现代化。建设现代化，必然要求各级干部有新状态、新作为、新本领，打造一支“使命、担当、本领”相匹配的干部队伍成为重中之重。从我省情况看，人才“不够用、不适用、不被用”问题十分明显。市县水利部门领导班子中有水利部门工作经历的占比不高。全系统干部年龄结构偏大，学历层次偏低，高层次专业技术人才、技术带头人和专家数量不足。为此，必须着力加强党政人才、专技人才、技能人才 3 支队伍建设。一要加大干部选拔任用力度。构建能者上、庸者下、劣者汰的选人用人导向。坚持事业为先、人随事转，事业需要什么人就配什么人，岗位缺什么人就补什么人，努力做到领导班子成员专业素质能够涵养一个地方发展的需要、能够掌控一个单位的核心任务。要把握人才成长规律，注重实践经历，坚持把防汛抗旱一线作为教学课堂，把工程建设工地作为培养基地，把应对突发事件作为考验关口，把援派挂职帮扶作为历练平台，不断促进干部人才成长。特别要提高关键岗位干部的专业化水平，让专业的人做专业的事，增强干部的职业敏锐性、决策科学性。二要加强急需人才引进培养。以水利现代化发展需求为导向，以水环境保护、水生态文明、水利信息化等急需人才和复合型管理人才为重点，坚持培养与引进并重，通过人才引进、知识更新培训、岗位锻炼培养等多种渠道，有效补充急需紧缺人才。三要加快高层次人才队伍建设。依托国家、省重大科研项目和重点水利工程，着力实施省“333”高层次人才培养和水利部“5151”工程、省水利系统“111”人才培养工程和各类领导干部培养计划，利用省内高校、研究所、国家重点实验室等资源，加强水利基础研究和高新技术研究，不断促进人才成长，壮大高层次人才队伍规模。

水利现代化建设的号角已经吹响，“十四五”新征程已经扬帆起航。我们要从百年奋斗征程中汲取不断前行的奋斗伟力，大力弘扬伟大的建党精神，牢记习近平总书记的殷殷嘱托，坚决扛起“争当表率、争做示范、走在前列”的光荣使命，以功成不必在我、功成必定有我的姿态，奋力走在水利现代化建设前列，为“强富美高”新江苏现代化建设，提供更加坚实、更加有力的水利支撑和保障！

（摘自 2021 年 9 月 29 日陈杰在全省水利局长研讨会上的讲话）

水 利 法 治

政策法规

【水行政审批制度改革】 以强监管、优服务为关键,政务服务能力持续提升。深入贯彻中央和省委关于"放管服"改革的决策部署,在简政放权的基础上,一体实施推进管理规范化、许可便利化、监管精准化,营造市场化、法治化营商环境,省水利厅报送的《关于准予新建南京至淮安城际铁路江苏段水土保持方案许可》获评首届江苏省十佳行政许可案卷。(1) 许可更加便民。所有审批事项全部纳入省政务服务网、实现全程"不见面审批"(服务);实行"容缺受理+一次性告知",实现"让数据多跑路、让企业少跑腿";让减成本成为常态,配合起草《2021年度江苏省区域评估工作要点》,在洪水影响评价、取水许可、水土保持等方面推进全域区域评估,探索、试行承诺备案制,真正为企业减负;推进省内通办,对取水许可、河道管理范围内建设项目工程建设方案审批、生产建设项目水土保持方案审批3项水利高频政务服务事项编制"省内通办"办事指南,推进异地受理。全年共受理事项120件、办结事项107件,其中办结行政许可权力事项96件(其中告知承诺制5件),其他行政权力事项11件(均为安全生产和拆除、爆破工程备案),全部办理事项均受到申请人好评,满意率达到100%;4件不予许可,其余13件正在办理。平均提前办结时间3~4天,满意度100%。(2) 管理更加规范。建立健全了行政审批事前服务、事中许可、事后监管、案卷记录全过程的制度标准体系。印发《省水利厅关于进一步做好水行政审批管理工作的通知》,建立数据库,要求各地每个季度末向省水利厅报送审批数据更新情况,每半年报送工作报告。加强权力运行规范化建设,根据法律法规的立改废,及时报请省委编办实行水利行政权力事项动态管理,编制了水行政许可服务指南,对水利厅承担的16项审批事项逐项制定技术标准;修改完善行政执法(包括行政许可)公开、全过程记录和重大决定法制审核具体办法,严格把好水行政审批的合法关、合理关、监督关;研究出台《江苏省水利厅关于加强和规范行政审批事中事后监管工作的实施意见》,分别制定涉河建设项目、水土保持方案、取水许可、初步设计文件等监管细则,基本实现流程化监管。(3) 监管更加精准。每半年组织一次事中事后实地监管,全年已对全省各地水行政审批100余项目实施了精准指导。牵头组织了监督处、水资源处、河湖处、农水处、总队等处室综合运用"双随机、一公开""风险预警""信用系数"等监管方式,实施了分类分项监管,提高了监管的精准性和靶向性,年度在建项目实现了监管全覆盖。

【水法规制定及政策研究】 以推进洪泽湖立法为重点,水法规制度体系持续健全。坚持将立法制规作为引领水利改革发展的关键措施,聚焦河湖管理和资源保护等立法重点领域,彰显水利特色,提高立法质量。(1) 做好《江苏省洪泽湖保护条例》立法工作。积极争取立法资源,将条例列入省人大正式立法项目,积极配合省司法厅、省人大农委开展调研、协调和草案修改完善工作,7月16日向省政府报送了条例送审稿,11月底省十三届人大常委会第二十七次会议进行了一审,有望2022年出台,推动洪泽湖保护走上法治化轨道。(2) 统筹改废释评并举。对7件地方性法规和3件省政府规章中不符合《长江保护法》《行政处罚法》等上位法规定、不适应现实要求的条款进行修订。开展《江苏省水库管理条例》《江苏省长江防洪工程管理办法》《江苏省长江河道采砂管理实施办法》立法后评估。做好法律应用解释工作,印发长江保护法水利职责清单，请示水利部对我省适用地域范围进行界定。对省人大、省司法厅及其他厅局征求意见的100余件次法规、规章、规范性文件草案提出修改建议。(3)严格规范文件制定。强化目录管理，严格履行程序，重点把好评估论证、意见征求、合法性审核、集体审议、公开发布等五个环节，实现全过程监督，确保规范性文件质量。完善行政规范性文件动态清理工作机制，应改尽改，应废尽废。2021年全年会同相关处室研究制定8件规范性文件，修订3件，废止和宣布失效各5件。

以解决治水制约瓶颈为主攻，政策支撑体系持续发力。积极推动水利改革发展重点领域的政策研究，围绕"十四五"水利发展规划中的重点难点问题和年度重点工作任务，组织筛选省水利厅2021年水利发展重点政策研究选题，确定14项前瞻性政策研究课题及推动具体工作的6项实操性政策主题，涵盖幸福河湖建设、河湖空间管控、丰水地区节水模式、水权交易制度、水库运行管护机制、行蓄滞洪区管理等多个领域，明确牵头厅领导和主办处室，已经形成研究成果。省水利厅政法处牵头协同开展的"空间划定多要素的重叠性对河湖管理保护的影响研究""洪泽湖退圩还湖实践及问题对策研究"两项课题研究均已顺利完成，两项课题针对多行业主管部门在河湖空间内功能管控职能叠加的现象、洪泽湖治理保护遇到的难点堵点问题，科学分析问题成因，研究提出加强河湖科学保护、推动退圩还湖的措施建议，具有很强的针对性和操作性。

【水利普法与法制宣传教育】 以宣传习近平法治思想为统领，水法治素养持续提高。把法治教育纳入培训课程，举办多期干部教育培训班，有针对性地增设法律知识课程。坚持推行领导干部任职前依法行政情况考察和法律知识测试制度，今年对新提任的41名处级干部全部开展了依法行政和法律知识测试。制定下发全省水利"八五"普法规划，周密组织年度水利普法工作。开展"世界水日""中国水周"宣传活动，组织沿江8市同步举办"珍爱水资源，保护长江母亲河"现场主题宣传活动，表彰"河湖卫士"志愿者，宣传人员1 000余人，展出宣传版面300余块，散发宣传资料1万余份。"中国水周"期间，在南京市8条地铁线路和商业人流密集区投放节水公益广告宣传片，在《新华日报》开辟纪念宣传专版，在中国江苏门户网站开展在线访谈活动。在扬子晚报和江苏水利微信公众号开展长江保护法知识有奖答题，受众430 000余人次。组织开展宪法集中宣传月活动；组织参加水利部长江保护法知识竞赛活动，获优秀组织奖；组织厅机关公务员和参公单位人员开展普法知识答题活动。

【水行政复议】 认真做好行政应诉、民事应诉工作。省水利厅2021年行政应诉3起，胜诉率100%；做好集资建房纠纷民事诉讼工作，共应诉2起、起诉1起，均胜诉。

【法治水利建设】 以深化法治水利建设为抓手，依法治水能力持续提高。坚持把党的领导贯穿法治水利建设的全过程，健全各项制度和工作机制，不断筑牢法治水利建设的基础。(1)强化组织部署。贯彻落实法治建设"一规划两纲要"，研究制定关于推进法治水利建设实施意见，提请厅党组印发《2021年全省法治水利建设工作计划》《厅机关2021年度法治水利建设工作任务分解落实方案》，落实责任、压实措施，推动依法行使职权、履行职责、开展工作。贯彻落实中共中央办公厅、国务院办公厅《党政主要负责人履行推进法治建设第一责任人职责规定》，压实法治水利建设和推进依法行政第一责任人责任，厅主要领导组织11次厅党组会议、厅长办公会议专题研究水利立法、规范性文件制定、法治政府建设、水行政执法等重大问题。(2)提升依法治水能力。规范化推动厅党组中心组学法，全年开展4次集体学法，系统学习习近平总书记在中央全面依法治国工作会议上的重要讲话，专题学习《长江保护法》《安全生产法》《江苏省农村水利条例》等，真正用习近平法治思想引领规范治水管水工作，提升水利干部运用法治思维和法治方式解决实际问题的能力。(3)大力建设法治政府。坚持集体讨论决定重大事项，科学、民主、依法决策。将编制《江苏省"十四五"水利发展规划》、制定《江苏省生产建设项目水土保持管理办法》和《江苏省重点水利基本建设工程从业单位履约信用管理办法》列入年度重大行政决策事项目录，严格履行重大行政决策法定程序，提高决策质量和效率。坚持依法公开政务信息。在厅网站主动公开水利规划、建设、管理、改革等信息，认真受理答复政府信息公开申请。依法全面履行水利法定职责，组织修订了水行政执法"三项制度"，认真总结9个法治水利建设示范点，以及6个全面推进行政执法"三项制度"示范点创建经验，以点带面，实现全面提升。按照依法有序、科学规范、便捷高效的原则，促进执法工作更加公开透明、合法规范。认真落实法治政府建设年度报告制度，及时报送省政府，并在江苏水利网站向社会公开。

（陈文）

水政监察

【水利综合执法】（1）河湖"清四乱"常态化、规范化。排查河湖"四乱"问题283个，全部完成整治销号，完成率100%。联合水利部流域机构开展专项巡查，重点对太湖、淮河干流、淀山湖及京杭运河苏南运河段开展"四乱"问题排查、整改，共巡查发现疑似问题174个，均依法依规整治到位。清理非法占用河道岸线43.59千米；清理建筑和生活垃圾210.85万千克；拆除违法建筑90 320.8平方米；清除围堤2千米；清除非法网箱养殖1 342平方米；清除违规种植大棚1 581平方米。① 高位推动，周密部署。厅主要领导、分管领导年初组织牵头单位和相关处室，认真学习水利部文件要求，研究全省贯彻落实方案，并将河湖"清四乱"常态化、规范化列为年度重要工作任务。牵头部门按照水利部统一部署，结合江苏河湖管理特点，印发了《全省河湖"清四乱"专项整治"回头看"实施方案》，明确行动步骤，细化保障措施。各市、县及时向地方河（湖）长汇报上级"清四乱"部署要求和本地河湖管理现状，南京、徐州、常州等设区市总河长还专门作出批示，要求扎实抓好"清四乱"工作，为打造幸福河湖作贡献。厅属各管理处充分发挥区域管理优势，分片分区明确督查责任，及时指导相关地方开展河湖"清四乱"工作。② 科学统筹，深入发动。按照省级负总责、市县抓落实，水利牵头，多部门协同要求，将"清四乱"常态化、规范化列为河（湖）长履职重要内容，通过扎实开展"清四乱"行动，全面消除河湖管理保护范围内的违法违规行为，提升河湖服务经济社会健康发展能力，提高沿河湖人民群众幸福指数，进一步明确河湖属地管理及"清四乱"工作目标，确定专项行动年度任务，主动提请河（湖）长加强对河湖"清四乱"工作的组织领导和统筹协调，针对重点任务或难点问题，及时召开协调推进会或现场会。各地继续落实"清四乱"工作负责部门（单位）、牵头责任人以及系统管理员，进一步健全上下联动的组织体系、工作机制和统计报送制度，提高工作效率。全省各级共发出相关通知46次，召开推进会、协调会27次，开展专项联合执法行动33次。各地充分利用广播、电视、报刊等新闻媒体，通过设立专栏等方式，广泛宣传涉及河湖库管理、水生态、水环境保护的法律法规，提高全社会依法管水、依法治水、依法开发利用的意识。③ 落实责任，全面摸排。全面落实河（湖）长“清四乱”整治责任，突出对长江、淮河、京杭运河、太湖、洪泽湖、骆马湖等流域性骨干河湖的排查梳理，安排足够的人力，投入足够装备，运用多种技术手段，开展拉网式排查，确保排查无死角、无空白。将排查整治范围从大江、大河、大湖向中小河流、农村河湖拓展延伸。水利部门加强与有关部门协调，将“清四乱”作为河（湖）长制的重要任务和河湖管理的日常工作，对辖区河湖进行全覆盖排查。④ 多措并举，依法整治。积极落实清理整治责任、销号验收责任、河（湖）长责任，按照边查边纠、立行立改要求，对发现的问题实行清单式闭环管理，做到发现一处、交办一处，整改一处、销号一处，确保措施到位、整改彻底，保证河湖“清四乱”常态化、规范化，清单“四乱”问题动态清零。强化部门协同合作，加强与公安、住建、城管、交通、生态环境等部门联合执法力度，建立健全信息共享、挂牌督办、案件会商、联合执法机制，严格按照河湖管理相关法律法规，持续推进“清四乱”整治工作。⑤ 加强监督，确保实效。制定暗访督查方案，与考核制度挂钩。省水利厅印发《关于开展河湖“清四乱”抽查复核的通知》，抽调省水利科学研究院技术力量，组成7个复核组，随机现场抽查复核了380个已完成整治的“四乱”问题项目，总抽查复核率达20%，未发现死灰复燃行为和虚假整改现象。根据省水利厅统一部署，各市对所属县（市、区）排查台账内已上报完成整治的问题开展抽查复核，要求省级以上清单复核率达100%。对工作组织不力、不作为、慢作为、重大问题隐瞒不报、弄虚作假等问题，依法依规提请追责，严肃处理。

（2）扫黑除恶纵深推进。印发《关于在全省水利系统常态化开展扫黑除恶斗争巩固专项斗争成果的实施意见》《关于开展水利行业重点领域扫黑除恶斗争的通知》，对常态化开展扫黑除恶工作进行再动员、再部署、再推进。组织开展河湖非法采砂整治、严厉打击“砂霸”及其背后“保护伞”专项行动，加大对重点河段、水域、人员、船舶的管控力度，推动采砂领域涉黑涉恶现象有效治理。向公安机关移送案件、移交涉砂线索18起（公安机关根据线索侦办非法采矿案15起）；积极配合公安机关侦破非法采砂刑事案件54起（多起案件为犯罪嫌疑人在外省非法采砂运送至我省销售时被抓获），抓获犯罪嫌疑人532人，摧毁犯罪团伙39个。

（3）开展全省水行政执法专项监督活动。重点对全面推行行政执法“三项制度”、水事违法行为立案查处、执法队伍建设和执法保障、中央及水利部有关执法重点任务落实等情况进行全面检查，进一步规范执法行为，促进依法行政。牵头省级9个部门印发《关于建立骆马湖地区涉水联合执法机制的意见》，强化骆马湖地区涉水管理，切实形成执法合力。

（李广林）

【河湖采砂管理】 （1）周密部署，综合整治。省委、省政府高度重视长江采砂工作，省政府主要领导和分管领导作出重要批示，要求“全链条打击、切断利益链”“综合施策、管住管好”“堵疏结合、综合治理”。①夯实工作责任。省政府与沿江八市政府签订防汛责任状，将打击长江非法采砂列为重要内容之一。省考核办将长江采砂管理纳入2021年重点工作和高质量发展考核目标，并加大督查推进力度，实行季度通报、半年评估、年终考核。省河长办以河（湖）长制为抓手，明确各级河（湖）长职责，将长江采砂管理作为河（湖）长履职考核重要依据。沿江各级党委、政府将采砂综合整治纳入长江生态环境整治工作之中，统筹推进、综合治理。②全面动员部署。省水利厅、省公安厅、省交通运输厅和江苏海事局联合印发了《关于开展长江河道采砂综合整治行动的通知》,成立指挥机构,明确行动目标、范围、时间和工作任务。省水利厅、省公安厅、省交通运输厅、省工业和信息化厅、省市场监管局和江苏海事局联合召开推进会,认真贯彻落实国家五部委对长江河道采砂综合整治要求,对沿江各地进行再动员、再部署、再落实。③强化督导推进。综合整治行动开展以来,省水利、公安、交通、工信、市场监管和江苏海事局联合组成督导组赴一线指导推进综合整治工作。省水利厅结合"两在两同"建新功行动,派员分赴沿江8市进行进驻式督导,指导各地开展综合整治行动;省公安厅将综合整治行动与严打长江流域非法采砂违法犯罪专项行动相结合,深入排查涉砂犯罪行为,深挖彻查背后黑恶犯罪团伙;省交通运输厅强化源头监管和专项整治,严厉打击非法运砂船和码头非法砂石交易;省工业和信息化厅结合进一步深化安全生产三年专项整治行动,落实市、县(区)属地监管责任,严查违法违规建造、改装、修理采砂船行为;省市场监督管理局部署沿江地区市场监管部门结合辖区实际,依法查处无照经营砂场违法违规行为;江苏海事局严格涉砂船舶管理,有效落实"四联单"制度,强化水上安全监管,做到"三无船"基本清零,确保水上安全形势稳定。

(2) 联防联控,高压严打。①强化日常监管。省水利厅多次对长江江苏段进行全覆盖执法巡查和重点水域夜间巡查,并采取"四不两直"方式赴一线暗访,及时掌握通报采砂管理情况,督促地方立行立改;在五一、中秋等节假日期间或是敏感时段部署专项执法巡查行动。市县水利部门对长江沿线重点区域和通江河道进行摸底排查,不留死角,将正在运营的147个砂石码头、260个通江河道和港汊纳入日常巡查范围;严密巡查,县级每天至少巡查一次,设区市每周至少巡查一次,同时对重点江段和非法采砂易发区域采取重点蹲守或24小时不间断巡查。②强化联防联控。沿江各地充分发挥采砂管理联席会议、边界水域非法采砂防控机制作用,联合巡查、共同执法、定期会商,形成共管采砂船、采砂点、采砂人等强大监管合力。建立苏沪、苏皖边界水域非法采砂防控机制,定期会商,通报信息,定期联合巡查、联合执法。在省水利厅的指导下,沿江8个设区市交界水域各方均相互签订联合执法巡查协议并组织联合执法巡查行动。苏锡通泰建立"两岸四地"联合执法机制,携手打击交界水域非法采砂行为,进一步提升综合整治质效。③强化高压严打。在长江沿线布局采砂管理执法基地28座,入列执法船艇55艘,开展"清江"、重点水域整治等专项行动;水利、交通部门开展"三无"涉砂船舶治理,强化源头管控,设立24个指定停泊点,对采砂船集中统一监管。省水利厅、省工业和信息厅等7个部门联合印发《关于进一步明确与规范采砂船运营及建造改装管理工作的通知》,严厉打击非法建造改装采砂船行为,发现船企改装隐形采砂船4艘,3艘已拆解,1艘由公安机关对其进行刑事调查。全年沿江地区水利部门共出动执法人员2.7万多人次,执法船艇3 334艘次,查获"三无"采砂船33艘,其中非法采砂作业6艘、非法移动27艘。

(3) 分工协作,全面发力。①强化采砂船集中监管与拆解。省水利厅督导各地水行政主管部门对辖区的采砂船舶进行摸排登记,所有采砂船只集中在指定停靠点内实施严格监管,在政府的领导下拆解采砂船和拆除机具,2021年拆解"三无"采砂船27艘(累计拆解330艘)。船舶检验部门对新建、改建采砂船一律采取"三不"政策(不予受理、不予检验、不予发证),今年撤销非法改装的海上采砂船证书33艘次,列入跟踪船舶名单39艘次。江苏海事局深入开展"三无"营运船舶整治,查获并清理包括非法运砂船舶在内的"三无"船舶2 529艘。②扎实开展长江岸线清理整治和非法码头专项整治。干流岸线68个拆除取缔项目、528个整改规范项目全部完成，其中66个砂石码头、堆场等被拆除取缔或整改规范；交通、公安、水利等部门组织清理整顿沿江两岸非法码头117个、过驳点14个，拆除取缔其他河道非法码头1 364个，整治规范提升1 223个，对5家违规作业码头单位实行暂停作业惩戒措施，逐步规范砂石交易市场，杜绝非法采运砂石交易行为。③积极开展水上过驳市场的综合治理。省交通运输厅、江苏海事局制定《长江江苏段水上过驳作业取缔工作方案》，从2020年12月20日零时起，撤销、关停长江江苏段设置的水上临时过驳作业区，全面取缔长江江苏段水上过驳作业，目前已完成整治任务，关停7个水上临时过驳作业区，驱离、拆解345台浮吊。

(4) 服务发展，规范管理。《长江中下游干流河道采砂管理规划(2021—2025年)》江苏未设立可采区。自2019年7月省政府发布《关于长江江苏水域禁止采砂的通告》后，我省全面禁止了采砂吹填活动，仅允许因整修长江堤防进行吹填固基或者因整治长江河道、整治长江航道以及通江口门、码头、锚地等疏浚采砂。2021年批准镇江、泰州两市实施长江航道疏浚砂综合利用试点，许可实施9个疏浚类采砂项目，长江河道约600万立方米疏浚砂得到综合利用。①严格审批。对建设单位提交的采砂可行性论证报告，组织专家和有关单位进行技术审查。对疏浚砂综合利用项目有关材料进行认真审核。坚持到现场进行实地勘察，对一些技术性问题委托技术力量强、信誉度高的技术单位进行研究，审核各个环节。对不符合要求的项目，坚决不予审批。许可的项目坚持“一船一证”制度，加强采砂船只管理。②完善制度。严格落实国家、省两级多部门联合下发的《关于促进砂石行业健康有序发展的指导意见》和水利部、交通运输部《关于加强长江干流河道疏浚砂综合利用管理工作的指导意见》要求，省水利厅、省公安厅、省交通运输厅、江苏海事局联合起草了《关于加强长江河道疏浚类采砂项目管理工作的意见》，科学有序推进长江河道疏浚砂综合利用，坚决杜绝假借疏浚名义规避河道采砂许可等管理制度、以疏浚之名行采砂之实的行为，维护正常长江河道采砂管理秩序。③加强监管。在项目实施过程中，水利部门严格监管施工现场，探索了转驳、运输、上岸、计量等全过程的监管模式，保障国有资源不流失，稳定砂石市场供应，促进经济社会发展，取得了良好的经济和社会效益。

【执法队伍建设】 切实加强以基地标准化提升、装备系列化配置、巡查信息化保障、队伍规范化管理、机制常态化建立为主要内容的能力建设。编制全省“十四五”水政监察发展规划。启动水政监察队伍、水政执法基地标准化建设，树立江苏省水行政执法新形象。基础设施建设取得重大突破：2021年张家港东部执法基地等7座基地投入使用，全省共计42座执法基地运行；8艘新建执法船艇启航，目前共有98艘执法船艇航行在江河湖库。水政执法和河湖采砂管理信息化系统建设掀开新篇章：开展船载远程执法指挥系统第四期建设，21条执法船艇实现远程执法“可视化”；移动巡查系统提档升级，水政执法野外作业“如虎添翼”；重点水域定点监控进一步加密，非法采砂船无处藏身；卫星遥感、无人机全方位监控水事违法行为。

(李广林)

水 利 建 设

续表

序号	单位	列入规划项目(项)	已批复项目(项)	开工建设(项)	完工(项)
5	淮安市	8	8	8	8
6	盐城市	4	4	4	4
7	扬州市	8	7	7	7
8	镇江市	3	3	3	3
9	泰州市	2	2	2	2
10	宿迁市	1	1	1	1
11	省属	10	10	10	10
	合计	114	113	113	113

(4) 大中型病险水库除险加固工程。句容市仑山水库除险加固工程 2021 年建设任务 3 000万元，实际完成 3 370 万元，完成比例 112%。完成闸室段和启闭机房二层屋面顶部和溢洪道浇筑，完成主坝防渗墙施工、主坝 57 米高程以下迎水面预制块铺设、东副坝背水坡培土加厚、迎水面预制块铺设，完成东、西涵进出口接长工程。

【省重点区域水利项目】 2021 年建设任务 453 215 万元，实际完成投资 491 335 万元，完成比例 108.4%。沿海水利全面完成梁垛河整治工程，开工建设新洋港闸下移和灌南县武障河闸扩建等工程，有序推进海堤巩固工程；2019 年旱涝灾后应急治理工程汛前完工，2020 年汛后应急治理工程主体工程基本完成；全力实施 6 项省属闸站工程，有序推进中型灌溉排水泵站更新改造工程；加快推进京杭大运河苏州段堤防加固、高淳区固城湖永联圩新建堤防、长江防洪能力提升堤防加固二期等工程。

(1) 海堤巩固工程。2021 年建设任务 18 264 万元，实际完成投资 20 364 万元，完成比例 111.5%。射阳县夸套南北匡一线海堤新建防汛道路、滨海县振东闸以北段(桩号 41＋000—43＋000)主海堤水毁修复工程基本完成；灌南县武障河闸扩建工程正在实施上部结构工程；射阳县双洋闸北侧(桩号 21＋840—23＋640)海堤保滩加固工程完成 35%；滨海县振东闸以北段(桩号 39＋750—41＋000、43＋000—43＋800)主海堤水毁修复工程完成 40%；启东市塘芦港新闸南侧段海堤达标加固工程正在进行三工区闸拆除、外坡脚格埂浇筑、堤身加高培厚和挡浪墙底板浇筑施工。

(2) 沿海水利建设工程。2021 年建设任务34 553万元，实际完成投资 34 553 万元，完成比例 100%。东台市梁垛河整治工程已完成，新洋港闸下移工程正在进行施工准备及征地拆迁工作。

(3) 2019 年旱涝灾后应急治理工程。初步设计于 2020 年 4 月 11 日批复，批复总概算 58 044万元。2021 年建设任务 58 044 万元，实际完成投资 58 044 万元，完成比例 100%。工程基本完工，正在有序推进完工验收工作。

(4) 2020 年汛后应急治理工程。工程共 14 项，其中 6 项列入新一轮中小河流规划。2021 年建设任务 62 727 万元，实际完成投资 62 727 万元，完成比例 100%。水阳江永丰圩堤防加固工程正在进行清表和底格埂浇筑；沂河、沭河险工处理工程通过完工验收，正在准备验收；新沭河险工处理工程已完工；洪泽湖周边滞洪区王桥圩堤防应急加固、淮河干流滩区城根滩堤防薄弱段应急除险加固工程已完工，待验收；鲍集圩行洪区堤防加固工程正在加快实施；长江镇扬河段和畅洲西缘2020年度应急护岸工程已完工验收；江堤加固及兴隆港闸应急改造工程正在进行上部厂房施工。

(5) 中型灌溉排水泵站更新改造工程。根据《水利部办公厅关于开展中型灌溉排水泵站更新改造规划工作的通知》（办农水〔2016〕102号）要求，江苏编制了《江苏省中型灌溉排水泵站更新改造规划》，列入更新改造规划的泵站共26座，2021年计划实施3座。2021年建设任务7 890万元，实际完成7 890万元，完成比例100%。徐州市经开区土楼泵站更新改造工程完成征迁工作，准备招标。淮安市清江浦区和平北站拆建工程、宿迁市宿豫区嶂山泵站更新改造工程已完工。

(6) 其他区域重点项目。2021年建设任务251 890万元，实际完成投资287 890万元，完成比例114.3%。涉及7个项目。高淳区固城湖永联圩新建堤防工程正在实施堤防土方填筑、高压旋喷桩等；京杭大运河苏州段堤防加固工程正在加快实施；苏北灌溉总渠右堤堤防除险加固工程已完工验收；扬州市长江防洪能力提升堤防加固二期工程正在实施；泗阳县总六塘河整治工程、中运河宿迁闸至刘老涧闸段整治工程已完工。

(7) 省属水利工程。2021年建设任务19 847万元，实际完成投资19 867万元，完成比例100.1%。刘老涧新闸除险加固工程正在扫尾；泗阳二站除险加固工程已拆除主机组、高开柜、变压器等设备，正在改造进水流道，土建施工全面开工；淮阴抽水站加固改造工程正在进行上部结构施工，12月20日完成自动化分部工程暨合同工程完工验收；阮桥闸拆除重建工程完成闸墩浇筑，正在浇筑翼墙底板等；沭新闸拆除重建工程正在进行装饰装修、自动化安装扫尾；新沂河海口枢纽南、北深泓闸除险加固工程正在进行闸墩表面凿除与植筋、交通桥面板、工作桥大梁预制，金属结构厂内加工等工作；淮阴闸交通桥除险加固工程老桥拆除吊装全部完成，150片T梁、10片板梁预制安装完成；泰州引江河高港枢纽闸站下游段左岸堤防应急加固工程于12月16日正式开工，正在实施背水坡台阶土方填筑。

（陆雪琴）

农村水利建设

【大中型灌区建设】 全省各地积极践行“藏粮于地、藏粮于技”战略，围绕“设施完善、节水高效、管理科学、生态良好”的目标，以完善灌排基础设施、治理修复生态环境、构建信息化管理平台为重点，持续推进大中型灌区建设，切实把牢国家粮食安全水利命脉。

(1) 实施标准化改造。2021年度在国家有关部委的大力支持下，全省大中型灌区投入规模、力度及工程进度均位居全国首位。先后实施了8个大型灌区、27个中型灌区年度改造项目，共完成投资21.75亿元，新建(衬砌)渠道565千米，新拆建建筑物994座。项目实施后，累计新增恢复灌溉面积1.33万公顷(20万亩)，改善灌溉16万公顷(面积240万亩)，新增节水能力8 380万立方米。

(2) 推进规范化管理。印发了《关于加强大中型灌区骨干水利工程管理工作的意见》，深入推进灌区工程管护体制机制改革创新，着力提升管护水平和质量。初步构建了省、市、县和灌区管理机构四级互联共享、分级使用的智慧灌区信息管理平台，打造了立体监管和项目运行管理体系。

(3) 打造现代化样板。锚定工程设施标准化、管理方式规范化、创新能力现代化目标，着力打造“节水高效、设施完善、管理科学、生态良好”的现代化灌区。“里运河-高邮灌区”成功入选2021年度世界灌溉工程遗产名录，是江苏首个入选的灌溉工程。高邮灌区还与南京市龙袍圩灌区一并获评全国第二批灌区水效领跑者。南京淳东灌区、湫湖灌区等 23 个灌区被评为省级节水型灌区。

【农村供水】 省委、省政府高度重视农村供水工作，连续多年将其列为省政府为民办实事工程，并纳入省委、省政府决胜高水平全面建成小康社会补短板、强弱项的若干措施和专项行动方案。全省水利系统坚决扛起政治责任，从水源达标、水厂提标、管网改造、运行服务等方面持续提升农村供水保障能力，在全国率先基本实现了“同水源、同管网、同水质、同服务”城乡供水一体化目标。全省农村区域供水入户率已达 98%以上，农村供水保证率达 95%以上，农村自来水普及率 100%，受益总人口超过 4 400 万人，把农村供水工程建成了润泽千家万户的幸福工程。

(1) 加快建设补短板。依据《“十四五”农村供水保障规划》，持续推进农村供水保障工程建设，完成投资 15 亿元，进一步优化管网布局，更新改造农村供水管网 2071 千米，有效减少管网“跑、冒、滴、漏”现象，保障安全稳定供水。新建水厂 2 座，改造升级 1 座，着力完善水处理设施和配套消毒设施，推进制水工艺提档升级，配套改造部分增压站，不断提升供水能力和供水品质。

(2) 争先创优树标杆。在省人大常委会对省政府 2021 年度乡村振兴战略实施情况开展的工作评议中，农村供水保障工作在 17 个省级机关部门中位居前列。赣榆区莒城湖水厂项目获评 2020—2021 年度中国建设工程鲁班奖。响水县运河水厂、东海县城北水厂等 4 个水厂被评为国家级规范化水厂。

(3) 提升效能强管理。制定、印发了《关于深化农村水利基础设施管护体制改革的实施方案》，以城乡融合发展为目标，进一步压实农村饮水安全管理“三个责任”，加快理顺城乡一体化供水管理体制，推进市场化运作、企业化运营和管理，供水保障水平和服务效能持续提升。

【农村生态河道建设】 农村河道作为农村重要的基础设施，不仅承担着防洪排涝、农田灌溉、农村饮用水源保障等重要功能，而且是改善农村生态环境、展示美丽乡村的重要载体。2021 年度，各地牢固树立生态优先、绿色发展理念，以恢复农村河道基本功能、提高水安全保障能力、改善水生态环境状况为目标，加快推进农村生态河道建设，着力构建“互联互通、引排顺畅、水清岸洁、生态良好”的农村河网水系，为改善农村人居环境，建设美丽宜居乡村提供有力的支撑和保障。

(1) 顶层设计保障。省委、省政府高度重视农村生态河道建设，从 2021 年起，将农村生态河道覆盖率纳入了市县推进乡村振兴实绩考核指标，指标权重达到了 8%；同时农村河道和水生态保护被作为重要内容纳入了《江苏省农村水利条例》，为加快推进农村生态河道建设提供了有力的法规依据和政策保障。

(2) 基础工作扎实。省级印发了《江苏省农村生态河道建设标准(修订)》和《江苏省农村生态河道评分细则》，全省 76 个涉农县(市、区)均编制了《“十四五”农村生态河道建设规划》，完成了全省 1812 条、2.04 万千米县级河道，1.72 万条、5.69 万千米乡级河道上图入库工作。

(3) 任务超额完成。在考核的导向作用和牵引推动下，各地进一步压实县、乡、村级河长责任，积极整合相关资源，比学赶超，奋勇争先，全面加快工程建设，很多地方形成了以乡镇为单位全域推进生态河道建设的良好格局。经省级现场复核评估，全省全年共打造农村生态河道 5 485 条(段)、10 071 千米，全省农村生态河道覆盖率达到 28.8%。

【水土流失综合防治】 全面落实水利部及省委、省政府工作部署，紧扣水土保持中心任务，着力加强监督管理，扎实开展综合治理，建立健全水土保持监测网络体系，在全国水土保持规划实施情况考核中获优秀等次。张家港市成功创建国家水土保持示范县，江宁区汤山矿坑公园成功创建国家水土保持科技示范园。制定的《江苏省"十四五"水土保持发展规划》获中国水土保持学会优秀设计二等奖。

（1）治理有效。以南京市江宁区、六合区，常州市溧阳市等22个国家水土保持重点工程项目为抓手，统筹相关部门水土保持项目，综合治理水土流失面积284.41平方千米，全省水土保持率已达97.85%，位居全国前列。坚持山水林田湖草系统治理，因地制宜打造生态清洁小流域，新建成19个省级生态清洁小流域。

（2）监管严格。制定、印发了《江苏省生产建设项目水土保持管理办法》。全省各级累计审批生产建设项目水土保持方案6 235个，完成生产建设项目水土保持设施验收备案1 409个。通过卫片、无人机、移动终端等多种技术手段，在全省范围内开展了水土保持区域遥感监管、生产建设项目信息化监管及国家水土保持重点工程信息化监管。

（3）监测到位。省级安排专项资金，以县级行政区为单位，开展了全省水土流失动态监测和消长分析。已建成的16个水土保持监测站点全部正常开展监测，实现监测数据自动采集、实时传输、在线整编、精细管理。省级水土保持监测与评价信息管理系统应用管理持续加强。

【农业水价综合改革】 省水利厅、省发展和改革委、省财政厅、省农业农村厅印发《关于巩固深化农业水价综合改革成果的通知》，组织在全省范围内开展农业水价综合改革"回头看"，进一步提炼经验，查找问题，整改落实，同时跟进核定改革范围、完善配备计量措施、动态调整农业水价、加强用水计划管理、持续强化工程管护、深入开展改革宣传等工作，确保改革成效。会同省发展和改革委、财政厅等7个部门联合印发《关于切实加强全省农村水利建设与管护工作的意见》；制定、印发《关于印发深化农村水利基础设施管护体制改革实施方案的通知》，统筹推进农田水利、灌区骨干工程、农村供水、农村河道等工程基础设施管护体制改革，确保工程长期发挥效益、安全稳定运行。

【水利帮促工作】 省水利厅深入贯彻落实省委省政府关于开展富民强村帮促行动接续推进乡村全面振兴有关部署要求，尊重地方发展需求、贴近农业农村实际、顺应农民群众期盼，牵头做好丰县湖西片区整体帮促工作，接续做好其他5大片区和3个革命老区面上水利帮促工作，各项帮促任务圆满完成，实现了"十四五"良好开局。

牵头做好湖西片区整体帮促。建立完善湖西片区整体帮促工作省级联席会议制度，上下联动，左右协调，夯实各方责任，强化督促指导，帮助片区解决实际困难。印发了《丰县湖西片区"十四五"整体帮促规划》，明确了"十四五"整体帮促目标任务和工作重点。依据规划，在省级联席会议各成员单位的持续关心下，2021年丰县湖西片区共实施整体帮促项目90个，完成投资18.49亿元，片区特色优势产业发展迅速，基础设施条件持续改善，服务民生能力不断增强。

扎实推进面上水利帮促工作。在政策制定、资金投入、项目安排上向重点地区予以倾斜，2021年全省6大重点帮扶片区及3个革命老区共完成水利帮扶项目投资15.59亿元，其中6大片区11.34亿元，3个革命老区4.25亿元。通过持续投入和系统治理，有关片区供水保障能力、防洪除涝能力逐年提升，农田灌排体系不断完善，农村水环境日益改善，帮促成效显著。

（蒲永伟）

城市水利建设

2021年城市水利建设紧紧围绕“保障城市防洪安全、供水安全和改善人居水环境，加快城市水系综合整治，引导建立与城镇规模、功能和地位相适应的现代城市水利工程体系”的规划思路，突出补强城市防洪工程短板，完善城市防洪规划，协助推进无锡、宿迁两市全域推进海绵城市建设示范，各市持续推进城市防洪排涝骨干工程建设，城市防洪排涝减灾能力进一步提升。

（1）完善城市防洪规划。南京、扬州、连云港、徐州、镇江、泰州等12市城市防洪规划获政府批准实施，苏州市城市防洪排涝专项规划报水利部太湖局审查，修订徐州市城市防洪规划。县级城市防洪规划编制（修编）工作已基本完成。配合省住建厅开展无锡、宿迁两市全域推进海绵城市建设示范。

（2）省辖市城市防洪工程建设持续推进。各市根据城市防洪规划，持续开展城市防洪排涝骨干工程建设。建设内容和主要措施包括：通过新建或加固防洪堤，构建城市外围防洪屏障，完善城市防洪保护圈；拓浚城区及其周边河道增设排涝泵站，合理布置排水管网，提高城市排水能力；加快低洼地区改造，控制城区适宜水面率；对地处丘陵地区受山洪威胁的城市，采取蓄洪、撇洪、挡洪相结合的措施；防洪建设与改善城市水环境和城市景观有机结合，并加强非工程措施建设。经过城市防洪工程全面建设，各地城市防洪排涝减灾能力进一步提升。

（3）省级通过竞争立项激励奖补市县城市防洪建设。对通过竞争立项的市县城市防洪排涝项目，经核查取得省级补助资格后，实行“先建后补、以奖代补”，激励引导各地加快防洪排涝工程建设。2021年，各市共10项防洪排涝项目获奖补资格，省级奖补资金约5 000万元；省补助范围内的城市防洪排涝工程完成投资约9亿元。

（诸晓华）

水利信息化建设

（1）网络资产清查。全面清理互联网资产，分级、分类、分项理清全省水利系统互联网、水利专网资产和应用情况。厅级及直属单位水利专网应用132个、互联网应用348个全部登记在册，市县互联网络资产备案447个，APP和小程序信息系统同步进行专项整治。

（2）网络安全。针对网络安全隐患问题，召开全省水利网络安全工作视频会议，深度查找原因，逐家逐项整改。逐级明确网络安全责任人，将网络安全工作落实到最基层。修编《江苏省水利厅信息化建设与运行管理办法》，出台《江苏省水利网络安全管理实施细则》，印发《江苏水利网络安全工作责任制考核办法》，修订《江苏省水利厅网络与信息安全事件应急预案》。推进网络安全管理系统建设，国庆前开展大范围网络攻防演练暨网络安全培训，累计发出督查通报和整改单155份，涉及水利系统近50个单位。

（3）智慧水利顶层设计。明确2021年“智慧水利”建设的目标任务，细化任务分工。组织对“十四五”水利信息化发展规划进行技术审查。邀请水利部信息中心副主任解读李国英部长有关智慧水利建设的讲话精神。按照水利部要求和专家咨询意见，对“十四五”规划的总体目标任务进行了修改完善。

（4）数字孪生工程试点。开展智慧水利关键技术专项研究，确定数字孪生“一江两湖”

和智能泵站等4个项目先行先试。围绕太湖水量水质优化调度目标,建设数字孪生新孟河、望虞河,对物理流域进行数字化映射、智慧化模拟和仿真推演,建立以孪生底板为基础的水工程预报调度一体化系统。在秦淮河流域率先开展数字流域、生态河湖监测体系试点建设,重塑秦淮河水网和水利基础设施,形成虚实结合、孪生互动的水利信息化新形态。

(5)应用系统建设。立足水旱灾害风险防御,推进太湖流域预报调度一体化平台,研制电子防汛手册与防汛信息服务机器人。服务河湖与工程管理,建设省中心运行环境和河湖集中监控会商系统,完善补充全省33条流域性河道、12个省管湖泊、3个市际湖泊和49座大中型水库的空间信息。推进水资源管理、水利工程管理、河湖巡查管理、省级河长制管理等应用系统的提优与开发。完成首批信创工程主体建设内容,工程通过省政务办组织的项目初步验收,完成终端替代和基础软件部署,依托国产化环境开发的应用系统上线试运行。

(6)信息资源整合共享。维护《江苏省省级政务信息资源目录》中水利信息资源目录。通过省政务大数据交换平台,与气象、应急等部门共享交换数据,为水利数据共享提供支撑。建立基于ESB的统一水利数据交换平台,建成省水情工情中心及13个分中心,实现国家地下水监测工程、国家农村基层预警工程等数据统一共享交换。

(陆明)

水 利 管 理

规划管理

【水利规划概述】 （1）印发《江苏省“十四五”水利发展规划》。规划落实全国“十四五”水安全保障规划、江苏省国民经济和社会发展规划纲要任务，明确江苏现代水利基础设施体系、水资源节约利用体系、水生态治理保护体系和水利管理服务体系建设的目标任务与对策措施，描绘了“水安全有效保障、水资源永续利用、水生态系统复苏、水管理智能高效、水文化传承弘扬”的宏伟蓝图。水文发展规划等 5 个一般专项规划也陆续完成审查报批工作。

（2）完成《江苏省水利基础设施空间布局规划》。按“三级联动、五年滚动”思路，全省建立了“发展规划定项目、空间规划定空间”的工作机制，复核了 723 条骨干河道、96 个重点湖泊、3 个蓄滞洪区、25 个洲滩圩区、97 个饮用水水源地和大中型水利工程管理范围基准线，划定了 116 项省重点水利项目规划用地预留线，提出了水利空间与城镇、农业、生态空间的协调意见，成果汇入全国水利基础设施空间布局规划和省国土空间规划。

（3）积极做好南水北调东线后续工程规划论证。举办了江苏南水北调后续工程规划高质量发展学术研讨会，印发了《推进南水北调事业高质量发展的意见》，完成了《江苏省南水北调工程实施情况评估报告》及水价执行评估、供水能力复核等 5 个专题报告，深化了长江至洪泽湖段后续工程方案研究，为南水北调后续工程决策提供支撑。

（4）完成多项专业专项规划工作。完成江苏省防汛抗旱水利提升工程实施情况评估。配合淮委制定了《新阶段淮河治理方案》、完成了《沂沭泗河洪水东调南下提标工程规划》，配合长江委完成了《长江口综合整治规划》修编，配合太湖局完成了《太湖流域水环境综合整治总体方案》修编，推动流域综合治理。配合省住建厅编制完成《江苏省城市内涝治理实施方案》。推进徐州、苏州等城市完善城市防洪规划。

（5）积极探索河湖生态修复与系统治理规划。制定《江苏省加强行蓄滞洪区管理与生态建设实施意见》，经省政府同意印发。基本完成 11 个省管湖泊、20 条流域性河湖保护规划，推动河湖系统保护。全域推进幸福河湖规划建设，已经建成幸福河湖 130 余条。研究确定了 28 个重点河湖生态水位与保障方案。

（6）出台高质量发展意见。印发了《江苏水利高质量发展意见》，从目标确定、水网规划、工程建设、灾害防控、资源利用、生态保护、数字孪生、要素保障等 8 个方面提出江苏水利发展提质增效的指导意见。印发了《江苏省水利规划计划质量提升行动计划》，指导全省提升规划引领能力、项目推动能力、计划保障能力和统计服务能力。

（赵立梅）

【部分规划成果简介】 （1）《江苏省“十四五”水利发展规划》。根据水利部、省政府部署，2019 年 4 月，省水利厅部署启动全省“十四五”水利发展规划编制工作。在 2020 年基本完成“十四五”水利发展规划思路报告、10 个重大问题研究和 19 个专题规划（意见）、“十三五”规划评估报告与“十四五”规划风险评估报告的基础上，于 2021 年 3 月形成《江苏省“十四五”水利发展规划》（下简称《规划》）征求意见稿，分别征求了省有关部门及地方水利部门意见，4 月通过专家论证和厅长办公会审议，6 月向分管省领导专题汇报后报送省发改委审核，7 月通过司法厅合法性审查，8 月省政府办公室厅以苏政办发〔2021〕53 号文印发实施。

《规划》总体框架采用章节结构，除序言外，共分为4章19节，设立5个工程任务专栏，另附规划项目表及重大工程布局图。《规划》以“江苏特色的水利现代化”为出发点和落脚点，评估了“十三五”全省水利发展成就，分析了存在问题与形势要求，明确了“十四五”全省水利改革发展的指导思想、基本原则、目标指标，以及由三类建设、三项管理、三个能力构成的总体布局，提出了重大工程建设、农村水利建设、河湖生态复苏、水资源节约保护、河湖管理保护、水利工程建设与运行、水旱灾害防御、智慧水利建设、水文化载体建设等9大发展任务。《规划》是“十四五”及今后一段时期江苏水利改革发展的系统性谋划和战略性部署。

（2）省级水利基础设施空间布局规划。2021年，按照水利部和省国土空间规划委员会的部署，省水利厅继续组织开展省、市、县三级水利基础设施空间布局专项规划编制工作。截至年末，省级规划已根据专家审查意见修改形成报批稿，市县级规划基本完成。各级规划分别明确了水利空间包括的现状河湖与水利工程的管理范围和规划水利项目预留用地范围，制定了水利空间管理和保护意见，提出了空间协调处置方案，主要成果已纳入相应国土空间总体规划。

省级规划明确了今后一段时期全省水利空间保护、治理与利用的基本思路、主要目标和重点任务，共划定水利空间约1.5万平方千米，提出到2035年前拟建水利项目129项、新增用地约43万亩。《规划》是全省水利基础设施建设和水利空间管控的重要依据，也是全省国土空间规划的重要专项支撑。

（3）省级河湖保护规划。根据《江苏省湖泊保护条例》《江苏省河道管理条例》等相关规定，2019年8月，省水利厅组织开展全省河湖保护规划编制工作。2021年，陆续开展了规划调查分析、专题研究、专家论证、集中审查、意见征求，编制形成《江苏省省管湖泊保护规划（2020—2035年）》《江苏省重点流域性河道保护规划（2020—2035年）》，2022年1月获省政府批复，2月由水利厅印发。

《规划》以2020年为基准年，2025年、2035年分别为近、远期水平年，围绕水安全有效保障、河湖资源永续利用、水环境整洁优美、水生态系统健康、水文化传承弘扬的总体目标，分析确定了河湖功能定位，明确了河湖空间管控范围、水域岸线功能分区、保护方案和措施，提出了开发利用控制指导意见、管理要求和规划实施安排等。《规划》是今后一段时期省级河湖管理、保护、治理、利用的重要依据，也是各级国土空间规划的重要支撑。

（4）《江苏沿海地区水利发展三年行动计划（2022—2024）》。根据省委、省政府推进沿海地区高质量发展的部署，按照省发改委沿海地区发展规划编制安排，2021年6月，省水利厅组织开展沿海水利三年行动计划编制。经过调查研究、项目筛选、专家咨询、征求意见等环节，于2021年底形成《江苏沿海地区水利发展三年行动计划（2022—2024）》（报批稿）并报送省发改委审核，2022年1月由省水利厅、省发改委以苏水计〔2022〕8号文联合印发实施。

《行动计划》以沿海地区突出水问题、水需求为出发点，梳理分析国家战略新要求、三港发展新需求，以逐步构建标准较高、功能齐全、节约高效、保障有力的现代沿海水安全保障体系为目标，提出了防洪除涝工程、水资源配置工程、水生态治理保护工程和管护能力四个方面的建设任务，共安排实施项目33项，其中防洪保安类18项、水资源配置类5项、水生态治理保护类10项；储备项目31项，其中防洪保安类16项、水资源配置类5项、水生态治理保护类10项。《行动计划》是指导未来三年及“十四五”时期江苏沿海地区水利高质量发展的重要文件。

严格水资源管理制度考核保持领先。2021 年 9 月，国务院以“国办函〔2021〕87 号”文通报表扬江苏省政府，我省在“十三五”期间实行最严格水资源管理制度考核中获得优秀等次。

（2）省委、省政府高位推动。省委、省政府主要领导、分管领导作出批示，将万元 GDP 水耗等作为高质量发展综合考核内容，省政府建立最严格水资源管理制度考核和节约用水工作联席会议制度，扎实构建党政主导、齐抓共管的最严格水资源管理制度工作格局。

（3）最严格水资源管理制度强监管体系全面形成。认真落实最严格水资源管理实施意见、考核办法和考核方案，各设区市政府均成立联席会议或领导小组，建立省、市、县三级层级考核评估体系，专项监督检查、日常监督检查和“四不两直”检查的强监管体系全面形成。

（4）用水总量与强度控制体系全面建立。2021 年，全省用水总量约 567.6 亿立方米，万元地区生产总值用水量、万元工业增加值用水量分别较 2020 年下降了 10.9%、6.9%，重要水功能区达标率提高至 88.7%，水资源合理配置和高效利用水平不断提高。

【水资源配置】 （1）合理确定用水总量和效率控制指标。根据国家下达的“十四五”期末用水总量和效率控制指标，完成“十四五”水资源管理与保护规划，确定了“十四五”期末用水总量达 620 亿立方米，万元 GDP 用水量下降和万元工业增加值下降分别为 17%、19%的总体目标任务，并进一步细化分解到各设区市。在完成 13 个设区市可用水量确定的基础上，组织编制完成《江苏省可用水量确定报告》，明确全省地表水、外调水、地下水、非常规水源等可用水量上限。

（2）全力配合流域机构开展跨省河湖水量分配。编制完成并批复奎濉河、新汴河水量分配方案，配合开展 5 河 2 湖（长江、滁河、青弋江、水阳江、白塔河和高邮湖、南四湖）跨省河湖水量分配工作，同步分解至市县。

（3）提前完成水利部下达我省跨市河湖水量分配任务。提前一年完成水利部下达我省的废黄河、通榆河、丹金溧漕河等 8 河 1 湖跨市重点河湖水量分配任务，经省政府授权印发实施，额外完成滆湖、武宜运河等 2 河 1 湖跨市重点河湖水量分配。13 个设区市完成 67 条跨县河湖水量分配工作。

【水资源规范化管理】 （1）落实取水许可管理要求。制定印发《江苏省取水许可实施细则》，进一步规范取水许可申请、受理、审查、审批决定，以及取水许可验收发证、后续监管等相关业务流程和办理。严格水资源论证报告书质量审查，建立水资源专家库，强化定期监督检查和不定期抽查，切实提高报告书编制质量。

（2）推进取水工程（设施）规范化管理。继全面完成取水工程核查登记和整改提升后，率先推进取水工程设施的规范化管理，出台规范化管理文件和技术标准，提出“三规范、二精准、一清晰”的管理目标，推进完成 81 个国家重点监管取水口规范化管理建设，13 个设区市同步开展 880 余个取水口规范化管理改造。

（3）构建水资源监测计量体系。扎实推进取水计量监管规范化，印发加强全省取水口取水监测计量工作的实施意见，编制全省取水口监测计量体系建设三年实施方案，完成 500 个取水计量设施抽检，强化水资源监控系统运维管理，提高计量设施精度和在线监控准确率。

（4）强化取用水在线监控运维。加强非农取水在线监测计量管护，做好定期更换、检定、校准，定期通报各设区市在线率与监测率，保障系统安全稳定运行。2021 年地表水取水许可量 10 万吨/年以上、地下水取水许可量 5 万吨/年以上的重点取水户全部纳入江苏省水资源管理信息系统，全省河道外 90%以上非农取水以及65%以上总取水量实现在线监控。

【水资源保护】 (1) 加强饮用水源地保护。动态管理水源地名录库更新,持续推进水源地达标建设,完成涟水县古淮河涟水湖等5个应急备用水源地达标建设,编制完成全省水源地突发性水污染事件水利系统应急预案,全面提高水利系统应对水源地突发性水污染事件的应急处置能力。深入推进水源地长效管护,开展全省城市水源地长效管护评估,发现问题以"一市一单"及时反馈给地方整改,逐月编发《江苏省城市地表集中式饮用水源地水文情报》。颁布实施全国首部《集中式饮用水水源地管理与保护规范》地方标准,组织完成江宁区长江子汇洲等31个水源地规范化建设工作,进一步推进饮用水水源地管理与保护提档升级。

(2) 保障河湖生态水位(流量)。省级累计制定并印发28个重点河湖生态水位,提前完成水利部下达任务,并"一河(湖)一策"编制生态水位保障实施方案。率先印发《生态水位(流量)监测与评估技术指南》,在全省范围内全面建立日监测、季评估、年考核制度。建成生态水位实时监测预警系统,细化实时监测、预警发布及定期评估等模块功能,省级28个重点河湖生态水位全部得到有效保障。

(3) 深化河湖生态状况评价。连续12年对重点河湖生态状况进行评价。推进各市开展大中型水库、骨干河道、重点湖泊生态状况评估工作。

(4) 加强地下水保护管理。深入贯彻《地下水管理条例》,率先完成《江苏省地下水管控指标确定方案》,经省政府同意后印发实施。组织完成全省地下水保护利用规划、地下水监测站网规划。组织划定新一轮地下水超采区,开展苏中、苏北地下水封井压采成效评估。优化全省地下水监测网络布设,建立地下水位监测月度会商和预警机制,实时监控全省超采区水位变化情况,定期编发地下水监测季报、年报,对地下水位连续下降地区采取约谈和通报的方式,督促地下水位稳定回升。我省地下水治理经验,在水利部《地下水管理条例》宣贯会上得到交流分享。

【水资源改革创新】 (1) 组织开展水资源刚性约束"四水四定"试点。以南京江北新区、徐州丰县等8个地区为重点,开展丰水地区刚性约束指标体系和制度框架专题研究。

(2) 省市县全面应用取水许可电子证照系统。近万张存量纸质取水许可证全部完成电子化转换,省市县全面应用电子证照系统。

(3) 深入推进开发区水资源论证区域评估。制定印发《省水利厅关于规范推进开发区水资源论证区域评估工作的通知》及技术要求,科学指导地方完成26个开发区水资源论证区域评估报告,研究建立区域评估刚性约束和强监管制度。

(4) 积极推进水权制度改革。出台《江苏省水权交易管理办法》,建设省级水权交易平台。推动完成不同类型水权交易22单,水权交易类型基本涵盖了不同行业、不同水源和不同区域。

【水资源管理能力建设】 (1) 全面落实用水统计制度。全面落实国家新改革的用水统计调查直报制度,按照应录尽录和分级负责的原则,认真抓好名录建立、用户认证、数据填报与审核等工作,组织全省完成6 150户取用水户入库。建立农业用水测算模型,科学统计农业用水。加强报表填报培训、管理与数据审核,提升源头数据质量,落实数据审核管理第三方专业队伍,结合在线监控、水量平衡、趋势分析等用水量数据核查比对,及时对数据质量问题进行追溯、核实和修正,数据上报及时率达100%,审核率达100%,准确率达98%以上。

(2) 不断完善覆盖省市县的水资源一体化管理平台。依据行业标准扩充数据范围,加强水资源与水文、工管等单位的数据共享,实现与相关部门的信息共用交换，打造水资源管控"一张图"。整合国家取水电子证照系统、用水直报系统和取水工程(设施)核查登记系统，纳入"一网通办"政务服务平台，实现取用水全流程在线监管。开发应用区域用水总量管控、取水户全流程管理、生态水位监测预警和水资源监督考核等智能应用模块，形成流域区域配套衔接、管理流程覆盖齐全、用户终端应用便捷的智慧水资源管理服务系统。

(3) 加强水资源监测体系建设。组织制定江苏省水资源监测管理办法，强化重点河湖水资源监测，持续开展长江入江支流、地下水、水生态、生态水位等监测工作。开展太湖、洪泽湖主要湖泊水资源质量监测。配合开展全省 1 452 个水功能区监测，加强排污口监督性监测。开展行政区交界断面水资源质量监测，优化水资源配置。

(李伟)

节水工作

【实施国家节水行动】 组织制定并联合印发《江苏省"十四五"节水型社会建设规划》。将节约用水的主要指标纳入各级政府高质量发展考核体系和经济社会发展综合评价体系，严格组织实施省对各市最严格水资源节水管理考核。

【完善制度标准体系】 制定出台《江苏省用水单位水务经理管理制度(试行)》《江苏省重点用水单位节约用水管理办法(试行)》《江苏省节水型工业园区建设标准(试行)》，修订《江苏省节水型企业建设标准》。组织开展用水定额评估工作，印发补充部分行业用水定额。

【节水型社会建设】 年内完成 23 个国家级县域节水型社会达标建设和 11 个省级节水型社会示范区建设，实现南水北调沿线国家级县域节水型社会达标和省级节水型社会示范区建设的"双覆盖"。苏州常熟市、昆山市等入选太湖流域片区县域节水型社会达标建设十佳案例。

【节水型载体建设】 逐步完善各类载体建设标准体系，全年完成 489 家省级节水型载体和 44 家节水型高校建设，评选出 20 家"江苏省第三批水效领跑者"、8 家"江苏省第三批水效领跑者入围单位"，成功创建 4 家首批省级节水型高速公路服务区和 3 家节水型工业园区。具备创建条件的县级以上水利单位全面推进节水型单位建设。

【征集先进适用技术】 围绕节水重点领域，强化成熟适用节水技术遴选，全省 5 项技术(装备)被《国家鼓励的工业节水工艺、技术和装备目录(2021 年)》采纳，4 项技术入选《国家成熟适用节水技术拟推广目录(2021 年)》。

【节水宣传教育】 认真组织并积极参与"节水中国，你我同行""全国节约用水知识大赛"活动，江苏均获全国第一的好成绩。持续开展节水宣传进地铁、进机关、进校园、进企业等活动，组织各地"县委书记谈节水"，发布第二届十大河湖卫士名单。坚持特色宣传，省级联合省教育厅、省科协、团省委等多部门开展具有水乡特色的"水韵江苏——节水少年行"主题活动；苏州市抓住江南水乡文脉，连续 10 年开展《我的天堂我的水》主题征文大赛；淮安市结合大运河文化带建设，制作《"西游天团"话节水》系列动漫宣传片。

(吴以柱)

河湖管理保护

【长江治理保护】 省水利厅会同省长江

办印发《关于进一步提升长江岸线保护利用水平 更好服务长江经济带高质量发展的意见》，按照“控总量、调存量、优增量、提效率”的原则，合理控制岸线开发利用强度，优化岸线利用布局，提高岸线利用效率，彰显岸线生态品质，实现长江岸线资源的有效保护、科学利用和依法管控。持续推进生态修复，长江岸线净退出利用 15.2 千米、新增复绿 1 793 亩；南通、无锡、南京市下降明显，全省岸线利用率下降至 36.7%。扬州市加固长江堤防，南通市启动江海堤防提标建设，防洪能力全面提升。沿江全线构建“周巡查、月督查、季通报”管控机制，巡查人员、车辆、船舶段格化履职，发现问题及时处置。完成 2020 年长江经济带警示片披露水利牵头问题整改，开展岸线清理整治“回头看”，整治成效切实巩固。

【大运河治理保护】 （1）谋划大运河系统治理。省水利厅联合省发展改革委出台《江苏省大运河河道水系治理管护规划》，研究制定《关于深入贯彻习近平总书记重要指示精神 推进南水北调事业高质量发展的意见》，协调南水北调东线工程高质量发展与大运河文化带建设。完成《京杭大运河苏北段河道保护规划》《京杭大运河苏南段河道保护规划》，把运河治理与保护的目标任务落细落实。省级河长巡查推进大运河治理保护工作，运河沿线 8 位市级河长、40 余位县级河长履职尽责，部署全省切实加强跨界河湖的协同治理，有效落实上下游、左右岸、干支流的管理保护责任。（2）统筹大运河功能发挥。通过南水北调建设、苏南运河整治，大运河水利功能显著增强，顺利完成年度调水出省任务，累计调水出省近 6.74 亿立方米，调水水质稳定达到国家考核标准，连续 8 年圆满完成水利部下达的年度调水任务。实施运河堤防和干线建筑物加固，中运河宿迁闸至刘老涧闸段整治，大运河湖西段—不牢河治理和高水河、里运河堤防防渗处理工程基本建成；苏南运河堤防加固工程苏州段主体工程完工。运河沿线刘老涧泵站、淮阴抽水站、刘老涧新闸除险加固改造工程扫尾，泗阳二站加固改造工程启动实施，防洪排涝能力不断提升。（3）复苏大运河水域生境。开展大运河及沿线重要河湖遥感监测、水域面积、水生态等河湖功能监测和健康评估。部署运行省级河湖资源信息管理平台，逐步提高大运河数字化、信息化、智能化管控能力。开展大运河等流域性骨干河道和省管湖泊生态状况评价，2020 年大运河等省级重点河湖生态状况优良率达 84%。推进大运河水资源量质监测，及时动态掌握河湖水资源状况。持续开展大运河干流 20 个水质站点及其周边主要交汇河流水资源量质监测。（4）丰富大运河文化表达。在全国率先部署开展水利工程遗产的管理与保护，公布首批省级水利遗产名录，推荐洪泽湖大堤、江都水利枢纽等申报国家水利遗产，里运河-高邮灌区成功入选江苏首个世界灌溉工程遗产。实施“寻找江苏水工记忆”项目，完成《江苏水利工程遗产的认知、保护与利用对策研究》省级智库课题研究。开展主题活动，讲好大运河承载的千年江苏故事，延续“寻找大运河江苏记忆”活动热度，编纂出版《最美运河地标》，并举办运河水文化论坛。配合水利部唱响幸福河湖主题赛事，开展水利风景区主题曲征集，江苏省水利厅荣获优秀组织奖。开展大运河水文化基础研究，《大运河文化带建设视阈下水利风景区高质量发展研究》被《中国水利风景区发展报告》蓝皮书采用，在《群众》《中国水利》《江苏水利》等杂志呈现研究成果。

【太湖治理保护】 持续推进“内源减负、生态扩容”治太水利措施。全年累计打捞蓝藻 213 万吨，实现泥藻无害化处置；连续三次引江济太，累计入湖 5.9 亿立方米；完成太湖清淤固淤湖滨带围堰工程、贡湖湾 100 万立方米应急清淤任务。全年太湖小范围水质异常发生次数比去年同期减少 6 次，最大面积减少 1 平方千米。贡湖湾等重要水域未发生水质异常情况，太湖连续 14 年实现太湖“两个确保”目标。

【洪泽湖治理保护】 省洪泽湖管委会组织 11 个省级成员单位和两市六县(区)政府推动洪泽湖系统治理和科学保护，有序推动实施洪泽湖治理保护工作。(1) 提升水民生保障。7 066 条住家船和 49 条餐饮船整治完成，近 2 万渔民上岸安居，截至 6 月 30 日，沿湖两市六县(区)均通过市级验收。(2) 实施水生态修复。完成《洪泽湖近岸生态修复示范工程建设规划》，累计恢复生态湖岸线超 30 千米，淮安百里画廊启动实施，环湖造林1.73万亩，建设绿美村庄 53 个，退渔还湿 1.7 万亩。(3) 强化水污染防治。新建及修复生活污水管网 118 千米、城镇生活污水管网 170 千米，排查整治 1275 家“散乱污”企业，湖体平均水质总体稳定，总磷浓度同比下降，入湖河道优Ⅲ比例同比上升 16 个百分点。(4) 推进水安全建设。洪泽湖周边滞洪区近期建设工程开工建设，城根滩、王桥圩、鲍集圩行洪区堤防应急加固工程基本完成，完成《洪泽湖区域交通发展规划》，加快构建区域一体化的交通网络，推进沿湖县区污水处理、垃圾处理等设施建设，环境基础设施运维监管水平大大提升。(5) 完善水管理能力。《江苏省洪泽湖保护条例》通过省人大一审，推动日常执法巡查、部门联合执法、跨界水体联防联控等机制建设。

【其他重要河湖治理保护】 (1) 构建河湖管理顶层设计；完成新一轮《江苏省湖泊保护名录》修编；省市县累计完成 1 157 个省骨干河道、省保护名录湖泊的保护规划编制和修编，基本实现“全覆盖”，与自然资源、生态环境等部门横向共享规划成果的机制逐步建立；省级印发《长江堤防岸线监督巡查指导意见》，出台河湖和水利工程管理范围划定管理办法，印发《江苏省河道管理范围内建设项目监督管理实施办法(试行)》并获水利部河长办全国转发。(2) 提升河湖空间管控能力。完成新一轮国普河湖 1.72 万千米管理范围线省级复核，推动国普河湖名录以外河湖管理范围划界，积极推进划定成果纳入“多规合一”空间规划管理体系，淮安、宿迁市推进开展河道水流产权确权登记。长江堤防岸线涉河巡查、省管湖泊网格化巡查管理一体化系统上线运行，长江 447 名段格员、湖泊 348 名网格员全部人员定格、责任定格，发现问题，闭环处理。重点流域性河湖遥感监测实现常态化，及时发现处置违法涉河项目。部署启动水域监测评估，建立涉河建设项目补偿和等效替代制度，严控占用水域行为。(3) 展现河湖生态修复成效。退圩还湖稳步推进，全年累计清除湖泊历史圈圩超过 30 平方千米。丰县、泰州姜堰等地全力打造省级水域保护示范样板，编制水域保护示范区建设试点和省级水域保护规划编制试点方案。省级全面开展重点流域性河湖水文、水质、水生态、富营养化等河湖功能监测和健康评估。省级部署推进河湖资源管理、河湖巡查管理、新孟河数字孪生等应用信息智慧赋能。

(何羌)

河湖长制工作

【完善机制体制】 (1)创新督导机制。按照省政府部署，会同有关职能厅局，突出幸福河湖建设、断面长制落实、黑臭水体治理、禁捕退捕等重点任务，组织对 13 个设区市河湖长制工作开展了全覆盖督查，并及时反馈意见建议，指出存在问题，督促按期抓好整改落实。完成了 2017—2020 年全省设区市河长制第三方评估，开展了河长制工作和幸福河湖建设专题调研，发现河长制工作短板，有针对性制定措施、抓好整改。(2)加大激励力度。做好国务院督查激励相关工作，高淳区河(湖)长制工作成效突出，代表江苏省受到国务院激励督查。组织好省级河(湖)长制工作督查激励，4个设区市、6个县(区、市)河长制工作受到省政府督查激励。将河长制工作纳入省政府高质量综合考核，完成了对盐城、扬州、泰州三市幸福河湖建设任务的复核工作。对真抓实干、成效明显的地方，在省骨干河道养护资金年度安排中，增加30%的系数予以倾斜安排。积极向财政部门争取，2022年省财政计划增加1 200万元，专项用于幸福河湖创建工作。(3)推动规范管理。推进河湖长制信息化建设，完成省级与水利部和13个设区市河长制平台互联互通，实现数据信息共享。收集整编全省723条骨干河道、154个保护湖泊和49座大中型水库相关基础数据，报送水利部河湖长制管理信息系统；基础数据上报率100%，台账数据和监管数据上报率超过90%。推动《河长公示牌规范》成为省级地方标准，是全国第一个同类标准。针对江苏政风热线反映的河长湖长公示牌存在问题，对河长公示牌开展全覆盖自查，结合河长调整和问题整改，更新和完善了公示牌约4.5万块。

【服务河湖长履职】 (1)保障省级河湖长履职。提请省河长制工作领导小组及时调整省级河湖长。联系服务省级河湖长巡河履职10多人次。督促指导全省市、县、乡、村各级河长巡河188万次，及时解决河湖各类问题21.8万个。(2)提升河长履职能力。根据水利部《河长湖长履职规范》，修订完善河湖长制工作各项制度规定，指导各级河湖长规范履职；对省级河湖长所管河湖的市级河湖长履职情况开展数字化评价，分析研判存在短板，督促有针对性整改提高；成立江苏河湖长制研究院，加强理论研究和实践探索，为江苏河湖长制工作高质量发展提供智力支持和保障；将河湖长制纳入党校培训，到设区市党校、河长办为基层河长和河长办人员开展专题辅导，指导基层分级分类开展业务培训，不断提升河长履职能力水平。

【幸福河湖建设】 (1)高位推动。两位省级总河长签发《关于全力建设幸福河湖的动员令》，并印发到全省各级各地、各相关部门和每一名河长，全面部署。在全国率先制定并以省河长制工作领导小组名义印发《关于推进全省幸福河湖建设的指导意见》，明确3个阶段目标，细化实化6个方面的任务，提出具体工作要求，推动全面幸福河湖建设。(2)精准指导。紧扣“河安湖晏、水清岸绿、鱼翔浅底、文昌人和”，坚持河长主导、分级分类、目标导向、现实可用的原则，制定印发了《江苏省幸福河湖评价办法》和《江苏省幸福河湖评分标准》，规范幸福河湖评价工作。指导各设区市编制《幸福河湖建设实施方案》，启动第二轮“一河一策”编制，组织了1期幸福河湖建设专题培训班，指引幸福河湖建设。(3)推进实施。将幸福河湖建设作为河(湖)长制工作重点，确定年度计划，加强督导检查，落实奖补经费，推动阶段性目标完成。以城市建成区河道为重点，兼顾农村河道和跨界河湖，今年全省建成幸福河湖639条(个)。全省建成190多个河长制主题公园，以点带面推动幸福河湖建设。

【引导公众参与】 (1)发挥民间河长作用，部署保护母亲河志愿服务，启动“跑步河长”活动和第二届江苏“最美基层河长”“最美民间河长”推选活动。(2)依托“学习强国”平台、中国江苏网、新浪网等平台，开展“河湖·名城·印记”主题融媒体作品征集和“书话——江苏河长制”活动，弘扬河湖文化，讲好河湖故事。(3)组织河长制专题采风，挖掘了“自己的河道自己管护”等基层典型做法。连续3年开展河湖长制群众满意度调查，群众对河湖的满意度逐年提升。

(任伟刚)

安全生产工作

【日常安全生产】 (1)严格责任落实。对标省水利厅履行安全生产工作责任考核评价指标,压实安全生产“三个责任”。厅党组会议6次专题研究安全生产工作,组织召开5次全省水利系统安全生产会议,定期召开厅安委会会议,研究部署重点领域和重要时段安全生产工作。厅主要领导发表安全发展署名文章,分管厅领导深入工程一线开展安全生产宣讲,其他厅领导均结合业务工作统筹抓好分管领域安全生产工作。厅党组持续将安全生产作为厅巡察重点内容,组织对省灌溉总渠管理处、省水文局等9家厅属单位安全生产工作开展巡察和“回头看”,高压推动主体责任落实。

(2)深化专项整治。印发《省水利厅关于进一步深化全省水利行业安全生产三年专项整治工作的通知》,巩固专项整治“一年小灶”成果,推动专项整治“三年大灶”向纵深发展。深入开展危化品使用安全专项治理行动,印发《江苏省水利行业危险化学品使用安全管理办法》,全面完成危化品使用底数摸排,集中开展风险辨识管控和隐患排查治理攻坚。部署开展安全生产大排查大整治、燃气使用安全排查整治、既有建筑安全管理等专项整治,联合省安委办等5部门开展农村桥梁安全风险隐患排查整治行动。聚焦重点领域和重要时段,组织开展安全生产督查检查,共随机抽查131个工程和单位,提出书面整改要求的问题隐患448个,均已完成整改。积极推进安全监管执法工作,实行安全监管执法典型案例季报告制度。

(3)强化标准化管控。新修订的《江苏省水利安全生产标准化建设管理办法》于2021年2月1日正式施行,印发《江苏省水利安全生产标准化动态监管随机抽取管理办法》,强化过程管理和动态监管。严格逐级申报原则,组织对申报水利安全生产标准化一级的20家单位材料进行审查并提出整改意见,整改完成后向水利部推荐上报;对申报水利安全生产标准化二级的21家单位进行资料审查和现场核查;以年度自查和延期审查为节点,抽取53家安全生产标准化单位进行现场核查,对未持续运行的6家单位撤销标准化等级,强化退出机制。

(4)推进信息化管理。广泛推行“安全监管+信息化”模式,编印《水利安全生产状况评价指导手册》,定期开展以危险源、隐患和事故风险为主要指标的安全生产状况评价通报,强化安全风险分析预警,对安全风险度较高的6个设区市水利(务)局和1个厅属单位进行集中会办,省域安全风险度大幅下降。强化危化品使用安全专项治理信息系统应用,督促危化品使用单位按时完成基础档案建立,建立风险档案并分类施策,采取有效管控措施,全面推进隐患自查自改、边查边改。升级改造我省水利安全生产标准化建设管理系统,在保留原有数据的基础上,调整和优化系统功能,进一步提升管理效能。

(5)广泛宣传教育。大力宣贯新修订的《安全生产法》,集中观看《生命重于泰山》电视专题片,组织开展“安全生产月”系列宣教活动,通过线上线下相结合的宣教活动,普及安全知识,营造浓厚安全氛围。积极组织参加全国水利安全生产知识网络竞赛和安全生产标准化建设成果展评活动,省水利厅均获优秀组织奖,多个单位和个人获得单项奖。组织开展全省水利安全生产知识竞赛,共574个单位15 888人参赛。联合省秦淮河水利工程管理处等7家单位举办“6·16”安全宣传咨询日活动。举办全省水利监督和安全生产业务培训班,对省水利安全管理服务中心专职安全管理人员开展系列培训，提升安全监管人员专业水平。

（陆志慧）

【重大水利工程建设安全生产】 （1）制定年度安全生产要点计划。制定印发《2021年全省水利重点工程建设安全生产工作要点》《2021年水利重点工程安全生产监督检查计划》《2021年度项目稽察工作计划》。列出全年4个方面12项重点工作，明确检查对象、检查内容、检查频次及检查方式等内容。

（2）推进安全生产专项整治行动。印发年度安全生产工作要点和年度安全监督检查计划，对安全生产专项整治工作一并部署。组织开展省直属水利重点工程开展安全监督检查19次，市县水利重点工程38次，每次检查都把安全生产专项整治工作开展情况作为检查重要一环。

（3）组织开展安全生产月活动。印发省水利工程建设安全生产月活动方案，部署安全生产月活动。组织参加全国水利安全生产知识网络竞赛。赴4个省水利重点工程一线开展“送清凉、送安全、送法律”进工地活动。

（4）开展安全生产监督检查。省级组建项目法人的水利重点工程共有11项。累计开展安全监督检查19次，累计印发安全监督批复19份，发现安全隐患110条，其中现场隐患88条，台账隐患22条，提出安全生产建议48条，所有隐患均已整改到位，实现闭环管理；安全生产监管信息均按时录入“互联网＋监管”系统。批复7个新开工项目安全监督申请，指导项目法人完成保证安全生产措施方案和拆除工程专项施工方案报备11项。印发安全监督报告6份，并按规定派员参加工程验收。

（5）开展安全生产专项稽察。组织开展37个涉及安全生产内容稽察的项目（包括6个安全生产专项稽察项目），形成31份稽察报告，书面提出340个安全生产整改问题。问题内容涵盖项目法人、设计、监理和施工等责任单位。存在的问题均印发稽察意见，明确整改责任主体，提出整改落实工作要求，举一反三，全面排查问题，并督促其认真整改。稽察意见整改情况反馈后，依据整改材料进行核实，建立问题整改台账，实行销号制度。

（6）加强市县重点工程安全监管。对市县水利重点工程累计开展安全监督检查，做到13个设区市全覆盖。累计抽查31个项目，发现安全隐患197条，提出安全生产建议100条。所有隐患已全部整改到位，实现闭环管理。每月统计分析全省在建水利重点工程安全生产基础信息，包括在工人数、特种设备、桩机设备、重大危险源、危险性较大工程、施工围堰等。

（7）强化在建工程安全度汛管理。印发《关于报送在建水利重点工程安全度汛责任人的通知》，开展度汛工程信息统计，累计涉及度汛的有248个标段。印发《关于公布2021年全省在建水利重点工程安全度汛责任人的通知》，进一步落实度汛责任单位和度汛责任人。对度汛工程进行分析，排查度汛重点关注项目，统计顺河围堰、拦河围堰、重要堤防开口数量，以及每座围堰计划拆除时间，并列出清单。累计排查度汛重点关注项目43个。分3个检查组，开展全省在建水利重点工程安全度汛和安全生产检查。对长江堤防开口的3个项目，开展度汛方案和超标准洪水应急预案落实情况抽查。根据全省水利系统安全生产工作视频会议精神，对全省水利重点工程安全生产和安全度汛工作进行再检查、再落实，对13个设区市再次进行全覆盖检查。积极部署全省水利重点工程防御“烟花”台风工作。

（8）开展冬季施工安全检查。印发《关于开展全省水利重点工程冬季施工安全生产检查活动的通知》，组织开展全省在建水利重点工程冬季施工安全生产检查活动，分项目法人自查、水行政主管部门检查和省级抽查三个阶段，重点检查施工现场安全生产责任和防范措施落实情况，包括：安全监督手续办理情况；危大工程专项方案编制、论证、审批及落实情况；冬季施工方案制定及措施准备情况；安全生产组织机构建立情况；施工现场反“三违”及安全防护措施落实情况等。

（陆雪琴）

【重大水利工程运行安全生产】 （1）加强理论学习，树立工程安全意识。坚持把安全生产工作摆在突出位置，逢会必讲安全，到现场必查安全，牢固树立安全生产底线、红线意识。

（2）开展安全评估，摸清工程安全现状。2021年，对136座省属工程开展全方位安全评估工作，全面摸清工程健康状况、运行管理情况和安全保障能力，形成9个管理处、69个管理所评估报告。加强对除险加固、拆除重建、维修养护项目等施工现场的安全监督管理，注意施工重大危险源的管控，强化安全生产措施的落实。做好特种设备、危险化学品的安全管理，加强人员密集场所安全、消防管理。

（3）强化监督检查，筑牢工程安全防线。加大省属工程安全运行情况督查力度，督促厅属管理处落实好主体责任，保障省属工程运行安全和效益发挥。对发现的问题狠抓落实，整改结果回头看，实行闭环管理。

（4）加强维修养护，提高工程安全保障。2021年，厅属各管理处按照维修养护项目管理办法，严格控制项目施工质量和进度，所有项目已全部按时保质保量完成，有效提升了工程完好率，为工程安全运行提供了保障。各管理单位完成中央、省财政下达的维修养护、防汛应急及其他资金项目合计1.47亿元。

（5）做好专项整治，提升工程安全管控。以专项整治行动为抓手，持续开展危险源辨识及风险评价、隐患排查工作，落实风险管控及隐患治理措施。以水利安全生产标准化为准绳，将考核标准和要求融入日常管理工作中，加强作业过程管理，加强各类安全硬件设施建设，进一步提升安全管控能力。

（6）注重宣传培训，确保工程安全效益。厅属各管理处以安全生产活动月为契机，印发安全生产工作要点，开展各项培训与咨询活动，做好防汛预案和各项反事故措施，确保工程安全与效益发挥。管理处积极开展多种形式的安全生产宣传活动，组织参加全国水利安全生产知识竞赛，参赛职工个人成绩在全国名列前茅。引江河管理处获水利部安全生产标准化成果展评活动一等奖。

2021年，厅属管理处、省属闸站工程全年无生产安全事故。

（王震球）

【水文安全生产】 （1）标准化建设全面铺开。组织苏州、扬州、宿迁、南通、常州分局继续深化安全生产标准化建设，局系统超半数单位完成达标创建，水文系统职工安全意识普遍提高，危险源辨识、风险评价和隐患管控基本到位，安全防护措施基本到位，安全环境焕然一新，安全生产风险分级管控取得明显成效。

（2）专项整治保障水文发展安全。聚焦实验室危险化学品、水文监测、办公经营场所与既有房屋等重点领域，明确时间节点、坚持条块结合、联动推进，持续推进水文安全生产三年行动、危化品使用专项整治和既有房屋大排查大整治三大专项整治行动，保障水文发展安全。经过一年专项整治，局系统37种危险化学品使用、110项水文监测作业操作规程、98项安全管理规章制度基本完善，生产安全事故应急预案合理适用，284处办公经营场所与既有房屋管理管控有效，安全生产教育培训基本到位，安全生产管理长效机制基本建立。

（3）深化双重预防管理机制构建。组织局属各单位开展危险源梳理与辨识，编写季度辨识报告，并对危险源进行风险评价，明确责任人、制定管控措施。全年辨识一般危险源680项，并全部落实管控；全年排查出安全隐患290处，全部完成闭环整改。以危险源辨识为抓手的安全生产双重预防机制，在推动安全风险隐患源头治理中发挥重要作用。

（4）重视宣传教育。结合“安全生产月”等活动，开展局系统安全生产系列宣教活动。开展习近平总书记关于安全生产重要指示精神中心组理论学习17场，参与587人次。开展领导干部谈安全、安全生产大讲堂、安全大家谈等宣讲21场、参与632人次。开展《生命重于泰山——学习习近平总书记关于安全生产重要论述》电视专题片专题学习15次，参与636人次。结合党史学习教育，组织观看典型事故警示教育片17场，参与641人次。局系统15家单位积极参加“水安将军”知识竞赛等知识竞答活动，荣获个人一等奖1名、个人二等奖3名，省水文局荣获优秀组织奖。

（周瑜粼　张玉洁　陈哲）

办公室副主任：袁聪　省淮沭新河管理处副主任

(2) 省洪泽湖联防指挥部

联防范围：淮河干流、入江水道、入海水道(苏北灌溉总渠)、淮沭河(含二河)、里运河、洪泽湖周边等沿线区域，办公室驻省洪泽湖水利工程管理处

指　挥：韩全林　省水利厅副厅长

副指挥：张国梁　淮安市委副书记
羊维达　盐城市人民政府常务副市长
丁　一　扬州市人民政府副市长
林小异　宿迁市人民政府副市长

办公室主任：郭明珠　省洪泽湖水利工程管理处副书记、副主任

办公室副主任：董兆华　省灌溉总渠管理处副主任

(3) 省里下河地区联防指挥部

联防范围：里下河地区(含南通、盐城沿海地区)，办公室驻省泰州引江河管理处

指　挥：高圣明　省水利厅党组成员、副厅长

副指挥：单晓明　南通市人民政府常务副市长
张国梁　淮安市委副书记
羊维达　盐城市人民政府常务副市长
丁　一　扬州市人民政府副市长
陈明冠　泰州市人民政府副市长

办公室主任：姚俊琪　省泰州引江河管理处主任

办公室副主任：周灿华　省江都水利工程管理处副主任

(4) 省长江干流联防指挥部

联防范围：长江干流沿线(含通南地区)，办公室驻省防汛防旱抢险中心

指　挥：王冬生　省水利厅副厅长

副指挥：霍慧萍　南京市人民政府副市长
李秋峰　无锡市人民政府副市长
许　峥　常州市人民政府副市长
蒋来清　苏州市人民政府副市长
单晓明　南通市人民政府常务副市长
丁　一　扬州市人民政府副市长
曹丽虹　镇江市人民政府副市长
陈明冠　泰州市人民政府副市长

办公室主任：马晓忠　省防汛防旱抢险中心主任

(5) 省太湖地区联防指挥部

联防范围：太湖流域，办公室驻省太湖地区水利工程管理处

指　挥：朱海生　省水利厅党组成员、副厅长

副指挥：李秋峰　无锡市人民政府副市长
许　峥　常州市人民政府副市长
蒋来清　苏州市人民政府副市长
曹丽虹　镇江市人民政府副市长

办公室主任：陈卫冲　省太湖地区水利工程管理处主任

(6) 省秦淮河流域联防指挥部

联防范围：秦淮河、水阳江、固城湖、石臼湖、滁河等流域，办公室驻省秦淮河水利工程管理处

指　挥：周　萍　省水利厅总工程师

副指挥：霍慧萍　南京市人民政府副市长
曹丽虹　镇江市人民政府副市长

办公室主任：张加雪　省秦淮河水利工程管理处主任

水 文 工 作

水文发展规划

【规划工作】 (1) 完善水文"十四五"规划编制。完善细化江苏省"十四五"水文发展规划,4 月份经厅办公会议审议通过,为"十四五"期间江苏水文事业发展确定了方向、储备了项目。

(2) 配合水利部补充规划资料。为水利部水文司启动的《水文现代化建设规划》中安排江苏省建设的国家基本水文测站提档升级工程、中小河流重点洪水易发区水文监测应急建设工程、水文实验站建设工程、水资源监测能力建设工程、大江大河水文监测系统建设工程 5 个项目提供资料,为开展项目的前期工作奠定基础。

(3) 积极参与其他各项规划。承担水文现代化指导意见管理精细化体制部分编写工作,积极参与水文站网规划编制与太湖"三进两出"等其他规划,积极配合信息化规划相关工作。

【前期工作】 推进市际水文监测断面前期工作。江苏省市际河道断面水文监测工程前期工作,已经完成可行性研究报告编制,按照厅组织的专家审查意见,完善了站点选址和技术方案,完成该项目查勘工作计划部署。

(陈哲 周瑜粼 张玉洁)

水文站网

【站网设置】 2021 年,全省共有 158 处水文站、138 处水位站、236 处雨量站、35 处蒸发站、21 处泥沙站,以及环太湖、沿江、新通扬运河、通榆河等省级巡测线。另外,还有苏北水资源供水监测专用站 34 处、环境资源区域补偿专用站 30 处。

全省地下水基本监测站共 650 眼。其中包括:国家级基本监测站 523 眼,省级基本监测站 127 眼。按监测层位分:潜水 300 眼,岩溶水 9 眼、基岩裂隙水 28 眼,孔隙承压水 313 眼。另有统测站 631 眼。

【资料整编】 (1) 地表水资料整编。2021 年地表水水文资料复审共完成水流沙 603 站年、降蒸 480 站年,共计 235 万字组的水文资料审查工作。其中包括 158 处水文站、138 处水位站(357 处水位项目)、445 处降水量项目、35 处蒸发量项目、21 处泥沙项目,其中遥测数据直接参加整编的水位项目 347 处(97%)、雨量项目 440 处(99%),采用走航式 ADCP 测流的站 53 处,采用定点式ADCP、二线能坡法等自动采集数据进行流量资料整编的站 11 处,其中镇江分局谏壁抽水站,无锡分局新沟河闸、白屈港闸,常州分局南渡(南二)、武进港闸,扬州分局泾河等站流量自动监测数据首次参加资料整编。

(2) 地下水资料整编。2021 年地下水水文资料复审共形成水位资料:逐日监测成果表 650 站年、年特征值统计表 650 站年。埋深资料:逐日监测成果表 650 站年、年特征值表 650 站年。水温资料:逐日监测成果表 601 站年、年特征值表 601 站年。考证资料:地下水监测站 2021 年高程考证成果表 650 站年,并形成江苏省地下水监测站基本情况考证成果一览表。

(3) 水质资料整编。2021 年,全省共监测各类不重复水质站点 7 054 个,其中水功能区全覆盖站点 1 892 个,饮用水源地站点 135 个,省管湖泊监测站点 116 个,护水控藻和引江济太监测站点 59 个,地下水监测站点 862 个,长江支流(入江河道)监测站点 331 个,水生态站点 124 个,国家重点水质站点 82 个,国家重点水文站水质监测站点 137 个、骨干河道站点667个、洪泽湖专项监测站点51个、市级水质站点3 904个，全省共出具各类水质监测数据76.6万个。

（张晨旭　杨西月　包瑾　周瑜粼　张玉洁）

水文测报

【雨水情监测管理】（1）3月30日至4月14日组织7个检查组，通过听取测站介绍、查看测验环境、检查测报设施、指定在站人员现场操作、召开座谈会等多种形式，完成19个水情分中心和117处测站检查工作。梳理总结汛前检查结果，发文通报汛前检查问题及整改要求，梳理整改意见37条，均在主汛期前整改到位。（2）7月，水利部水文司采用“四不两直”方式，对我省开展监督检查，反馈检查问题3处，于8月上旬全部整改到位，并以点带面，发文部署开展全省地下水监测站运行情况大检查，整改类似问题。（3）进行平台整合，推动自动测流设备数据入库，实现66处设备运行正常站点的测验数据入库统一管理；开展全省自动测流设备运行状况检查及年度运行维护工作；推动升级改造，开展创新技术应用示范水文站建设；推动成果应用，年度批复自动测流系统成果应用站点18处，年度批复3处间校测分析成果。

【水情气象服务】（1）全年共交换水雨情数据2.5亿条，发送水雨情短信53.5万条；发送水雨情报表，大中小水库超汛限信息超千份；发布水情快讯102期、水雨情预测分析110份、水情分析8期，呈送省级分析材料100余份；累计制作重要预报站点预报4 000站次，大中型水库预报960站次；汛期向气象及应急管理部门共享基础数据50余万条，共享水情分析成果250余份，协助应急部门开展汛期会商材料编撰90余份，参与应急部门防汛会商30余次。（2）编制全省2021年汛期水文测报总结及里下河、长江太湖、淮河沂沭泗等三个片区汛期水文测报总结报告；台风“烟花”影响期间，编制应急监测报告8期，为服务水旱灾害防御精准调度提供了可靠数据保障；完成151处水文测站的超标洪水水文测报预案编制并印发执行。

（张晨旭　包瑾　李凯　周瑜粼　张玉洁）

【水资源监测】（1）地下水资源（以下简称地下水）监测：2021年度全省共执行650处地下水监测站监测任务，监测项目包括水位、水温。年内完成地下水监测站巡查3 943站次，校测5 064站次，井深测量628处，设备整体更换11套，更换零部件86个，测站环境改造146处。

年内形成水位逐日监测成果表650站年，水位年特征值统计表650站年；埋深逐日监测成果表650站年，埋深年特征值统计表650站年；水温逐日监测成果表605站年、水温年特征值表605站年、地下水监测站基本情况考证成果一览表650站年。

（2）专项调水监测：组织开展首次运行的新孟河丹阳枢纽、奔牛枢纽等排水流量监测，为新孟河工程正式调水提供实测资料支撑，编制完成新孟河工程试运行水文监测报告、引江济太望虞河调水输水损失测验方案；组织开展南水北调2020—2021年度第一、二阶段向省外调水水文监测及2021年引江济太调水水量监测。

（3）沿江环湖及行洪河道流量监测：在确保水位、雨量等自动采集设备正常运行的前提下，根据全省水雨情变化特点，利用声学多普勒流速仪、流量巡测自动采集仪（单兵系统）、水文巡测车测流系统及侧扫雷达测流系统等，相继组织开展苏南沿江、沿运、环太湖、环洪泽湖、淮河干流及淮河入江水道、滁河、秦淮河、水阳江、新沂河、沂河沭河及新沭河等河道行洪流量巡测及应急监测，全过程监

南 水 北 调

南 水 北 调　　199～202 页

调水管理

【调水任务】 根据省政府的工作要求和水利部水量调度计划，2020 年 12 月 23 日至 2021 年 5 月 20 日，以运河西线工程为主、运河线工程相机备用，分两阶段调水出省 6.74 亿立方米，调水水质满足考核标准，圆满完成国家下达的年度调水出省任务。

【管理体制】 按照南水北调新建工程和江水北调工程"统一调度、联合运行"的原则，会同省有关部门，积极做好水质监督监测、危化品禁运监管、养殖水体污染防治、电力保障等工作；沿线地方政府加强境内输水干线用水口门管控、尾水导流工程运行管理及各类矛盾化解等。按照江苏工程实际和综合功能情况，坚持属地管理、省界计量交水原则，加强沟通联系，确保了调水出省目标完成和省内综合效益的较好发挥。

【调度运行】 通过"优化水源配置、优化线路安排、优化工程调度"，充分利用淮水、雨洪资源以及洪泽湖、骆马湖调蓄能力，比原计划提前 8 天完成省内调水任务。同时，积极开展调水工程智能管理运行探索，打造南水北调江苏集控中心，构建具备调水一张图、管理一平台、调度一盘棋、服务一体化功能的智能调度管控平台。目前新建泵站工程群已初具"远程控制、少人值守"能力，江都集控中心成功实现新建泵站远程开机，智能调度成效显著。

工程建设

【工程建设】 完成南水北调东线一期江苏境内调度运行管理系统工程建设，全年共计完成投资 2 500 万元，占年度投资计划的 100%。具体建设进展：工程监控与视频监视应用软件系统、监控安全应用软件系统、调度运行管理应用软件系统、系统总集成 4 个标段进入试运行阶段，累计 8 个标段单位工程暨合同项目通过验收，累计 18 个标段完成财务结算审计。完成南水北调水情教育室项目建设和南京调度中心改造，江都集控中心建成并投入正式启用；宝应站、金湖站、淮阴三站、淮安四站实现流量数据实时上传。工程累计完成投资 58 211 万元，占概算总投资的 100%。

【工程验收】 省南水北调办会同江苏水源公司、南水北调工程江苏质量监督站，全年共组织完成南水北调东线一期江苏境内工程管理设施专项工程验收。截至 2021 年底，南水北调东线一期江苏境内 40 个设计单元工程已有 39 个通过完工验收，其中由江苏省负责组织完工验收的 34 个设计单元工程已有 33 个通过完工验收，完工验收完成率达 97.1%。

【后续规划】 推进一期工程评估、后续工程规划研究，组织编制完成《江苏南水北调"十四五"专项规划》，总结"十三五"期间我省南水北调工程建设成就；组织完成《江苏南水北调工程实施情况评估》《江苏南水北调工程现状供水能力评估及增供水潜力分析报告》等专项研究 6 项，统筹考虑国家战略目标实现和本地区水安全水权益保障，为南水北调东线后续规划提供技术支撑。

【技术创新】 与河海大学合作开展的科技成果"大型泵站水力系统高效运行与安全保障关键技术及应用"荣获国家科学技术进步奖二等奖，实现我省南水北调科技成果国家科技进步奖零的突破。南水北调蔺家坝站、睢宁二站获"大禹奖"，江苏南水北调新建工程"大禹奖"获评数达 10 项，处于全国领先位置。

征迁安置

【征迁档案管理】 南水北调东线一期江苏境内工程批复中,含有征迁工作量的有37个设计单元。涉及永久用地4.7万亩、临时用地3.3万亩、拆迁房屋64万平方米、搬迁人口2.22万人,生产安置人口1.66万人,征迁安置资金39亿元。截至2021年,征迁安置工作进行近10年。根据江苏省南水北调工程征地移民档案管理实施细则有关要求:南水北调江苏段第一期工程竣工验收通过后,省南水北调办将完整的征地移民档案分别向省档案局和江苏水源公司移交。邀请省档案馆第九指导组现场调研指导,启动开展征迁档案数字化建设,年内完成市县征迁安置档案数字化整理6 900卷,对省本级招投标、用地手续办理、课题研究3个专项的档案,一并纳入数字化建设内容。

【财务决算编制】 根据江苏南水北调征迁机构、人员、完工决算、验收等实际情况,编制完成《南水北调江苏境内征地补偿和移民安置项目竣工财务决算编制方案》,以2021年12月31日为基准日,开展江苏南水北调工程竣工财务决算编报。

【化解矛盾做好服务】 以维护和谐稳定为目标,畅通交流渠道,及时排查调水运行期间问题纠纷,协调处置徐洪河睢宁段沉船可能影响水质的事件,处理12345平台转来的洪泽站引河渔民投诉,按时回复政务咨询。全年未接到投诉信件、未发生个体和群体上访事件。省南水北调办组织调研小组,深入扬州市宝应县,到大三王河工程涉及的柳堡镇、夏集镇实地调研。经协调,扬州市将市级征迁结余资金521万元用于补助宝应县大三王河征迁群众生产生活条件改善,切实解决安置小区屋面防水、道路停车、物业管理等实际问题,得到拆迁安置户的欢迎。

行政监督

【运行监管】 (1)强化调水运行监管。南水北调安全生产监督检查纳入全省水利工程安全监管计划,在汛期、调水前后组织专项检查10余次,全年投入4 200余万元用于南水北调工程维修养护。(2)加强工程安全监管。按照“安全生产月”统一部署,省级层面共开展各类检查5次,对查出的问题发出整改通知,全部进行了整改、销号。(3)推进标准化建设。江苏南水北调工程全面完成13座泵站工程运行管理“标准化”建设,形成泵站工程运行管理的10大类系列标准,新建泵站工程群已初具“远程控制、少人值守”能力。(4)保障尾水导流工程运行。落实尾水导流和里下河水源调整工程列入省级维修养护范围,多次赴徐州、宿迁开展尾水导流工程运管情况调研,及时整改风险隐患,工程效益良好。(5)防汛度汛扎实落实。压实南水北调新建工程防汛责任,对接融入地方防汛应急体系,及时修订完善防汛度汛工作预案和调度方案,开展预案演练。加强汛期工程运行管理和值班值守,确保工程本体的防汛度汛安全。

【水质监管】 调水期间,协调省生态环境厅督促沿线各市做好调水水质保障,协调省交通运输厅在输水河道严格执行危化品船舶禁航,协调省住建厅深入推进调水沿线污水管网建设与运行,协调省农业农村厅加强沿线区域渔业、畜禽养殖管控。水质监测数据表明:2021年度调水期间,我省南水北调调水水质稳定达到国家考核标准。

技术标准

《泵站反向发电技术规范》(DB32/T 3983—2021)、《河长公示牌规范》(DB32/T 3984—2021)、《河湖岸坡植物防护技术规范》(DB32/T 3985—2021)、《集中式饮用水水源地管理与保护规范》(DB32/T 4030—2021)、《生态清洁小流域建设技术规范》(DB32/T 4151—2021)、《水利工程液化地基处理技术规范》(DB32/T 4152—2021)、《水旱灾害防御调度方案编制规范》(DB32/T 4177—2021)、《河流水生态监测规范》(DB32/T 4178—2021)等8项地方标准发布实施。

《城市防洪规划编制技术导则》《水旱灾害防御调度方案编制规范》《河湖和水利工程管理范围划定技术规程》《小型预制涵闸工程技术规范》《生态幸福河湖建设规范》《河道管理范围内建设项目防洪影响评价技术规程》《河湖库高分遥感监测规范》《集中式饮用水源地管理与保护规范》等8项地方标准获得省市场监督管理局批准立项。

《湖泛巡测规范》《地表水资源分析评价数据库表结构与标识符》等2项地方标准通过省市场监督管理局审查。

《农田管道输水灌溉工程技术规范》(DB32/T 3816—2020)、《泵站辅助设备系统检修技术规程》(DB32/T 3818—2020)、《堤防工程技术管理规程》(DB32/T 3935—2020)等3项地方标准获得2021年度质量强省奖补专项资金。

江苏省首部水利团体标准《排泥场泥水快速分离技术规范》(T/JSSL0001—2021)9月发布,12月发行。

(丁亚　洪欣)

省级科研

2021年,江苏省水利科学研究院(以下简称“省水科院”)聚焦科研攻关主责主业,大力实施“科技创新能力提升工程”,坚持科技创新和技术服务支撑“双轮驱动”,赋能全省水利高质量发展,紧紧围绕全省水利中心工作,顺利完成年初制定的目标任务。围绕全省河湖生态治理等工作,进一步整合资源、优化结构,为开启水利现代化新征程提供了强有力的科技支撑和服务保障。

(1) 科研及获奖方面。 大力实施“科技创新能力提升工程”,引导全院职工特别是科研骨干聚焦科技攻关、成果转化应用推广;在梳理历年成果基础上,围绕“八大重点领域”并结合水环境水生态、长江治理与保护、智慧水利、水工材料、工程质量检测、空间遥感、农村水利等特色方向,积极拓展水旱灾害防治、工程隐患探测等领域,拟定10个重点攻关方向。全年共承担各类科研项目59项;获得各类科技奖项9项(其中省部级2项);发表论文85篇(其中SCI、EI 16篇);获专利授权和软件著作权44项(其中发明专利5项);出版专著5部。“非常规水生态处理及灌溉综合技术研究与应用”获农业节水科技奖三等奖;“平原河网水质提升与生态重构关键技术研究”获江苏省水利科技进步奖一等奖;“江苏沿海垦区盐渍旱涝减灾关键技术研究与应用”获江苏省水利科技进步奖二等奖;“江苏水利遥感云平台关键技术研究”获江苏省水利科技进步奖三等奖;“新孟河界牌水利枢纽水工混凝土高性能化施工技术研究与应用”获江苏省水利科技进步奖三等奖。

在前两年累计投入1 310万元的基础上,今年新筹措330万元院自主科研基金,围绕河湖生态修复、长江大保护、防洪安全、智慧水利等方向资助立项 21 项(其中青年基金项目 12 项)。

(2) 技术服务方面。 ① 服务水旱灾害防治。开展水旱灾害风险普查工作,承担江苏省干旱灾害致灾调查成果质检及试点县干旱风险评估和区划编制审核工作,为全省有效开展干旱灾害防治工作、保障社会经济可持续发展提供了科学决策依据。先后完成全省河湖堤防工程险工险段复核检测、水旱灾害形势研判及险情发现处置智能化技术保障、长江干流江苏段崩岸应急治理工程检测等重点项目。

② 服务长江大保护。围绕长江江苏段重点水利工程,开展应急治理研究、水陆域地形特征研究,技术支撑长江河势稳定管控;完成长江江苏段 1∶1 万河道地形测量及长江重点岸段 1∶2 万水下地形测量工作;完成对苏州、无锡、泰州长江岸线"回头看"清单项目及长江经济带生态突出问题国家警示片共 172 项清单项目现场及资料复核工作;常态化实施长江疏浚采砂可行性论证;检测梳理分析 1997 年后长江岸滩开发利用项目占用情况、干流岸线项目清理整治情况,服务长江干流岸线整治。

③ 服务幸福河湖建设。服务全省河(湖)制、"两违三乱"整治工作。常态化遥感监测省管河湖库违法点及外业调查工作,全年覆盖了 12 个省管湖泊、22 条流域性河道、49 座大中型水库;完成了 2021 年度全省水域面积变化监测分析工作;完成了全省成片开发范围占用河湖确权划界范围审核工作;常态化动态监测分析全省退圩还湖实施情况;技术支撑太湖应急度夏,承担汛期每日太湖蓝藻状况监测工作并研究水华分布特征;承担太湖生态清淤工程前期勘测以及质量检测任务。

④ 服务生态河湖行动、节约用水工作。开展全省节水型载体资料复核工作;完成对 13 个设区市全省最严格水资源管理制度中期考核和节水中期检查;完成 10 个省管湖泊和 9 条流域性河道水生态监测报告和湖泊健康报告编制;完成 13 个市涉河建设项目监督检查;制定地方标准《河流水生态监测规范》;制定并发布《江苏省河道管理范围内建设项目监督管理实施办法(试行)》部门规章。

⑤ 服务重点水利工程质量安全。围绕省水利厅持续完善水利基础设施网络建设,开展重点水利工程项目的第三方检测;组织全省水建、施工、监理、质检等相关人员网络培训;协助中心站对部分重点水利工程进行质量监督检测等;配合修改"乙级水利工程质量检测单位资质许可评审技术标准"中的相关技术要求,并对水利工程质检单位进行资质审查、专项督查等。

⑥ 服务农水与水保工作。服务全省农业水价综合改革、水土保持、大中型灌区建设管理、农村生态河道考核等工作。编制江苏省节水型灌区评价标准,协助完成省级节水型灌区创建工作;修改和完善《美丽灌区》专著、参与美丽灌区地方标准制定;积极推进全省 13 个市、79 个改革县(市、区)的农业水价综合改革工作,确保我省在全国率先完成改革任务;协助完成全省 13 个设区市 75 个涉农县(市、区)和 2 个非涉农县(市、区)的农村生态河道考核任务,服务乡村振兴工作。

⑦ 服务智慧水利建设。推进省河湖资源与水利工程管理信息系统代建工作、农村水利智慧灌区建设服务、农村河流数据收集与上图服务、省水政执法与采砂管理信息系统建设项目、南水北调自动化系统建设监理、省河湖资源与水利工程管理信息系统监理、江苏省河(湖)长制管理信息系统运行维护、院科研数据中心平台建设等。

(赵璐)

政 务 工 作

政务办理

【政务保障】 (1)保重大活动筹办。按照厅党组部署要求，积极做好全省市县水利局长会议等重大会议筹备，会同相关部门协力推进全省水利现代化建设座谈会、服务“双循环”工作会、水情教育会议等重要会议召开；特别是总书记视察1周年之际，协同谋划实施“牢记嘱托再出发”活动，推动总书记重要讲话指示精神在水利系统落地生根。一年来，聚焦厅中心工作，起草各类文字材料100余篇，为领导决策提供参考建议，积极发挥以文辅政作用。筹备厅党组会议39期，形成会议纪要32期。(2)保重大任务落实。全面梳理省委常委会工作要点、省政府十大主要任务和百项重点工作等，形成省委涉水任务14项、省政府涉水任务17项工作清单，制定细化实施方案，明确责任主体、责任部门，分季度开展督查推进，确保各项涉水任务圆满完成。制定印发厅党组工作要点，细化分解任务，明确时间表、线路图，建立专人负责和定期通报制度，全年累计发布督查通报14期，确保厅党组各项决策部署落细落实、顺利完成。(3)保重大改革推进。积极协调省委改革办，将河长制等4项水利改革纳入省委改革要点，并分解细化到每个季度，以季度目标的顺利完成确保全年改革任务的顺利实现。扎实做好面上改革的牵头抓总、统筹协调、考核督促等工作，认真谋划水利改革思路和重点任务，推动2021年18项水利改革任务顺利完成。我省河长制实践入选贯彻新发展理念实践案例精选，并于去年6月15日在北京专题专场向国际社会发布。

【政务信息】 严格信息报送制度，确保重大信息不漏报、非证实信息不错报，及时准确向省部领导提供信息服务。全年共编报信息600多条，被省委、省政府和水利部采用250多条。围绕中心工作，制定宣传要点，强化媒体合作，营造良好氛围。切实落实意识形态工作责任制，守牢意识形态主阵地。服务厅领导赴省电视台参加政风热线栏目，保障厅领导赴省政府网站开展在线访谈活动，协调2位厅领导赴现场解决群众反映问题，得到省政务办的充分肯定。做好网上咨询类答复工作，去年共办结网上来信368件。将建议提案办理工作作为政治任务抓紧抓实，落实办理责任，规范办复程序，强化沟通协调，做到定人、定责、定标准、定进度、定时限，努力提高办理实效。2021年71件建议提案全部按时办结，2018—2020年的37件B类建议提案持续跟踪答复，代表委员满意度均达到100%。

【综合服务】 (1)严格办文办会。进一步优化办文流程，提升文件运转效率，全年收发公文7 400余件，实现公文运转无差错目标。在文件把关中，严格按照党政机关公文格式要求进行规范，全年共退回重办10多件，合并办理多件。切实加快急件办理速度，省委、省政府来文来电都在规定时限内办结。持续巩固“为基层减负”成果，全年印发文件124件、召开会议34次，圆满完成省政府控制发文数量的目标任务。积极回应群众关切，网上政务咨询5个工作日内答复。(2)强化保密管理。进一步规范定密管理工作，重新调整了定密责任人；制定了《江苏省水利厅系统保密自查自评工作指南》，形成保密自查自评工作的长效机制；不断强化保密管理，针对其他系统近年来保密工作出现的问题，下发了《关于加强江苏省水利厅系统微信使用保密管理的通知》，专门编制《省水利厅保密安全网络安全专题教育读本》，印发到厅机关各处室、厅直各单位，切实加强全员保密意识；举办保密工作培训，邀请专家讲解保密知识，提升保密工作能力。(3)确保信访稳定。全年共受理信访件总量157件,其中受理人民来信109件(其中水利部转来35件);受理群众来访21批26人次;办理网上信访接待信箱27件,信访件办结率100%。为方便来访群众,专门改造信访接待室,解决信访长期无固定场所问题,让来访人员感受到水利的情怀和温暖。严格24小时值班制度,建立重大节日厅领导带班和综合部门领导、总值班24小时值班制度,全省水利系统信访形势总体平稳可控、秩序稳定向好。

(许芬)

宣传教育

【舆论引导】 2021年,江苏利用中央驻苏、省内主流媒体和新媒体,围绕重点工作,把握重大时间节点,策划主题宣传,全年共发稿700余篇,其中中央媒体200余篇,省级媒体550余篇;中国水利报江苏记者站连续22年蝉联优秀记者站。围绕党史学习教育,策划在新华日报推出"水安民稳"为民办实事系列报道,人民日报、江苏卫视、中江网等各大主流媒体跟进报道,洪泽湖渔民上岸、幸福水库建设、"两违三乱"整治、农村水利成效、水资源管理、节水工作等各项主题宣传。围绕"十三五"成就和决战脱贫攻坚等工作,组织在中国水利报、中国水利杂志、新华日报等媒体刊发回眸"十三五"、决战脱贫攻坚等专版专题宣传。围绕庆祝建党100周年专题新闻发布会生态环境专场发布活动,配合做好"百年征程初心永恒——中国共产党在江苏历史展(1921—2021)"参展相关工作。江苏河长制实践案例在中国国际发展知识中心第四期交流沙龙专场专题发布,央媒、省内主流媒体进行现场报道。新华社首发简讯报道流量超过100万,新华每日电讯刊发长篇通讯《"民间河长"在江苏:全民治水,"共治共享"》,在品牌栏目"温度"推出《我在中国当河长》微视频特别报道,浏览量均破百万。新华日报头版、江苏卫视新时空、中国水利报分别以《河长制,江苏为什么行》《贡献中国智慧,助力全球发展》《创新治理河湖,江苏为什么行》为题进行了深度报道。联合国环境规划署官方微博发布活动动态,《人民日报》、《中国日报》、《经济参考报》、环球网、学习强国等10余家主流媒体进行报道,全网浏览量超过1000万。

注重运用新媒体发声,运用个性化制作、可视化呈现、互动化传播的方式开展宣传,增强传播效果。全年发布官方微博、微信公众号推文均超过300条,关注量达23 500余人;阅读量过千微信推文共计262条。联合移民处策划开展"水韵江苏、幸福移居——寻找最美移民村"新媒体活动,通过在新浪微博上创建有奖活动话题,以线上线下相结合的方式邀摄影、历史等不同领域的微博大V参与实地探访活动,依托大V影响力"借势"传播,普及推广江苏水库移民后扶工作。

两会期间,围绕"牢记嘱托担使命,筑牢屏障保安澜""加快推进国家层面为节约用水立法"等话题,在新华社、《人民日报》、江苏卫视等中央和省级媒体开展集中宣传,策划组织刊发原创报道20多篇。"世界水日""中国水周"期间,做好第二届河湖卫士、节水少年行等活动宣传推介,全媒体总计刊发稿件、视频等20多篇。汛期,围绕防汛抗洪先进表彰,组织在《新华日报》推出"走进防汛抗洪先进集体"系列报道,取得了良好的社会反响。台风"烟花"影响我省期间,厅党组高度重视舆论引导工作,厅主要领导专题部署、组织专班、策划指导。主流媒体快速响应跟进,及时发布行动动态:省水利厅调度有方,"三湖两区"腾出库容17.2亿立方米,为抗御台风暴雨赢得了时间和空间。

【水情教育】 一是强化顶层设计。省水利厅联合省委宣传部、省财政厅、团省委、省科协5家印发《江苏省水情教育基地设立及管理办法》，率先在全国开展省级水情教育基地创建。二是推进基地建设。首次认定13家省级水情教育基地，逐步构建和完善多层级水情教育网络格局，形成共同推动水情教育的合力。三是基础研究纵深发力。组织编制"十四五"水情教育专项规划，组织开展"新发展阶段江苏水情教育工作"重点课题研究。四是策划出版全省首个水情教育挂图并获省第十二届优秀科普作品评选二等奖。

【期刊出版】 《江苏水利》期刊全年刊发12期学术正刊、2期专题增刊。全年共收稿617篇，刊用243篇，其中基金论文122篇，博士论文52篇，硕士论文229篇，基金论文和高学历人才论文显著增加。评选出2020年度优秀论文18篇。在国家科协等权威组织进行的期刊评选中，《江苏水利》综合影响指数大大提前。发行量在同层次期刊中名列前茅，做到社会效益和经济效益相统一。

【文史工作】 一是编撰江苏水利年鉴。有计划、有步骤地开展了全年工作，完成了《江苏水利年鉴2021》(约50万字)的编撰任务。同时完成《中国水利年鉴》《长江年鉴》《治淮汇刊》《江苏年鉴》《改革年鉴》等5种年鉴约15万字的编辑、统稿、报送及返校审核工作。二是文化活动延续。组织开展"河湖·名城·印记"主题融媒体作品征集活动。依托"学习强国"江苏学习平台、中国江苏网联合发动，挖掘河湖与城市文明兴起、城市繁荣的内在关系，讲述河湖水系演变历史、河湖与地域文化的故事，激发起全社会爱护河湖的行动自觉。

(朱一丹)

财务管理

【资金保障】 全省全年全社会水利投入494亿元，投资规模创历史新高。充分发挥财政投入主渠道作用，财政投入稳健增长，全省年度水利财政投入353亿元。积极落实减税降费政策，按规应收尽收，省级收取或集中的收入全部用于水利，对因执行降费政策造成的省本级水利建设基金缺口，由省财政从预算内补齐。金融支持稳步推进。2021年底涉水项目累计贷款余额近1 300亿元，使用专项债券近50亿元，新增涉水PPP入库项目94.75亿元。与农发行签订支持水利高质量发展合作框架，开展金融支持水利培训讲座，试点探索水利工程灾害保险、将砂石资源收益用于水利建设，多渠道拓宽水利融资渠道。

【服务基层】 兜牢底线保民生，坚持把保障水利单位正常运转放在优先位置，省级建立厅属单位运转保障长效机制，财政补助逐年增加，对收支不能平衡的单位政策待遇全部落实。市级水利单位机构经费总体落实，职工福利待遇稳步提高，社会保障逐步完善，经费保障质量不断提升。绝大部分县级水利单位运转已落实了稳定的经费渠道，在解决基层单位人员经费上取得了实效。落实行业补短板，坚持问题导向，细化目标要求，主动对接财政厅，将行业管理类专项经费列入部门预算，商财政厅在现有安排的基础上，每年增加安排厅直单位信息化维护、工程维修养护、水情水文化建设等项目经费，为推进厅直单位现代化建设提供资金保障。

【预算管理】 坚决贯彻落实过紧日子要求，细化各项厉行节约措施，"三公两费"实现预算零增长、支出负增长。厅机关带头压减行政运行、"三公"经费各10%，节约资金用于扶贫及单位发展。加快预算执行，全面落实“大专项＋任务清单”下达方式，将项目立项权真正交给市县，严格执行《预算法》规定，省级水利专项资金提前下达，中央水利专项资金均在收到文件一个月内下达。预算执行序时平稳，厅系统支付进度完成97％，在省级农口部门名列前茅。市县对水利专项资金下达有所改进，当年资金支付率逐步提高。强化预算绩效，单位整体绩效、专项绩效、资产管理绩效全面实施，全方位、全过程、全覆盖的绩效管理体系逐步建成，出台省级水利工程建设资金绩效管理办法，设置厅直单位整体绩效目标标准模板，推动预算一体化管理，强化国库支付及核算动态监控，紧盯市县绩效考核重点环节，单位整体绩效评价和省级资产管理绩效现场核查均获省财政好评。规范资产管理，厅直单位规范执行重大资产配置、使用和处置的集体决策程序，省级水利事业单位出资企业统一监管改革平稳有序，完成企业关闭或股权划转39户，完成省级水利公物仓试点工作，建立资产共享共用平台。

【财审监督】 加强顶层设计，健全内控机制，厅直单位和市县水利单位全面推进内部控制制度建设。加强制度建设，对5年以上财务审计制度开展梳理，分年修订，针对审计发现问题制定措施，及时打补丁、堵漏洞，省级出台绩效、专项资金、采购3项管理办法，制定4项审计指南，多地也在采购、内控、资产、内部审计等方面出台相应的管理办法。加强查审结合，审计全面覆盖。连续4年组织开展对市县转移支付资金的专项审计，及时发现风险隐患，重点督促问题整改，有效促进资金使用规范。全省开展内部审计项目1 573项，审计资金299.7亿元，发现问题2 239个，问题金额3.7亿元，督促按时限整改。省水利厅完成基本建设、预算收支、经济责任、巡察审计共计71项，审计资金超百亿；在线审计和现场审计相结合，提高审计精准效率，厅直单位年审率100％，达到“治已病、防未病”。成立厅内部审计工作领导小组，健全内部审计监督体系。加强部门联动，创新监管举措，建立部门通报反馈制度。开展厅直单位“以审带训”，提升内审人员能力。制定问题整改清单和闭环整改销号，健全内部审计整改长效机制。

（胡国君）

后勤保障

（1）营造安全稳定环境。① 消防安全。遵循“预防为主、防消结合”的方针，严格落实高层建筑消防工作要求，加强每日检查、每月巡查和季度联动试验，完成溴化锂机房气体灭火装置和各楼层灭火器材更换，完成空调机房防火门窗改造，完成大厦防雷检测，完成“安全生产月”和“119消防日”宣传教育和消防技能培训演练，实现全年安全生产无事故。② 疫情防控。坚决贯彻厅党组对疫情防控工作的部署要求，全面落实疫情防控常态化各项措施，织密筑牢水利大厦疫情防护网。严把进门关、消毒关，配合厅疫情防控办完成突发疫情演练、干部职工核酸检测和疫苗接种工作。③ 大厦安全。强化安全保卫，落实24小时值班和巡查制度，配合安装大厦“人脸识别及测温系统”，定期维护空调、电梯、配电、监控、消防、用水等设备安全。对办公场所和出租房屋开展安全隐患大排查、大整治，完成部分既有建筑物安全鉴定，确保隐患立查立改、整改到位。④ 用车安全。定期做好车辆维修保养，加强驾驶员安全教育，完善平台化管理，更新3辆公务用车，全年共出车1 200多次，其中长途500多次，安全行车约27万公里。

（2）提升服务保障能力。① 机关服务。

对物业实行对口管理和高标准季度考核，报修随叫随到，力求大厦管理无死角。做好厅交办的各类会议及政务活动服务保障，做好文印室、理发室、收发室服务，组织厅职工年度体检和无偿献血。汛期 24 小时专人值班，做好公务用车服务，空调设备稳定运行，为防御台风“烟花”提供有力后勤保障。加强节约型机关、无烟机关建设，做好垃圾分类工作。督促街道加大对住宅区环境整治力度，协调疏通单位门口交通，保障出行畅通。② 公共服务。完成办公用房缩改、原厅档案室搬迁改造和临时信访室改造等工程，配合街道完成上海路 9 号院拆违加固消险工作，做好出租房屋租赁管理和消防整改工作。③ 财务保障。做好厅机关、10 家事业单位的财务工作，全年管理各类资金约 3.5 亿元。做好厅机关和各委托单位预算编报和执行工作，配合完成各类审计检查，完成政府采购、国有资产管理工作，全年收缴非税收入 9 000 多万元，日常会计基础工作做到零差错、无疏漏。

（胥依函）

疫情防控

（1）注重疫情分析研判。2021 年国际疫情仍在持续蔓延，国内疫情防控形势严峻复杂，呈现多点发生、局部暴发的态势。省水利厅党组十分重视疫情防控工作，践行“人民至上、生命至上”理念，秉承慎终如始的工作态度，积极贯彻落实中央、省疫情防控有关会议文件指示要求，多次召开疫情防控专题会议，全力抓好新冠肺炎疫情防控各项工作。每当有新疫情发生，省水利厅疫情防控工作领导小组办公室（以下简称厅防控办）都是第一时间应对，及时组织召开厅系统防控工作会议，印发疫情防控工作要求和措施的通知，全年印发疫情防控工作相关通知 33 份。

（2）完善重点工作方案。为确保元旦和春节安全稳定，厅防控办制定印发《省水利厅关于做好元旦和春节期间疫情防控工作方案》和《省水利厅关于做好元旦和春节期间疫情防控工作应急预案》。按照工作方案和应急预案积极应对和防控，紧抓防控重点、压实防控责任，进一步增强重大节日期间疫情防控的责任感和紧迫感，切实做好厅系统元旦和春节期间疫情防控工作。

（3）强化人员排查管控。厅防控办将最新疫情通报当日传达到厅系统各部门、所属基层站所主要负责人，及时传达到每一名干部职工（含服务人员），全年印发《最新疫情报告》234 期。厅系统各处室单位根据情况通报，主动排查在职人员及共同居住亲友近期有无去过中高风险区、有无与疫情密切接触者接触、有无出省、有无发烧咳嗽等症状情况，单位服务人员（含物业、借用、院内居住等相关人员）也同样纳入排查管理。加强外来人员管理，排查外来人员 1.28 万人次、报备表 2 752 张。

（4）严格落实消杀制度。明确消杀专员，加强对大楼入口、电梯、卫生间、垃圾堆放点等重要场所的日常消毒工作，每日不少于 3 次。食堂、会议室（接待室）每次使用后，及时开窗通风、消毒。厅机关各处室、单位落实兼职消杀员，每日 2 次对办公场所进行消杀，并做好记录，建立健全重要场所消杀记录、检查等工作台账。为确保工作落实，厅防控办设立卫生防疫监督员，加强对水利大厦和水务楼的督查检查，发现问题，及时纠正，督促整改。厅各处室单位设立健康监测专员、指定防控检查责任人，坚持每天消毒、体温测量、戴口罩、进办公楼先洗手等常态防控制度。疫情期间，厅机关纪委和监督处每周进行监督检查，形成督查检查报告 44 份。

（5）积极接种新冠疫苗。严密组织新冠疫苗接种工作，印发《厅机关（单位）新冠疫苗接种工作方案》，成立厅机关(单位)新冠疫苗接种工作领导小组，号召厅系统全体人员积极接种新冠病毒疫苗，建立群体免疫屏障，减缓、减轻疾病流行，保护个人和家人的健康。厅系统疫苗接种 3 656 人，除因身体原因无法接种外，接种比例达到 100%。年底前又 2 次组织符合条件人员接种疫苗第 3 针，较好地完成了新冠疫苗接种工作。

(6) 应急处置迅速高效。5 月 14 日全国又开始出现疫情中风险地区，7 月 20 日南京市出现疫情中风险地区，11 月 3 日常州市发生疫情。厅防控办主动应对，及时召开会议会商，迅速对厅系统疫情防控工作进行部署，响应快、决策快、处置快，确保应急响应和处置措施跑在病毒的前面。厅机关 7 次组织核酸检测，检测人员 4 227 人次。第一时间开展重点人群、重点场所的排查和管控，及时总结经验，加大排查范围，坚决不放过任何一个潜在的感染者，确保将传播的风险尽快控制在可控范围，厅系统未出现 1 例疫情病例，未发生因防控责任而引发的违规行为。

(陆志慧)

组 织 人 事

组 织 人 事 217～226 页

人事管理

【干部选拔】 认真落实好干部标准，把政治标准放在选用干部的首位，确保选用的干部政治上绝对过硬。全年共调整处级干部54名，其中，提任处级领导干部7名，晋升一级至四级调研员38名，交流处级干部9名；完成41名处级干部试用期满考核；指导厅系统全年调整科级干部238人次；选派10名40岁以下干部参加对口援助、乡村振兴、科技镇长团、第一书记等工作。

【干部监督】 完成2020年度厅选人用人"一报告两评议"工作；完成184名处级干部年度个人有关事项集中填报工作，年度核查30人，填报基本一致率100%；及时开展新提任处级领导干部任前个人有关事项报告填报核查，加强干部选拔任用全程纪实工作。

【人才建设】 遴选第六期省"333工程"第二层次培养对象2名，评审选拔正高工28名、副高工501名，评审通过152名工程师。开展水利行业职业技能鉴定工作，建成防汛抢险和堤灌维护2个水利行业技能鉴定站；会同省工考办，调整闸门运行、泵站运行、水文勘测、堤灌维护和防汛抢险等5个水利行业特有工种名录，完善培训教材编制更新。选拔优秀适岗人才，优化厅属单位人员结构，基层选调参公单位工作人员1名，公开招录参公单位工作人员5名，公开招聘事业单位工作人员187名，安置军转干部3名、退役士兵17名。

机构编制

【机构职责】 江苏省水利厅职责：(1) 贯彻执行党和国家有关水利方面的方针政策、法律法规以及省委、省政府决策部署并监督实施。拟定水利发展重大政策。组织起草全省有关地方性法规和规章草案。

(2) 编制全省水资源规划和省确定的重要江河湖泊流域（区域）综合规划、防洪规划等重大水利规划。编制全省水域及其岸线利用、江河湖库治理和河口控制等专业（项）规划。对有关国民经济和社会发展规划、城乡总体规划、国土空间规划中的涉水内容提出意见建议，组织开展重大建设项目的水资源、防洪、水土保持论证评价工作。

(3) 负责保障水资源的合理开发利用。负责生活、生产经营和生态环境用水的统筹和保障。组织实施最严格水资源管理制度，实施水资源的统一监督管理，拟定全省和跨区域水中长期供求规划、水量分配方案并监督实施。负责重要流域、区域以及重大调水工程的水资源调度。组织实施取水（含矿泉水、地热水）许可、水资源论证制度，指导开展水资源有偿使用工作。指导水利行业供水、排水、污水处理和再生水利用工作。

(4) 负责水资源保护和水文工作，组织编制并实施水资源保护规划。指导饮用水水源保护有关工作，按规定核准饮用水水源地设置。指导地下水开发利用和地下水资源管理保护。组织指导地下水超采区综合治理。负责水文水资源监测、国家和省级水文站网建设和管理。对江河湖库和地下水实施监测，发布水文水资源信息、情报预报和水资源公报。按规定组织开展水资源、水能资源调查评价和水资源承载能力监测预警工作。

(5) 负责节约用水工作，拟定节约用水政策，组织编制节约用水规划、拟定行业用水标准并监督实施。组织实施用水总量控制等管理制度，指导和推动全省节水型社会建设工作。

(6) 负责拟定水利固定资产投资计划和

资金监督管理，负责提出省级水利固定资产投资规模、方向、具体安排建议并组织指导实施。按省政府规定权限审批、核准规划内和年度计划规模内固定资产投资项目。提出省级水利资金安排建议并负责项目实施的监督管理。研究提出有关水利的价格、收费、信贷、财务等方面的意见。

（7）组织实施重点水利工程建设和质量监督，组织指导水利基础设施网络建设，组织实施具有控制性的和跨区域跨流域的重要水利工程建设。负责南水北调工程运行管理并协调落实南水北调后续工程建设的有关政策措施，督促指导地方配套工程建设。指导水利建设市场的监督管理。编制、审查重点水利基本建设项目建议书和可行性报告。指导全省水利工程建设质量监督工作。依法负责水利行业安全生产工作。

（8）指导河湖水域及其岸线的管理、保护与综合利用，指导流域和区域骨干河道、湖泊、水库及河口的治理、开发和保护。指导河湖水生态保护与修复、河湖生态流量水量管理以及河湖水系连通工作。

（9）指导水利设施的管理与保护，组织编制水利工程运行调度规程，指导水库、泵站、堤防、水闸、水电站等水利工程的运行管理与确权划界。按规定指导水能资源开发工作。负责省属水利工程的运行管理。

（10）组织开展大中型灌排工程建设与改造。指导农村饮水安全、乡镇供排水、农村河道疏浚整治等工程建设与管理工作，指导节水灌溉有关工作。指导农村水利改革创新和社会化服务体系建设。指导水土保持工作。组织编制水土保持规划并监督实施，指导水土流失综合防治、监测预报并定期公告。指导生产建设项目水土保持监督管理工作。指导省重点水土保持建设项目的实施。

（11）负责水旱灾害防御及水量调度工作，组织编制洪水干旱灾害防治规划和防护标准并指导实施。承担水情旱情监测预警工作。组织编制重要江河湖泊和重要水工程的防御洪水、抗御旱灾调度及应急水量调度方案，按程序报批并组织实施。承担防御洪水应急抢险的技术支撑工作。承担台风防御期间重要水工程调度工作。

（12）拟定水利工程移民有关政策并监督实施，组织实施水利工程移民安置验收、监督评估等制度。指导监督水库移民后期扶持政策的实施，协调监督南水北调工程移民后期扶持工作。

（13）组织重大水利科学技术研究和推广。拟定全省水利行业技术标准、规程规范并监督实施。指导水利信息化和水利行业对外技术合作与交流工作。

（14）负责重大涉水违法事件的查处，协调和仲裁跨设区市的水事矛盾纠纷。指导水利行政许可、水政监察、水行政执法和普法宣传工作。负责全省河湖采砂的统一管理和监督检查。

（15）承担江苏省河长制工作领导小组日常工作。

（16）完成省委、省政府交办的其他任务。

【机构设置】

（1）内设机构

省水利厅设15个内设机构：办公室、规划计划处、政策法规处（行政审批处）、财务审计处、水资源管理处、省节约用水办公室、基本建设处、工程运行管理处、生态河湖处、农村水利与水土保持处、工程移民处、监督处、科技与对外合作处、河湖长制工作处、人事处。

设：机关党委、离退休干部处。

（2）厅属事业单位（41个）

江苏省水旱灾害防御调度指挥中心

江苏省水政监察总队（江苏省河湖采砂管理局）

江苏省水利工程建设局

江苏省南水北调工程建设领导小组办公

室(江苏省南水北调工程管理局)

江苏省河道管理局

江苏省水利工程质量监督中心站

江苏省水文水资源勘测局(江苏省水利网络数据中心)

江苏省水利工程规划办公室

江苏省水利厅机关后勤服务中心

江苏省水利信息中心

江苏省农村水利科技发展中心

江苏省水资源服务中心

江苏省水利科学研究院

江苏省通榆河蔷薇河送清水工程管理处

江苏省淮河入海水道工程管理处

江苏省水文水资源勘测局南京分局

江苏省水文水资源勘测局镇江分局

江苏省水文水资源勘测局常州分局

江苏省水文水资源勘测局无锡分局

江苏省水文水资源勘测局苏州分局

江苏省水文水资源勘测局南通分局

江苏省水文水资源勘测局扬州分局

江苏省水文水资源勘测局盐城分局

江苏省水文水资源勘测局淮安分局

江苏省水文水资源勘测局徐州分局

江苏省水文水资源勘测局连云港分局

江苏省水文水资源勘测局泰州分局

江苏省水文水资源勘测局宿迁分局

江苏省水土保持生态环境监测总站

江苏省水利防汛物资储备中心

江苏省水利科教中心(省水利安全管理服务中心)

江苏省骆运水利工程管理处

江苏省淮沭新河管理处

江苏省灌溉总渠管理处

江苏省洪泽湖水利工程管理处

江苏省江都水利工程管理处

江苏省秦淮河水利工程管理处

江苏省太湖地区水利工程管理处

江苏省灌溉动力管理一处

江苏省防汛防旱抢险中心

江苏省泰州引江河管理处

【人员编制】 2021 年省水利厅机关编制数为 122 名。事业单位编制总数为 4 968 名。2021 年厅系统在职职工总人数为 4 150 名,其中厅机关人数为 118 名;事业单位职工人数为 4 032 名。

职工教育培训

组织做好省管干部学习贯彻党的十九届五中全会和习近平总书记视察江苏重要讲话指示精神网上专题班、省委组织部公务员大讲堂等各类学习。组织开展好领导干部参加江苏干部在线学习平台学习,235 人参加学习,人均 55.13 个学时,学习完成率 100%。组织完成全省水利系统领导干部学习研讨班、水旱灾害防御业务培训等主体班次培训。联合河海大学等部署开展 2021 年面对水利基层单位择优推荐入学。全年受新冠肺炎疫情影响,培训班次减少,培训人员 4 500 余人次。

表彰奖励

(1) 获得"全国五一劳动奖章"表彰个人:

省水利建设工程有限公司副总经理　汤应来

省江都水利工程管理处高级工　徐士坤

省江都水利工程管理处高级技师　张歆

(2) 获得省委、省政府"2020 年全省防汛抗洪工作先进集体"表彰单位 67 个、"2020 年全省防汛抗洪工作先进个人"表彰个人 116 名

(3) 获得"全国根治拖欠农民工工资工作先进个人"表彰个人:省秦淮河水利工程管理

处高级工程师　龚玉栋

(4) 获得省委、省政府"江苏省乡村振兴先进个人"表彰个人：省水利厅农村水利与水土保持处处长、一级调研员　沈建强

(5) 获得省委、省政府"全省脱贫攻坚暨对口帮扶支援合作先进个人"表彰个人：

南京市栖霞区八卦洲街道党工委原副书记，下坝村原第一书记，省洪泽湖水利工程管理处党委书记、主任　陈昌仁

省对口支援新疆克州前方指挥部乡村振兴组组长，新疆克州水利局党组成员、副局长（挂职），省水利工程建设局工务处（安全监督处）四级调研员　冯小忠

(6) 获得"全国水利系统'七五'普法先进集体"表扬单位：

省水利厅政策法规处（行政审批处）

省秦淮河水利工程管理处水政科

(7) 获得"全国水利系统'七五'普法先进个人"表扬个人：

省水政监察总队（省河湖采砂管理局）一级主任科员　晏浩纹

南通市水利局局长　吴晓春

盐城市水利局政策法规和监督处二级主任科员　沈海澄

苏州市吴江区水务局局长　胡明忠

(8) 获得"全国水旱灾害防御工作先进集体"表彰单位：

省水旱灾害防御调度指挥中心

省水文水资源勘测局

南京市防汛抗旱指挥部办公室

(9) 获得"全国水旱灾害防御工作先进个人"表彰个人：

省灌溉动力管理一处机动抢险队党支部副书记　朱国祥

无锡市水利局党组书记、局长　张海泉

苏州市防汛防旱指挥部办公室主任　张挺

连云港市水旱灾害防御调度指挥中心副主任　李丽娜

盐城市水利局办公室（工程移民处）主任　史长森

宿迁市防汛防旱办公室副主任　谢庆明

(10) 获得省委、省政府"关于对全省脱贫攻坚暨对口帮扶支援合作工作表现突出集体予以通报表扬"单位：省水利厅农村水利与水土保持处

（李丰宁）

老干部工作

(1) 落实离退休干部政治待遇。① 坚持以习近平新时代中国特色社会主义思想为指导，深入学习贯彻习近平总书记关于老干部工作重要指示精神，认真贯彻党的十九大、十九届历次全会和省第十四次党代会精神，全面落实全国老干部工作"双先"表彰大会、老干部局长会议和全省组织部长会议部署要求。② 健全组织机构。进行离退休党总支党员大会换届选举，选配政治威望高、组织能力强、党建工作经验丰富的老同志组成总支、支部班子，并对原有支部结构进行调整和充实，充分发挥了"领头雁"效应。③ 坚持厅离退休干部工作领导小组会议制度，积极协调解决老同志难题；坚持厅领导每年 2 次向老同志通报工作制度，及时让老同志了解水利厅工作情况。④ 制定离退休干部学习计划，持续聚焦"学党史、悟思想、办实事、开新局"，采取灵活管用的学习形式，认真组织离退休干部学习党的十九届六中全会精神。⑤ 成立江苏省水利厅校外班，满足老同志线上学习需求。

(2) 落实离退休干部生活待遇。① 及时沟通协调，保障离休干部两费的发放。② 与在职职工同步发放春节、端午、中秋的慰问品。③ 开展重阳节祝寿活动，为离退休干部

发放生日蛋糕券和生日礼品，为 90 周岁以上离退休干部发放长寿补贴。④ 积极做好离休干部“三有一落实”工作，开展家庭医生签约工作。⑤ 及时开展健康体检和特约医疗人员疗养等工作。⑥ 开展特困帮扶工作。⑦ 编印《江苏水利系统离休干部心连心服务卡》《江苏省水利厅涉老信息服务指南》，全面推进老干部服务管理。⑧ 对厅系统 56 名离休干部进行居家适老化改造。

（3）发挥老干部作用。① 积极开展“银发生辉”志愿服务活动。组织老干部参与社区疫情防控防治、参与节水宣传、参与垃圾分类、参与文明创建等志愿服务活动。② 积极开展红色基因传承活动。组织 4 名老同志组成了“水韵银辉”党史宣讲团，受到水利职工的一致好评。在建党百年的活动中，汇编《江苏省水利系统离退休干部书画影作品展》《江苏省水利系统离退休干部征文集》。③ 积极开展“两在两同”工作。组织老领导、老专家专程到太湖调研水利工程；先后深入东海县石梁河镇避险解困安置点、石梁河镇移民产业园、石梁河水库生态修复示范点等地，对生态河湖建设及城市水环境治理等水利工作进行调研并给予建议。

（4）完善离退休干部工作机制。① 召开领导小组会议，研究解决离退休干部关心关注的问题；② 召开厅属老干部工作负责人会议，及时部署工作；③ 加强离退休干部工作宣传，及时报送离退休干部工作信息，进一步提升离退休干部工作影响。

（张晨晨）

江苏省水利厅领导干部名录

（截至 2021 年 12 月底）

省水利厅

省水利厅党组书记、厅长：陈　杰

省水利厅党组成员、副厅长：张劲松

省水利厅一级巡视员：朱海生

省水利厅党组成员、省南水北调工程建设领导小组办公室副主任：郑在洲

省水利厅党组成员、驻省水利厅纪检监察组组长：徐　杰

省水利厅党组成员、副厅长：高圣明

省水利厅党组成员、副厅长：方桂林

省水利厅党组成员、副厅长：韩全林

省水利厅总工程师：周　萍

省水利厅副厅长：王冬生

省水利工程建设局党组书记、局长：蔡　勇

省水利厅二级巡视员：张春松、季红飞、黄良勇、黄海田、刘丽君

厅办公室

主任：吉玉高

副主任：栾庆明、孙泽东

四级调研员：刘　瑞

厅规划计划处

处长、一级调研员：喻君杰

二级调研员：陈长奇、徐卫东

副处长：黄　辉

四级调研员：赵立梅、侯立新

厅政策法规处（行政审批处）

处长、一级调研员：陈振强

副处长：游益华、唐实仁

三级调研员：孙　见

四级调研员：万汉峰、仲大楼

厅财务审计处

处长、一级调研员：徐元亮

一级调研员：张古军

二级调研员：朱冠余

副处长、三级调研员：管　靖

副处长：胡国君

厅水资源管理处

处长、一级调研员：李春华

二级调研员：贾永志

副处长：游　洋

省节约用水办公室

主任、一级调研员:朱庆元

四级调研员:贡丽娟、杜芙蓉、吴以柱

厅基本建设处

处长、一级调研员:黄章羽

二级调研员:顾文菊

副处长:杨业政

三级调研员:杨祖华

四级调研员:朱平安

厅工程运行管理处

处长、一级调研员:陆一忠

二级调研员:郭 宁

四级调研员:罗柏明、周贵宝

厅生态河湖处

处长:张建华

副处长、三级调研员:周向华

四级调研员:杨耀中

厅农村水利与水土保持处

处长、一级调研员:沈建强

副处长、三级调研员:刘敏昊

副处长:仇 荣

三级调研员:周水生

厅工程移民处

处长、一级调研员:施红怡

一级调研员:朱德伦

副处长、三级调研员:胡其勇

副处长:李桂林

厅监督处

处长、一级调研员:黄俊友

二级调研员:张政田

三级调研员:杨志龙

四级调研员:尚 锋

厅科技与对外合作处

处长:陈 静

一级调研员:孙洪滨

二级调研员:陈 辉

副处长:张 明

四级调研员:丁 亚

厅河湖长制工作处

处长:王 嵘

二级调研员:尹宏伟

副处长:任伟刚

四级调研员:吴嘉裕、刘 洋

厅人事处

处长:李 慧

二级调研员:陈 飞

副处长:魏 来

四级调研员:陈 浩

厅机关党委

副书记(正处级)、机关纪委书记:张树麟

工会主席、一级调研员:沈亚健

机关纪委副书记:张继路

四级调研员:何文艺、张 明

厅离退休干部处

处长:冯桂田

副处长:蒋 利

省水旱灾害防御调度指挥中心

主任:陈昌仁

督察专员(正处级):朱建英

二级调研员:于 涛

副主任:尤迎华、郑福寿

四级调研员:高杏根、陶娜麒、宋 炜、王建

省水政监察总队(省河湖采砂管理局)

总队长兼省河湖采砂管理局局长:武慧明

副总队长兼省河湖采砂管理局副局长、三级调研员:李玉松

副总队长兼省河湖采砂管理局副局长:沈建良、周 敏

四级调研员:董万华、朱 玮

省水利工程建设局

党组书记、局长:蔡 勇

党组成员、副局长:刘胜松、何勇、樊峻江

办公室主任:钱 钧

办公室副主任:朱小飞

办公室三级调研员:吴锦旺

党建及精神文明建设

党建及精神文明建设 227～234页

党建工作

(1) 党的政治建设。① 坚决落实习近平总书记视察江都水利枢纽重要指示精神。始终把习近平总书记视察江都水利枢纽作为最高荣誉、巨大鼓舞、最大责任，突出南水北调、节水优先、水情教育等重点任务，多次召开全局性和专业性会议，印发指导性文件，进行了全面部署，在总书记视察一周年之际，举行“牢记嘱托再出发”行动，保证习近平总书记的重要指示精神落细落地。

② 坚决落实管党治党三级党建责任体系。2 月，召开全省水利系统全面从严治党暨党风廉政建设会议，出台党建和党风廉政建设“三级责任清单”，印发 2021 年度党建工作要点和重点工作指南，每半年组织一次党建、党风廉政建设和意识形态工作形势分析，及时研究“三个表率”模范机关建设、党史学习教育等重点工作 15 次。

③ 坚决落实意识形态工作责任制。党组每半年组织一次意识形态工作专题学习研讨，开展半年形势分析，部署工作任务，压实主体责任；修订《江苏省水利厅落实意识形态工作责任制的实施办法》，健全制度、明确任务、压实责任。针对建党 100 周年的特殊时间节点，开展意识形态风险点排查、网络安全排查和网络账号人员排查，始终唱响主旋律、守好主阵地。

(2) 党史学习教育。① 学习教育走深走实。抓集中领学宣讲。组织了“学党史、悟思想”“学党史、办实事”“学党史、开新局”“学党史、走在前”四个专题学研讨班，通过集中领学、集中宣讲、集中研讨深学精读、深研细悟。抓党史故事大家讲，从百年历程中梳理出 50 个重大事件、50 名英模人物、30 个革命精神，在每个主题党日中开展“学党史、讲故事、谈感悟”活动，做到人人会讲党史故事。抓党史知识竞赛，组队代表省级机关参加全省庆祝建党百年党史知识竞赛，荣获一等奖；组队参加全省职工“四史”知识竞赛，荣获一等奖。省委指导组给予充分肯定，人民日报、新华日报、学习强国等主流媒体 20 多次报道省水利厅学习教育开展情况，党史学习教育简报 9 次刊发省水利厅具体做法。

② 为民办事用情用力。确定“水安民稳”为民办实事 18 项具体实事，领导带头领办个人实事 24 件，处级以上领导干部领办个人实事项目 252 件，均按照时序进度取得实效。7 月，在防汛抗台、疫情防控等紧要关头，发出“三在先、三带头”的号召，将党旗牢牢插在防汛抗台第一线，人民日报、新华日报头版分别报道省水利厅具体做法。洪泽湖渔民上岸安居工程两年任务一年完成，建成 20 个“美丽库区 · 幸福家园”项目和 15 个移民村产业项目，有效提升了群众的幸福感、获得感、安全感。

③ “两在两同”见行见效。8 月，根据省委统一部署，在厅系统开展“两在两同”建新功行动，印发实施方案，开展“大调研”“大排查”，形成高质量调研报告 50 多篇。厅党组在《群众》《新华日报》等主流媒体发表学习调研文章 5 篇。

(3) 党的思想建设。① 抓好党组中心组学习。印发《厅党组理论学习中心组示范点建设实施办法》，建立了“第一议题”、“三级联学”、述学考学等六项制度，组织党组中心组学习 46 次。打造“三级联学”品牌，与市、县水利部门党委（党组）、与厅属党委、支部，实施理论联学、领悟联想、实践联动，2021 年开展“三级联学”4 次，省委宣传部理论学习中心组简报 2 次刊登省水利厅做法，厅党组申报全省理论学习中心组示范点。

② 抓好分众分类学习。推广“六有”主题党日活动，将“五个讲坛”融入其中，做到首题必

政治、首项必学习，组建青年学堂112个，组员1 200多人，每月组织1次集中学习，每季度举办1次读书交流会，实现了理论学习的大众化、普及化。组织参加全省庆祝建党百年党史知识网络竞赛，66人获奖，位居全省最前列。

（4）党的组织建设。① 开展达标定级工作。制定《关于“考评积分、星级评定”工作方案》，推动“头雁工程”“提升工程”“清零工程”，深化挂钩帮建、联创联建、结对共建三项机制，推动厅系统党支部全面达标、全面提升。

② 开展“以高质量机关党建服务长三角一体化”创新项目。制定《关于长三角生态绿色一体化发展示范区水利党建联盟行动方案》，组织“同当河长先锋 共建幸福河湖”主题活动，以高质量党建引领水利高质量发展。

③ 实施“四个示范”工程。开展“三个表率”“党建引领”“学用新思想”和“强固堡垒”示范工程，指导厅属党委单位深化实践示范项目，形成可复制、可推广的工作方法；推动厅属单位党委重点打造19个党支部、19名党支部书记和21名青年党员示范，不断擦亮厅系统党建工作品牌。

④ 加强队伍建设。4月，组织党支部书记集训；9月，组织厅系统党员发展对象培训班，开展厅系统党员发展工作专项检查；年度发展党员72人，推动党员发展质量全面提高、全面过硬。

⑤ 组织“七一”表彰。1名党务工作者获评省级机关先进党务工作者。厅党组对18个基层党组织、34名党员和17名党务工作者进行了表彰。今年厅机关党委提拔了3人，厅系统提拔或重用5名党务干部，激励党务干部热爱岗位、积极进取。

（5）党的作风建设。深入开展“五抓五促”专项行动和形式主义、官僚主义专项整治行动。严控会议文件，全年核定印发131个文件、召开35次会议的规模，达到压减会议文电目标；严把考核监督，制定《2021年度水利重点工作检查计划》，有效减轻基层负担。深化“放管服”改革，全面落实不见面审批，全面推进开发区区域评估，全面优化行政审批程序，全面推进取水许可电子证照。

（6）党的纪律建设和持续推进反腐败斗争。① 强化廉政教育。5月份，厅系统各级党支部开展党风廉政教育主题党日活动，营造浓厚廉政氛围。参加省纪委监委主办的“运河清风微电影”大赛，3部微视频在省级机关工委网站展播。厅机关党委成功获评“2016—2020年全国普法工作先进单位”，省泰州引江河管理处成功创建第八批省级法治文化建设示范点，打造廉政教育新阵地。

② 强化巡察整改。制定年度巡察计划，修订《水利厅巡察监督清单》，完善15个监督要点和87个具体关注点，组织常规巡察6家单位，“回头看”3家单位，着力提高巡察质效。

③ 强化制度建设。印发厅系统加强对“一把手”和领导班子监督的办法，着力破解“一把手”监督难点。制定《关于加强干部职工教育管理的意见》，建立常态化开展职工教育管理的机制。制定《采购招标和生产经营活动重要事项报批、备案暂行办法》，强化源头治理。

④ 强化专项整治。开展“吃公函”问题专项整治，围绕6个方面问题开展全面排查，全面规范公务接待活动。

⑤ 强化执纪问责。坚持零容忍态度，严肃查处每一件问题线索，认真做好驻厅纪检监察组交办案件和群众来信举报问题的查处工作，按照“四种形态”，严肃执纪审查，科学用好第一种形态，以强有力的监督执纪，形成震慑。

（何文艺）

精神文明建设

（1）强化理论学习。把党史学习教育作为重要政治任务，认真组织厅系统党史学习教育，用好集中领学宣讲、党史故事大家讲、党史知识竞赛“三个抓手”，掀起庆祝建党100周年纪念活动、学习“七一”讲话、学习十九届六中全会精神“三个热潮”。组队代表省级机关工委参加省庆祝建党百年党史知识竞赛并获一等奖。江苏党史学习教育简报9次刊发省水利厅典型做法。

（2）健全工作体系。建立厅党组书记亲自抓、分管领导具体抓、职能部门主动抓的责任体系，逐步形成一级抓一级，层层抓落实的工作格局。制定全省水利系统精神文明建设工作要点，对全年工作进行整体部署。举办创建工作培训，组织文明创建工作交流，及时协调解决创建工作中遇到的矛盾和问题。将文明创建纳入年度综合考核指标体系，通过平时考核、年终考核和综合评定等程序，按照厅机关处室（参公单位）、工程管理单位、其他事业单位三个类别分别排序评定。

（3）选树“先进典型”。实施典型带动战略，积极培育树得住、叫得响、过得硬的先进典型，充分发挥典型示范引领作用。组织开展“第三届最美水利人”，江都管理处陈宇潮入选。部署学雷锋活动示范点和学雷锋标兵评选，选树5个基层单位和1个先进个人。1个单位入围第十届“母亲河奖”候选名单。推荐评选“第三届江苏省十大卫士”。广泛开展规范化、创新型组织建设，形成泰州引江河船闸党支部“零距离、零障碍、零缺陷”服务工作法、省洪泽湖管理处“洪泽湖暖心港湾”工作法等窗口服务典型案例。在疫情、汛期防汛抢险期间，厅系统先后组建46支“党员突击队”和32支“抢险先锋队”，充分发挥了各级党组织、广大共产党员的战斗堡垒和先锋模范作用。全省水利行业涌现出7个全国文明单位、9个全国水利文明单位。

（4）弘扬水文化。加强水文化建设，强化水文化道德传播。把水文化融入环境建设，打造优美工程。总结出江苏水文化“吴风汉韵”的独特风格，创造性提出六条线、六片湖、六库区、六水域、六十个水文化基地等“五个六”的水文化战略布局。在水利部文明办组织的第二届水工程与水文化有机融合案例展示活动中，共有2个水工程案例入选。把水文化融入水情教育，建设特色基地。全省4家单位入选国家级水情教育基地，数量全国领先，今年组织2家单位申报第四批全省水情教育基地。建成秦淮河、淮沭新河、江都、引江河等4家法治水利文化园，面向社会宣传展示水利。把水文化融入基层实际，构筑文化小品。《江苏水文化丛书（第一辑）》被评为“苏版好书”，并继续出版发行了第二辑《水与建筑》《水与书画》《水与音乐》。开展“水韵江苏 幸福河湖”河湖故事大家讲活动，征集全省河湖故事，并联合大学、协会等社会机构平台，利用新媒体、网络大V，发起“水韵江苏 幸福河湖”微博话题系列互动。

（5）展示水利形象。做好公益活动，筹措1亿多元资金支援淮阴区、丰县的扶贫工作。组织厅机关支部联合厅扶贫挂钩点开展“扶贫帮困”志愿服务活动。指导省级文明单位认真履行社会责任，积极参加“省级文明单位与苏北薄弱村结对共建活动”，全年共筹措资金20万元。开展志愿服务，在习近平总书记到扬州考察大运河一周年之际，举办“关爱山川河流·保护大运河”全河联动志愿服务活动，7个省市逾万人参与全线活动。结合纪念“世界水日”“中国水周”，开展绿色骑行、校园宣讲、社区互动、走近船民等形式多样的志愿宣传活动，引导和提高群众自觉遵守水法规。“青春引江、公益力量”“寻找大运河江苏记忆”“大美秦淮我先行”等3个志愿服务项目分获全国青年志愿服务大赛一、二等奖。

（何文艺）

群团工作

【工会工作】 认真落实厅党组和江苏省总工会的部署要求，坚持以职工为中心，开展政治引领、举旗铸魂、创先争模、暖心关爱“四项工程”，坚持扛起“争当表率、争做示范、走在前列”光荣使命，团结引领广大职工建功新时代、奋进新征程。

（1）坚持政治引领保方向。深化习近平新时代中国特色社会主义思想学习宣传，深入学习贯彻习近平总书记关于工人阶级和工会工作的重要论述。广大职工把学习贯彻习近平总书记视察江苏和江都水利枢纽时指示要求作为首要任务和头等大事，持续增强“四个意识”，坚定“四个自信”，做到“两个维护”，坚决捍卫“两个确立”。组织厅系统广大干部职工认真收听收看习近平总书记在庆祝中国共产党成立100周年庆祝大会上的重要讲话。

（2）坚持举旗铸魂颂党恩。七一前夕，举办厅系统职工“唱党歌、颂党恩”歌咏大会，广大职工精神饱满，热情讴歌党的恩情。6月，4名“90后”女职工代表参加江苏省总工会组织的全省职工“四史”知识竞赛，夺得竞赛一等奖和优秀组织奖。7月，组织职工参加江苏省总工会、江苏省体育局联合举办“我要上全运”江苏省广播体操工间操展示赛，荣获展演金奖。

（3）坚持创先争模建新功。围绕洪泽湖周边滞洪区等重点水利工程持续开展劳动和技能竞赛，参建单位组织严密，广大职工积极参与，比学赶帮超氛围浓厚。7月，省水利厅工会在省江都水利工程管理处承办了全国水利系统第31届工会主席联席会议暨“助推绿色发展 建设美丽长江”全国引领性劳动和技能竞赛总结表彰大会。年内，江苏省新孟河枢纽工程建管局获得“全国五一劳动奖状”，省江都管理处张歆等3名职工荣获“全国五一劳动奖章”，江苏省防汛防旱抢险中心防汛抢险队等4个集体获得“全国工人先锋号”称号。2个单位被省总工会授予“江苏省五一劳动奖状”，1名职工荣获江苏省五一劳动奖章，8个班组荣获“江苏省工人先锋号”称号。省泰州引江河管理处陈擎环荣获“江苏省文明职工”称号，省防汛防旱抢险中心防汛抢险女子组荣获“江苏省巾帼文明岗”称号。

（4）坚持暖心关爱惠职工。投入207余万元用于职工教育培训、职工之家建设、职工集体福利、困难职工帮扶。高温酷暑，赴抗旱现场、重点水利工程一线、湖泛巡查点进行夏季“三送”慰问。认真做好职工元旦、春节、端午、中秋、国庆等重大传统节日慰问，及时做好职工生病住院、生日婚庆、退休离岗、亲属去世等关怀慰问。

【共青团工作】 以“凝聚青年力量、服务中心大局”为主线，以科学管理为手段，以创建活动为载体，认真履行引领凝聚青年、组织动员青年、联系服务青年的职责使命，引导广大青年勇挑重担、砥砺奋斗，从党的百年伟大奋斗历程中汲取青春力量，在江苏水利高质量发展中闪耀出青春光芒。

（1）强化思想引领，提高青春素质。坚持以习近平新时代中国特色社会主义思想为指导，深入学习习近平总书记系列重要讲话精神，引领团员青年牢固树立“四个意识”，增强

"四个自信",坚决做到"两个维护"。扎实开展团员青年党史学习教育,积极组织五四青年节主题团日、与革命先辈"隔空对话""青春心向党·接力百年路"音频作品征集等活动,引导团员青年坚定理想信念。

(2) 服务中心工作,展现青春力量。在厅系统团干部和团员青年中开展"两在两同·青春建功"行动,不断提升团组织的引领力。在全省"七下八上"防汛关键期和疫情防控最吃劲的紧要关头,印发致厅系统团员青年防汛防疫倡议书,号召团员青年充分发挥团员青年生力军和突击队作用,积极投身到防汛防疫工作中。围绕纪念"世界水日、中国水周""关爱山川河流""保护母亲河 争当'河小青'"等主题,开展节水护水志愿服务。"青春引江 公益力量"志愿服务项目荣获第十三届中国青年志愿者优秀项目奖,省江都管理处"源头·水云间"志愿服务项目荣获省十佳青年志愿服务项目。

(3) 加强自身建设,夯实工作基础。坚持党的领导,坚决贯彻厅党组决策部署,将共青团工作纳入厅党建工作之中,同部署、同落实,推动团的各项工作迈上新台阶。严格落实"三会两制一课"制度,团的组织生活规范、正常开展。积极强化智慧团建系统的运用,不断完善智慧团建系统录入工作。通过扎实有效的基础工作,团组织建设再上台阶,省水文局团委荣获省"五四红旗团委"称号,省江都水利工程管理处团委荣获省级机关"五四红旗团支部(团总支)"称号;3 名同志分获省级"优秀共青团干部"称号、省级机关"优秀共青团员"称号。

(何文艺)

【水利学会工作】 2021 年,省水利学会获全国科技活动周优秀集体、第七届省科普公益作品大赛优秀组织奖、2021 年省科技志愿服务工作优秀组织单位等 3 项表彰,"听我说长江大保护"科普讲解大赛被评为 2021 省"全国科普日"优秀活动,创作的《江苏水情教育挂图》《节水中国你我同行》《"长征经过的河流"科普大赛》等作品获 6 个奖项。

(1) 学术交流。与相关单位共同承办第十六届中国(国际)水务高峰论坛"河湖健康与水环境治理"第三分论坛,协办中国水利学会 2021 学术年会智慧水利·数字孪生分会场。成功举办江苏境内南水北调东线后续工程规划建设高质量发展学术研讨会,服务我省重大工程前期工作。各专委会也积极组织学术活动,水旱灾害防御专委会召开了江水北调沿线用水管理技术交流会,农村水利专委会召开了 2021 年度会议暨专题学术报告会,水力学专委会举办了第二期"水工大讲堂"之名师讲坛学术报告会,水工专委会举办了 2021 年度学术年会。

(2) 水利科普。"世界水日""中国水周""科普周""科技工作者日""科普日"期间,联合相关部门以"珍惜水、爱护水"为主题,结合相关水利知识,以通俗易懂的形式开展各类科普宣传活动,增强公众水安全、水忧患、水节约意识。学会参与承办碳达峰、碳中和科普知识竞赛,普及"双碳"有关政策和知识,营造绿色低碳的浓厚氛围,参与人数超过 61 万人次。

(3) 服务创新创业。学会先后组织完成了 48 个项目成果评价,数量接近上一年度的 3 倍,有效支撑了水利行业发展。成功推荐赤山湖湿地公园申报国家级科普教育基地。积极组织青年师生参加省科协举办的线上系列培训活动,共推荐 16 个项目参加 2021 年"科创江苏"创新创业大赛决赛。先后提名大禹水利科学技术奖申报 2 项。连续开展水利科技进步奖评奖工作,2021 年度共授奖 20 项。

(4) 服务会员。推荐 2021 年度江苏省科协青年科技人才托举工程资助培养对象、第六届青年人才托举工程候选人、2021 年江苏省“最美科技工作者”候选人、江苏省科协科技智库专家、《江苏省工程能力评价通用规范》团标起草人各 1 名；向省科协推荐江苏省青少年科技创新大赛评审专家 14 名；向长江技术经济学会推荐长江科学技术奖评审专家 10 名。协调中国知网向全省水利科技工作者提供免费水利数据库查阅服务。

（陈璦）

地 方 水 利

地 方 水 利 235～290 页

南京市

【工作概述】 南京市按照抓统筹、补短板、强监管、惠民生、谋长远的工作思路，办好“八件大事”，找准“五条路径”，交出了一份生态文明建设的优秀“水答卷”。完成全市年度重点水务工程建设任务74.9亿元，制定《南京市水利工程建设“十四五”质量提升行动实施方案》；2021年获江苏省优质工程奖“扬子杯”1个、江苏省水利优质工程3个；高淳区水系连通及水美乡村建设试点工程被财政部、水利部评为优秀等级；六合区龙袍圩灌区获得水利部、国家发展改革委“灌区水效领跑者”荣誉称号。“十三五”期间实行最严格水资源管理制度获全省通报表彰；42个国省考断面水质优良比例达100%，位列全省第一；固城湖已累计完成圈圩清退6.41平方千米；滁河水利风景区成功创建国家水利风景区。

【水利建设】 2021年，南京市获省政府“水利建设投资落实好、省水利基本建设投资计划完成率高、年度工作成效明显”督查激励。江宁区二干河治理等4项工程获省、市初设行政许可，项目顺利开工；序时推进高淳区水阳江干流左岸（小蔡河—乌溪河段）堤防加固等4项工程；开工建设高淳区永宏泵站等2项工程；完成高淳区石臼湖、固城湖堤防能力提升等5项工程竣工验收和长江南京河段八卦洲汊道河道整治工程投入使用；天生桥套闸除险加固工程获2019—2020年度中国水利工程优质（大禹）奖。实施防汛消险项目186项，整治积淹水点19处，城市防洪减灾工程体系不断完善。

【河湖长制】 2021年，南京全市年度累计巡河21万人次，现场解决问题4 400余个，交办问题400余项。利用“南京河长”APP系统完善巡河发现、处置、反馈问题闭环工作机制，将基层河湖长“巡河有效率”纳入考核指标。市河长办、水升办开展“四不两直”联合督查，梳理群众涉水投诉1187条，交办各类河湖问题87项，处置江苏河长制热线交办问题13项，每季度发布督查通报。优化管养体系，设立巡河员、护河员6 000余名，创新“六长一员制”“小微水体片长制”“1＋3＋N”“铁脚板＋网格化”“基层河长工作站”、农村河道“五位一体”等巡河护河新模式。聘请民间河长、专家河长、企业河长和志愿者1 200余名，组织“河小青结对河长”“浦小清”“银发河长”巡河活动，引导全社会参与幸福河湖建设。积极打造北十里长沟东支、胡家闸河等5个河湖长制主题公园，创建金牛湖、外秦淮河等5个国家级和环山河等13个省级水利风景区。积极探索“南京都市圈联合河湖长制”工作模式。

【河湖管理】 2021年，南京市42个国省考断面水质优良比例达100%，位列全省第一；26条国省考已整治城市黑臭水体全部达标；28条入江支流水质达标率为100%。召开三轮长江河道“段格化”管理座谈会，印发《长江南京段河道段格化巡查管理实施方案》，制定年度巡查计划和《段格化管理考核办法》。段格化工作实施以来，全市共出动巡查4 000余人次，巡查岸线达4 500千米，发现并处置问题40余起，遏制乱建、乱堆问题，推进南京非法矮围排查复核工作，配合做好长江的“十年禁渔”。

固城湖退圩还湖新建堤防工程完成形象进度达71%，生态工程聚泥成岛完成形象进度达67%，已累计完成圈圩清退6.41平方千米；推进浦口区滁河国家级水利风景区创建工作，完成《南京滁河（浦口段）水利风景区规划（2020—2035）》编制并通过区政府批复同意；滁河水利风景区成功创建国家水利风景区。

【水资源管理】 2021年，南京市坚决落实最严格水资源管理制度，进一步优化水资源配置，持续加强水资源监管，“十三五”期间实行最严格水资源管理制度获全省通报表彰，江北新区、栖霞区、溧水区开展国家级县域节水型社会建设通过省级验收。南京江北新区在全省率先开展水资源刚性约束“四水四定”政策试点，探索水资源刚性约束指标体系构建，为区域经济社会高质量发展提供水资源支撑和保障。积极推进我省首个农业水权机制改革项目，选取溧水区白马镇作为水权交易试点乡镇，编制《溧水区白马镇农业水权交易实施方案》，构建水权交易平台。主城、江北地区应急水源工程完成联调联试，实现通水；江宁新济洲应急水源工程完工率达 95%。

【农村水利】 2021 年，南京市完成全市农村县乡河道 1 247 万立方米轮浚土方任务；高淳区水系连通及水美乡村建设试点工程被财政部、水利部评为优秀等级；高淳区淳东大型灌区现代化改造、4 个中型灌区节水配套项目年度形象进度约 102%，其中六合区龙袍圩灌区作为中型灌区典型获得水利部、国家发展改革委“灌区水效领跑者”荣誉称号；统筹水土流失治理和水美乡村建设，完成 3 个中央小流域建设，创建 20 个市级水美乡村；农村重点泵站、重点塘坝等市级农村水利工程年度建设任务超额完成；成功申报江宁区汤山矿坑国家级水土保持科技园，填补了全市水土保持科技方面的空白；创新开展“娃娃学水保”科普活动，每年接待中小学生近 20 万人。

【工程管理】 2021 年，南京市制定《南京市水利工程建设“十四五”质量提升行动实施方案》，明确“十四五”重点水利工程质量优良率目标，运用质量监督 APP 完成基建项目全覆盖检查，督促整改问题 48 个。

落实农民工工资管理、工伤保险、大气污染防治等要求，建设智慧工地 10 个，差别化管理工地 4 个，获省水利文明工地 2 个，评定市级水务工程文明工地 14 个。天生桥套闸除险加固工程获 2019—2020 年度中国水利工程优质（大禹）奖；2021 年获江苏省优质工程奖“扬子杯”1 个、江苏省水利优质工程 3 个。

完成全市 13 座中型水库管理和保护规划编制。加强水利工程维修养护，提升设施完好率，促进管理规范化。创建省精细化管理单位 5 家、省级水管单位 2 家、省规范化小水库 17 座；市滁河河道管理处申报国家级水管单位并通过省级初验；完成 2 个国家级水管单位、7 个省级水管单位、32 座规范化小水库复核验收。

【防汛抗旱】 2021 年，为应对台风“烟花”，南京市调度入江河闸，累计腾空河道容量约 2.4 亿立方米，预降 62 座中小型水库水位，腾空库容约 510 万立方米，全市 251 座水库拦蓄洪水达 4 400 余万立方米。主城区水务设施相继启动Ⅲ级、Ⅱ级、Ⅰ级调度指令 50 余次，泵站累计开机 1 710 台次，排水量达 5 716万立方米。

针对高淳等部分地区出现的旱情，协调调度秦淮新河、高淳蛇山、溧水湫湖等泵站开机翻水约 1.1 亿立方米，水阳江翻水 3100 万立方米入固城湖，有效保障农业生产及养殖、航运用水需求；根据水环境补水需求，开启秦淮新河泵站、天生桥套闸等引水 1.7 亿立方米入秦淮河。

【水政执法】 2021 年，南京市制定《案件办理内部会商规定》《水务执法制度汇编》和《市级水务行政执法案件法制审查暂行规定》，完善水务执法制度体系。累计出动水政执法 3.1 万人次，查处水事违法行为 187 起。其中禁采执法共出动船艇 986 艘次、车辆 455 台次，押送过境采砂船舶 10 余艘，查获非法移动采砂船 4 艘，查获非法采砂案 2 起；与海事、公安部门联合执法 57 次，破获“5·22”“9·7”非法团伙盗采案；与马鞍山市、扬州市、镇江市建立联防联控执法机制。上报河湖“清四乱”问题清单 18 个，均已完成整改；清理非法占用河道岸线 180 米、清除建筑及生活垃圾 466.55 吨、拆除违法建筑 1 223.5 平方米。

【水利科技】 2021 年,南京市出台《南京市水务科技项目管理办法》,年内获省级水利科技立项项目 3 个,省补资金 90 万元;市级水务科技项目立项 6 个,落实市补资金 150 万元。加快在研项目结题,完成"关于城区排水、排涝耦合模型研究"省级水利科技项目验收,实现省级到期项目结题清零;完成 10 个市级水务科技项目结题验收,"南京市第三产业用水特征及定额管理研究"等项目成果得到实际应用。"二次供水水池(箱)人工清洗消毒操作规程"正式发布,《长江水下地形分析基础数据库建设规范》等 2 项行业标准列入市级制(修)订计划。初步完成全市智慧水务总体框架搭建,形成"数据全面、资源整合、业务协同、技术先进"的智慧水务基本格局。建立"一网、一图、两中心、四平台、五+N 应用"架构体系,实现现有信息资源全面整合。

【党建工作】 2021 年,南京市水务局坚持以习近平新时代中国特色社会主义思想为指导,以党史学习教育为主线,扎实开展各项党建工作。采取理论学习中心组学习、举办读书班等形式,先后组织 18 次集中学习,开展 34 人次理论学习交流。认真制订支部学习计划,采取主题党日、"三会一课"、党史知识竞赛等形式,深入开展主题突出、特色鲜明、形式多样的学习活动,推进人员、时间、内容、质量"四落实"。

通过开展红色之旅、"忆党史 聚力量 争先锋——我为党旗添光彩"群众性宣讲、组织 60 余名处级干部进名校(南京大学)学习集训、召开离退休干部"我看建党百年新成就"座谈会、结合省市"共学共建"开展三级党史共学活动,落实市学教办部署的 2 次集中宣讲,不断提高学习成效。发挥好线上、线下媒体作用,在"南京水务"微信公众号和《南京水务》杂志(季刊)开设专栏,积极向市学教办上报简报 77 期,年内局学教工作经学习强国报道 18 次,地方媒体报道 153 次,互联网播发 347 次、累计点击量达 110 余万次。

注重把学习党史同总结经验、观照现实、推动工作结合起来,同解决实际问题结合起来,紧盯解决群众"急难愁盼"的民生问题,列出"我为群众办实事"项目 5 项清单,上、下半年分别承诺 43 项、94 项实事;结合省市"共学共建"活动,主动与省水利厅商定 11 项实事、11 项共谋高质量发展清单,均有序推进,按时完成,把学习教育转化为工作成效。

【宣传教育】 2021 年,南京市水务局牢牢把握正确的舆论导向,精心策划、主动发声,生动展现水务工作最新成果和崭新风貌。建立"新闻通气会"机制,组织开展 13 场新闻发布会。建立月度通报机制,动态分析全市水务宣传情况,激励水务系统相互借鉴、比学赶超。

开辟"水话金陵""寓教于乐""长江大保护""百年征程 · 党史跟我学"等微信专栏,推出"寻找南京最美河(湖)系列之历史名河"活动,持续扩大水情教育宣传覆盖面。依托已有的各类场所、场馆和具有水情教育功能的水利设施,加快打造水情教育基地,推报江宁区"水- PARK"科技馆、浦口区"浦邑滁河"两个基地入选省级水情教育基地。

编印南京水务"十三五"成果画册,制作南京水务"十三五"宣传片和新媒体产品《水美金陵——南京水源地保护手绘地图》。优化门户网站发布流程,确保常规工作动态类栏目每天更新、社会公众关切类栏目及时更新。

(魏来)

无锡市

【工作概述】 2021 年,无锡水利部门抢抓发展机遇、强化使命担当、聚力系统治水,水利各项重点工作取得显著成效：无锡市水利局、江阴市水利局、宜兴市水利局、新吴区排水管理中心被省委、省政府联合表彰为全省防汛抗洪工作先进集体；无锡成功入选住建部、水利部联合确定的系统化全域推进海绵城市建设示范首批试点；无锡水利基本建设工作获省政府办公厅真抓实干督查激励通报表扬；在省对市落实最严格水资源管理制度考核中获得优秀等次，高质量考核指标——单位地区生产总值用水量位列全省第一等次，获省政府通报表扬；全市水土保持目标完成情况评估考核排名全省前三，获通报表扬；太湖连续14年高质量实现安全度夏、度汛和“两个确保”，无锡市水利局、宜兴市水利局获评全省2021年度太湖安全度夏应急防控工作表现突出集体，水利服务经济社会发展的能力不断提升。

【水利建设】2021年，无锡市共承担国家和省、市级重点水利工程34项，完成投资21.1亿元。藻水分离站提能大修改造工程、梁溪河蓝藻防控工程、锡澄运河定波水利枢纽、十八湾蓝藻离岸打捞二期工程、市河长制管理平台等项目完工；大河港泵站通过水下验收，新孟河延伸拓浚工程、环太湖大堤剩余工程、锡澄运河河道工程、洋溪河-双河整治工程等项目超额完成时序进度；太湖清淤固淤试点工程开工建设；东湛渎港治理、新(老)桃花港整治、武澄锡虞中片沿江排水河道整治等项目有序推进。①新孟河延伸拓浚工程。无锡市境内工程涉及宜兴市河道整治工程，批复总投资9.4亿元，2021年完成投资3 910万元，截至2021年年底无锡市境内工程已基本完工。环太湖大堤剩余工程。无锡段工程涉及宜兴市、滨湖区和经开区，批复总投资123 181万元，2021年完成投资43 785万元，累计完成总投资79 905万元。②锡澄运河(黄昌河—长江段)整治工程。主要包括新建定波水利枢纽和河道整治两大工程。定波水利枢纽批复总投资43 486万元，工程于2019年9月17日开工建设，2021年完成投资9 481万元，截至2021年底，工程基本完工。③锡澄运河(黄昌河—长江段)河道整治工程批复总投资141 244万元，工程于2020年12月8日开工建设，2021年完成投资50 000万元，截至2021年底，累计完成投资90 349万元。④洋溪河—双河整治工程。工程批复总投资22 942.5万元，2021年已完成河道清淤及部分堤防护岸，实际完成投资14 400万元，累计完成投资21 400万元。

【河湖长制】 2021年，全市各级河长累计履职188 380次。全市共更新、完善6 085块河湖长制公示牌，将河长公示牌内容纳入“12345”政府热线管理，各级河长名单均在政府网站、主要媒体上进行公示，接受社会监督。通过实行河长“三监督”机制，全力助推全市河长制从“体系全覆盖”到“履职全覆盖”，确保河长制工作既“有名有责”又“有能有效”。

2021年3月，市政府办公室印发《关于开展新一轮河道环境综合整治水质达标攻坚行动的实施意见》，持续深化河道水环境综合整治。市河长办建立项目月报制度，对全市8个地区的新一轮河道综合整治情况进行专项检查，对整治进度慢、整治成效不明显、水质未达标的地区和河长进行通报。依托5G河长制管理平台，委托第三方测评机构对与市级河长挂钩的重点河湖进行巡查、巡飞、暗访抽查、综合测评，2021年市本级约谈河长14人次，下发提醒函、报告单31份，将自查、上级交办的各类问题汇成任务清单逐级交办，并及时开展整改效果“回头看”工作，推动问题整改落地见效。2021年，全市国省考断面水质优Ⅲ比例达93%，首超90%；552条新一轮环境综合整治河道水质优Ⅲ比例达到76.3%。

2021年，江阴市、宜兴市、惠山区、滨湖区先后与常州市新北区、天宁区、溧阳市等地建立跨界河湖联合河长制机制，全市实行联合河长制的跨界河(湖)达 66 条(个)，基本实现跨界河湖联合河长制全覆盖。2021 年 10 月，常州市雪堰镇、无锡市胡埭镇、无锡市阳山镇三镇，制定了跨界河道联合河长制工作机制实施方案。

2021 年 6 月 15 日，中国国际发展知识中心在京举办第四期交流沙龙，河长制无锡实践作为治国理政中生态文明建设案例由国务院发展研究中心在北京组织专题专场向国际社会发布。

【河湖管理】 2021 年，无锡市开展河湖整治十大专项行动，累计整治入河排污口 1 909处，清理水面岸坡垃圾杂物 17 万吨，排查整治河湖岸线违规行为 1 318 处，清理拆除非法围网管桩 9 996 处，整治“三无”船舶 1 286艘，排查清理住家船舶 79 艘，河湖环境突出问题基本得到解决；制定美丽河湖建设标准，出台美丽河湖岸线基础设施建设指引，重点巡查 26 条市级骨干河道，完成整改 2 815 个。

2021 年，无锡市共发布美丽河湖行动红黑榜 12 期，评定黑榜河道 89 条、红榜河道 88 条，下发提醒函、报告单 31 份，将自查、上级交办的各类问题汇成任务清单逐级交办，督促黑榜河道全部完成整改并及时开展整改效果“回头看”工作，推动问题整改落地见效；年内建成 80 条市级、64 条区级美丽示范河湖，全市河容岸貌明显改善，环境质量不断提升，伯渎河、九里河、万寿河、大寨河、富安新河等一批景观别致、各具特色的美丽河湖成为新的“网红点”“打卡地”，当地群众的幸福感和获得感显著提升。2021 年，无锡启动京杭大运河无锡段、梁溪河“两河”整治提升美丽河湖“一号工程”，年内先行实施“两河”整治示范段建设。

2021 年，无锡市将农村生态河道覆盖率纳入全省推进乡村振兴战略实绩考核指标体系。全市共有 173 条(段)、399.73 千米河道通过了省级复核，截至 2021 年底，无锡市建成农村生态河道 429 条(段)，共计 1169.4 千米，农村生态河道覆盖率达到 47.69%。滨湖区、惠山区、锡山区分获全省 76 个涉农县(市、区)农村生态河道考核前三名。

【水资源管理】 2021 年 6 月至 11 月，开展水资源(节水)专项行动行政检查，全市共立案查办水资源案件 13 起，依法处理各类举报和巡查发现的问题 47 起，有力打击了水资源违法行为。建立健全节水评价登记和上报制度，2021 年共对无锡新埭房地产开发有限公司等 17 家单位开展了节水评价审查。自 2012 年 7 月《无锡市供水条例》颁布实施以来，市区使用自来水的建设项目已经全面实施了节水方案评价审核制度，2021 年评价审核了 57 个建设项目。印发《关于调整市级重点监控用水单位名录的通知》，建立国家、省、市三级重点监控用水户名录，进一步强化对重点监控用水单位的监督管理。对年取用地表水 10 万立方米以上、地下水 5 万立方米以上的用水户均安装在线监控，并接入省水资源管理信息系统。将万元国内生产总值用水量降幅作为对政府考核的重要内容。认真贯彻落实《江苏省用水单位水务经理管理制度(试行)》，全市共设立水务经理 61 名，提高了用水单位节约用水的管理水平。强化重点计划用水户和年超计划用水 30%以上的计划用水户的用水审计工作，共完成 SK 海力士半导体(中国)有限公司等 11 家重点用水户的用水审计工作，其中包括省重点计划用水户 3 家。

根据《江苏省太湖流域水量分配方案》要求，对其中分配给无锡市的太湖流域河道内、河道外用水量进一步做了细分，以行政区和用水单元为对象，确定了水量分配份额。配合省水利厅做好南河—南溪河、武宜运河、漏湖等跨市河湖水量分配工作。印发实施《张塘河水量分配方案》《东青河、伯渎港、曹王泾河道水量分配方案》并提出了保障措施。

出台《无锡市节水行动实施方案》，稳步推进节水型社会和节水型城市建设。编制了《无锡市"十四五"节约用水规划》，提出了"十四五"时期全市用水总量和用水效率控制指标。持续推进国家级县域节水型社会达标建设，锡山区于2021年完成创建工作并获水利部命名，宜兴市国家县域节水型社会达标建设顺利通过省水利厅组织的技术评估和行政验收。全面开展水利行业节水型机关建设，惠山区玉祁街道水利站和宜兴市油车水库管理所高标准通过验收。积极推行"节水贷"，相关业务被纳入无锡市政府《双循环创新性政策措施研发项目任务清单（2021年）第一批》。推动节水型高校建设，2021年完成无锡科技职业学院等2所高校的对标建设。开展节水型企业建设，印发《关于进一步加强规上高耗水工业节约用水工作的通知》，梳理出173家高耗水行业企业名录，覆盖了全市所有高耗水行业。开展省级节水型工业园区建设，印发《关于开展节水型工业园区建设的通知》，推动全市工业园区节水改造和节水管理工作。高标准创建各类省级节水载体，全年共创建省级节水载体32家，超额完成了省下达的目标任务。积极开展水效领跑者行动，江南大学、无锡职业技术学院和无锡市市民中心被评为全国公共机构水效领跑者；无锡市机关事务管理局、无锡商业职业技术学院和无锡职业技术学院被评为第三批省级水效领跑者。

【农村水利】2021年，全市农村完成水利建设总土方219万立方米，加高加固圩堤5千米、土方4万立方米，更新改造圩口闸17座，新建、改造机电泵站41座。至2021年底，全市旱涝保收田面积率85.4%，有效灌溉面积率93.2%，节水灌溉工程面积率77.2%，灌溉水利用系数0.674。全面开展农村水利基础设施管护体制改革工作，编制《深化农村水利基础设施管护体制改革实施方案》，并会同市农业农村局、市政园林局下发各地，认真落实好农村水利基础设施管护体制改革的各项要求，为无锡农业农村高质量发展和全面推进乡村振兴提供了有力的水利保障。

2021年，针对省农业水价综合改革联席会议验收小组提出的整改意见，进一步配套完善供水计量设施，加强供水成本测算及监审，强化农民用水合作组织建设，深化宣传引导，巩固农业水价综合改革成果，持续促进农业节约用水、保障工程良性运行，不断提升农田灌排服务能力。

将市级农村水利专项资金中的642万元用于水土流失防治，带动有关市县（区）投入1 610余万元。落实各级专项资金2 252万元，2021年全市共建成生态清洁型小流域3个、国家水土保持重点工程1个，水土流失治理面积达13平方千米。龙寺水土保持科技示范园通过全国水土保持科普教育基地评审。

【工程管理】 2021年无锡市本级和江阴市作为事业单位改革试点，完成了事业单位改革，改革后全市共有9家水利工程管理单位，分别负责长江、太湖、望虞河等流域性河道堤防及口门建筑物，大中型水库，城市防洪工程等重点水利工程的运行管理任务。全市9家水管单位中，共有省级以上水管单位8个；17座小水库中有16座获省规范化小水库称号。无锡市水利工程管理中心和宜兴市横山水库管理所2个单位顺利通过了水利工程精细化管理评价验收，省下达的年度精细化管理任务全面完成。

全年累计开展水利工程监督检查（巡查）116次，发布质量安全监督通报4期，展开监督飞行检测3次，书面下达监督检查意见94份。开展对市县（区）的水利质量监督机构履职能力专项检查。组织全市质量管理条线监管人员开展现场交流和线上线下培训活动，积极派员参加第二届"工匠杯"江苏省水利建设工程质量监督技能竞赛，获得“进步奖”。

【防汛防旱】 2021 年，无锡经受了第 6 号台风“烟花”的直击和第 14 号台风“灿都”的外围影响。“烟花”带来的雨量在近十年台风影响过程中排名第一，太湖形成 2021 年第 1 号洪水，全市河湖库水位全面超警超限。6 月 27 日、7 月 4 日，我市遭遇两次短时极端强降雨，单站 1 小时雨量最大达 97 毫米，接近 50 年一遇标准，市区部分地区道路积水达数小时。面对台风、汛情，水利部门科学指挥调度，强化巡查排险，取得了防汛防台的全面胜利。全市水利系统中获全国水旱灾害防御工作先进个人 1 名、全省防汛抗洪工作先进集体 4 家、全省防汛抗洪工作先进个人 7 人。

2021 年 6 月 4 日—8 日，市防汛办在江苏省防汛抢险训练中心开展了防汛抢险技能培训暨实战演练。市消防救援支队、市防汛机动抢险队、各市县（区）防汛抢险现场指挥及技术骨干共 148 人参加培训演练。开工建设全国地级市第一个专业防汛抢险演练实训场。与驻锡部队签订联动战略合作框架协议，实现队伍共练共训、装备共建共享。开展社会力量参与防汛抢险奖励激励机制研究，向全市社会力量发出参与防汛抢险倡议书，激励企业及社会组织在我局登记备案。

2021 年市水利局在全省率先开展堤防灾害保险机制探索，研究课题列入市政府 2021 年度双循环创新性政策措施研发项目。市水利局、市财政局 2022 年安排专项资金 80 万元开展京杭大运河无锡段堤防灾害保险试点项目。

【水政执法】 2021 年，无锡水利局开展了打击长江采砂、河湖“清四乱”、水土保持督查、防汛清障等专项执法行动，组织执法巡查 3135 次，出动执法人员 8 522 人次，依法处理违法行为 105 起，现场处理 72 起，立案查处 33 起，罚款 119 万元。持续开展“树形象、严纪律、精业务、强队伍”建设，全面打造过硬的执法队伍。组织执法人员学习考试，两批共 15 人取得水行政执法资格；开展以《长江保护法》《行政处罚法》《安全生产法》为主要内容的法治培训班 2 次，全市 110 多人次参加。全力推动江阴长江非法采砂生态环境损害赔偿行政磋商与诉讼机制衔接，建立与公安、检察机关沟通会商和信息共享等机制。

印发《关于进一步深化全市水利行业安全生产三年专项整治工作的通知》《无锡市水利行业危化品使用安全专项治理行动实施方案》《无锡市水利局安全生产攻坚行动方案》，加强安全督查检查工作，全年开展专项检查稽查 25 次，发现一般安全隐患 247 处，全部整改到位。强化在建水利工程安全监管，对在建水利工程开展安全监督检查 18 次，发现一般隐患 80 余(个)处，发放告知书 10 余份，并落实闭环管理。开展既有建筑物安全隐患排查整治，全市排查既有建筑物 207 座，发现隐患第一时间整改。广泛宣传发动，先后 6 次开展安全宣讲活动，在“世界水日”“中国水周”期间，赴重点在建水利工程开展现场进行安全生产监督执法和宣传，向各参建单位、农民工发放《中华人民共和国安全生产法》《生产安全事故应急条例》《无锡市安全生产条例》等安全生产法律法规 200 余册，增强各参建单位和施工人员安全生产意识。

全面开展生产建设项目水土保持方案审批，全年各级水利部门审批生产建设项目水土保持方案 532 个，验收备案 130 个。积极做好水土保持遥感监管工作，认定查处违法违规水土保持扰动图斑项目 175 个，完成 2019—2020 年认定查处的违法违规扰动图斑项目整改销号。对 463 个已批准水土保持方案的在建生产建设项目落实方案情况进行监督检查，下达整改意见 296 份。扎实开展水土保持监督执法专项行动，对水土保持“未批先建”“未验先投”项目重点突击，发出调查、限期补办、责令停止通知书共计 139 份，立案查处6起。无锡市在省水土保持目标责任年度考核中排名全省前三、获评优秀等次，获省通报表扬。

【水利科技】 2021年11月25日，无锡市河长制管理平台顺利通过竣工验收，为全市河长制工作和河湖治理提供有力支撑。自2020年11月18日上线试运行以来，平台通过AI视频累计识别乱排乱倒、水体异常、河面漂浮物等问题34 845多件，AI遥感累计识别河湖岸线违法占用问题143件，无人机电子巡河累计2 220余千米，发现河岸垃圾、水面异常、侵占河道、排污异常、非法采砂等问题4 025件。大幅提升了全市河湖管理的精准性和工作效率。

【党建工作】 深入开展党史学习教育，启用无锡市水利局党员活动中心，发布“碧水映初心”党建品牌，着力将学习教育成效转化为推动水利高质量发展的强大动力；“开展河道整治达标攻坚行动，让群众享受更多清水绿岸”入选省级“我为群众办实事”首批项目。全面贯彻落实省委“两在两同”建新功行动和市委“三强三促”开新局要求，充分发挥基层党组织的战斗堡垒作用和党员先锋模范作用，让党旗在防汛防疫一线高高飘扬。

【宣传教育】 全年在门户网站共发布各类公开信息800余条，重大政策多元化解读率100%。开辟“党史学习教育专栏”，上传水利党员录制的党史知识音频，分享“学党史、悟思想、办实事、开新局”心得感悟。通过中央、省、市级媒体发布各类宣传报道200余篇，《新华日报》头版以《无锡“美丽河湖”行动添彩“水韵江苏”》为题宣传报道无锡市美丽河湖建设成果。全年通过官方微博累计推送信息212条，特别是防范台风“烟花”期间发布各类预警预报、防御动态36条，单条点击量最高达3.2万人次。全年通过“水韵无锡”微信公众号累计发布推文481条，围绕“美丽河湖建设”“党史学习教育”“我为群众办实事”等主题集中开展一系列有力度、有深度的主题宣传活动。组织开展“我身边的美丽河湖”“百河百景”等线上活动，进一步提升公众对水利工作的关注度。

创新打造“节水护水，你我同行”水情教育进校园品牌活动，先后共开展5批次水情宣讲，近千名中小学生接受水情教育，太湖-梅梁湖泵闸群成功入选首批省级水情教育基地；开展“太湖蓝藻治理”现场教学，由分管局领导为累计近400人次市管干部和青干班学员授课；组织拍摄《水利十二时辰》《河湖名城印记》等短视频，通过交汇点、学习强国、无锡博报等新媒体平台推送，并在地铁、市民中心LED屏滚动播放，充分展示无锡治水成果及新时代水利人风采。

【太湖治理】 水利部门切实做好蓝藻打捞处置和湖泛巡查防控各项工作，统筹防汛安全与生态安全，加大望虞河引江济太力度，优化梅梁湖、大渲河泵站调水引流方案，确保了饮用水源地安全，有力保障了太湖安全度夏形势总体平稳，圆满完成新中国成立70周年、建党100周年、长三角地区主要领导人峰会等关键节点和重大活动蓝藻湖泛应急防控保障任务。太湖连续14年实现安全度夏，太湖蓝藻打捞和湖泛防控工作分别获得省防控太湖蓝藻应急处置工作领导小组、省水利厅通报表扬。

蓝藻水草打捞处置。在5月中旬进入蓝藻打捞高峰期后，全市蓝藻水草打捞处置工作突出饮用水源保护区、湖泛易发区、风景名胜区、居民聚集区和交通干道沿线等重点区域，加密巡查监测频度，加大检查督查力度，发现问题立即提出整改要求，必要时安排专人蹲点督导督战。严格落实蓝藻集聚面积与责任人挂钩机制，压紧压实属地工作责任，坚持机械打捞与人工打捞、机动打捞与定点打捞、近岸打捞与离岸打捞相结合，在蓝藻集聚量大时统筹调度蓝藻打捞、藻水分离、藻泥运睢宁凌城大型灌区现代化改造项目，完成投资4.25亿元。大大提高了工程配套率，改善了灌区灌溉条件。

（3）农业水价综合改革。四部门联合下发了《关于进一步做好 2021 年度农业水价综合改革相关工作的通知》。根据《徐州市农业水价综合改革工作"回头看"督查方案》，定期开展督导检查。加强用水计量收费，严格计划用水、定额管理，落实超定额累进加价制度，确保农业水价达到运行维护成本。

（4）水土保持工作。实施了睢宁张圩、邳州黄楼水库、铜山柳泉和贾汪紫庄四个小流域综合治理项目，治理水土流失面积 44 平方千米，占全省治理面积的五分之一左右；徐州市在 2021 年江苏省水土保持目标责任考核中取得优秀等次。

【工程管理】（1）水库安全运行管理。全面落实水库"四个责任人"制度，对全市中小型水库及时调整更新责任人名单，通过报纸、政府网站向社会公布。开展水库安全检查，配合省水利厅对小型水库进行现场抽查，及时下发问题清单，明确整改措施和时限并监督落实；对正在实施水库降等的大坝湖、杨洼水库定期进行现场查看；对省水利厅交办的水库遥感监测违法点逐项现场核查确认，并将处置情况及时反馈省水利厅；对全市小型水库开展年度考核，根据考核等次下达管护经费 45 万元。

（2）水管单位管理。2021 年全市争取省级维修养护资金 2 209 万元，市直管工程落实市级维修养护资金 990 万元。完成 8 座中型闸站安全鉴定，对病险水闸加强工程巡视检查，编制应急预案，确保工程安全运行。完成汛期市区排涝、水质提升问题整改，市直袁桥、黄茅岗、段庄西、黄河新村四座排涝泵站对泵站前池开展清淤和水面保洁，严格按照调度指令开机运行，及时补水换水，改善河道水质。对全市 110 座中型以上涵闸资料图纸及技术资料进行整编。

（3）达标创建工作。华山闸通过国家级水管单位验收，实现徐州市国家级水管单位"零"的突破。市区河道管理处顺利通过省一级水管单位复核，市直奎河闸站、睢宁县庆安水库成功创建省二级水管单位，沛县韩坝闸站、邳州岔河翻水站创建省三级水管单位；新沂市王庄闸、小新河抽水站通过省三级水管单位复核；新增贾汪区大进口水库为省级规范化小水库；新沂黄草关、邳州艾山、铜山水口等 7 座小型水库通过省级规范化小水库复核。

【防汛防旱】（1）雨水情。1—9 月徐州市全市平均降雨量 1203 毫米，较多年平均降雨量明显偏多。其中汛期（6－9 月），全市平均降雨量 1021.4 毫米，较多年平均降雨量 568.7 毫米明显偏多。上下级湖、骆马湖、中运河、新沂河等河湖持续长时间泄洪、行洪，中运河运河站出现了自 1950 年建站以来最大洪峰流量，达 3 840 立方米/秒。

（2）防汛工作。2021 年汛期，徐州市遭遇了有记录以来影响时间最长、过程雨量最大的台风"烟花"的严重侵袭，全市普降暴雨、大暴雨，局部发生特大暴雨，主要河湖水位全面上涨，中运河出现历史最大洪峰流量。全市各级各部门精准调度水利工程，落细落实防御举措，累计派驻 21 个专项组深入一线指导抗洪，下达调度指令 154 条，出动各类抢险力量 643 支 2.5 万人、各类机泵 77 台套，取得了无人员伤亡、无重大损失、无重大险情的全面胜利，获得市委、市政府主要领导专门批示表扬，受到省委、省政府表彰。

（3）用水保障。完成南水北调调水任务，全年向省外调水累计 6.74 亿立方米。积极协调省供水源向骆马湖补水累计 3.77 亿立方米。市管主要泵站累计翻水 7.7 亿立方米，有效保证骆马湖、微山湖水源地及工农业、航运、生态需求。

【水政执法】 (1)专项执法行动。2021年3月起，组织开展了三轮打击违法排水行为专项执法行动，全市累计查处违法排水行为590件，立案37件。对10家水务在建工程施工单位中安全生产问题比较严重、风险隐患较大的单位进行立案查处，责令限期整改。

(2)水土保持费征收。全年共计征收水土保持费182.22万元。

(3)水政执法队伍建设。严格落实公示、全过程记录和重大执法决定法制审核制度，举办全市水行政处罚案卷评查研讨会。新沂市、丰县等7个执法基地全面投入使用，两艘投资212万元的执法艇正式"服役"，实现省、市、县三级执法网络全覆盖、信息云共享，有效提升徐州市水政执法实战效能和应急能力。

【水利科技】 在研科技项目到期结题率100%，受到省水利厅通报表扬。组织召开2021年度学术论文专家评审会，对优秀论文作者进行通报表彰，汇编印发《徐州水利论文集》。先后组织召开5次学术会议，加强学术交流与对外合作，推进新技术应用。邀请高校污水处理专家，6次深入公司企业提供技术咨询服务。徐州市水利学会获"全市科协系统先进集体"称号。

【党建工作】 严格履行党风廉政建设"一岗双责"，开展2次常规集体廉政谈话，共计110余人次参加，累计排查梳理廉政风险点74项，完善相关制度措施，确保权力规范运行。

印发《关于开展党史学习教育的实施方案》。举办"学习强国"进机关首站党史知识竞赛活动。开展"我和党史学习教育的故事"征集活动，开展党史、"四史"、"七一"重要讲话精神等专题辅导7次。组织45名局属党组织书记赴淮安参加专题培训，传承红色基因，提升党支部书记政治能力和履职能力。局属各党组织共开展"党史学习教育"、"四史"宣讲等68场专题授课。印发《徐州市水务局"我为群众办实事"实践活动实施方案》，徐州市水务局报送的"徐州市区奎河综合整治工程"入选了市级"我为群众办实事"第一批项目。

印发《徐州市水务局文明劝导志愿工作方案》，组织机关志愿者服务队投身疫情防控一线，累计200余人次协助社区开展核酸检测等志愿服务保障工作。举办"关爱山川河流·保护大运河"志愿服务活动，机关党员和河小青志愿者共计60余人参与窑湾镇大运河沿岸垃圾清理。

【宣传教育】 2021年，徐州市水务局在中央电视台、《新华日报》、《中国水利报》、"学习强国"平台等中央和省部级以上媒体发表宣传稿件31篇(次)，在市级以上新闻媒体发表宣传稿件337篇(次)，其中《中国水利报》以《守一城碧水 护河湖长清》为题，报道了我市河湖长制工作情况，并以专版形式刊发《江苏徐州：人民伟力绘就水韵新篇》，聚焦红色地标城市，探寻我市水利变化。《新华日报》以《退养还湖 永续碧水清波》为题，大篇幅报道了我市南四湖鱼塘退养工作做法。市级媒体上开展连续6期"写好水文章 润泽幸福城"专题新闻宣传，为水务事业高质量发展营造了良好舆论环境。

大力做好干部职工能力提升培训，对2019—2023年党员培训实施情况进行中期评估，不断改进培训方式方法，进一步提升培训效果。制订2021年度职工培训计划，开设21期培训班，并继续做好2021年省水利厅与河海大学联合举办学历教育班水务职工报名审核工作，全系统共30人报名参加。

【水务管理】 (1)启动实施供水提质增量工程。更新改造城市供水管网324千米和农村供水管网1 200千米。启动市区第四(刘集)水厂建设，丰县第二水厂(20万吨/日)EPC开始招标，睢宁县第二水厂完成勘察设计招标、征迁等前期工作。

(2)突出抓好排水防涝。2021年4月，徐州市政府专门召开市区排水防涝工作会议，印发调整后的《徐州市区排水管网安全运行责任分工表》。各级排水管理部门汛前完成排水管网清淤工作，共计清淤沟管 2 000 余千米。同时加强对涵闸、泵站的维护保养，确保汛期随时启用。创新出台市区易积水点责任清单，明确 200 处点位责任单位、责任人及联系电话，并在媒体和社区公布，方便公众联系，获得市民好评。

(3) 深入推进城镇污水处理提质增效三年行动和精准攻坚“333”行动。完成达标区 41 个排查检测污水管网 1 933 千米，消除管网空白区 24 个，共计 45.9 平方千米，以及污水直排口 132 个；共整治工业企业排水 653 家、“小散乱”排水户 1 250 户；新增污泥处置规模 730 吨/天、污水管网 617.7 千米；新建、扩建污水处理厂 8 座，市区污水处理能力达 83 万吨/天，集中处理率达 97%，城市、县城、镇级污水处理设施全覆盖、全运行，城市生活污水处理全部达一级 A 排放标准，有效提升污水处理效能，保障城市水环境安全。

（颜笑）

常州市

【工作概述】 2021 年，常州市围绕“兴水利、建水网、治水患、强管理”，扎实推进各项工作，全年完成水利建设投入 24 亿元，维持高位。《常州市“十四五”水利发展规划》《常州市水利基础设施空间布局规划》等一批规划基本完成。“市域片区特征水位”正式印发，形成覆盖全域、符合标准、上下协调、安全可靠的河网洪水防御“一张图”。一批标志性重大水利项目加快落地见效，为常州“十四五”开好局、起好步提供可靠的水利支撑和保障。

【水利建设】 水利工程前期工作切实加强。印发《常州市水利重点工程建设三年行动方案(2021—2023 年)》《加快推进常州市城市防洪工程建设实施方案》，围绕“补短板、强基础、利长远”导向，统筹推进骨干工程、生态河湖、城乡水利建设，三年实施项目 86 项，总投资约 160 亿元。2021 年建设项目 51 项，完成投资 19.5 亿元。重大工程建设进度切实加快。永安河拓浚整治工程通过竣工验收。新孟河延伸拓浚工程实现全线通水，环太湖大堤剩余工程全面完成；武进滆湖退圩还湖、溧阳北河、金坛通济南河等区域治理工程提前超额完成省下达常州的年度建设任务。常州城市防洪节点工程凤凰河闸完成验收，皇粮浜闸完成水下施工，德胜河外江段整治进度过半。大溪水库(大型)主坝坝体防渗处理、7 座非重点塘坝除险加固等地方基建项目全面完成。概算投资 21 亿元的魏村枢纽扩容改建工程启动建设，工程由 180 米×23 米×4.0 米双线船闸、净宽 40 米的节制闸及引排泵站(排水流量 160 立方米每秒、引水流量 60 立方米每秒)组成。工程完成后，将进一步提升区域防洪除涝能力和市域航道网效益。实施“美丽库区 幸福家园”和产业扶持项目 12 个，工程项目投资概算约 1.6 亿，其中 8 个列入省水利厅重点项目，移民后扶资金近 1.2 亿。农村水利建设超额完成年度任务。建设农村生态河道 21 条，疏浚农村河道 176.24 万立方米。溧阳市、金坛区 4 个生态清洁小流域通过省达标评定。

【河湖长制】 完善“河长制＋”工作体制，建立“河湖长＋检察长”协作机制，按照“观察员、通讯员、协调员、督察员、书记员”定位，印发《常州市河长制工作交办制度》，河长制 APP 及管理平台上线并常态化运行，47 条市、县级跨界河湖建立协同共治机制。金坛率先组建首家村级河长制工作站。全省首个镇级跨市联合河长制工作机制——雪堰—阳山—胡埭联合河长工作机制在武进区雪堰镇启动。全域实施河湖长制“清晏行动”，累计排查排污口 4 236 个；清除乱占 235 处、乱堆 110 处、乱建 30 处；清理水面垃圾杂物 2.19 万吨；清理岸坡堆积物 0.21 万吨、乱垦乱种 55.64 万平方米、畜禽养殖 303 处、复绿 13.74 万平方米、维修养护 411 处。2021 年河湖长制工作顺利通过省政府专项督查。2017—2020 年河湖长制工作通过省级评估。市河长办获评水利部“全国全面推行河长制湖长制工作先进集体”；溧阳市被省政府列为“2020 年河湖长制推进力度大、河湖管理保护成效明显”的地方之一，获激励通报；金坛区河长办获中华全国总工会“全国工人先锋号”荣誉称号；武进区葛庄村小微水体治理作为江苏河长制治国理政生态文明建设的典型案例之一，由国务院发展研究中心专题专场向国际社会发布。

【河湖管理】 积极规划打造生态河湖升级版，对标“幸福河湖”，承接 2019 年以来的良好发展势头，出台《幸福河湖实施意见》，制定《幸福河湖评价办法》《幸福河湖建设规划》。推动五好河道、生态河湖向幸福河湖建设转型。金坛区钱资湖、武进区永安河成为江苏省第二批幸福河湖建设样板。组织市级“两违”自查，顺利通过省级抽查，配合开展河湖“清四乱”专项整治“回头看”工作。全面铺开小微水体治理工作，建成 17 条市级“五好河道”；建设小微水体示范村(社区)22 个，累计排查小微水体 14 413 个并全部纳入长效管护体系；3 742 个问题小微水体，完成治理 2 088个。

【水资源管理】 “十三五”期间实行最严格水资源管理制度考核工作获得省通报表扬。全省率先完成 3 处国家重点监管取水口规范化建设，实现魏村水源地等 4 处县级以上集中式水源地标准化管理。滆湖、长荡湖等 4 处河湖生态水位相继确定。丹金溧漕河等 7 条河道水量分配方案全部确定。5 个大中型水库生态评估基本完成。完成全省水量最大的水权交易，沙河、大溪水库灌区农业节约的 1 500 万立方米取水指标正式由政府回购，配置城乡生活用水。市域水资源费征收首次突破 1 亿元。《常州市非常规水源利用规划》通过审查，制定节水载体长效管理实施办法，编制《常州市规划和建设项目节水评价技术导则》《用水户精细化管理手册》，启动节水型园区、节水型服务区建设。完成合同节水项目 7 个，推广循环用水、废水深度处理和中水回用项目 17 项，年节水 170 余万立方米。建成省、市两级节水型企业 20 家，省、市两级节水型单位 25 家。申报省、市两级水效领跑者 12 家。天宁区成功建成国家级县域节水型社会。常州市新闸中心小学荣获首批国家级公共机构“水效领跑者”称号，常州高新区生命健康产业园成功创建江苏省首批节水型工业园区，在国家级水效领跑者、全省节水型工业园区建设方面实现“零”突破。

【工程管理】 新一轮国普河道划界工作顺利收尾，市本级 19 条重点河湖库保护规划基本完成。金坛区钱资湖、武进区永安河幸福河湖和数字河湖建设全面启动实施。全市规范化小水库创建率超过 96%。溧阳市、金坛区相继创成全国深化小型水库管理体制改革样板县。创建省级水利风景区 2 家，省水利精细化管理单位 1 家。青龙潭水利风景区成为江苏首批、常州首个水情教育基地。7 处水利遗产列入省水利厅首批省级水利遗产名录。新增省二级水管单位 2 家，水利精细化管理 3 家。钟楼大运河安基水利风景区和武进永安河水利风景区通过省评定，实现县域省级水利风景区全覆盖。

【防汛防旱】 2021 年汛期，呈现“降水总量偏多、影响台风强度偏强”的特点，全市平均梅雨量 251.1 毫米，比正常略多；汛期遭遇 2 次台风影响，其中第 6 号台风“烟花”停留我市 5 天，为江苏有气象记录以来停留时间最长的台风，受其正面冲击，大运河常州站、滆湖坊前站、长荡湖王母观站水位超保，最大涨幅 2.83 米(丹金漕河丹金闸站)，沙河、大溪水库水位双双超历史。太湖发生“2021 年第 1 号洪水”，长江镇江段以下水位普遍超警。围绕确保度汛安全的要求，扎实开展汛前大检查，新修订《常州市防汛防旱应急预案》于汛前印发，出台《常州市水情旱情预警发布管理办法》，市防指和金坛区防指联合举办防汛防台风应急抢险演练。开展 2021 年常州市防汛防旱应急预案桌面推演暨应急联合会商。水利、应急、气象、水文建立预警发布联动机制，实行日常“定期会商”、应急“实时会商”、“工作动态防办汇总、灾情信息应急扎口”等一系列工作规定，规范发布程序。汛期，通过省预警信息发布中心、常州市“12379”预警平台、移动短信平台，发送预警信息 1 700 万人次。防汛工程和抢险调度更加精准。超前预降河湖库水位，“烟花”过境前，大中型水库水位降至汛限 0.50 米以下，市区河道水位预降 0.25 米左右，水库累计泄洪量 1.06 亿立方米，为迎接后续洪水留出空间。7 202 人紧急转移避险，1 615 艘船只靠泊避风。沿江水利工程开机北排 31 天，低潮抢排 77 天，向长江排水 2.40 亿立方米，发挥显著的防洪减灾效益。

【水政执法】 强化法治水利建设和普法工作，《常州市河道管理条例》列入市人大立法调研项目。《常州市水文管理办法》报请市政府审议；出台《常州市水利局贯彻实施〈长江保护法〉任务清单》。贯彻《江苏省水利厅关于加强和规范行政审批事中事后监管工作的实施意见》，运用“互联网＋监管”平台，完善实施清单，监管行为数据覆盖率超过 85％，依法常态化做好突发事件处置。常态化开展河湖监管，通过组织开展水行政执法专项监督、汛期清障专项执法行动、河湖“清四乱”专项整治“回头看”现场复核等活动，不断强化对水事违法行为的查处力度。全年新立案 34 起，结案 30 起，做出行政处罚 91.8 万元，追缴水资源费 82.09 万元。办结陈年积案 3 起。围绕长江保护、采砂管理综合整治，深化部门联动联防机制，与长航公安建立长江河道采砂管理合作机制，牵头开展长江河道采砂综合整治行动，开展包容审慎执法监管。涉及非法取水等轻微违法行为免予行政处罚的事项被市法制办予以采纳，办理涉及非法取水等轻微违法行为免予行政处罚的事项 4 起，为全市优化营商环境做出积极贡献。

【水利科技】 采用水文统计、模型演算、工程成果衔接 3 种技术方法，以市域 15 条骨干、6 条山丘区主要泄洪河道为载体，开展特征洪水位的分析与研究，形成了覆盖全域、符合标准、上下协调、安全可靠的河网洪水防御“一张图”。重新修订了常州市水系图、常州市主城区水系图。出台《常州市水利信息化项目验收办法》，投入资金 70 余万元，开展安全整改、机房整改及视频上云等网络安全项目专项建设，进一步提升水利系统网络防御能力。实施用水信息化管理系统建设，将全市规模以上用水单位全部纳入信息化管理，实现用水户台账管理标准化、电子化。完成河湖长制信息系统国产化改造项目建设并试运行；开展智慧水土保持监管平台建设，年底上线试运行。

【党建工作】 扎实开展党史学习教育，组织党员干部赴溧阳新四军纪念馆、张太雷纪念馆、恽代英广场等参观学习 22 次，重温入党初心，确立每周一领导班子集中理论学习机制，设立了系统干部“每月一讲”和季度讲评制度，开办党史专题读书班，设置“党组书记下午茶”，搭建起党组书记与普通党员、干部职工沟通的桥梁。成功创建市级机关公务员平时考核示范点。抓紧年轻干部队伍培养，局属单位调整、提任中层干部 17 名。35 周岁以下干部占提任人数的 37.5％。开展规范移动互联网应用程序整治指尖上的形式主义工作，清理微信群19个，QQ群22个。制定“一个县区一个单位、一名班子领导牵头联系、一抓到底”的包干责任制，落实“一周一碰头、一月一调度”的推进机制。小微水体整治和农村河道疏浚成为市委党史学习教育“为民办实事”内容。“清源畅流 水韵龙城”成为市级机关首批单位品牌。

【宣传教育】 水情宣教载体不断创新。率先出台《常州市“十四五”水情教育基地设立及管理办法》《常州市水情教育基地建设指南》，强化载体建设，强化与媒体融合，协力办好与常州广播电视台、《常州日报》、《常州晚报》合作的“常州全面治河进行时”“河长制河长治”“河湖长在行动”专栏。防汛紧急期间，《常州日报》辟出图文专版，常州广播电视台新闻广场深度报道节目，报道水利系统抗灾工作。深挖治水先贤红十字基因，青龙潭建成常州市红十字志愿服务基地、常州市红十字文化传播基地，成功打造“红十字文化＋绿色水利”特色宣教品牌，常州红会建会百年纪念活动在基地举行，建会一百周年纪念碑亦在基地落户。

【水利改革】 更名组建市水利工程建设处，承担市级财政投入项目建管主责。实施水利“互联网＋招标”建设，市水利工程建设招标投标交易系统正式移交市公共资源交易中心，2021年全市水利工程交易完成106宗，“不见面”开标率实现100％。组织常州市水利优质工程评选，评出首批12个市水利工程文明工地。以提高行政效率为导向，深化“放管服”改革，取水许可承诺办理时间缩短至13个工作日，全省率先实现取水许可电子证照全覆盖应用。首个开发区水土保持方案区域评估报告正式批复，1709公顷园区项目水土保持方案审批实行承诺制管理。以方便基层为第一要务，积极为企业减负增效。取水许可论证书（表）技术审查费由财政全额承担。帮扶45家地下水源企业转用公共供水，12家省级节水型企业水资源费享受8折优惠。涉河建设项目审批管理先行先试。全省首次以“河道管理范围内从事有关活动”事项许可长江工程性疏浚行为。

（张勇）

苏州市

【工作概述】 2021年，苏州市全面完成防疫、防汛、防旱、防藻、防台、防冻等“六防”任务。《苏州市“十四五”水务发展规划》由市政府印发，推进流域、区域、圩区、城市防洪排涝工程建设，成功抗御台风“烟花”“灿都”，实现“不亡人、不伤人、少损失”目标，做到确保饮用水安全、确保不发生大面积湖泛、确保城区不发生蓝藻集聚“三个确保”。落实第1号总河长令，全域开展“消劣争优”专项攻坚行动和生态美丽幸福河湖建设，完成污水处理提质增效年度任务，消除城市建成区劣五类水体，国家县域节水型社会达标建设实现全覆盖，建成首家省级节水型工业园区，推动尾水、中水等非常规水利用。推进“运河十景”配套项目、太湖水文化馆、苏州水文化公园等水文化载体建设，印象苏州水文化馆创建省级水情教育基地。《苏州市供水条例》正式实施，七浦塘入选全省唯一一条第二届全国“最美家乡河”；张家港市被列为全省唯一一家国家级水土保持示范市（县）；苏州市水务局获评水利部“全面推行河长制湖长制工作先进集体”，江苏省委、省政府“全省防汛抗洪工作先进集体”。

【水利水务建设】 2021年，全市水利水务投资计划为55.46亿元，实际完成投资73.25亿元。全市纳入省水利重点工程建设计划17.17亿元，实际完成投资17.36亿元。

东太湖综合整治后续工程、大运河苏州段堤防加固工程及环太湖大堤剩余工程基本完工，完成望虞河西岸控制工程竣工验收、常沙河闸站机组启动验收、徐六泾江边枢纽工程水下验收，推进吴淞江（江苏段）整治、徐六泾整治、大德塘整治等工程前期工作；其中，大运河苏州段堤防加固工程累计完成堤防加固151.48千米，完成年度投资16亿元，徐六泾江边枢纽工程通水，完成年度投资6 830万元。全市新建供水管道195.55千米，改造供水管道225.54千米；新、改（扩）建污水处理厂9座，完成1 049千米污水管道建设和331个自然村生活污水治理，建成388个污水处理提质增效达标区和4个尾水生态净化湿地。加强建设管理，制定《苏州市水利水务工程建设管理工作指导意见》《苏州市水利工程建设质量提升行动计划（2021—2023年度）》《苏州市水利工程建设“十四五”（2021—2025年）质量提升行动方案》，修订《苏州市市级政府投资水利工程变更备案实施细则》《苏州市水利工程建设从业单位履约考核和信用管理办法》，完成64家从业单位履约信用等级评定工作，开展安全生产三年专项整治，推进安全生产标准化建设，加大项目稽查力度，狠抓安全文明施工。长江澄通河段铁黄沙整治工程获评大禹奖，苏州高新区建林河闸站工程获评省优质工程，“新增污水厂处理规模每天20万吨，建设200千米污水收集管网，完成50个小区雨污分流改造”实事项目获评苏州市年度十大民心工程。

【河湖长制】 2021年，推进“消劣争优”全面消除劣五类水体专项行动，全市共排查出劣五类水体1207条，约占全市河道总数的5%，制定“问题、责任、项目”三张清单，下达劣五类水体四年整治计划（2021—2024年），全年完成371条劣五类水体整治任务，基本消除城市建成区劣五类水体。推动各级河湖长履职，加强基层河湖长履职督察。苏州市级党政双总河长开展巡河42次，下发市级河湖长工作交办单13份，下发市河长办工作交办单91份，推动涉河难点堵点问题解决。全市5 106名各级河湖长累计巡河25万余次，处置各类河湖问题21 810项，拆除涉河违建19.43万平方千米，清理岸线34.46千米、恢复水域5.6万平方千米；制定下发330项重要河湖“一事一办”工作清单，自然资源确权登记、重要断面水质达标、农业面源污染治理和生态美丽河湖建设等相关任务均全部完成。长江张家港湾生态修复实践、长三角一体化示范区“跨界联合河长制”、太湖金庭镇生态产品价值实现案例分别入选联合国、国家级、省部级案例选编。

【河湖管理】 2021年，推进“消黑、除劣、争优”三步走，全域开展生态美丽幸福河湖建设，制定外塘河、元和塘、元荡、頔塘等22条市级生态美丽河湖建设方案和平江河、山塘河、学士河等7条特色历史水街建设方案。2021年，全市建成673条生态美丽幸福河湖、累计建成1060条，水质均达到四类及以上标准。七浦塘获评全国“最美家乡河”，浒光运河（高新区段）、朝东圩港、海洋泾获选省幸福河道建设示范样板。贯彻国家水网理念，以“三横两纵”骨干水系和“一环三横四直”古城水系为基础构架，系统建设“通江达湖、河湖畅通”水系网络。系统开展生态治理，严格水域岸线管控，推进长江太湖生态涵养区、环湖湿地带、水下森林等河湖生态修复项目建设，张家港湾生态修复实践入选联合国可持续发展优秀实践案例。出台《苏州市太湖生态岛条例》，探索建设“山水林田湖草”一体化先行示范点，打造高品质环太湖生态蓝带，协同推进环太湖、吴淞江、阳澄湖、澄湖等科创绿廊建设，太湖苏州片区水质达到“十三五”以来最好水平。加强岸上源头污染防治，2021年建成首家省级节水型工业园区，淘汰和整治低端低效企业2 413家，标准化池塘改造达90%

以上。排查整治长江、太湖入河排污口1.4万余个，长江干流及主要通江河道水质达到Ⅲ类以上。推进污水处理提质增效精准攻坚“333”行动，城市生活污水集中收集率和农村污水治理率分别达90%、96%。

【水资源管理】 2021年，完成新一轮《苏州市水资源综合规划》修编、《苏州市地下水规划》编制工作，下达《2021年度实行最严格水资源管理制度目标任务》，细化落实区域用水总量、用水效率指标，统筹平衡省用水总量任务分配，在吴江区率先开展“四定”试点工作。严格执行取水许可政策，加强取水许可全过程管理与用水定额管理，查处违法取水行为，完成57个取水工程(设施)规范化建设。推进吴江区、吴中区、常熟市三个经济开发区水资源区域评估工作，开展张家港市、太仓市和常熟市水权交易试点改革，完成国家重点取水口标准化验收。推进节水型社会建设，国家县域节水型社会达标建设实现全覆盖，建成首家省级节水型工业园区，20家高校达到节水高校标准，创建81家省级、64家市级节水型企业、单位、小区和学校，建成2家省级水效领跑者企业。加强水资源保护，发布全国首个地级市河湖健康评价地方标准《河湖健康评价规范》(DB3205/T 1016—2021)，制订2021—2024年全市河湖健康评价方案，全年开展河湖健康评价52个，其中河流35条，湖泊17个。制定《苏州市河湖生态水位保障实施方案(试行)》，严格实施对取用水的管理，加强取水计量监测，统一调度水量，保障河湖生态水位。按照《集中式饮用水水源地管理与保护规范》(DB32/T 4030—2021)开展饮用水水源地规范化建设，完成长江浒浦、长江新海坝、长江浏河口、太湖庙港、太湖北亭子港、太湖贡湖金墅港、太湖渔洋山、太湖寺前、太湖镇湖(上山)、尚湖、傀儡湖等水源地规范化建设。

【农村水利】 2021年，全市完成农村水利建设投资19.7亿元。轮浚各级农村河道1 320条895千米，完成河道土方956万立方米；建设农村生态河道397条405千米，建成各类生态护坡332.7千米，县乡级生态河道覆盖率达到45.25%；加高加固圩堤40.3千米，更新改造圩区“三闸”(防洪闸、分级闸、套闸)76座，建设排涝站52座、挡墙护岸46千米。完成水系连通及水美乡村建设试点县项目，治理河道17条(段)，新开河道4.06千米，治理湖塘7个，建设滨岸带0.16平方千米、生态护岸31.41千米、堤防8.2千米、环湖步道11.85千米。全市审查和批复生产建设项目水土保持方案1 419个，落实水土流失防治责任范围1.22万公顷，完成713个图斑现场核查和违规认定，张家港市被列为全省唯一一家国家级水土保持示范市(县)。

【工程管理】 2021年，完成水利部2019—2020年水闸安全运行检查全部87个问题整改、2021年7个问题整改和2021年度大中型水利工程安全鉴定工作。开展全市35座水闸安全运行抽查。加强水利工程精细化管理，推进全市13家水利工程管理单位(国家级4家、省级5家)精细化管理工作，昆山市水域管理中心通过省二级水利工程管理单位复核，江苏省望虞河常熟管理所通过省二级水利工程管理单位验收、苏州市河道管理处通过省三级水利工程管理单位验收，4家国家级水利工程管理单位通过省水利工程精细化管理单位验收，苏州市水利工程管理处通过国家一级安全生产标准化建设、苏州市河道管理处通过省安全生产二级标准化建设验收。建设水文化载体，明镜荡水利风景区(国家级)通过省级复核，印象苏州水文化馆创建省级水情教育基地，完成8处省级水利遗产申报，截至2021年底，全市建成6个国家级、7个省级水利风景区。2021年，全市大中型水闸累计安全运行4 913天，引水37.55亿立方米、排水72.72亿立方米，泵站累计安全运行

10.8万小时，抽引水量16.39亿立方米。

【防汛防旱】　(1)汛期雨情水情。2021年汛期(5—9月)，苏州市面平均降水量为804.6毫米，较多年面平均降水量666.3毫米偏多20.8%，降水主要集中在7月和8月，分别较多年平均降水量偏多113.9%和24.9%，6月10日入梅，7月11日出梅，梅期共31天，较多年平均23天偏长8天，全市累计面平均梅雨量196.3毫米，较多年面平均梅雨量偏少6.6%。汛期遭遇风、暴、潮、洪四碰头，苏州市主要河湖水位快速上涨，台风"烟花"影响期间，全市各主要河湖站点水位普涨0.62～1.26米，主要河湖全面超警戒水位，7个超保证水位，其中吴江区太浦河平望站水位4.45米、昆山市淀泖区陈墓站水位4.33米，创历史新高。

(2)防汛防台工作。2021年年初，苏州市调整市防汛防旱指挥部组成单位，4月底，市政府召开全市防汛防台工作会议，与各地签订责任状，明确各县级市(区)防汛防台责任。9月，根据省防汛抗旱指挥部要求将市防汛防旱指挥部更名为防汛抗旱指挥部。市水务、气象、应急等部门制定《应对突发灾害性天气的联动工作机制》，市应急、水务、消防等部门建立应急抢险联动机制，一体化推进防汛防台风工作。加强预演预案工作，编制超标洪水防御预案，建立气象、水文、水务分析会商机制，实时调度雨情、水情、工情、险情，加强突发灾害性天气监测分析和预报预警。开展城市下穿立交、地下空间、隧道涵洞、轨道交通在建工地等重点部位检查，制定应急预案，落实排涝措施，提前进行演练。落实"上游分流、自身强排、下游畅通"调度原则，结合雨情水情，一方面降低区域河网水位，另一方面加快太湖洪水下泄。汛期，成功抵御台风"烟花""灿都"和10月10日苏州工业园区强降雨，实现"不亡人、不伤人、少损失"目标，城市运行正常有序。

(3)台风。2021年，第6号台风"烟花"先后两次登陆，持续时间长、行进速度慢、积蓄能量强、影响范围广，连续5天大风为历史上最多，全市面平均雨量183.4毫米，最大雨量306.6毫米(吴江区盛泽镇)，全市各主要河湖站点普涨0.62～1.26米，全面超警戒水位。持续北风造成太湖水位相城区望亭段比吴江区七都段长时间低1.0米，前期降雨集中在苏州南部地区，造成运河水位吴江区平望段比姑苏区枫桥段高0.3米，运河出现南水北流。全市召回各类船只4 654艘、上岸13 512人，危房转移8 865户、22 724人，停工工地14 155个、转移124 526人，造成农业生产经济损失约3 870万元。第14号台风"灿都"风力强。其间，最大风力23.8米/秒，降雨主要集中在太仓市、昆山市、吴江区，最大雨量94.1毫米(昆山市千灯镇)，全市主要河湖水位平稳，涨幅为0.05～0.33米。全市召回各类船只1 898艘、上岸3 176人，危房转移466户、1 116人，停工工地3 751个、转移4 286人，除张家港市、吴中区有少量水稻受大风倒伏外，无其他受灾。

【水政执法】　制定《苏州市落实水行政执法监督行动方案》《苏州市水政执法全过程记录实施办法》《苏州市水行政许可受理范围》，开展2021年度水行政执法案卷专项评查活动；联合公安、交通、渔政等单位成立"苏州太湖水域联勤指挥中心党建联盟"。全年组织水政执法巡查8 271次(含打击长江非法采砂巡查)，现场制止违法行为499件，清除违章建筑2 349平方米，清除违章占用3 580平方米，清除网簖3 327处，查处各类水事违法案件86件。苏州市与上海市、无锡市、南通市、泰州市开展定期联合执法行动，全年组织长江采砂管理执法巡查807次。

【水利水务科技】　2021年，推进科技项目升级转型，落实14项总额229.5万元市水利水务科技项目、1项市级科技项目、2项省水利科技项目，申报市级自然科学优秀学术论文2篇。加强与同济大学、河海大学、清华大学苏州环境创新研究院等科研院所，在水环境治理、水污染防治、水生态修复、高品质供水等方面的交流合作。深化与中交建集团、国投集团战略合作，推动特种船只研发、有机废物资源化利用、淤泥(污泥)资源化利用、大口径深井作业技术应用等项目落地。推动数字赋能，以水利部智慧水利试点为契机，推进"智水苏州"系统平台建设，建成防汛排涝、水利工程建设与管理、河湖长制、供排水等业务管理平台。

【党建工作】 2021年，严格落实三会一课、专题民主生活会等组织生活制度，深入开展党史学习教育，开展局党组中心组(扩大)学习会17次，实施"领航、铸魂、强基、融合、清风"五大模范机关创建工程，选优配强3个基层党组织书记，做好1个基层党组织换届和4名党员发展工作，创建"供排水先锋""碧水守护"等市级机关优秀党建品牌，推进"全面加强党的领导和建设，积极推进三项改革举措"局党组书记项目和12个基层党组织书记项目。推动"两在两同"走深走实，开展25个"我为群众办实事"活动，推出9项惠民利民微实事，组织10余次"在职党员统一服务日"活动。建立党组书记及班子成员党支部工作联系点制度，常态化推进调研和党课活动。召开全面从严治党暨党风廉政建设工作会议，排查廉政风险岗位197个、风险点254个，制定防范措施780条、绘制重点涉权事项运行流程图73张。加大干部交流力度，调整使用科级干部36人次，推进6名普通干部轮岗交流；优化干部队伍年龄结构，新提拔1名"80后"、3名"85后"副科职干部，推荐1名"90后"干部到市政府研究室挂职锻炼；加强专业人才引进，新招录21人，水务专业人员占85.7%，研究生比例达47.6%。

【宣传教育】 2021年，推进水文化载体建设，完成枫桥片区清淤净化工程、京杭大运河苏州姑苏段闸站风貌提升工程，加快推进长浒大桥景观节点工程、京杭大运河苏州段堤防加固新增防洪达标及零星工程，以及望亭、枫桥、觅渡桥、澹台湖4座水文水位站风貌提升工程等"运河十景"配套项目建设，完成苏州水文化公园项目前期工作。推进水文旅融合发展，协同推进7条历史水街、9个水乡古镇建设，大力开展省级及以上水利风景区创建和沿长江、沿太湖、沿运河管理单位提档升级。加强水情教育，完成昆山市、太仓市省级节水教育基地建设和申报，指导虎丘区、相城区、吴江区开展水情教育基地创建工作。加大水文化宣传力度，紧扣"节水中国、你我同行"主题，推进节水宣传进校园67所、进机关130家、进企业87家、进社区146个，启动第十届"我的天堂我的水"征文活动，开展"生态美丽河湖周周见""人民幸福河"短视频征集大赛和《访六大水网 看美丽苏州》专题宣传活动。

【水利水务改革】 2021年，全市深化河(湖)长制改革，发布《关于开展"消劣争优"全面消除劣Ⅴ类水体攻坚行动的动员令》，全域开展"消劣争优"行动，完成371条劣五类水体整治和673条生态美丽幸福河湖建设。创新"河湖长+检察长"机制，深化联合河湖长制，完成省际水葫芦打捞27.48万吨。强化基层河湖长履职，完成全市镇级河湖长履职督察，公开曝光20名履职不到位基层河湖长。推进淤泥(污泥)资源化利用、排水厂网一体化改革、高品质供水等三项创新工作，开展农村水利基础设施管护、农业水价改革，张家港市、常熟市、太仓市水权交易试点进展顺利。精简许可流程，实现排水许可证当日办隔日达、次日达，推进供水报装便利化、政务服务"一网通办"，优化用水服务入选全国营商环境标杆城市典型经验做法得到推广。召开全市水务系统创新创优大会，制定"季度考核、典型通报、内部审查”三项改革制度。

（徐兆鹏）

南通市

【工作概述】 2021年，南通市高标准编制《南通市“十四五”水利发展规划》，高水平实施区域治水，建设现代水网，高质量完成市委、市政府赋予的各项任务。南通“十三五”和2020年实行最严格水资源管理制度被省政府通报表扬，市河长办被水利部评为全面推行河长制湖长制工作先进集体，市水利局被省委、省政府表彰为全省防汛抗洪工作先进集体，1人被表彰为全省防汛抗洪工作先进个人。

【水利建设】 2021年，完成水利建设投资39.14亿元，比2020年增长177%，创历史新高。①江苏省重点工程建设。完成4项中小河流治理工程及海堤巩固完善工程初步设计报批。配合省水利厅推进长江堤防防洪能力提升工程可行性研究报告编制。②沿江沿海生态景观带建设。编制《南通市沿江沿海生态景观带（江堤海堤景观路）设计导则（试行）》，全力推进堤顶路建设，贯通115千米。③重点城建水利项目建设。编制《南通市主城区滨水空间提升规划及典型“河道公园”概念设计》《南通市城市河道规划设计指引》，实施河道公园化改造，建成10座“河道公园”。实施海港南闸站等城建重点水利工程26项。

【河湖长制】 各级河长和河长办累计巡河47.89万人次，解决问题32 171个，建立河湖“清四乱”问题台账，整治完成343处。制定出台《2021年度南通市河长制重点工作专项考核奖补办法》《南通市跨界河道联合河长制实施细则（试行）》，244条跨县河道建立联合河长制。积极推行市场化运作、机械化保洁、标准化考核的长效管护机制和“以河养河、生态保洁”的保洁机制，“自己的河道自己管护”的经验做法入选水利部2021基层治水十大经验。吴晓春局长赴京参加中国国际发展知识中心第四期交流对话沙龙，介绍南通河长制工作经验，南通市河长制工作经验入选《解码中国之治：贯彻新发展理念实践案例精选2021》。市河长办被水利部授予“全面推行河长制湖长制工作先进集体”。

【河湖管理】 出台《南通市幸福河湖建设行动方案》，编制了《南通市生态河湖行动专项规划》。全面落实长江大保护战略，加强入江河流整治，53条入江支流全部消除劣Ⅴ类水质。加大河道整治力度，持续开展“三清”专项行动，治理农村黑臭河道357条、河道“四乱”问题477处。疏浚、整治农村河道4 059条（段）、土方1 064万立方米，《全市农村河道疏浚整治三年（2018—2020年）行动计划》圆满收官，完成县乡级生态河道建设934.5千米。圩角河海门段、启东头兴港被评为2021年度省级幸福河道建设示范工程。

【水资源管理】 在最严格水资源管理制度省级考核中实现“九连优”。全面推进国家节水行动，万元GDP用水量纳入高质量发展综合绩效评价体系；完成5个国控点取水工程规范化建设、4个水源地标准化建设任务；完成水权交易试点；建立国家、省、市、县四级重点监控用水户名录；完成取水工程（设施）标准化改造；扎实推进用水审计和水平衡测试；成功创建2个南通市级水利行业节水型单位，命名20所南通市级节水型学校；5家单位申报省级“水效领跑者”；沈海高速如皋服务区高分获评首批“江苏省节水型高速公路服务区”；通州区、海门区、启东市节水型社会达标建设被列入太湖流域片典型案例。

【农村水利】 完成海安、如皋中小河流治理重点县项目综合整治及水系连通和海安红星中型灌区续建配套与节水改造项目年度建设任务。完成海门、通州、如东、海安4个国家水土保持重点工程项目，治理水土流失面积59平方千米。启东市、通州区获全省农村河道长效管护考评第一等次。启东、海门获全省小型农田水利工程管护考评优秀等次。

【工程管理】 加强水利工程定期检查、隐患排查、安全鉴定、工程观测及设备评级等基础性工作，委托淮沭新河管理处对全市水管单位运行情况进行检查，形成市级督察报告并下达各地。海门区浒通河闸管理所成功创建省二级水管单位，如东县掘苴新闸管理所、如皋市碾砣港闸管理所通过省一级水管单位复核，如东县掘苴新闸管理所、市新江海河闸管理所成为首批通过江苏省水利工程精细化管理考核的单位。全市水利工程水费实收额6 730.3万元。

【防汛防旱】 2021年全市全年降水总量854.9毫米，较常年偏多1～4成，受到7轮局地暴雨过程和"烟花""灿都"2个超强台风影响。及时修订防汛抗旱、防御台风应急预案，组织汛前检查，重点检查历史险工隐患段、沿江易崩坍段，精心组织洋口外闸枢纽加固改造工程施工期间应急排涝桌面推演。加强专业化应急抢险队伍建设，以南通水建公司为班底组建了防汛抢险队伍，各县（市）区共组建社会化查险队伍、专业化抢险队伍共16支321人。及时补充防汛块石12 600吨，组织采购土工布7万平方米，编织袋65万只。完成市级防汛指挥系统升级改造。

汛期，密切关注雨情、水情和汛情的变化，及时组织气象、应急等部门会商研判，提供科学决策。强化江海堤防、里下河圩堤和历史险工险段日常巡查观测，"一段一责"落实防守责任和措施。加强水利工程调度，累计发布启动、调整和结束响应9次，发布调度指令36条，科学调度水利工程排水26亿立方米。南通主城区100平方千米水利工程调度小组24小时关注雨情水情，随时调整闸站运行模式、控制闸站开度，不间断检查调度指令执行情况，始终保持水位处于可控范围，确保主城区不淹不涝。南通市水利局被省委、省政府表彰为全省防汛抗洪工作先进集体。

【水政执法】 全面落实市、县禁止采砂"长江河长、人民政府行政负责人、水行政主管部门负责人、现场监管负责人、行政执法负责人"五级责任制，全市禁采工作体系完善、长效机制健全，先后召开2次全市长江水域禁止采砂联席会议，加强禁采工作统筹部署。12月26日，"南通市长江河道采砂管理联席会议"更名为"南通市长江及内河禁止采砂联席会议"。印发《长江河道（南通段）禁止采砂综合整治行动方案》《省际、市际交界水域禁止采砂专项行动实施方案》。县级层面每月开展不少于一次毗邻县联合巡查，有效遏制流窜性、跨区域非法采砂活动的发生。印发《南通市打击内河非法采砂专项整治工作方案》，强化涉砂船舶源头管控，规范内河清淤取土行为，重拳打击非法采砂行为，全市共出动执法人员7 819人次，执法车3 148车次，执法艇229航次，开展联合行动82次，夜间巡查355次，长江水域禁止采砂工作迈入规范化管理和常态化治理新阶段。开展"厚植为民情怀、提高执法水平"主题教育，举办全市水行政执法技能培训班，在全省水行政执法技能竞赛中获"组织奖"。落实资金500万元，开工建造30米级新型执法艇。1起生态环境损害赔偿磋商案例入选江苏省十大典型案例。

【水利科技】 大力推进智慧水利建设，智能化改造涵闸泵站，分级对水网上的各级河道逐步进行数字化赋能，探索建设全市域数字化智慧调度指挥中心，不断健全"统一调度、分级管理、严格考核"的水利工程调度管理机制。积极培育高效节水灌溉、雨水利用、印染废水"零排放"、纺织企业逆流漂洗技术改造和用水实时监控等典型示范项目，在公共机构推行合同节水管理，协调指导南通市中医院与南通亿高节能科技有限公司启动合同能源管理整体节能改造项目。开发建成长江（南通段）堤防精细化管理系统，形成“空中、陆上、水面”立体监控网络，大大提高了管理人员处理江堤、江面违法行为的工作效率，实现长江南通段 216 千米的全天候、全覆盖、全方位监管，为长江南通段装上了“天眼”。大力开展节约用水、水土保持、农村水利等科普宣传活动，被评为南通市第 33 届科普宣传周“先进集体”，获得南通市第三届公民科学素质网络知识竞赛“优秀组织奖”。

【党建工作】 夯实全面从严治党主体责任，细化“三级书记”抓党建工作责任清单，认真落实南通市水利局党组议事决策工作规则、“三重一大”议事规则，推动管党治党主体责任落细落实。南通市水利局各级党组织共组织集中学习 80 次、交流研讨 60 次；党组理论学习中心组开展党史学习 12 次、专题研讨 9 次；邀请专家专题辅导 3 次，局领导上党史专题党课 12 次。累计开展党史宣讲 30 余场次，赴基层、企业开展宣讲 10 余场次，组织现场学习教育 20 余场次。6 月 25 日举办全市水利系统庆祝中国共产党成立 100 周年“爱党颂党跟党走、开启江河幸福门”主题活动。举行“光荣在党 50 年”纪念章颁发仪式。积极响应省委“两在两同”建新功行动号召，持续深化南通市委“攻坚有我”行动，深入推进“我为群众办实事”实践活动，共领办实事 10 项，全部按时完成。以规范“三会一课”、组织生活会、民主评议党员、日常党务工作等为切入点，组织基层党支部互学互助，全面提高基层党支部建设水平。9 个在职直属党支部中，7 个成功创建五星级党支部，2 个成功创建四星级党支部，1 个直属党支部和 2 名党员被表彰为南通市级机关先进基层党组织、优秀共产党员和优秀党务工作者。建立健全南通市水利局党组意识形态工作领导小组，修订完善《南通市水利局落实意识形态工作责任制实施方案》《南通市水利局党组落实全面从严治党和意识形态工作“两个主体责任”专项督查制度》，制定意识形态工作年度任务清单，筑牢意识形态安全防线。持之以恒抓好中央八项规定和江苏省委、南通市委十项规定，深入开展机关作风整顿活动，扎实开展“5·10”思廉日、算好廉政账专题教育月等系列活动，不断深化党风廉政建设。

【宣传教育】 加强与南通日报等主流媒体的全方位深度合作，在河长制、全面实施区域治水加快建设现代水网、党史学习教育等方面进行重点宣传，全年发布新闻报道 300 余篇。定期组织召开信息员会议，挖掘信息点，及时反映水利工作的新动态。组织召开全市水利系统信息宣传工作培训班，邀请专家教授进行专业辅导讲解，着力提升水利系统信息宣传工作水平。在南通日报、掌上南通等媒体发布 2021 年度南通水利十大新闻，全面总结、宣传南通市水利工作成效。深入挖掘水文化资源，全面推进水文化建设，海安市洪家滩“十涝十排”纪念地、如皋市如皋城东水关、如东县范公堤（如东段）、海门区张公堤、启东市通海垦牧公司海堤挡潮墙遗址、通州区西被三闸、崇川区江岸水楗、九圩港闸 8 处水利遗产列入首批省级水利遗产名录。

【水利改革】 深化“放管服”改革。全年累计办理行政许可 84 件，即办事项占比达 66.67%。完成海门经济技术开发区等 5 个省级以上开发园区行政审批权下放工作。开展“双随机、一公开”行政审批事中事后监管检查 16 次，加强“互联网＋监管”，按时完成监管事项目录清单认领及编制工作年度任务。积极开展长江（南通段）工程性疏浚（砂石不上岸）项目审批试点工作，印发《南通市水利局关于长江（南通段）工程性疏浚（砂石不上岸）项目审批流程方案(试行)》。深化农村水利基础设施管护体制改革,出台《深化农村水利基础设施管护体制改革实施方案》。深化水利行政执法体制改革,3月份,崇川区、开发区、苏锡通科技产业园区水利领域的综合行政执法职能调整至市水利局行使,划转人员5人。

【区域治水】 编制完成《南通市区域治水总体方案》,各县(市、区)基本形成"内为一体、外接全市、科学系统"的县级分方案。3月份,市政府在启东召开南通市区域治水畅流活水暨生态美丽幸福河现场推进会,印发《关于推进全市区域治水畅流活水的指导意见》。11月份,市政府在通州召开全面实施区域治水加快建设现代水网现场推进会。

全市各地共完成投资超过7亿元,改造新建沿江沿海引排水工程10座、高低水系控制建筑物250余座,新建各类控导工程130余座,完成河道疏浚530千米,贯通河道500处。启东4个月建成头兴港二闸站,建成区西片畅流活水格局基本形成。通州3个月完成20座控导工程建设并实现智慧管控,形成"通州速度"。如皋实施小流域系统治理,探索农村排水的资源化利用,成功申报国家水系连通及水美乡村建设试点县。如东结合高标准农田建设整合项目资金,先行区面积为全市最大。海门聚焦区域性节点工程,断流60年的海门河恢复连通。通州湾示范区对标主城区争创示范区,加强工程调度。海安积极落实区域治水工程建设资金。主城区基本建成100平方千米高质量治水典范城区,区域内河道全面消除劣Ⅴ类水体,主要河道水质稳定达到Ⅲ类水质标准。常态化开展主城区河道水质监测,每周向社会公布监测结果。全市区域治水覆盖面积1 500平方千米。

(王雪薇)

连云港市

【工作概述】 2021年,连云港市共完成各类水利投资17.09亿元,其中水利基本建设完成投资9.59亿元,主要实施病险水闸除险加固、武障河闸扩建、灾后应急治理、鲁兰河治理、兴庄河治理、石梁河水库生态修复等15项工程。农村水利与水土保持工程建设投资4.59亿元,重点实施农村生态河道建设、中型灌区续建配套与节水改造、农村饮水安全巩固提升、水土保持和农业水价综合改革等项目。移民后扶项目年度拨付资金3.04亿元,实施基础设施、公共服务设施、农业生产设施及产业扶持等项目建设71个,核定发放移民直补资金41 483人次。完成工程维修养护投资0.58亿元,工程管理水平稳步提升,善北套闸等7个单位通过省级复核。临洪闸等3个单位通过省一级水管单位考核,芝麻翻水站等5个单位通过省三级水管单位考核,临洪东站等4个单位建成水利工程精细化管理单位。开展水利工程建设质量监督活动270人次,出具质量巡查意见51份。成功抗御台风"烟花"和沂沭泗大洪水等灾害袭击,全年排水约230亿立方米。实行最严格水资源管理制度,县级以上集中式饮用水水源地在全面完成达标建设的基础上,启动管理与保护规范化建设,强化地下水管理与保护,开展大中型水库等重要水体年度生态状况评价,加快节水型社会建设,创建国家级县域节水型社会1家、建成省部级各类节水型载体61家、市级节水标杆5家。整治河库"两违三乱"问题300余项,清理石梁河水库网箱10.45万只、涉渔"三无"船舶3 771艘,清理安峰山水库网箱2.66万只,全市立案查处水事违法案件4起。

【水利建设】 (1)重点工程建设。实施重点水利工程建设 15 项，完成投资 9.59 亿元。东海县青湖闸、埝河闸、上湾坝闸、竹墩闸、范埠闸、羽山闸、磨山闸、灌云县同兴闸等列入水利部第一批水闸除险加固规划的 8 座病险水闸已全面销号；2019 年及 2020 年灾后应急治理工程全面完工；鲁兰河治理工程基本完工；武障河闸扩建工程于 2021 年 1 月开工建设，年度完成投资 1.5 亿元；兴庄河治理工程于 2021 年 11 月开工，年度完成投资 8 000万元；市本级重点水利工程玉带河闸拆建工程完工；石梁河水库生态修复一期工程 2021 年完成投资 2.6 亿元。全年完成水利建设工程招标 87 项、标段 113 个，总交易额约 14.12 亿元。共开展质量监督活动 270 人次，出具质量巡查意见 51 份。提出"事前监督"意见 410 余条、"事后监督"整改意见 210 余条。

(2) 市区水环境工程。实施玉带河闸拆建工程，原闸建于 1969 年，2020 年 12 月 25 日开工拆建，2021 年 12 月 26 日通过完工验收。玉带河闸拆建工程完工以后，提高区域河道防汛排涝效益，满足东盐河、龙尾河等河道的生态补水的需求。

【河湖长制】 (1) 河长履职。市级总河长、市委书记方伟 9 次，市级总河长、代市长马士光 4 次调研河长制工作。5 月 8 日上午召开全市河长制工作会议。全市 15 名市级河长累计巡河 96 次，签发问题交办单 47 份，116 名县区级河长累计巡河 643 次。

(2) 制度机制创新。建立"河长＋检察长"工作机制，推动检察监督与河湖治理保护有效衔接。市县纪委监委对河长制工作实行嵌入式监督，压实治水主体责任。大力推行"河长制＋"行动，"河长制＋乡村振兴""河长制＋社会治理"等创新机制不断涌现，河湖治理与社会治理深度融合。创新实施河长制督查交办三色清单管理制度，规范做好交办问题提醒、警示和问责，全市累计签发三色单 39 份，其中黄色提醒单 34 份、橙色催办单 5 份。与山东省临沂市、日照市签订跨省流域突发水污染事件联防联控机制框架协议，推动跨省流域协同共治。

(3) 断面水质达标。2021 年度全市 22 个国考断面优Ⅲ类比例达 86.4%，45 个省考断面优Ⅲ类比例达 82.2%。全面开展城镇污水处理提质增效，消除污水管网空白区，新建改建城市污水管网 180 千米。恒隆、墟沟、浦南、西湖等 4 座污水处理厂扩建工程加快建设，新增污水处理能力 8.7 万吨/日。完成农村黑臭水体整治 133 条，全市行政村生活污水处理设施覆盖率达 90%。加大农村河网水系整治力度，建设农村生态河道 209 条，整治疏浚河道 1 382 千米。对列入市级河长制方案的 21 条河流，共设 127 个监测点，每月监测 1 次，对开展水质达标攻坚工作的河道每周加密监测。

(4) 治违治乱。对全市重点河湖管理范围内违法违章行为开展排查，集中交办"清四乱"任务 224 项；结合水利部淮委暗访、省级"两违整治回头看"和市级动态巡查，补充交办问题 82 项。全市共开展各类河湖联合执法 80 余次。全面清理石梁河水库水面10.453 9 万只网箱、涉渔"三无"滞留船舶3 771艘。清理安峰山水库网箱 2.66 万只、围网 118.9 万平方米、鱼簖 3.2 万立方米。

【河湖管理】 (1) 水美宜居环境。投资 6 亿元的石梁河水库生态修复一期工程加快推进，55 千米环库道路基本打通，周边镇村截污治污工程加快实施，库区富民产业有序推进。投资 3 亿元实施蔷薇河月牙岛段提升改造项目，为居民提供更多亲水、临水空间，全市建成河长制主题公园 7 座。

(2) 水生态保护。印发西双湖水库、乌龙河、马河等 5 条重点河库生态水位相关文件，并制定相应的生态水位保障方案；完成东盐河、乌龙河、大浦副河等 26 条河库的生态评估工作；对已确定的重点河湖库生态水位，根据监测结果，全年生态水位保证率达 100%。

（3）生态养殖。推进编制《石梁河水库保水渔业发展规划》，在规划的 9 450 亩水面内布设标准化网箱 15 800 个，采取国有企业与“乡镇集体企业＋养殖户”合作模式，推行标准化水产养殖；规划外水面由国有企业实施高品质大水体生态养殖，推行“水产＋”生态高效养殖新模式，促进石梁河水库渔业转型升级。

【水资源管理】 最严格水资源管理“十三五”期末考核受到省级通报表扬，完成 2021 年省市最严格水资源管理考核。

（1）用水总量管理。发挥水资源的刚性约束作用，下达年度用水总量控制指标。完成沭河、沭新河、通榆河、善后河等河道和沭新渠、鲁兰河、石梁河水库等跨县区河库水量分配。落实《江苏省水资源管理监督检查办法（试行）》，加强取水许可事中、事后监督指导。完成 23 家取水企业取水规范化建设。落实用水统计制度，通过直报系统按季度调查各行业用水情况，2021 年全年用水总量为 26.47亿立方米。

（2）饮用水源地保护。在水源地达标建设完成的基础上，将小塔山水库水源地、叮当河水源地等纳入全省首批规范化贯标名录，2021 年底按期完成规范化建设任务。严格按照水源地达标建设的标准“对标找差距”，确保水源地正常运转。实行水源地异常或突发污染情况即时报告、无特殊情况定时零报告制度。

（3）地下水保护。编制《连云港市地下水利用与保护规划》，加强超采区治理，修复生态环境，保障地下水水位稳定。做好地下水水位监测和核查，严查违法盗采地下水行为。

（4）取水许可管理。严格履行水资源论证审查、取水许可审批、取水工程验收等手续，加强省级水资源信息管理系统运维。全年非农监测站平均在线率 99.9%，非农业用水量在线监测率 80.22%，均完成省定目标。完成连云经济开发区、柘汪临港产业园等 2 家园区水资源论证区域评估。

（5）节水工作。《连云港节约用水管理办法》于 2021 年 1 月 1 日正式实行。完成市级 10 家自备水企业用水户，374 家公共供水用水户的计划用水政策下达和管理，计划用水率 100%。编制印发《连云港市“十四五”节约用水规划》。在规划、建设等项目中开展节水评价工作，年内完成 10 项节水评价；完成用水审计 8 家，水平衡测试 39 家。全面推进节水型社会建设，灌云县国家级县域节水型社会达标建设通过验收；完成赣榆区水利局、赣榆区通榆河北延送水工程管理所两家水利行业节水型机关创建工作；建成省级水效领跑者 3 家，入围 1 家；水利部节水型高校 1 家，省级节水型学校 23 家，节水型企业 9 家，节水型社区 19 家，节水型单位 2 家，节水型灌区 2 个。市区苍梧片区、东海县节水教育基地建设通过省级验收。评选出市级水效领跑者 10 家，建设市级节水标杆 3 家，节水型学校 16 家，节水型企业 26 家，节水型社区 13 家，节水型单位 2 家，节水型灌区 1 个。

【农村水利】 2021 年，重点实施了农村生态河道建设、中型灌区续建配套与节水改造、农村饮水安全巩固提升、水土保持等农村水利建设项目，农业水价综合改革全面推进，全年完成农村水利与水土保持工程建设投资 4.59 亿元。建设农村生态河道 78 条 544 千米，完成农村河道疏浚土方 834 万立方米；实施东海县昌梨水库灌区、灌南县沂南灌区、赣榆区八条路水库灌区等 3 个中型灌区续建配套与节水改造项目，新建、拆建泵站 23 座，新建闸、涵、桥、渡槽等建筑物 319 座；实施赣榆区石埠小流域国家水土保持项目，治理水土流失面积 10 平方千米，赣榆区代表江苏省接受水利部水土保持规划目标考核，现场核查获得优秀，连云港市水土保持工作考核获得全省优秀等次。完成水利绿化面积 1.33 万亩;新增有效灌溉面积2.12万亩,新增旱涝保收田5.43万亩,新增节水灌溉面积8万亩;开展大中型灌区成本核算,健全农业水价动态调整机制。实施农村供水老旧管网更新改造,更新改造农村供水管网554千米,新增工程受益人口20万人,全市农村供水保证率达95%,农村区域供水入户率达99%以上。完成4个大型灌区及31个中型灌区干支渠及建筑物划界工作,完成149条县级河道及653条乡级河道划界,并通过县级政府验收。完成全市205个小型灌区和169座塘坝基本情况调查。小塔山灌区、沭新渠灌区、沂南灌区、界北灌区成功创建2021年省级节水型灌区;东海县城北水厂、灌南县硕项湖水厂被水利部命名为2021年度全国100家农村供水规范化示范水厂。

移民后扶。全市累计拨付大中型水库移民后扶资金3.04亿元。核定发放移民直补资金41 483人、2 414.97万元。完成后扶项目建设71个,累计新建改造村庄道路36.17万平方米、铺设人行道2.31万平方米;新建改建生产桥11座,新建改建下水道42 592米;居民墙体出新42 700平方米;村庄河道水系治理(清淤、护坡)14 554米;自来水入户改造10 250户;购置安装太阳能路灯876盏;新建村民服务中心1 735平方米、活动广场2处、公厕1处;村庄绿化18 000平方米;新建标准厂房20 155.6平方米、农业大棚37 664平方米、电商创业园2 600平方米及粮食服务中心2 800平方米等。

【工程管理】 (1)考核工作。按时完成水管单位考核,善北套闸等7个单位通过省级复核、临洪闸等3个单位通过省一级水管单位考核、芝麻翻水站等5个单位通过省三级水管单位考核。全市14座小水库通过管理达标考核。水利工程精细化管理,全市共有临洪东站等4个单位建成水利工程精细化管理单位。

(2)工程维修养护。省市级水利工程维修养护项目加快实施,开展一年一度的水利工程维修养护工作。2021年5月,省下达我市维修养护经费2 929万元,其中市本级1 903万元,全市维修养护项目当年完成。除省级资金以外,市级安排2 000余万元用于市本级水利工程维修养护,东海县、灌云县、赣榆区各自筹措100万~200万元用于改善水利工程管理设施,提升站容站貌。

(3)小水库除险加固。东海县、赣榆区、连云区等5座小水库除险加固工程概算2 915万元,5座小水库除险加固均已通过完工验收。

(4)河库保护规划。编制水库保护规划,计划针对167座水库实施管理和保护规划,其中大中型水库11座、小水库156座,已完成11座大中型水库和98座小水库规划编制审查,完成率分别100%和62.8%,市政府批复2座大中型水库规划,其余9座大中型水库和98座小水库按程序上报政府。编制河湖保护规划,全市需编制78条骨干河道和4座湖泊保护规划,已完成71条河道保护规划的编制和技术审查,完成率91%;市本级16条河道按程序上报政府批复,县区完成河道保护规划技术审查工作。4座湖泊,分别是蔷薇湖、胜利湖、硕项湖和云湖,目前完成2座湖泊保护规划的编制,完成率50%。

(5)工程观测监测。制定全市大中型水利工程安全监测实施方案,组织市管单位及县区水利局开展监测工作。全市68座县区管理的大中型工程中,有51座按规定开展安全监测,总体比例已达75%。争取省级资金1 136万元,对全市11座大中型水库的沉降、位移、渗流等监测设施进行升级改造。

【防汛防旱】 (1)汛情。2021年全市降雨量1 288.3毫米,比常年同期偏多44.4%,属于丰水年。先后遭遇初春冬末干旱、汛期多轮强降雨、台风“烟花”和沂沭泗大洪水过境等灾害袭击。新沂河、新沭河出现超长行洪期，新沂河、新沭河、蔷薇河、盐河（灌南段、灌云段）、善后河等5条主要河道超警戒水位，91座水库超汛限泄洪（大中型9座），其中石梁河水库最大出库流量为3 300立方米每秒，小塔山水库最大泄洪流量为175立方米每秒（为历史第二大记录）。

（2）抗灾。全年排水约230亿立方米。每次强降雨前，预降大中型水库水位至汛限以下0.3～0.5米，腾出库容约6 500万立方米接纳洪水。强降雨期间，滚动分析汛情，调度沿海涵闸全力抢潮排水，及时启动临洪四大排涝泵站强排城区和蔷薇河、乌龙河流域涝水（今年累计开机965台时，强排涝水9 826万立方米）；利用水库预降库容调蓄洪水，石梁河水库最大拦洪削峰率为25%。针对初春冬末干旱，加强河库蓄水保水，利用石梁河水库水源充足的时机向安峰山、房山和西双湖水库等补库，大用水期间严格执行省调度指令和用水计划，实施轮灌和拦蓄回归水，充分保证了315万亩水稻的顺利栽插。2021年共调引江淮水19.3亿立方米，石梁河水库灌溉供水3.5亿立方米，有力保障了城乡居民生活、生产、生态用水需求。

2021年连云港市先后经历了第6号台风“烟花”、第14号台风“灿都”的外围影响。在抗御台风“烟花”和沂沭泗洪水过程中，市防指启动应急响应7次，市防指组织应急管理、交通运输等部门组建5个市级防台督导组深入港口码头一线，对船只回港和港口防台措施落实情况进行重点督查，确保防台安全；提前组织撤离新沂河、新沭河全部涉河活动人员和机械设备，封闭漫水公路桥并设置24小时值守点，组织6 400余名干部群众于沿线堤防开展拉网式巡查，组织消防和武警救援力量230人、14支水利专业防汛抢险队伍395人，配备应急保障车、冲锋舟等各类抢险设备于各险工隐患点前置备勤。

【水政执法】（1）巡查。全年共巡查河道长度约34 828千米，巡查监管对象745个，出动水行政执法人员814人，执法车辆300车次，执法船只65航次，现场制止水事违法行为116起，有效维护了全市水事秩序安全。

（2）查办案件。全年共调查非法采砂、违规取水、非法养殖等以及公安移交的涉嫌违反水法律法规案件10余起。完成东海港源水务有限公司涉嫌非法取水和拖欠水资源费案调查取证，立案查处非法采砂案2起，申请人民法院强制执行5起；办理市局涉施工合同案仲裁案，挽回损失560多万元；完成水利科技档案馆租赁、人员聘用等涉法文书拟写及审查近30份，做好涉法文书、案件处罚前期法制审核。

（3）项目监管。推进连徐高铁、连盐铁路和204国道等重点建设项目监管，按照《连云港市河道管理范围内建设项目监管实施细则》，明确项目监管责任单位。10个涉河建设审批项目独立建档，提出整改建议2条。

（4）涉水纠纷调处。牵头处理灌南百禄、灌云新沂河、东海高马水库、海州区善后河、赣榆地下水等涉法举报案件12起，案件完成率100%；市级水利系统信访和舆情调处40余件，接待上访群众逾百人次。协同局安全监督处，对全市在建水利工程进行安全检查，针对施工场地违法违规行为，现场制作询问笔录3份，作出警告4次。

（5）执法基地建设。持续开展“智慧执法”建设，提升水行政执法效能建设。推进执法基地建设。按照省2020执法基地建设标准，2021年配套完善通榆河执法基地，石梁河水库执法基地建设。

【水利科技】连云港市水利学会承担的“大坝混凝土老化性能评估及保护对策研究——以连云港市黄窝水库为例”“石梁河水库富营养化机理与预警技术研究”项目获江苏省级水利科技项目立项，分别争取省级财政专项补助经费40万元。市临洪水利工程管查并通报，年内查处未依法编报水土保持方案擅自开工建设项目 110 个；开展全市预拌混凝土项目和建材类项目涉水违法专项整治，完成整治任务 121 项；组织对全市骨干河道、重要河段进行抽查，拆除死灰复燃的鱼罾、鱼簖和养殖网箱 78 个；制止水利工程警戒区内违法钓捕鱼 371 次，保障水利工程平稳安全运行。

【水利科技】 盐城水利系统在组织申报 11 个 2021 年度水利科技项目课题的基础上，配合省水利厅开展课题评选工作，同时督促各课题研究项目承担单位严格按照水利科技项目合同规定要求，完成课题项目，并组织开展课题验收评定工作。年内，盐城市水利工程管理处的“复合型水下动力清淤拖耙的研究与应用”项目被列入省水利科技项目。

【党建工作】 (1) 抓牢思想建设。组织开展“基层基础强化年”“规矩规范提升年”活动，印发党建工作要点，实行党建工作清单管理，建立局领导基层党建工作联系点制度。推进“四巡”学习制度，落实党内政治生活制度，推行党员“积分制”考核。创新开展基层党支部“1+1”结对“共建共管共创”活动，规范党费使用管理，发展党员 26 名。

(2) 抓实党史学习教育。扎实开展党史学习教育和“两在两同”建新功行动，推进“身体力行学党史、我为群众办实事”实践活动。精心组织开展“学党史、忆水史，守初心、担使命——百年征程 水韵盐城”庆祝建党 100 周年主题文艺活动。

(3) 抓好作风建设。组织召开全市水利系统全面从严治党暨党风廉政建设会议，印发基层党建工作计划、党风廉政建设工作要点、全面从严治党主体责任清单等。推进“正风肃纪镇村行”“正风肃纪看机关”“治顽疾、转作风、提效能”等专项行动，持续开展“吃喝、交往、用车”不正之风整治，重大节日前约谈提醒全覆盖。组织开展“党的政治建设”专题学习和“510”警示教育、“党风廉政教育月”活动，持续开展“水利廉政讲堂”，政治生态持续向上向好。

【宣传教育】 新闻宣传有声有色。在“学习强国”平台、《盐阜大众报》新闻客户端等市级主流媒体刊发宣传报道 144 篇，在《新华日报》《人民日报》新闻客户端、荔枝网、紫牛新闻等省级以上主流媒体发表报道 72 篇；策划完成市区串场河整治、《盐城市河道管理办法》两场新闻发布会，水利宣传的覆盖面和影响力进一步扩大。围绕“幸福河湖”和“农村河道生态治理”等专题，策划开展了“走村串乡看河塘”电视系列报道，通过高密度、高频次宣传，提升了“‘河’你共幸福”的社会认知度。水情教育成效初显。制定印发《2021 年全市水情教育工作实施方案》，指导各县、局直各单位创建省级水情教育基地。全面筛选、择优上报盐都区和射阳河闸 2 家单位创建江苏省水情教育基地，同时打造“通榆河畔，水美枢纽”“一河串场，千年辉煌”等水情教育特色品牌；对接做好省水情教育专家组检查指导盐都创建工作。年内，大纵湖-蟒蛇河成功创成首批省级水情教育基地。

(方振作)

扬州市

【工作概述】 印发《扬州市“十四五”水利发展规划》，在全省率先完成市、县两级水利基础设施空间布局规划编制工作，创新提出河道、河口堤脚范围内“基准线”概念。水利基本建设投资落实好、投资计划完成率高，受到省政府办公厅督查激励，瓜洲泵站喜获中国水利工程优质(大禹)奖。市委书记、市长联名签署 2021 年第 1 号市总河长令，动员部署全域幸福河湖建设工作，率先建成 17 条示范幸福河湖。单位地区生产总值用水量较2020年下降5.9%，圆满完成省高质量发展考核目标任务，邗江区创成国家节水型社会建设达标县(区)。里运河-高邮灌区成功跻身世界灌溉工程遗产名录。

【水利建设】 淮河入江水道沿线部分病险涵闸除险加固、淮河流域2019年旱涝灾后应急治理、高邮湖控制线庄台漫水闸除险加固、北护城河综合整治、念四河西段整治、陆洲泵站改建等一批重点项目顺利完工。长江防洪能力提升堤防加固二期工程新加固江堤30千米，沿江6个县(市、区)、功能区完成投资17.5亿元，整体形象进度达80%以上。淮河流域重点平原洼地近期治理工程第三阶段施工全面铺开，江都区大寨闸工程通过竣工验收。乌塔沟综合整治按序时推进，仪征、邗江、开发区积极配合环投集团做好征地拆迁等工作。扬州闸泵站工程具备水泵安装条件，仪扬河闸功能提升和应急抢险恢复工程主体基本完工。高邮东平河、江都红旗河、宝应中港河等中小河流治理项目全部开工，仪征龙河治理二期工程形象进度达70%以上。扬州市城市水利安全运行调度基础建设工程按期开工，迈出全市智慧水利实践关键一步。

【河湖长制】 全市共落实市、县、乡、村四级河湖长3 512人，各级河湖长累计履职4.9万人次，制定《2021年全市河湖长制工作要点》，定期召开工作会议，编报《扬州市全面推行河长制工作动态》12期，督导河湖“四乱”专项整治。进一步统一“河长”与“断面长”工作职责，推行河湖警长护航河湖长制工作，建立“河湖长＋检察长”协同工作机制，将禁捕退捕工作纳入河湖长制管理与考核，充分发挥“河长制＋”作用，凝聚工作合力。更新完善河长公示牌4 913块，畅通群众监督渠道，组织开展“河小青”志愿护河行动、“民间河长”集体巡河活动，举办河湖长制进公园、进电台、进社区、进高校、进广场活动，营造人人参与、人人受益的河湖保护氛围。

【河湖管理】 张宝娟书记、王进健市长联名签发2021年第1号市总河长令，动员部署全域幸福河湖建设。市直润扬河、宝应二横河、高邮新河、仪征胥浦河、景区唐子城护城河等17条河湖率先建成示范幸福河湖。完成99个“四乱”问题整改，拆除违章建筑1 688平方米，恢复河道岸线7千米。大运河沿线153家砂石码头(泊位)、小船厂和混凝土搅拌站规范整治通过省级销号验收，对金陵船舶扩建工程等109个长江干流岸线利用项目清理整治“硬骨头”开展全覆盖“回头看”。宝应兰亭荡、广洋湖退圩还湖一期工程基本完成，高邮清退里下河地区围网养殖2.59万亩。新治理水土流失面积7.6平方千米。

【水资源管理】 统筹推进重点河湖生态流量和水量分配管理，印发宝射河、向阳河、秦栏河等12条河道生态流量(水位)确定与保障方案，发布子婴河、邵伯湖、乌塔沟、公道引水河等4条跨县(区)河湖水量分配方案。持续优化水资源配置格局，宝应县宝应湖备用水源地工程、江都区建乐闸站改扩建工程建成通水。推广取水许可电子证照应用，634张存量纸质证件全部实现电子化。扎实推进饮用水水源保护，广陵廖家沟、江都长江三江营、仪征长江滨江、高邮里运河清水潭等4个水源地完成标准化建设。加大计划用水管理力度，主城区规模以上用水户计划用水率达100%。落实节水评价制度，24个建设项目通过市级或县级节水评价。强化用水大户监管，完成8家单位用水审计和10家单位水平衡测试，市级重点监控用水单位名录由24家扩容至51家。完善节水标准定额体系，补充3大门类45项用水定额。新增省级节水型载体25家、市级节水型载体24家。邗江区创成国家节水型社会建设达标县(区)，宝应县通过省级技术评估和行政验收。全市年度用水总量31.3亿立方米，单位地区生产总值用水量 54 立方米/万元，较 2020 年下降 5.9%，圆满完成省高质量发展考核目标任务。

【农村水利】 完成高邮灌区和宝应泾河灌区、江都红旗河灌区年度续建配套与节水改造任务。高邮灌区入选全国第二批灌区水效领跑者名单，并与广陵沿江灌区同时被评为江苏省节水型灌区。疏浚农村河道 165 条，开挖土方 567 万立方米。建成农村生态河道 455 千米。仪征紧密结合地方产业特色，利用 2021 年大中型水库移民后期扶持基金实施月塘镇移民村高效农业设施项目，为当地群众新建茶叶加工厂房 1 座、温室大棚 1 座。

【工程管理】 完成仪征山头、魏井等 2 座小型水库大坝和宝应地涵、瓜洲闸抽水站、大桥闸等 3 座中型闸站安全鉴定。制定《扬州市"十四五"水利工程精细化管理实施方案》，邀请江都管理处、洪泽湖管理处来扬指导，仪征市月塘水库管理所、扬州市城市河道管理处润扬河管理所建成全市首批精细化管理单位。广陵区运河管理所施桥翻水站通过省三级水管单位考核验收，实现省级水管单位县（市、区）全覆盖。整合瓜洲泵站、瓜洲节制闸、瓜洲船闸、古渡公园等地标景观升级打造瓜洲枢纽国家级水利风景区。严格做好主城区河道空间管控和水体管护，常态化开展清水活水调度，打捞水面漂浮物、水草等 41 吨，巡查河道 1 000 余次，黄金坝闸站、平山堂泵站等清水活水节点工程共计引水 1.79 亿立方米，保障了世界园艺博览会、"烟花三月"国际经贸旅游节、中国大运河博物馆开馆等重要时间节点城市良好水环境。疫情期间迅速处置小秦淮河"白色垃圾"问题，得到市委、市政府高度评价。

水利基本建设投资落实好、投资计划完成率高，受到省政府办公厅督查激励。瓜洲泵站喜获中国水利工程优质（大禹）奖。洼地治理宝应县境内工程大溪河施工标被评为江苏省水利工程文明工地。运用物联网等技术手段搭建扬州市水利工程建设监管服务平台，在全省范围内率先实现水利工程建设全流程信息化管理。出台《扬州市水利优质工程（江淮杯）评选办法》并组织首次申报工作。高位推动水利领域安全生产专项整治三年行动，各部门、各单位不间断开展各类安全生产隐患排查工作，发现问题及时整改，全年未发生等级以上生产安全事故。多管齐下开展建设工程质量安全监督，下大力气提升县级质量安全监督机构履职能力，督促参建各方落实质量主体责任，规范工程建设质量行为。常态化做好水利稽察、扬尘管控、农民工工资保障等工作。

【防汛防旱】 2021 年汛期，全市降水量 843.6 毫米，较常年同期偏多 22.7%，7 月 25 日至 29 日，受第 6 号台风"烟花"影响，全市普降暴雨，多个雨量站实测值超历史纪录。受本地降水和上游来水影响，沿江潮位整体偏高，淮河入江水道长时间大流量行洪，里下河地区遭遇严重洪涝，月塘水库突破历史最高水位。面对汛情，全市水利系统扎实高效做好各项防御工作，城乡生产生活秩序未受重大影响。汛前组织全覆盖度汛检查，拆除主城区 17 处骨干河道阻水坝埂，储备 334 万只防汛"三袋"、5 万吨块石、34 万平方米土工布等常规物资，入库水上救援机器人等一批新型抢险装备，联合扬州军分区开展军地联合防汛抗洪抢险演练。汛期 24 小时关注雨情、水情、工情，滚动会商研判，精准实施水利工程联合调度。市防指启动应急响应 3 次，发布调度指令 200 余道。壁虎河大桥被撞倒塌后紧急协调省水利厅压缩万福闸泄洪流量，保障壁虎河水域摆渡船舶航行安全和临时便桥施工安全。宝应、高邮抽调上千台套机泵强排里下河腹地涝水，江都及时发现并处置里运河西堤崇湾凹段堤防塌陷和獾洞隐患，仪征提前腾空丘陵山区水库塘坝应对中小河流行洪，邗江、广陵预降城区内河水位迎接强降雨积水汇流。瓜洲泵站累计运行425台时、排涝4 591万立方米，为古运河涝水归江打开出路。汛末抢抓有利时机拦蓄淮河洪水2亿立方米，高邮湖、邵伯湖蓄水情况明显好于常年同期。

【水政执法】 全年受理水事案件40余起，立案查处2起，开展“四不两直”“双随机”检查10余次，全面落实水利工程项目事中、事后监管机制。联合公安，海事部门开展了5次联合巡查行动，出动执法人员3 523人次，出动执法艇共计573艘次，执法车336次，抓获采砂船8条，6条隐形采砂船均已拆除采砂机具，3条实施采砂行为的船只交由公安侦办。针对交界水域采砂行为易发的情形，在原有3个球形摄像头点位的基础上，2021年新增加仪征扬子江公园、施桥六圩灯塔、江都嘶马3个点位，实现了对重点水域的监控全覆盖。完成移动执法管理系统采购升级，升级后可完成前端执法、后端实时查看、数据后台储存，提高了装备的适用性。

【水利科技】 完成城市水利安全运行调度信息化工程各项前期工作，进入开工阶段。推广应用水利部科技推广项目，2021年重点推广应用一体化机泵、绿化混凝土护坡、高分子板桩等先进适用水利科技产品。

2021年，组织申报省级水利科技项目3项，分别是“扬州闸泵站工程施工危险源智能管控技术研究及应用”“基于深度学习的水工建筑物内部缺陷探测系统及工程应用”“反硝化生物反应器削减农田排水氮素输出的技术研究”。配合省水利厅完成了“大型立式轴流泵流量监测关键技术研究与应用”“稻出治虫灌溉的排水过程及农药流失控制技术研究”“缓丘地区农业实时灌溉方式定额研究与应用”共3项省级水利科技项目的验收工作。

【党建工作】 制定出台《2021年全市党风廉政建设和反腐败宣传教育工作要点》，细化、量化2021年度党风廉政建设目标任务，进一步促进年终考核公平公正，形成全系统齐抓共管的合力。

制订并印发中心组、党员学习教育计划，认真开展党史学习教育活动。组织党员干部观看教育片《贪欲引他们误入歧途》，局领导作题为“算好三笔账，走好人生路”的警示谈话，利用党风廉政教育日活动与全系统中层以上干部集中廉政谈话，让“红脸出汗、咬耳扯袖”成为常态。

加强党员队伍建设，选送参加发展对象培训班同志8名，培养入党积极分子21名，党员发展对象8名，发展党员11名，预备党员转正4名。召开机关党员大会，完成机关党委换届选举，指导河道处总支、河道处一支部、节水办支部及时调整书记、补选委员，撤销防储中心支部。开展“争先创优”活动，市委表彰优秀党务工作者1名，机关工委表彰优秀党员2名、优秀党务工作者1名、先进基层党组织1个，局表彰优秀党员7名、优秀党务工作者11名、先进基层党组织3个。

【宣传教育】 创新开展水情教育。扬州中国大运河博物馆创成首批省级水情教育基地，江都设立正科级南水北调东线源头（江都）水情教育中心。精心筹办“关爱山川河流·保护大运河”志愿服务活动。里运河-高邮灌区成功跻身世界灌溉工程遗产名录。宝应刘堡减水闸、高邮平津堰、江都大运河明清故道（邵伯段）、邗江古邗沟故道、广陵茱萸湾闸等13处水工遗存入选首批省级水利遗产名录。

（徐冬蓓）

镇江市

2021年，镇江市水利系统锚定“美丽镇江幸福河湖”目标，全面完成市委、市政府交办的13项重点任务，出台《镇江市“十四五”水利发展规划》，找准水利定位、明晰发展方向，高质量考核顺利达标，各类创建成果丰硕，实现“十四五”良好开局。

【工程建设】 全年实现水利建设投资约9亿元。重点水利工程建设超额完成年度投资任务，新孟河延伸拓浚工程、和畅洲西缘应急护岸工程全面完工；扬中兴隆港闸站工程，何家大港闸站工程，句容仑山水库，丹徒龙山、张寺水库除险加固工程基本完工；丹阳太平港闸站拆除重建工程、扬中六圩港闸站工程全面开工；润州区启动主城区长江堤防“百年一遇”提升工程。工程建设管理水平不断提升，全年创成省级文明工地2个，省级质量考核获得A级，工程质量持续向好。

【河湖长制】 在全省率先发布总河长令，部署“美丽镇江 幸福河湖”建设。印发镇江市幸福河湖建设行动方案及重点任务，启动新一轮“一河一策”修编。建立宁镇扬、镇常泰联合河长制，实现跨界河湖治理全覆盖。对142个长江岸线清理整治项目，356个“两违三乱”整治情况开展“回头看”，全面完成水利部暗访交办事项整改。全市四级河湖长累计履职超40 000人次，推动解决各类问题2 200余个，地表水国考断面水质优Ⅲ比例为100%，位居全省第一。河长制工作获得省政府真抓实干激励表彰。

【河湖管理】 全年打造河长制主题公园15个，打造首批幸福河湖试点22个，完成“美丽库区 幸福家园”项目8个，新增省级水利风景区2个，人民群众获得感、幸福感明显增强。

【水资源管理】 全面落实最严格水资源管理制度，提前完成重点河湖生态水位确定任务，万元GDP用水量完成省定指标。完成丹徒世业洲饮用水源地、扬中铁皮港备用水源地“千吨万人”水源地达标建设，丹阳市九曲河备用水源地达标建设有序推进。丹徒区、镇江新区创成国家级节水型社会建设达标县(区)，扬中市创成省级节水型社会示范区，润州区水利科普馆、镇江新区节水科普中心创成省级水情教育基地，京口区高标准建成节水展示馆，句容完成首例地表水权交易，完成11个开发区(园区)水土保持及水资源论证区域评估。各地攻坚克难，全面完成水资源费审计整改工作。

【农村水利】 农村水利建设投资稳中有升，全年完成农村河道疏浚土方224万立方米，新建农村生态河道28条，治理水土流失面积20平方千米，新增3个省级生态清洁型小流域，生态河道覆盖率及生态清洁型小流域建成数均位居全省前列。

【工程管理】 市政府印发7条跨辖市区河道保护规划，7座中型水库管理保护规划通过水利厅专家审查，丹阳市九曲河枢纽高分通过国家级水管单位复核，谏壁抽水站创成国家级水管单位，丹阳市创成全国深化小型水库管理体制改革样板县。智慧水利项目全面建成，重点闸站自动化改造稳步推进。下放13条河道、13座水库市级审批权限。

【防汛防旱】 各级水利部门坚持人民至上、生命至上，提前谋划、系统实施，全面完成25项应急水毁修复项目，整改41处度汛隐患，设备调试、物资储备、队伍演练等工作有序推进。面对滞留我省时间最长、雨量最大、影响最广的台风“烟花”，各级防指统一指挥、科学决策，成员单位通力合作，有效防御。紧急避险转移11 600人，停工695处在建工地，排查沿江企业299家，汛期沿江主要闸站共引排水超15亿立方米，交出了全市无人员伤亡、无重大损失、无重大险情的优异答卷。

【水政执法】 “八五”普法顺利起步，《镇江市节约用水条例》通过市人大一审，《镇江市河道管理规定》纳入今年市人大常务委员会立法调研项目，水行政配套法规体系进一步完善。长江禁采工作常抓不懈，全年共抓获采砂船15条，整体拆解采砂船15条。“三无”采砂船舶拆解“清零”目标提前完成，为我市高质量考核争取加分。疏浚砂综合利用监管规范有序，共疏浚上岸江砂128万吨，全部用于支持公益项目。水土保持监管工作不断加强，239个水土保持遥感监管违规项目全部实现销号，水土保持目标责任考核成绩继续保持全省前列。

【党建工作】 深入开展党史学习教育，深刻理解“两个确立”决定性意义，主动与党中央对标对表。长江经济带、运河文化带、全面乡村振兴等国家重大战略有力推进；水旱灾害防御、幸福河湖建设、水资源节约保护得到有效落实。打造“镇合意、水时办”服务品牌，市水利局全年办理审批267件，创历史新高，办结率与满意率继续保持100%。全面加强自身建设，坚决纠治“四风”，党组织凝聚力、战斗力明显增强，谏壁抽水站第一党支部创成五星级支部，丹阳市珥陵水利管理服务站荣获“镇江市先进基层党组织”称号，丹徒区水利系统获得“镇江市文明行业”称号，扬中市河道管理所评选为“镇江市五一文明班组”，风清气正的政治生态不断巩固。融合推进“两在两同”建新功，“学亚夫、做亚夫”行动，高质量完成14项领办难题，获得百姓点赞。

（龚源）

泰州市

【水利建设】 重点水利建设。2021年，全市完成各类水利投资21.08亿元。江苏省淮河流域重点平原洼地近期治理工程海陵、姜堰段通过竣工验收，兴化段正在实施，中小河流治理工程中马干河东段、天星港整治工程通过完工验收，古马干河闸外段建设完成，泰兴市洋思港闸站主体基本建成，南干河整治工程完成沿线清障清杂工作。

城市水利建设。2021年组织实施了南干河（中干河-高港与姜堰交界段）整治工程、体育公园周边河道整治工程、城南河（人民公园段）整治工程以及水体岸线自然化率提升工程，总投资约1.3亿元。

【河湖长制】 2021年，推动解决了一批河湖治理难题，全市江河湖泊面貌焕然一新。一是河长履职有法管。在全省率先出台河长制地方性法规——《泰州市河长制工作条例》，各级河长履职有了法律支撑，河长制工作实现了从“有章可循”向“有法可依”的跨越。2021年，市、县、乡级河长履职分别达39次、472次、3.7万余次，解决各类涉河湖问题1.1万余个。二是完成考核有亮点。铆定省高质量考核10条幸福河湖建设的目标任务，泰州市自加压力，投资4.7亿元，全面建成264条幸福河湖，并评选出10条“十佳”幸福河湖、20条“五星”幸福河湖，人民群众的安全感、获得感、幸福感显著提升。三是督查问责有力度。继续从严落实督查问责制度，2021年共印发3期通报，点名道姓通报各级河湖长20人次，其中县级河湖长3人次。四是创新实践有成效。全国首家河长制学校、河长制研究会常态化运行，开展各项培训活动。全市建成河长制主题公园83个，全力打造集文化宣传、娱乐休闲、水情教育于一体的综合性阵地。

【河湖管理】 得胜湖完成工程形象进度60%，东潭荡、耿家荡、喜鹊湖施工方案已通过审查，大纵湖、癞子荡实施方案，龙溪港退圩还湖实施方案上报省水利厅。

【水资源管理】 2021年，泰兴经济开发区在全省率先开展以水定城、以水定地、以水定人、以水定产的水资源“四水四定”方案研究，姜堰区完成全市首例地下水权交易。大力推进水源地、取水工程（设施）、计量设施等三类工程规范化建设。开展长江永安洲永正水源地和靖江螃蜞港水源地标准化建设，完成周山河邢家应急备用水源地达标建设，兴化市长江引水工程建成通水；健全水源地长效管护机制，加强巡查，成立专职管护机构，月度编发《泰州市集中式饮用水源地水文情报》。完成3个国家级取水口规范化建设，实现取水工程、取水行为、档案台账规范，取水计量、监控传输精准，标志标识清晰。编制《泰州市取水口监测计量体系建设实施方案(2021—2023年)》，统一取水计量体系建设标准。严格进行总量控制，科学制定全年用水目标，加强重点用水户计划管理，强化总量监测，严格执行超计划加价收费制度。规范水资源论证，严格取水许可审批和延续取水换证工作，2021年我市全面实现取水许可证照管理电子化，截止2021年底，我市存续电子证照378本。加强河湖管理，优化水资源配置，开展古马干河、靖泰界河等5条骨干河道水量分配方案及生产河、海陵里下河片区等7个河湖(片区)生态流量(水位)确定及保障方案研究工作，完成南干河、上官河等10个重点河湖生态状况评价。强化地下水管理与保护，重新规划、筛选39眼地下水位观测井，进行月度监测，保障地下水合理开发利用。坚持规划引领，泰州市及6个市区全部编制完成"十四五"节约用水规划。加大国家级节水达标县和省级节水型载体建设力度，兴化市、泰兴市、姜堰区、高港区均已创成国家级节水达标县，累计创成省级节水型企业90家、社区113家、单位(机关)53家、学校52家、高校4家。强化节约用水管理工作，推进"节水三同时"，水利、发改、行政审批、住建等部门联合出台《泰州市建设项目节水设施"三同时"实施细则》，严格执行项目立项、审批、竣工等环节节水要求；合力开展水效领跑者引领行动，兴化市人民医院被评为国家级"公共机构水效领跑者"，泰州隆基乐叶光伏科技有限公司入围省级"水效领跑者"；积极推行合同节水，放大泰州中来光电科技有限公司姜堰分公司"合同节水"效应，指导靖江太和港务有限公司开展"合同节水"工作。严格管理用水定额，开展用水定额调查修订工作，在完成脱水蔬菜等具有地方特色的行业用水定额研究工作的基础上，开展对功能性食品用水定额的研究。持续开展节水宣传教育，增强全民节水意识。目前，我市有省级节水教育基地7家，覆盖各个市区。

【农村水利】2021年，全市共投入7.89亿元用于农村水利建设，其中中央资金0.93亿元、省级资金1.53亿元、市、区两级投入5.43亿元。共疏浚各级农村河道809条(包括农村生态河道273条)，其中县级河道38条长212千米、乡级河道278条长530千米、村庄河道(河塘)493条，累计疏浚河道土方1 090万立方米。共新建(改建)圩口闸15座、小型电灌站11座、排涝站5座，新建各类防渗渠道1.6千米、各类田间配套建筑物23座，新增有效灌溉面积0.2万亩，农田灌溉水有效利用系数为0.632。发展节水灌溉面积2.9万亩，其中高效节水灌溉面积0.9万亩。累计治理水土流失面积2.9平方千米，累计完成水土保持省部级卫星遥感图斑核查整改261处。

【工程管理】 制定了"十四五"期间全市大中型水闸泵站安全鉴定实施方案，完成了焦土港闸、马甸节制闸等11座水闸安全鉴定审定。深入推进水管单位创建工作，泰兴市过船闸管理所、泰州五叉河闸站管理所通过省二级水利工程管理单位复核验收，泰兴市马甸枢纽服务中心启动省一级水利工程管理单位创建工作。制订全市17家省级水管单位精细化管理验收计划和分年度实施方案，完成五叉河闸站管理所精细化管理验收。常态化运行城区调水泵站，开机157天，向主城区生态补水8 503万立方米；通过口岸闸、夏仕港闸等向通南地区引水13.9亿立方米；通过动力抽引江水，向通南地区生态补水，马甸枢纽开机53天，引水1.99亿立方米，协调高港枢纽开机40天，引水2.5亿立方米。

【防汛防旱】 汛前。2 月和 3 月，组织进行两轮防汛大检查，印发 94 处水利工程度汛隐患责任清单，要求各地消除度汛隐患，认真落实应急措施；组织专家分析长江近岸水下地形测量结果，对河势变化进行会商，督促各地采取措施维护长江河势稳定；4 月下旬，组织全市水利系统开展防汛抢险技能培训暨实战演练；6 月 11 日，依托高港区组织全市防汛抢险军地联合演练暨观摩活动，13 支专业防汛抢险分队进行了险情探查、排除渗漏、封堵管涌、抢筑子堤、紧急排涝、块石调运、医疗救护、应急照明等多个科目的防汛抢险实战演练；在市水利局网站公布各市(区)防汛防旱、城市防洪、防台风责任人以及里下河地区 5 000 亩以上联圩、长江堤防、大中型涵闸、江心洲防汛责任人名单；召开全市防汛防旱工作电视电话会议，部署 2021 年全市防汛抗旱各项任务；修订完善《泰州市防汛抗旱应急预案》《泰州市防御台风应急预案》，全市共储备防汛块石7.5万吨，“三袋”248 万只，土工布 13 万平方米，木材 1 990 立方米。

汛中。7 月 24 日 13 时，市防汛防旱指挥部启动全市防御“烟花”台风Ⅳ级应急响应；25 日 8 时调整防台风应急响应至Ⅲ级，并通过电视、短信等方式将预警信号向社会公众发布，提醒群众做好防范应对措施。里下河地区关闭圩口 378 个、圩口闸 3 440 座，启用排涝站 988 座；调度沿江口门全力抢低潮排水，共计抽排里下河地区涝水 59 668 万立方米。各地组织技术人员对防汛重点堤段、超警戒段堤防、重点险工患段等开展全方位拉网式巡查，累计出动巡堤人员 33 203 人次、巡查堤防12 198千米、撤离转移 32 609 人、回港避风船只 1 628 条、排查消除广告牌等市政隐患 833 处、排查消除建筑工地隐患 584 处、停工企业 646 个、停工工地 498 处、关闭景区 24 处。台风“烟花”期间，全市无重大险情、无人员伤亡、无重大灾害和重大次生灾害发生。

汛后。10 月 19 日，市防汛抗旱指挥部办公室组织各市(区)开展水利工程汛后检查，组织实施水毁修复和除险加固。投资 5 625 万元，整修堤防 145 处，加固改造病险涵闸 184 座、排涝站 80 座，投资 715 万元实施长江干流医药高新区段崩岸应急治理工程增补项目，抛石 3.25 万立方米。在全市范围内开展水旱灾害风险普查工作，初步形成泰州市洪水灾害隐患调查报告，基本摸清了全市水旱灾害风险隐患底数。

“市防汛防旱指挥部”更名为“市防汛抗旱指挥部”。泰州市水利局、靖江市新桥镇人民政府、泰兴市虹桥镇人民政府、泰州市气象台 4 个集体获 2020 年“全省防汛抗洪工作先进集体”称号，高宏、张剑、洪涛、褚新华、叶文荣、沈向明、耿萍、朱荣慧、陶拥政 9 名同志获 2020 年“全省防汛抗洪工作先进个人”称号。

【水政执法】 2021 年，泰州市沿江各级水利部门共组织开展长江执法巡查 737 次，开展联合执法行动 183 次，查处涉砂行政处罚案件 15 起，累计向公安机关提供涉砂违法犯罪线索 10 条，协助破获刑事案件 4 起，依法取缔“三无”采砂船 18 条。全面完成省级 58 个河湖“三乱”(乱占、乱建、乱排)整治项目，并开展河湖“清四乱”(乱占、乱采、乱堆、乱建)整治“回头看”工作。严格执行长江疏浚工程监管，泰州市长江航道疏浚砂综合利用项目累计上岸江砂 115 万吨，实现销售产值 8 092 万元。

【水利科技】 积极组织申报省、市有关部门研究课题，并与相关科研院所建立了良好的互动。2021 年，海陵分局申报的“‘街河并行’水生态空间规划设计方法研究”获得省水利厅科技项目立项。

【党建工作】 创新设立“日学周讲月评”制度，创新开展“6 000 河长讲党史”活动，举办庆祝建党 100 周年系列活动。抓紧抓实“为民办实事”项目，“海陵洼地治理”和“乡村级幸福河湖建设”被列入全市100个优秀案例，“学习强国”、《中国水利报》等媒体累计报道200余次，党史学习教育始终位列指导组第一方阵。各支部独立开展关爱“山川河流”志愿服务，举行了“争做文明人，喜迎省运会”集体签名活动，常态化开展党内关爱活动，累计投入帮扶资金93万、项目资金497万。全年以“弘扬水的品格 共建幸福河湖”为总主题，开展支部观摩6次，大幅度提升整体组织生活水平。成立“5＋1＋2”党建联盟，凝聚了服务基层的广泛合力。泰州市水利局老干部支部被评为“四星级”支部。研究制定党风廉政建设责任分解方案和三张清单，完善廉政风险防控体系。

【宣传教育】 2021年，泰州市创新节水宣传方式，首次使用抖音平台和微信朋友圈开展“世界水日”“城市节水宣传周”公益宣传；利用巨幅广告电子屏开展节水宣传；组织“节水宣传进邮路”活动，摘录相关条例和办法的重点条款随报刊投递给9万余家企事业单位和居民；向市民发放节水法规、节水宣传单、节水宣传品和节水器具；组织开展节水进校园活动，赠送节水书籍200册，在学校收集节水手抄报6 000份、节水教育征文100篇，组织节水讲座5场、节水参观8次。姜堰区节水微视频被全国节约用水办公室主办的“节水中国 你我同行”主题联合宣传行动专题网站专栏推送。组织开展《泰州市河长制工作条例》学习宣传，深入开展河长制工作培训，组织600名左右基层河长进行线下培训。

（洪涛 李想）

宿迁市

【工作概述】 2021年，宿迁水利工作立足“保安全、促发展、惠民生”，聚焦融合发展、聚力改革创新，成功战胜淮河、沂沭泗流域持续性洪水过程影响，获省委、省政府“全省防汛抗洪工作先进集体”表彰，黄河故道城区段入选淮河流域首批“幸福河湖”示范工程，连续三年获市高质量发展综合考核第一等次。

【水利建设】 实施42项（类）年度重点水利工程，完成投资25.7亿元，流域防洪能力得到进一步巩固，淮河水系防洪标准达到100年一遇，沂沭泗水系防洪标准达到50年一遇。《宿迁市“十四五”水利发展规划》顺利获批，完成水利基础设施空间布局规划，沂沭泗河洪水东调南下提标规划通过水规总院审查，骆马湖三角区生态建设工程进入立项阶段；淮西洼地治理启动前期工作，北六塘河、拦山河、利民河、岔流新开河、柴米河等治理工程列入省2022年开工建设实施计划。

（1）流域重大工程。完成淮河流域重点平原洼地近期治理、新沂河灾后应急治理等重点项目建设，全市单项投资最大（26.3亿元）的水利工程——洪泽湖周边滞洪区治理工程启动建设。

（2）区域基础工程。完成中运河宿迁闸至刘老涧段整治工程、西民便河（小口子至大王桥）治理工程、古山河治理工程等区域重点工程，有效减轻了地区防洪除涝压力。

【河湖长制】 印发《宿迁市2021年河湖长制工作要点》，排定28类94项重点河湖治理项目，充分发挥河湖长制统领作用。

（1）河长履职工作。出台《宿迁市基层河长巡河实施细则》，确立了基层河长的“一看、二查、三巡、四访、五改、六回”巡河“六步法”，为基层管河治河提供了有效指导，落实市级河湖长巡河58次，县、乡、村级河湖长巡河7.1万余次。委托第三方开展对全市河湖的常态化巡查，加大河湖问题巡查力度，下达交办单41张，交办675个疑似问题，督办各县区完成491个问题的整改。

（2）幸福河湖建设。组织召开河湖长制

改革创新暨年度重点工作部署会，在全省率先出台市、县幸福河湖建设实施方案，编制98条幸福河道保护规划，建成幸福河湖18条，黄河故道城区段入选首批国家级“幸福河湖”示范工程建设名单。

(3) 河长制信息化。完成市河长制信息化平台建设。组织县区完成2 175条(个、段)河湖基本信息、2 127个河长信息的录入。组织开展信息化平台应用培训25次，完成对市级副河长单位、县乡河长办及各级河长近1 500人次培训。

(4) 宣传引导工作。按季度编发河湖长制工作动态简报，持续开展“致河湖长一封信”“赠河长一本书”活动，及时提醒河湖长履职要点、工作重点，提出对策建议。积极宣传河湖长制工作举措，获《新华日报》《中国水利报》等省以上媒体宣传推介37次，市公众号推文133篇，省公众号采用27篇。

【河湖管理】 坚持生态理念，科学治理、综合施策，通过沟通水系、涵养水源、退圩还湖等措施，修复河湖生态，打造示范工程，维护河湖健康生命。

(1) “两湖”退圩还湖。在全省率先实施洪泽湖退圩还湖，泗阳县清退圩区36.84平方千米，恢复湖泊水域面积30.9平方千米，并顺利通过验收；宿城区洪泽湖退圩还湖实施方案通过省级审批，开展设计等施工准备工作；泗洪县方案正在履行审批程序；积极会同湖滨新区履行稳评手续，推进骆马湖退圩还湖规划审批工作。

(2) 洪泽湖“两船”整治。率先完成洪泽湖“两船”整治市级验收，圆满完成洪泽湖3 551条住家船和19条餐饮船整治任务，实现“清零”目标，广大船民告别“水上漂”、实现“安居梦”，有效保障洪泽湖生态安全和南水北调水源安全。

(3) 生态修复工程。新建农村生态河道128条、长度589.3千米，农村生态河道覆盖率达到19.9%。完成泗阳县成子湖新庄段生态修复工程等4个洪泽湖生态修复示范项目，有效改善洪泽湖近岸带和主要入湖河道生态环境。实施泗阳县水系连通及农村水系综合整治试点县工程，完成35条主要河流综合治理，重塑片区河道生态景观格局。

【水资源管理】 坚持优先节水、合理分水、管住用水，全面加强水资源节约、保护和管理，推动综合用水效益持续提升。

(1) 用水总量控制。2021年全市用水总量控制在22.903亿立方米，低于省控目标30.11亿立方米；万元国内生产总值用水量、万元工业增加值用水量分别比2020年下降12.8%、6.34%，均超额完成省定目标任务。

(2) 节水示范引领。强化水资源刚性约束，全市3所高校创成国家级节水型高校，新增省级节水教育基地3家，新增省级节水型载体64家。省级节水型社会示范区实现三县两区全覆盖，泗阳县、泗洪县、宿豫区、宿城区创成国家级节水型社会达标县，提前1年完成南水北调受益区国家级节水型社会达标县建设任务。

(3) 河湖水量分配。编制完成洪泽湖、新汴河、奎濉河等河湖生态水位保障实施方案，骆马湖、淮沭新河水量调度方案，西民便河、刘柴河生态水位保障方案，大涧河、西沙河水量分配及生态水位保障方案，为促进水资源可持续利用提供重要依据。

(4) 取水规范化建设。建立全市411个取水工程规范化建设清单名录及三年实施计划，年度实施完成191个，完成年度任务的125.7%。泗洪县成子湖龙集水源地贯标全省第一家通过省水利厅验收，骆马湖宿城和中运河刘老涧水源地完成标准化建设，中运河闸西应急水源地完成核销，中运河月堤应急水源地完成核准并顺利通过省级达标建设技术核查。组织编制《宿迁市取水口监测计量体系建设实施方案》，将建设取水监测计量围绕优化水利发展布局、强化河湖综合治理、加强水资源节约和集约利用、创新工作体制机制等重点领域，开展调研25次、讨论42次，并进行精彩授课展示和成果演说，推动业务工作大融合、条块工作大协同、重点工作大提升，促进水利干部人才队伍建设。2021年度，全局共提拔、晋升、调整干部15名，全市水利系统新增中高级职称技术人才111人。

【宣传教育】 围绕年度宣传教育工作目标，紧贴工作实际服务大局，找准宣传媒体和有效载体，坚持报刊和网台结合，文字、图片、视频并举，传播好声音、讲好水利故事，为水利高质量发展营造良好的氛围。

（1）水利宣传。组建县区＋各处室（单位）信息员队伍，与《水利报》《新华日报》市级官媒全面合作，做大做强宿迁水利网、水利微信等自媒体。全年发布信息1 200余条，组织召开新闻发布会4场，推出重大专题系列宣传活动10余次。市退役军人事务管理局、住建局、发改委等单位先后来市水利局学习交流，宣传工作经验和做法。

（2）水情教育。截至目前，全市创成国家级水情教育基地1所，国家级水利风景区4家，省级水利风景区5家，省级节水教育基地4家，市级节水教育基地4家，2021年申报省级水情教育基地1家。依托这些载体，连续多年开展征文比赛、摄影比赛、演讲比赛、网络知识问答、水情教育进校园等形式多样的水情教育实体活动，与宣传部、团市委、教育局、妇联等部门广泛联动，打造“宿迁水情”教育品牌。

（3）水文化建设。水利遗址公园建设提档升级，建成运河水文化中心。依托“幸福河湖”建设，将水工程与水文化有机融合，打造河湖长制文化主题公园和重要节点展示区、水展馆。加强中运河、黄河故道沿线重要文化和自然遗产保护修缮。充分发挥节水大使、民间河长、志愿者等作用，宣传推广优秀水文化，加快推进水、城、人、文和谐交融。

（朱程亮）

昆山市

【水利水务建设】 2021年，昆山市水务局共扎口昆山市重点实事工程11项。大直港挡墙工程（一期）、夏驾河（陆家段）整治工程（一期）、老杨林塘综合整治工程一期等8项工程已完工。锦溪镇棋盘荡综合整治工程获评2021年度苏州市级水利建设优质工程，昆山市在2020—2021年度苏州市水利建设质量工作考核中获评A级（优秀）。

【河湖长制】 2021年，昆山市落实市、镇、村三级河湖长607名，覆盖全市2 815条河道，38座湖泊，实现河湖长制管理全覆盖。创新形成了“行政河长＋河道主官＋民间河长”的工作格局，共聘任86位民间河长和46个社会团体，法籍河长何诺作为全省唯一的外籍河长受邀参加中国国际发展知识中心在北京举办的“中国治理创新的地方实践”交流对话沙龙。开展“清四乱”整治常态化、规范化工作，2021年拆除河湖管理范围内违法建设、垦种6.5万平方米。区域协同更加紧密，做好进博会期间外围水环境保障，上海市河长办连续四年发来感谢信。

【河湖管理】 完成《昆山市水务“十四五”发展规划》《昆山重要湖泊群保护规划》，协同推进水务国土空间规划。昆山、太仓开启“河长＋检察长”联动机制，构建跨界河湖生态治理新格局。委托国企承担航道保洁作业，形成城乡航道保洁及水葫芦防控一体化工作合力，巩固重点水域禁捕退捕工作。全面推进4个省级以上开发区水土保持、洪水影响等区域评估工作，稳步推进行政审批制度改革。深入贯彻落实苏州市总河长令要求，开展“消劣争优”行动，排查出疑似劣Ⅴ类水体180条，排定2021—2023年三年整治计划，完成全部河道“一河(片)一策”治理方案编制工作，以方案为引领，开展精准消劣，2021年53条整治任务全部完成，10个国省考断面水质全部达标。推进生态美丽幸福河湖建设，至2021年底昆山累计建设生态美丽幸福河湖121条，其中2020年度完成的36条全部通过昆山市级验收，15条通过苏州市级验收。

【水资源管理】 严格执行水资源总量分配规定，合理有序使用地表水、严格控制使用地下水、积极利用非常规水，强化水资源统一调度，统筹协调生活、生产、生态用水。2021年，全市用水总量5.25亿立方米，非常规水利用量0.72亿立方米，再生水回用率达24%。严格以供定需，落实地下水水量和水位双控制度，严把审批关口，原则上不再审批工业取用地下水许可。近年来均无新增地下水开采量，全市地下水埋深均位于控制红线以上。2021年，全市地下水用水量31.8万立方米。推进生态河湖建设，加强水源地长效管护，建立水源地保护与管理电子档案，开展水源地健康评估及整治、达标年度评价，稳步推进水源地规范化建设，落实生态治理任务、保护生物多样性、推进湖泊健康发展。加强重点湖泊蓝藻防控，开展水源地遭疑似投毒事件“红蓝军”对抗和青昆吴嘉蓝藻联防联控应急演练，增强应对重点湖泊蓝藻暴发的预警、防控、应急准备及处理能力。

【农村水利】 推进2021年农水工程计划建设，包括河道疏浚及综合整治工程76.9千米，畅通工程18项，堤防挡墙工程13.4千米，机电排灌工程15项，三闸工程6项，其他工程130项，工程总投资约4.3亿元，重点围绕河道水质改善、生态恢复、景观提升、“一河一策”、美丽河湖治理及防洪除涝能力巩固提升等目标任务，稳步建设水利基础设施，进一步改善城乡水环境，优化投资和人居环境，确保防洪除涝安全，为昆山市经济和社会持续健康发展提供坚强的水利保障。开展“十四五”农村生态河道建设规划的编制工作，规划通过河道疏浚、水系连通、岸坡整治、生态修复、长效管护等措施，全面实施农村生态河道建设，促进农业增产、农村人居环境改善，围绕“生态美”为建设生态宜居的美丽昆山提供有力支撑和基础保障，2021年建设生态河道33条(段)，治理长度84.34千米。

【工程管理】 有序推进完成2021年农水工程73座站闸改造工作，建立昆山市站闸巡查管理信息系统。全力保障中国国际进口博览会水环境质量，全年共打捞水葫芦等水生植物17万余吨。完成文明城市创建各类问题整改，助力昆山成功创建全国文明城市。完成全市27条县级河道管理范围线划定工作，2021年划定总长221.5千米，有序推进18个新增名录湖泊和72条镇级河道管理范围线划定工作。

【防汛防旱】 成功抗击近十年最强台风“烟花”，抵御今年的非典型梅雨期和台风“灿都”影响，在外河普超保证水位，3个国家基本水位站均超历史最高水位的情况下，保障昆山安澜。昆山市于2021年6月10日入梅，7月11日出梅，梅长31天，比常年偏长7天。汛期共计出现25次暴雨过程，其中包括11次区域性暴雨过程、14次局地暴雨过程。汛期受“烟花”“灿都”2个台风影响，全市普降大雨到暴雨，局部大暴雨，7月23日20时至7月28日08时，全市35个气象观测站点累积雨量均超过100毫米，其中21个站点累积雨量超过200毫米，1个站点累积雨量超过300毫米。

【水政执法】 主动做好与综合执法部门的衔接，开展倒流防止器、汽修行业排水、餐饮企业排水、河湖巡查专项四大专项执法行动。全年共开展执法巡查671次，出动执法人员1 223人次，累计查处水事违法违规行为

153件，移交案件线索474件，立案处罚45件，全市水事秩序持续向好。

【水利科技】 “节水灌溉稻田灌溉施肥一体化技术模式研究——以液态有机肥为例”完成结题验收，项目成果“水稻灌区智能水肥一体化灌溉施肥器”成功入选《2021年度水利先进实用技术重点推广指导目录》。昆山市水务局与河海大学、南京水科院联合申报的《基于面源污染控制的稻田灌排肥联合调控技术研究与应用》获得“农业节水科技奖”二等奖。起草《昆山市水环境治理研究基地运行模式》《昆山市水环境治理研究基地管理三方协议》《昆山市科研基地日常管理办法》，促进基地高效运行。与清华苏州环境创新研究院合作，开展污水厂尾水生态湿地实验、河湖健康水生态构建实验、清水型自然河流水质恢复实验等课题研究。

【党建工作】 全年党委理论学习中心组集体学习13次，领导干部上党课7次，党支部书记上党课14次，先进典型上党课11次。与中建七局第二建筑有限公司党委、市应急管理局党委开展结对共建、联学联建活动。组建党课教员库，8名理论宣讲骨干准备22堂教育课件，常态化开展“党课开讲了”活动。组织10支家庭代表队参加“我心向党，家人同行”党史知识竞赛，开展“水润初心 红歌颂党”水务小剧场活动。宣传水务局老同志的先进事迹，向“光荣在党50年”老党员颁授纪念章。组织党员221余人次参观红色基地，685余人次集体观看革命电影。党史学习教育的做法被央广网、“学习强国”平台转发。深入开展“两在两同”建新功行动，局党委班子成员带头调研基层一线，收集、梳理基层关于提升党组织战斗力、发挥党员先进性等方面的意见建议13条，形成调研报告7篇。扎实开展“我为群众办实事”实践活动，建立“支部＋河长＋检察长”河湖管理机制，提升“河长制”在水环境保护方面的效用。优化改造城市积水易涝点47个，实施“惠民利民微实事”37项。组建37名党员组成的应急服务志愿者队伍，充分发挥志愿者在急难险重任务中的示范引领作用。面对新冠肺炎疫情，出动326名党员志愿者组建党员突击队，深入5个村、社区开展“大党委”共建活动，彰显了水务人的责任担当。

【宣传教育】 2021年全年，“昆山市水务局”公众号累计推送发文374篇，阅读量破50万大关，收获“7万＋”点赞。昆山市政务微信排行榜持续每月处于榜上前十。积极进行工作创新，组建抖音工作小组，实现水务新闻生产要素和媒介资源有效整合，“昆山市水务局”官方抖音号、微信视频号，全年累计发布视频200余条，创作出一批受众喜闻乐见的新媒体作品。全年报送党政信息196条，录用70条，获评“2021年度昆山市党政信息先进单位”。

【水利改革】 推进基层水务机构改革，成立全苏州唯一的水事综合管理中心，加快中心正式运作。高标准推进排水达标区建设，一体化推进农村生活污水治理。落实水务行业在“碳达峰、碳中和”行动中的责任，以青岛啤酒厂作为试点，推动含优质碳源、生化性较好的废水企业接管工作，探索打造生态绿色的污水处理系统。依托“智慧水务”信息平台，发挥入渗入流评估等成果的作用，推进排水管理体制改革，构建“设施一张网、管理一盘棋、事务一根轴”排水管理格局。锦溪古镇石埂修缮项目作为王复明院士领衔的首个县级坝道工程医院示范工程高质量完工，并成功召开现场推广会。推进省水文局昆山中心建设，完善全市水文等监测站网体系布局，提升水生态安全智能感知能力。

（顾澜）

泰兴市

【工作概述】 2021年，泰兴市水务局累计上争项目资金2亿多元，实施古马干河东段治理、天星港西段整治、洋思港闸站等重点项目。古马干河泰兴段被评为省2021年度幸福河道建设示范工程，全市生态河道覆盖率位居泰州第一。创新建立河长制暨水污染防治工作联席会议制度，建成镇村河长制工作站207个、河长制主题公园34个。全面完成100条幸福河湖创建任务，获评泰州市级“十佳”幸福河湖3条、“五星”幸福河湖6条。水生态文明城市创建试点通过省级评估验收，泰兴开发区被纳入水资源刚性约束“四定”省级试点，农村河道长效管护连续三年在省级考评中获第一等次，防汛防旱、非法采砂、水土保持、质量安全监管等工作扎实推进，水利行业发展规范有序。

【水利建设】 (1)防汛抗旱工程建设。投入30多万元，开展坍段观测，组织白蚁防治，对长江水下地形开展多次测量；投入287万元，实施六圩港道路、七圩港、九圩港堤防损毁应急修复项目，全面完成泰州市下达我市1.3千米长江堤防提升改造任务。对市属通江闸进行了维护保养，对城区现有控制闸、泵站进行维修养护；投入3 800万元，建成滨江镇芦坝港闸站、虹桥镇四圩排涝站等防汛工程并发挥效益；投入4 084万元，组织实施滨江镇杨园闸站、洋思港闸站工程。

(2)城市水环境治理。城市水环境治理向纵深推进，工作重点由注重功能完善向更加注重品质提升和精细化管理转变，实施友谊中沟南闸站、金沙中沟北排涝站、“清水润城”一期工程等8项清水绿岸工程，项目总投资约1.21亿元。同时，继续抓好城市河道水工程设施维护等4项常态化维护管理项目，对部分河道实施生态化治理，打造水景观，提升城市河道文化品位。

(3)供水工程安全高效。组织实施城区道路配套建设供水管网工程，涉及8条主次干道，共9个路段，完成江平路DN800供水管网迁移和大庆路(济川路-镇海路)、长征路(大庆路-国庆路)供水管道，新建北辅路，枕淮路、惠泽路、振泰路等管线全面贯通，同步实施大庆西路、阳江东路、镇海北路给水管网工程，进一步提升城市供水可靠性。完成杨庄水厂15万吨/日深度处理改造以及河失、新街、珊瑚乡镇供水管道改造工程，惠及3个乡镇的60个村组，约5.37万户，实施改造后，整体漏失率下降20%以上。完成S232省道供水主支管改造工程，经河失第二增压站向北沿S232西侧敷设至S355，管径DN800，总长约15.6千米，通过向阳水厂向新街、元竹增压供水，缓解了边缘乡镇水压低的问题。完成华泰新村，劳动新村，万福小区，燕头安置区等15个片区、34处改造节点背后街巷、老旧小区的供水管网改造工程，入户水表改造、更换约1 185户，解决了水压不足、管线老化等问题，全年整体管网综合漏失率较2020年降低4%。

【河湖长制】 推动河长巡河履职，制定印发《泰兴市2021年度河长制工作要点》，落实“一河一策”实施方案，细化2021年度目标任务，形成任务清单和责任清单，促进各级河长履行好“管、治、保”职责。2021年，市级河长巡河51次，乡镇级河长巡河3 589次，村级河长巡河34 418次，下发市河长办交办单180份，办结率100%。印发河长简报12期。办好“河长在行动”电视专栏，正面宣传、曝光问题90次。创新建立河长制暨水污染防治工作联席会议制度，印发《国省考断面水质保障工作方案》《泰兴市城市黑臭水体整治长效管理工作方案》《泰兴市镇级通江河道水质保障方案》，系统推进水污染防治，省考以上断面水质达标率和优Ⅲ比例均为100%。探索建立联合河长制工作机制，建成镇村河长制工作站207个、河长制主题公园34个。强化河湖巡查监管，对长江岸线清理整治、河湖“清四乱”项目进行“回头看”，规范、整治、提升内河码头69处，全面完成15条国普河道和2个灌区的管理范围划定任务。组织开展“讲河湖故事 学地方党史”等系列宣传活动。严格落实河湖警长制，健全部门联合巡查、综合执法机制，加强执法信息互通，打击各类涉水违法行为百余起。

【河湖管理】 大力开展农村生态河道建设，经省水利厅复核认可的生态河道226条(段)551.3千米，覆盖率达41.94%。大力推进幸福河湖建设，研究制定《建设幸福河湖专项实施方案》《泰兴市2021年幸福河湖“示范河道”“模范河长”考评办法》，明确幸福河湖建设标准，对照泰州市“五星”幸福河评定办法，全面完成100条幸福河湖创建任务。古马干河泰兴段被评为江苏省2021年度幸福河道建设示范工程，连片打造了长江生态廊道拓展区等一批生态示范河道，3条河道被评为泰州市级“十佳”幸福河湖，6条河道被评为泰州市级“五星”幸福河湖；持续开展“模范河长”“示范河道”创建活动，每年评选20条幸福河湖作为示范，评选10名示范河长进行示范引领、树立典型；持续推进骨干河道绿化换栽补栽，组织对两泰官河宣堡镇北段4千米岸线河坡进行绿化、对古马干河根思段树龄老化的7千米河道岸线河坡进行更新换栽、对新曲河(古马干河—宣堡港段)存在安全隐患的超高意杨段约9千米岸线进行更新换栽，合计整理干河河坡18万平方米，栽种各类树木2.5万余株。

【水资源管理】 落实最严格水资源管理制度，水生态文明城市创建试点通过省级评估验收，全市用水总量降低到5.2亿立方米以下；全力推进开发区水资源刚性约束“四定”省级试点工作，组织编制《泰兴市“十四五”节约用水规划》，完成1个水利行业节水型机关、1个节水型单位、2个节水型企业(1个高耗水企业)、6个节水型学校、1个合同节水示范项目，1个节水典型示范样板以及1个水效领跑者等13个载体的创建工作，完成18家单位用水审计、25家单位水平衡测试。实施年度生态河湖相关项目，对焦土港实施生态河湖状况评估及生态流量(水位)确定，对西姜黄河实施生态河湖状况评估，对季黄河开展水量分配方案研究。严格进行地下水管理，对本市尚存的闲置、报废地下水井开展封填工作，共计封填四家单位9口地下水井。加大水资源费征收力度，全市自备水水表安装率达100%，全年征收水资源费2 300万元，倒逼用水户高效集约用水。

【农村水利】 投资3.7亿元，实施古马干河东段治理、天星港(天星闸—印庄东桥)整治、黄桥灌区续建配套与节水改造、水土保持焦荡小流域综合治理、省级水利发展资金农村河道疏浚、农村活水、人大干河桥梁等7项工程，整治河道229条230.63千米，其中干河2条(段)26.86千米、中沟64条111.63千米、庄河163条92.14千米，配套建设桥梁43座、涵洞334座、节制闸2座、闸站2座。强化农村河道长效管护，在干河支河口规范设置拦截设施100余处，推广中沟市场化管护，连续三年在省级考评中获第一等次。巩固和深化农业水价综合改革成果，维修和改造灌溉泵站22座、硬质渠道23.3千米。我市农田水利管护工作在省级绩效评价中被评定为优秀等次。

【工程管理】 加强生产建设项目水土保持监管，完成2019年、2020年省部级监管系统交办的74个“未批先建”违规图斑项目补办水土保持方案行政审批，并及时上传监管平台完成销号。完成2021年部省级监管系统交办的53个扰动图斑复核认定工作，认定“未批建设”需整改生产建设项目36个，全部即时下达整改通知书，完成整改项目14个。全年推动83个生产建设项目获得水土保持方案行政审批。规范招投标工作和工程管理，常态化开展履约考核飞检，建立水利建设稽察制度，推进水利工程标准化建设，水利建设质量考核连续两年在泰州市考核中获得第一等次。过船闸通过省二级水管单位复核，马甸枢纽启动省一级水管单位创建工作，天星港整治工程被评为“2021年度泰州市水利工程文明工地”。扎实开展安全生产专项整治系列行动，排查整改各类安全隐患59处，未发生一起安全事故。牵头对市政府规范性文件《泰兴市城市河道管理实施办法》进行修改完善，优化、深化城市河道网格化巡护，保持了城市水工程设施的安全完好。

【防汛防旱】 及时调整2021年度防汛抗旱指挥部成员，明确各乡镇(街道)各类水利工程防汛抗旱行政和技术责任人。组织编制了《泰兴市城市防洪规划(2014—2030)》《泰兴市中心城区洪水风险图编制报告》，基本完成水旱灾害调查及综合风险普查工作。按照“查严、查细、查实”的要求，对各类水利工程进行全面检查，对检查发现的隐患，制定隐患清单、整改清单、责任清单，实行销号管理。市委、市政府高度重视防汛防台工作，5月29日，召开全市防汛防旱工作会议，市政府与各乡镇及有关单位签订了防汛防旱工作责任状。7月24日，张坤书记、刘文荣代市长到一线了解涝情，并召开市防指成员单位及沿江各乡镇主要负责人会议，部署当前的防汛防台工作。7月25日8时，市防汛抗旱指挥部将防台应急响应级别提升至Ⅲ级。7月28日上午，市领导分别带领水务局、住建局、应急局、农业农村局、滨江镇、虹桥镇负责人奔赴排涝一线，掌握涝情，安排人员、设备排除积水。根据防汛工作形势要求，组建防汛抢险队伍，落实防汛物资储备，全市共储备块石2万吨、编织袋12万根、土工布1.2万平方米。开展防汛应急演练，加强水雨情监控，科学调度城市防洪控制系统，有效应对了超长梅雨期和台风“烟花”的严峻挑战，未发生一起水灾害事故。

【水政执法】 加强河道岸线执法检查和长江采砂管理，组织对全市干河进行全面清障，印发、张贴《清障通告》500余份，出动执法人员400余人次、执法艇30余航次，清除内河各类渔网、鱼簖60余口，清理僵尸船、住家船6艘。积极同其他相关部门合作开展长江河道采砂综合整治行动，成立了泰兴市长江河道采砂综合整治行动工作专班，制定了《泰兴市长江河道采砂综合整治行动工作方案》，会同长航公安、海事、水警大队等开展联合执法巡查，查处非法采砂船6艘，1艘非法采砂船移交长航公安镇江分局刑事立案查处，依法对长航公安镇江分局办理刑事案件中的8艘涉案船舶进行了拆解、拍卖，对水务局立案查处的3起违法停靠船舶采砂机具进行了拆解。

【水利科技】 探索开展洋思港闸站工程“智慧工地”建设，升级完善城区河道调度控制系统，泰兴市城市河道管理所管辖范围内的24座泵闸站、47座节制闸(闸涵)全部接入调度控制中心，节制闸(闸涵)能实现无人值守远程控制。

【党建工作】扎实推进党史学习教育，举办“我是党员，奋斗有我”党员集中轮训，深入开展“我为群众办实事”和“两在两同”建新功行动，高标准完成农村活水、干河农桥等“我为群众办实事”重点项目，围绕“四跨四联四融”，深化实施“书记领题”项目。认真落实意识形态工作责任制，将意识形态工作纳入局党组理论中心组学习的重要内容，在舆论引导和对外宣传中，牢牢掌控网络意识形态主导权，及时做好重要节点和敏感时期的舆论监管。开展“名师带徒匠心传承”结对活动。进一步加大水利专业人才的招录力度，新招录专业技术管理人员15名，提拔、调整中层干部14名，基层水利专业队伍的素质得到显著增强。召开警示教育会议，上廉政党课，开展廉政测试，深入推进官僚主义、形式主义排查整治，加大违纪案件查处力度。

【宣传教育】在鼓楼文化广场举办“3·22”世界水日宣传活动；开展“4·15”全民安全教育日宣传活动，向群众普及水法知识、讲解国家安全和水资源安全有关知识；举办“环保争先行 如泰在我心”志愿活动，组织泰兴中学的三十多名学生志愿者前往河道管理所进行参观体验；开展“百团进百万企业”安全生产学习宣讲会，学习习近平总书记关于安全生产的重要论述和对江苏安全生产工作的重要指示；台风“烟花”来临前，组织基层水利站工作人员深入一线，指导企业、农户做好防汛防台准备工作，督促施工企业开展在建工程度汛安全检查，协助村居排查低收入人群住房安全和生活保障情况。疫情防控期间，机关党员积极帮助社区分发宣传册、做好体温监测等工作，主动到自己所在的社区认领岗位，做好信访维稳，治安值勤及燃气安全生产大检查志愿服务活动。

（封康辉）

沭阳县

【工作概述】 2021年，沭阳县水利局准确把握水利工作面临的新形势，切实加强水利基础设施建设，不断提高保障民生、服务民生、改善民生、惠及民生的各项能力，为全县经济社会发展和高质量发展提供了有力支撑和保障。2021年5月，被省委、省政府授予“2020年全省防汛抗洪工作先进集体”。

【水利建设】 2021年，沭阳县水利局承担2项重点工程建设任务，共计投资9 073万元。一是新沂河灾后应急治理工程。工程总投资7 973万元，新建24千米防汛路及5 663米防渗桩，进行2.55平方千米滩面整治和漫水子堰闸加固维修。二是沭河船闸拆建工程。工程投资1 100万元，在原沭河船闸上游新建一座进水闸。

【河湖长制】 2021年沭阳县水利局共召开县级河长会议19次，开展巡河87次，交办各类问题114个，办结114个，办结率达100%；乡级河长巡河6 314次，交办各类问题171个，办结171个，办结率达100%；村级河长共开展巡河14 770次。探索跨界共治机制，分别与徐州市新沂市、连云港市东海县、灌云县、灌南县、淮安市及泗阳县、宿豫区等市县（区）建立了26条跨界巡河共治河道机制，并积极开展巡河共治；完善“河长＋检察长”“断面长＋检察长”“点位长＋检察长”的“1＋3”工作机制，创新“河长＋专技”机制，聘请26名专业技术员，为县、乡、村各级河长巡河提供专业技术咨询和指导。紧紧围绕水质达标、河道管护等工作，做好重点“四乱”整治和河道常态管护，切实巩固河道“清四乱”、开展“清剿枯水草 改善水环境”专项行动月活动、强化农村河道长效管护、实施生态保护修复工程，确保各项工作落到实处。

【河湖管理】 2021年，沭阳县对全县30条343.1千米县级河道、257条731.3千米乡级河道进行集中整治，按照农村生态河道“一河一策”实施计划和推进方案，坚持人口集中区域先行、产业集中区域先建、河道上游环境先治、河道内部环境先改的“四先”工作思路，集中精力抓重点，全力以赴解难题，利用典型推动面上工作，在满足防洪、排涝、灌溉、供水等基本功能的基础上，加强对堤岸和滩面的整治力度，适时补栽绿化树木，确保两岸植被连续、层次分明、生态良好。累计建设农村生态河道284条1 138千米，实现了功能达标、水流通畅、水清岸洁、生态良好、管护到位的目标。最终通过农村生态河道省级考核达标

57条297.42千米。

【水资源管理】 严格落实水资源费征收管理制度、用水审计制度、灌区放水管理制度、取水工程规范化管理制度，促进水资源管理工作规范有序、集约高效。一是强化节水载体建设。2021年完成4所省级节水型学校、4个省级节水型社区、1个省级节水型企业、1个市级水效领跑者、2个市级节水示范项目创建工作，并以节水载体为引领，带动全县各行业节水。二是积极推进再生水利用。新建项目实行节水“三同时”，推进再生水回用，全年建成雨水回收利用设施8个，实现新增雨水回用量8万m^3/n。三是严格实行规范化管理。严格执行超计划用水累进加价收费制度，推进非居民用水超定额累进加价制度落实，有效保护水资源；对省、市级重点用水户开展用水审计，完成沭阳瑞泰科技有限公司用水审计，推动企业改进节水管理制度，不断开展节水技改；落实取水工程规范化管理制度，完成15个取用水户规范化管理任务。

【农村水利】 一是实施水价改革巩固提升工程，投资750万元，对沭阳县91座损坏严重的老旧泵站进行维修。二是实施农村河道疏浚整治工程，投资537万元，对25条河道进行疏浚整治，建设生态河道。三是开展水土保持项目动态监管，2021年水利部、水利厅共分四次下发卫星遥感疑似违法违规图斑67个，目前已完成现场核查63个，认定违法违规项目50个，下发限期补编补报通知单50份；开展现场监督检查8次。四是推进新一轮河湖及水利工程管理范围划定工作，总投资426.23万元，划界河道长度约332千米，完成大中型灌区工程的干支渠及其建筑物管理范围划定任务，划界灌区干支渠长度约732.95千米，制作埋设告示牌169个、界桩5 320个。

【工程管理】一是高质量完成绿化造林工作。全年共植树约60公顷，共计1.70万株。二是组织实施省级水利工程维修养护工作。三是开展省级遥感观测变化点核查会商工作。经现场核查，15处变化点中，无建设审批手续的违法建设3处，均为养殖管理看护用房。四是配合开展殡葬改革工作。配合县自然资源和规划局及民政局和属地乡镇做好33个公墓地中涉及河流等相关水利设施的范围界址确认工作，解决公墓项目涉水许可问题。

【防汛防旱】 2021年汛期，受台风及强降雨影响，新沂河在6月16日至10月18日间多次行洪，行洪时间达73天之久，属多年罕见。7月29日新沂河沭阳站最高水位10.88米，超警戒水位1.38米，流量5 060立方米每秒。全县干群一线作战，严防死守，做到了调度有效、防守有序，夺取了新沂河防汛抗洪斗争的全面胜利。沭阳县巡堤查险工作得到省水利厅肯定，经验在全省推广。一是开展汛前检查。汛前对水利设施进行检查，研究抢险措施，建立工程检查档案，对影响安全度汛工程提出处理意见。清理新沂河沿线颜集、新河、耿圩、沭城、扎下等乡镇境内网箱150个、高秆树木10万平方米、鱼簖20处、拦河渔网6处、养殖棚舍2处、塑料大棚5 000立方米。二是部署防汛物资。在全县囤积储备编织袋135.90万只、麻袋2万条、彩条布6万平方米、木材3 111.50立方米、石子3 000吨、黄沙3 000吨、块石4.20万吨、铁丝5 000千克、救生衣200件、管涌抢险一体化模袋1 500平方米、小型灯塔2座、围井200片、滤垫2 000片、防汛钢管11吨、钢丝笼200只等防汛物资，确保抢险时随用随调。三是科学研判形势。结合往年防汛抗洪工作的经验，完成了《沭阳县城市超标准洪水防汛预案》等4个预案的修订和完善工作，及时启动防汛Ⅱ级应急响应，组织沭阳县各乡镇及有关单位全力开展城区、农田排涝，县防指组织30个乡镇(街道)共2.43万人准时到达新沂河、淮沭河及岔流河堤防指定位置，开展24小时不间断巡查，保证了河道行洪安全。

【水政执法】 2021年，共组织执法巡查河道156次，出动执法艇巡查27次，出动人员968人次。打击非法采砂行为19起，砸毁船只机具19台套并全部沉没。封填地下井274眼，立案查处22起，其中非法采砂1起、私采地下井19起、破坏堤防1起、水土保持1起，罚款29.9万元，结案率100%，追缴水资源费190万元。

【党建工作】 沭阳县水利系统以习近平新时代中国特色社会主义思想为指导，以党史学习教育为主线，以党的建设为统领，遵循新时代党的建设总要求，夯实党建主体责任，强化党规党纪的刚性约束，以最高标准、最严要求抓好党建。

一是践行“两个维护”不动摇。沭阳县水利局深入学习贯彻党的十九届六中全会精神，牢牢掌握意识形态领域主导权，精心组织庆祝建党100周年系列活动，广大水利党员干部职工从百年党史中汲取了奋进新征程的力量。二是基层党建不断加强。为充分发挥基层党组织的凝聚力、向心力、战斗力，积极拓宽选人用人渠道，坚持干事创业的用人导向，严管厚爱结合、激励约束并重，不断健全干部考核机制，干部干事创业热情进一步激发。三是作风纪律更加严实。扎实开展常态警示教育，规范督查检查考核，有效运用“四种形态”抓早抓小，积极开展“我为群众办实事”工作，解决群众“急难稳盼”问题17件，赢得群众广泛认可。

【宣传教育】 2021年，沭阳县水利局紧紧围绕“深入贯彻新发展理念，推进水资源集约安全利用”的主题，大力开展水资源保护和节约用水宣传工作。在世界水日、中国水周、全国低碳日等重要节日，开展形式丰富的宣传工作，包括发放传单10 000余份、举办落地展10多次、张贴标语及悬挂横幅500多条。同时，沭阳县水利局联合沭阳县教育局、沭阳县融媒体中心等单位，组织中小学生参观省级节水教育基地，宣传生活节水知识，普及沭阳水情，制作“节水沭阳，你我同行”宣传纪录片，并通过抖音、微信、“沭阳融媒”APP等平台播放，广泛深入地宣传了保护水资源、节约水资源的重要性，取得了良好的宣传效果。

（张海峰）

厅直工管单位

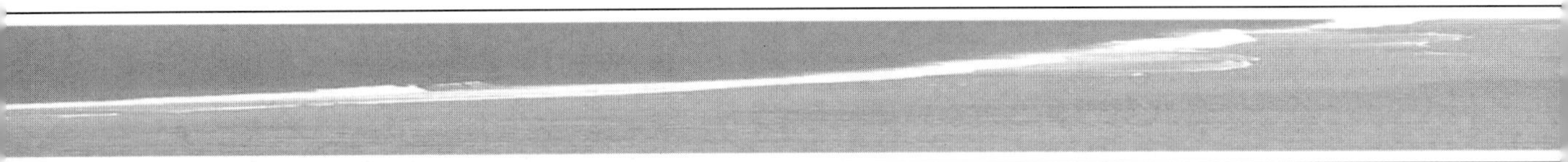

厅直工管单位 291～312页

省骆运水利工程管理处

【工程管理】 全年所管泵站运行146天，累计抽水20.00亿立方米，完成南水北调工作向省外调水6.97亿立方米，各涵闸排涝62.32亿立方米。全处突出抓好疫情防控，保障工程安全运行，动态跟踪疫情防控要求，精准部署防控措施。宿迁市区及泗阳发生疫情时，当即部署全处落实"6个必须做到"，对基层单位一律采取封闭式管理和AB岗交替轮换的管理措施，强化职工8小时之外管控，确保了全处防疫安全、工程安全。主汛期，抢险队持续开展全员核酸检测，发放防疫物资，加强疫情防控，随时待命，做好了奔赴受灾区抢险准备。

【防汛防旱】 (1) 持续加强抢险队伍建设。按照堤防、泵站、水闸三类专业分工，组建了专业防汛抢险队伍。联合宿迁水利局等单位，组织200名队员，举办了防汛抢险联合演练。(2) 全力做好防汛应急抢险。出动抢险队员80人次，完成2次宿迁市排涝任务，排除12个积水点，共抽排涝水5.60万立方米。紧急调运土工布、编织袋、装配式围井，紧急支援新沂河、淮沭河沿线防汛。该处荣获"全省防汛抗洪工作先进集体"称号，2人获得"先进个人"称号。(3) 切实强化流域联防。开展江苏省沂沭泗地区联防片汛前检查。完成微山湖、骆马湖、京杭运河、沂河、徐洪河等流域性河道、湖泊堤防及相关25座大中型水闸全覆盖检查。沂沭泗地区行洪期间，对新沂河大堤、骆马湖周边、中运河沿岸、沭阳低洼地带等地开展9批次督查。

【水政水资源】 (1) 强化骆马湖网格化管理。编制完成骆马湖《网格化巡查方案》《网格化管理考核办法》。强化网络技术和遥感监测等科技手段运用，全年开展网格化巡查698次，巡查总距离6 089千米，动态掌握骆马湖水域空间情况。积极跟进新沂市骆马湖退圩还湖工作。配合省水科院实施骆马湖、徐洪河水生态监测项目。编写完成《骆马湖2020管理年报》。(2) 强化省级河湖长巡河护河服务。完成2次省级河长巡河护河配合服务，持续跟踪省级河湖长交办清单落实情况。(3) 强化水政监察队伍建设。以标准化为引领，按VIS视觉识别系统标准，完成支队标准化建设工作，持续提升7个水政监察大队标准化建设水平。开展了无人机等执法设备专项培训。开展处内水政巡查共338次，对捕鱼等影响工程安全运行行为进行专项打击。(4) 强化省水利厅河湖管理支撑。参与对徐、宿两市涉水事务督查，完成"一湖三河五水库"遥感监测成果核查，对572处遥感监测变化点处理意见进行审核。现场查验"两违三乱"销号整改情况。

【基础和发展能力建设】 泗阳二站除险加固工程开工，刘老涧新闸顺利通过通水验收。持续推进沙集闸站、防汛防旱物资及抢险设备仓库工程前期工作，全处病险工程数量大幅下降。

成功申办电气承装(修、试)等资质，打响综合经营品牌，拓宽综合经营项目，确保全处经营创收工作可持续发展。持续抓好南水北调工程委托管理，再次中标苏州高新区水利工程委托管理项目，合同金额937万元。全年经营创收2 645万元。

组织18名学员开展脱产7个月泵站技能专项培训。组织优秀学员开展多岗位锻炼，将培训合格人员及时补充到各单位班、股业务岗位，提升单位技术水平。全年开展单位技术负责人、股站长、班组长等各类培训90期，参加培训职工达1 500人次。与省水利科学研究院、省水利勘测设计研究院、河海大学、扬州大学、宿迁学院、宿迁技师学院、江苏航天水利设备有限公司、利欧集团等科研院校、企业达成共建及战略合作关系。

【管理与改革】 (1)打响科技创新品牌。组织召开科技大会,着力提升干部职工发明创造积极性。该处共取得3项发明专利技术、46项实用新型专利技术,发表论文105篇。2项科技项目通过省水利厅验收,一项技术被列入《2021年度水利先进实用技术重点推广指导目录》。组织、参与编写各类书籍9册。(2)打响水情教育品牌。采取"以我为主,他为我用,围绕主题,技术为核,科普展示,塑造泵魂"的创建思路,编制"泵魂"总体规划,建设"泵站技术展览馆",全力打响"亚洲第一泵"品牌。皂河水利枢纽工程成功创建全省首批省级水情教育基地,入选水利部"第三届水工程与水文化有机融合案例",被宿迁市选为"干部教育培训现场教学点"。"江淮枢纽皂河站"科普视频荣获省水利学会"听我说长江大保护"科普讲解大赛一等奖。(3)打响工程创建品牌。皂河闸通过水利部农村水电站安全生产标准化一级单位创建,洋河滩闸成为全省首家成功创建的水利部绿色小水电示范站。刘老涧二站、黄墩湖滞洪闸通过省一级水管单位复核验收。洋河滩闸成功入选首批省级水利遗产名录。皂河站、洋河滩闸、房亭河地涵、黄墩湖滞洪闸通过省级精细化管理验收。代管睢宁二站获得"中国水利工程优质(大禹)奖"。泗阳闸除险加固工程通过省建筑行业协会"扬子杯"现场复查。成功创建5家省级文明单位。泗阳闸站荣获"全国模范职工小家"荣誉称号。

【党建及精神文明建设】 (1)党史学习教育深耕细作展特色。第一时间成立领导小组,制定《党史学习教育实施方案》,明确总体要求和重点任务。坚持"第一议题"制度,按照学习计划开展党委中心组理论学习。党委班子分别赴基层上专题党课,开展"两在两同"建新功专题调研。全年共开展党委中心组理论学习19次,专题研讨交流12次。3名党员分别代表省级机关工委和省水利厅,荣获全省庆祝建党百年党史知识竞赛、全省职工"四史"知识竞赛一等奖。(2)党建引领互促共进显实效。开展党建与中心工作集中观摩活动,累计收集各类改进工作"金点子"162条,选定皂河闸等4家基层党支部为"党建与中心工作融合示范党支部"。坚持党建引领中心工作,强化"党建+团建""党建+工建",开展公益骑行等系列志愿服务,荣获厅工会"颂歌献给党"歌咏大会二等奖。抗台抗疫关键时刻,全处党员干部积极响应省水利厅"三在先、三带头"部署要求,切实发挥党员先锋模范作用。(3)党的组织建设步步为营强根基。完成第六届党委、纪委换届选举工作。常态开展"五个讲坛",有序推进对标建设、达标定级工作,组织全处党建台账评比交流。选定上报皂河闸党支部作为重点培育对象,将其打造成具有特色、长期过硬、形成品牌的党支部典型。全年全处共发展新党员7名。(4)全面加强意识形态管控出成果。及时调整意识形态工作领导小组,压实主体责任,严格执行《落实意识形态工作责任制实施方案》。把意识形态工作纳入全处干部职工培训内容,推动意识形态工作责任制向基层延伸。处领导积极开展"听党话 跟党走 知党恩"等意识形态专题宣讲。通过开展道德讲堂,组织"文明班组""十佳文明标兵"评比,全处征集"骆运故事"等,弘扬真善美。

【安全生产】 全处严格落实安全生产责任制,每季度召开一次安委会会议,分析、研判全处安全形势。编制印发《处领导班子成员安全生产重点工作清单》《安全生产工作要点》等指导文件,层层签订安全生产责任状。认真实施安全生产专项整治三年行动,重点开展安全生产专项检查,完成既有建筑、电气设备、辅机及金属结构、消防、标牌图表和网络安全等专项检查,举办了"争做安全吹哨人”等系列活动。承担中国水利企业协会《安全生产标准化建设模块化手册》等书籍编写工作。安全生产标准化建设参赛视频荣获全国水利安全生产标准化成果展评活动三等奖，连续第4年获全国水利安全生产知识网络竞赛“水安将军”趣味活动“优秀集体奖”。

（吕坤）

省淮沭新河管理处
省通榆河蔷薇河送清水工程管理处

2021年，全处在统筹做好疫情防控和各项工作，成功抵御了6号台风“烟花”的袭扰，成功抗击了淮河及沂沭泗地区的较大洪水，泄洪排涝138亿立方米，积极应对新沂河5次行洪，累计73天。创成全国水利文明单位，“一处两所”通过精细化管理评价验收，二河闸通过国家级水管单位复核，沭阳闸创成省级水利风景区。4项除险加固工程同时在建，4项病险工程前期工作同时推进，4项QC成果通过水利部审查。

【工程管理】 结合精细化管理要求，对近五年省水利厅汛前检查出的问题进行分类和统计，重点解决设备检查保养不细致、不到位等问题；检查保养机电设备近千台套，工程观测千余点位，形成创新成果10余项，得到省水利厅汛前检查组的充分肯定。学习贯彻《江苏省水利工程精细化管理评价办法》，提升精细化样板管理水平，逐步扩大精细化试点范围。持续开展工程管理台账资料提升行动和电缆整理专项行动，继续完善管理标准、任务清单、工作流程等精细化资料。组织编制《水闸精密监测方案》，在灌河地涵和沭新闸探索利用北斗加速度计融合的水闸变形监测系统自动监测垂直位移，探索结合加固工程编制新沂河海口北深泓闸精密监测方案、二河闸交通桥精密监测方案。推广应用自主研发的水利工程观测数据处理与整编系统，与精密监测方案相结合，开发安全稳定的智能应用软件。处属6座工程被纳入江苏省首批省级水利遗产名录，淮阴闸初步建成古清口文化展馆和盐河文化展馆；善后闸积极建设“开山建闸”文化园，打造埒子口水利枢纽亮点。

【防汛防旱】 组织防汛防台会商32次，发布预警通知22份，启动调整应急响应13次，安全调度水利工程1 900余次；派出4个工作组，向省防办报送督导简报8份，发送实时水情工情短信80多个，为地方防汛抗洪工作提供意见建议27条；新沂河大流量行洪期间，组织6个督查组、3个工作组现场驻点指导防汛工作。

【抢险能力建设】 2021年管理处高标准规划建设全省水闸应急抢险队伍和基地，有效服务全省防汛抢险工作。全处先后6次专题研究部署水闸应急抢险能力建设，编制了《水闸应急抢险基地及队伍规划方案》和《水闸应急抢险手册》，成立了水闸应急抢险基地和能力建设工作领导小组，建成了省内首个专业水闸应急抢险队，开展4期应急抢险培训及实战演练。启动水闸抢险基地和水闸抢险演练实训点规划设计，初步建成管理处抢险物资仓库。

【水政水资源】 拆除历史遗留违建24处，面积2 722平方米；开展界桩界牌检查、管理范围捕钓鱼驱赶等累计近百次，杜绝新增各类违建违章现象；根据省水利厅部署，对“两违”销号点现场进行明察暗访，对可疑点及时进行调查，形成专题报告报送省水利厅；完成连云港市“两违”整治现场复核验收并上报省河长办。对二河闸、杨庄闸等工程核心区内的翼墙、交通桥面进行封闭管理，有效解决了外来人员较多、管理难度较大、安全风险较大的问题。协助完成2次省级河长巡河，制作的沭河、新沭河视频宣传片获得省水利厅好评；加强对分淮入沂、新沂河、新沭河、沭河的巡河工作，开展巡河 240 人次，发现问题 30 个，均及时移交地方河长办处理；二河闸建成 AI 智能巡查监控系统，实现全天候、全地域智能巡河。开展“世界水日”“中国水周”宣传活动，接受媒体专访，获得群众好评。开展“节水中国，你我同行”主题宣传公益行动，组织专题活动 11 次，在水利部宣传专区发布专题报道 7 篇，被点赞 1.2 万多条。

【基础建设】 2021 年，全处共有 4 个在建工程、4 个项目前期、37 个维修项目，都如期完成当年任务。杨庄闸除险加固工程完成扫尾工作并启动竣工验收准备工作。沭新闸拆建工程于 5 月 8 日通过通水验收，6 月 7 日正式开闸向连云港送水。新沂河海口枢纽南北深泓闸除险加固工程于 10 月 8 日正式开工建设，已完成南深泓闸桥头堡、启闭机房、工作桥、排架及交通桥吊装拆除工作。淮阴闸交通桥除险加固工程于 5 月 22 日开工建设，已完成 T 梁安装工作。淮沭船闸除险加固工程、沭新北船闸除险加固工程、淮阴二站除险加固工程、二河闸交通桥除险加固工程可研报告等前期工作有序推进，盐河北闸完成安全鉴定。切实贯彻省水利厅“两个专项”整治文件精神，严格落实方案审查、设计变更、质量管理、审计验收等关键环节。维修养护项目推行第三方设计、第三方招标、第三方监理、第三方检测等措施，确保项目规范管理。维修养护经费 1 896 万元全部按时结算。

【管理与改革】 开展各类培训 14 期，参训人员 600 多人次。坚持党管干部原则，用“好干部”标准选人用人，规范决策程序，加强任用监督，选人用人程序全部公开，保障广大干部职工的知情权、参与权和监督权。2021 年提拔 11 名科级干部，其中 80 后干部占比达 45%。完成 55 名工作人员职称聘用（晋级）和等级晋升，暂缓了积压多年的岗位评聘矛盾。招聘 15 名工作人员，其中硕士研究生 5 人，涉及泵站、水工、水文、法律、新闻宣传等紧缺专业，丰富现有人才队伍专业结构和层次。2021 年，充分利用淮阴闸小水电机组拆装、滨海站大修、桑墟电站机组大修等机遇，组织干部职工全面参与，提升了实践技能。

【党建及精神文明建设】 大力推进“三个表率”模范党组织建设，签订党建工作目标管理责任状，出台全面从严治党、意识形态工作责任清单，定期开展全面从严治党、党风廉政和意识形态工作形势分析。完成新一届管理处党委、纪委、工会的换届工作。开展“两在两同”“三在先、三带头”建新功行动，坚持让党旗在抗洪、抗台、抗疫最前沿高高飘扬。谋划制定高质量发展行动规划，对标对表江苏水利现代化发展目标，打造《四个淮沭》，锚定高质量发展方向。制定并印发“党史学习教育实施方案”和学习计划，组织党员干部赴淮安区车桥战役纪念馆、淮阴区刘老庄八十二烈士纪念馆等党性教育基地接受革命传统教育。邀请省水利厅专家和老干部代表，来处开展党史专题辅导和水利发展史讲座。围绕“学党史悟思想”“学党史办实事”“学党史开新局”3 个专题，讨论交流 6 期，列出 12 项具体为民办实事清单，逐项细化落实时间、明确责任部门。推进“廉洁机关”建设，打造“3610”廉政工作品牌。

【安全生产】 实现全年安全生产无事故。开展 6 个专项安全生产整治，层层签订安全生产责任状，切实做到管理处主管领导负总责，分管领导、联系领导分条块负责的责任体系。严格执行工程管理“严管 20 条”和安全生产“严管 20 条”，按季度开展危险源辨识与风险评价分析工作。修订了 6 项应急预案，并有针对性地开展演练。委托专业桥梁检测公司对 6 座交通桥进行安全检测，对不满足通行要求的交通桥，设置限载、限宽、限行措施。开展法定节假日安全专项检查，发现并及时整改安全隐患 272 项，并形成闭环管理。开展

"安全生产月"活动,举办"一句话说安全""争做安全吹哨人"等10余项安全主题活动,通过专家讲座、发放文本、户外宣传等方式加强新修订的《中华人民共和国安全生产法》的宣贯工作。参加全省水利安全生产知识竞赛获1个三等奖。

省灌溉总渠管理处 省淮河入海水道工程管理处

2021年,苏北灌溉总渠长时间、大流量泄流86亿立方米,管理处荣获"全省防汛抗洪工作先进集体"称号,六垛闸管理所通过省一级水管单位复核,高良涧闸管所、淮安二站管理所、淮安站变电所通过省水利厅精细化管理评价验收。滨海枢纽通过省水利风景区现场复核评价,淮阴站加固改造工程完成机组启动试运行,管理处完成了党委和纪委换届选举,完成了处工会和共青团换届选举。一名同志荣获"全国水利技能大奖"、一名同志荣获"全国水利技术能手"称号。管理处报送的水工程与水文化有机融合案例被水利部通报表彰,《大美水立交》荣获"水美中国"专题赛事提名奖,《铸梦长淮下》长篇报告文学由江苏凤凰文艺出版社出版。

【工程管理】 (1)深入推进精细化管理。制定管理处精细化创建五年计划和精细化创建工作方案。高良涧闸理所、淮安抽水二站管理所、淮安站变电所通过省水利厅精细化管理评价验收。结合精细化创建工作,开展了三精试点工作。在淮安一站开展精密监测试点,在高良涧闸开展精准调度试点。(2)强化管理创建复核。六垛闸管理所通过省一级达标复核,滨海枢纽通过省级水利风景区现场复核评价。(3)推进维修养护项目实施。及时转批下达总渠维修项目30个计1 109.00万元;养护项目13个计361.00万元;入海水道维修项目16个计468.00万元;养护项(含枢纽段)6个计129.00万元;防汛应急项目3个计240.00万元。所有项目组织均实施完成。(4)加强工程监测和探查。组织完成2020年管理处观测资料成果修订、整理、汇编和上报。组织开展大中型工程伸缩缝观测工作,持续推进所有工程垂直位移观测。积极推广河床断面自动测量设备,利用水下机器人对入海水道大运河立交、通榆河立交涵洞开展水下探查。

【防汛防旱】 (1)扎实开展汛前工作。围绕"细、实、全、新"汛前工作要求,扎实开展工程设备等检查维修保养,认真整改落实汛前检查、汛后检查发现的问题。(2)做好应急准备工作。组织修订处防汛抗旱预案,管理处防汛抢险队成立并开展演练。组织开展全处水旱灾害风险普查,完善防汛物资储备,强化防汛信息化设施维护和调试。实施完成2021年防汛急办项目,组织编报2022年应急维修项目。(3)强化工程调度运用。2021年,总渠沿线降雨量1 250毫米,比常年偏多3～4成。淮河中上游来水不断,水量偏丰,灌溉总渠长时间处于大流量运行状态。渠首工程泄水超86亿立方米,六垛南闸排水入海25亿立方米,海口新闸弃水入海16亿立方米,排除白马湖、宝应湖涝水18.50亿立方米;淮安抽水站应急抽排涝水共1.36亿立方米;运西电站抢抓有利水情发电210多天,累计泄水12.80亿立方米。淮河入海水道助力行洪6天,泄洪0.38亿立方米。管理处获得"全省防汛抗洪工作先进集体"荣誉称号。

【水政水资源】 (1)加强宣传。利用开展"世界水日""中国水周"活动,联合地方开展"法律六进"宣传活动。(2)加强巡查。采用日常巡查、联合巡查、专项检查相结合的方式,累计开展河湖巡查70次,会同涉湖四县区,累计开展湖泊网格化巡查680次,巡查总距离达到2 800千米。(3)抓好遥感监测。

完成白马湖、宝应湖、总渠、入海水道及废黄河2020年度252处遥感监测变化点现场核查工作，完成2021年度共373处变化点现场核查。（4）开展水生态监测及健康评估工作。委托省水科院对白马湖、宝应湖两个湖泊，苏北灌溉总渠、淮河入海水道两个流域性河道开展水生态监测。（5）严格项目监管。通过联合巡查、无人机航拍、遥感等手段，对涉湖涉河建设进行重点跟踪监督，确保按专项规划、水行政许可开展。（6）开展河道工程安全专项检查。对淮河入海水道堤防、穿堤建筑物进行汛前安全专项检查，重点查看四县区入海水道堤防、涵闸、启闭机、电气设备、消防设施配备情况。（7）做好河湖长制工作。积极与地方沟通，及时掌握两河河长制开展动态。积极为省级河长巡河提供基础信息服务。对宿迁市2 316件河湖违法圈圩和违法建设整治完成情况、盐城市及涟水县河湖“两违”问题整治完成情况抽查复核。对白马湖、宝应湖、淮河入海水道、苏北灌溉总渠、运西河-新河堤防工程进行全覆盖检查。

【基础建设】 （1）加快工程改造步伐。淮阴抽水站加固改造工程通过通水验收，完成机组启动试运行，主机组安装、高低压设备安装调试、清污机桥新建及清污机设备安装、控制楼新建装修等均已完成，进入扫尾阶段。阮桥闸拆建工程进展顺利，完成底板、闸墩等水下砼浇筑。（2）积极开展前期工作。推进淮安一站、阜宁腰闸、南运西闸、新河北闸等工程加固改造前期工作，参与入海水道二期工作调研、苏北灌溉总渠整治建设方案讨论，提出相关建议和意见。组织开展高良涧闸、海口南北闸安全鉴定等。（3）抓好病险工程管理。积极推进病险工程除险加固前期工作，严格做到责任、措施、资金、时限和预案“五落实”，并结合工程实际情况，组织编制三四类病险工程限制运用方案。

【管理与改革】 （1）加强队伍建设。对全处人才队伍建设和 培养进行规划，出台《“3＋2”强才工程实施方案》《高层次人才培养管理办法》，构建“3＋2”人才培养思路。评选出12名“高技术人才培训对象”和4名“高技能人才培训对象”。对全处站长、副站长、管理员重新聘用。对全处12名科级干部进行轮岗调整，对23名技术人员和工勤技能人员岗位进行变动。（2）加强职工教育。开展“一人一本书”学习活动。做好全省泵站运行工技能竞赛参赛选手培训工作。开展“流动课堂”进厂房活动，全年组织专业技术人员到水利工程现场给职工进行技术培训13次。购置6台电气接线台、电气故障排查台等职工教育设备。完成全处176名技术干部和141名工勤技能人员继续教育培训。（3）加强职工管理。印发相关制度文件，加强对全处职工工作纪律的检查和督察。完成2021年泵站、闸门、水文、通用工种运行工技师培训人选选拔、高级技师培训人选推荐和工程师、高级工程师申报人选的考评工作；完成2021年度招聘工作人员相关工作。

【党建及精神文明建设】 （1）从严治党纵深推进。处党委认真履行全面从严治党主体责任，压实“两个责任”。制定处《意识形态工作责任制实施办法》，建立责任体系、细化责任清单、明确重点任务、形成制度机制，抓牢意识形态。规范党委换届，组织召开第六次党代会，完成处党委和处纪委“两委”班子的换届选举；规范开展“三会一课”，强化党建云平台应用考核，主题党日与业务工作深度融合，继续推进“一支部一品牌一工作法”建设。（2）抓实党史学习教育。制定下发《党史学习教育实施方案》并集中学习与研讨计划，研究制定《“提升效能、改善民生”我为群众办实事活动方案》，系统推进17项民生实事；组织开展了“永远跟党走”宣传教育系列活动、“三在先、三带头”抗台抗疫活动。（3）抓好党风廉政建设。切实做好日常监督检查工作。

紧盯“关键少数”、重要岗位和“三重一大”事项，着力关注关键环节，查找新的风险点。重点做好节日“四风”问题督查、“吃公函”问题专项整治工作。按照管理处《效能监察实施办法》，强化对岗位责任制执行情况的嵌入式督查。(4) 开展文明创建。顺利通过 2019—2021 年度江苏省级文明单位考核验收。与淮安区博里镇史桥村、与城南社区开展结对共建。持续开展文明班组、文明职工、工会积极分子评选活动。(5) 开展志愿服务活动。组织“弘扬雷锋精神、共护生态河湖”“关爱山川河流，保护大运河”“节水护水 志愿先行”等志愿服务活动。管理处“节水护水 志愿先行”项目参加 2021 年度江苏省和淮安市志愿服务展示交流会。(6) 做好工会和青年工作。完成管理处工会和共青团换届选举工作。开展送温暖活动，慰问困难职工、职工遗属。办好民生实事，改善基层管理单位饮用水质量。完善智慧团建建设。组织开展“学党史，强信念，跟党走”五四青年节主题团日活动。参加省级机关“青春心向党，接力百年路”音频朗诵活动获三等奖。(7) 抓好宣传和水文化建设。淮安水利枢纽标识标牌升级改造完成，投入使用。建成机关旗台、叶轮台，献礼“七一”建党、百年华诞。完成水泵广场升级改造。圆满完成滨海枢纽省级水利风景区复核现场验收。管理处水工程与水文化有机融合案例被水利部通报表彰，《大美水立交》主题曲视频荣获“水美中国”赛事提名奖，3 座工程申报入选省首批省级水利工程遗产名录。出版长篇报告文学《铸梦长淮下》写作完成。

【安全生产】 (1) 常态开展安全标准化建设与管理。加强水利工程安全管理，按照评审标准开展工程日常安全管理，开展安全标准化绩效考核，不断提高安全管理水平。(2) 开展安全生产宣传教育。制定《安全生产月活动方案》，广泛宣传发动，悬挂横幅、观看安全警示片，全处 366 名职工参加江苏省安全生产知识竞赛、456 人参与水利部组织的“水安将军”答题竞赛。(3) 持续做好安全生产检查和专项整治工作。认真贯彻落实习近平总书记安全生产重要论述及指示批示精神，健全安全组织网络，层层压实安全生产责任制；统筹开展既有建筑、危险化学品、火灾隐患、农村水利桥梁、城镇燃气等安全生产专项排查整治工作，组织开展户外安全、在建工程安全检查、台风期间安全运行专项检查等活动；积极开展安全系统平台填报培训工作，清除僵尸隐患 32 个，隐患整改率从 69%上升至 99.80%。(4) 开展工程运行安全评估。组织完成全处 18 个水利工程管理单位工程运行安全评估工作。

(卞全彪)

省洪泽湖水利工程管理处

2021 年，省洪泽湖水利工程管理处荣获“全国水利文明单位”“全省防汛抗洪工作先进集体”“全省机关党建工作先进集体”称号，石港站获得“中国水利工程优质(大禹)奖”，三河所通过国家级水管单位复核、三河所党支部获得省级机关服务高质量发展先锋队十佳党支部。处管工程安全运行，湖泊监管初见成效，党建引领汇聚动能，全处呈现良好发展态势。

【工程管理】 (1) 深耕“三精”理念。三河闸管理所顺利通过国家级水管单位复核，石港泵站更新改造工程获得“中国水利工程优质(大禹)奖”，石港所通过精细化管理单位考核。(2) 着力管理创新。推进编制三河闸、石港站、洪泽湖大堤、三河船闸精细化管理手册，编写出版《三河闸精细化管理体系》。建成三河闸、石港站工程信息化管理平台，研发“一种具有清淤功能的翻板闸门”“一种航道船闸区船体保护装置”，荣获国家发明专利。

(3) 完成维修养护。全年省水利厅批复维修项目 18 项(755 万元)、防汛应急项目 2 项(180 万元),均保质保量按时完成。

【防汛防旱】 (1) 汛前准备一着不让。细致开展汛前检查,全面查清工程现状,细致保养设备设施,及时消除隐患和薄弱环节,完成电气预防试验,修订完善各类预案,及时维护设备设施。在厅属单位率先成立防汛抢险队,组织两次实训,为防汛抢险提供坚强保障。(2) 精准控制一丝不苟。三河闸安全行洪 132 天,其中亮板运行 30 天,最大实测泄洪流量 8 150 立方米每秒,累计泄洪量 278.4 亿立方米;石港、金湖抽水站安全运行 1 331 台时,累计排涝 1.29 亿立方米;蒋坝站开机 1 166台时,排涝 210 万立方米;洪泽湖大堤安全御洪。(3) 强化督查一环不漏。协助省水利厅抓好洪泽湖联防办工作,组织召开联防工作会议,汛前、汛后分别组织开展洪泽湖、淮河干流、京杭大运河淮安段沿线堤防及大中型水闸的运行管理检查。汛期组织专班“四不两直”“昼夜督查”,累计行程 1 万余千米,收集工情水情信息 260 余条,编写督查日报 24 期,发布防汛工作动态 13 期。

【河湖管理】 (1) 突出河湖系统治理。核查 7 066 户上岸渔民补偿款领取情况、船只交付情况、上岸后居住情况,完成洪泽湖两船整治工程现场核查和“一船一袋”档案抽查,开展上岸渔民档案的电子化录入,全面完成洪泽湖蓄水范围线内住家船、餐饮船“清零”的目标。策划制作专题片《渔民上岸安居 大湖水安民稳》,获得多位省级领导的高度赞扬。连续 9 年开展洪泽湖和淮河干流江苏段水生态监测,编制完成《洪泽湖健康状况报告》。(2) 强化河湖管护能力建设。配合做好《江苏省洪泽湖保护条例》起草,编制“数字洪泽湖”平台构建初步方案,“洪泽湖水环境特征与演变趋势研究”“可持续发展视角下洪泽湖渔民转产上岸路径研究”项目通过省水利厅验收,与河海大学共同承担的“基于内外源污染物输移及控制的洪泽湖综合治理研究”结题。(3) 加强湖泊空间管控。深入开展湖泊网格化监督巡查,全年共开展监督巡查 74 次、网格化管理巡查 12 773 次。对淮安市淮阴区等 6 个县区的“两违”整治情况进行抽查复核,共抽查“两违”整治点 195 处。

【水政水资源】 (1) 创新执法模式。积极探索水上共管共治新模式,主动与公安、渔政部门会商,在厅属单位率先建立水利、公安、渔政联合执法长效机制,会同洪泽区公安局联合打造三河闸警务室。打造“人员陆上巡、无人机天上飞、执法艇水上赶”立体全方位巡查执法体系,共驱离驱赶捕鱼(钓鱼)人员 2 000 余人次、捕鱼船 300 余艘次,处罚 2 件进入警戒区无证捕捞行为,全力维护良好水事秩序。(2) 强化禁采巡查。每月定期开展两次禁采巡查。在特殊节假日和“非常时期”,加大对重点水域的全面地毯式排查,对可能隐藏采砂船的各大小支流进行巡查,保持打击洪泽湖非法采砂,尤其是“地炮”的高压态势。(3) 提升测报能力。参加全省水文应急监测演练,顺利完成缆道测流科目;完成三河闸、石港抽水站 2 处国家基本水文站超标洪水水文测报预案,提高应急测报能力。

【基础建设】 (1) 推进四类工程“脱帽”销号。配合做好上级和省设计院等单位实地查勘及资料收集上报等工作,推进三河船闸拆除重建、蒋坝抽水站除险加固工程前期工作与立项建设,力争尽快实施。(2) 推进洪泽湖大堤提质增效。研究推进老旧工程项目立项,重点推动洪泽湖大堤,特别是蒋坝段环境整治与功能提升方案规划设计,力争启动实施。(3) 推进单位面貌显著提升。结合洪泽湖大堤菱角塘段生态修复项目,完成洪泽湖南部出口生态修复工程,对堤防所办公环境进行升级改造,提升三河所面容面貌。

【管理与改革】 (1) 狠抓严管严控。高度重视常态化疫情管控，坚持每天一报告、每周一督查、每月一会商。紧盯“第一议题”制度和“两个维护”，对党章、党规、党纪执行工作开展政治监督，认真开展“两个专项整治”、“吃公函”专项整治、“违规挂证”整治。坚持党管意识形态原则，严格执行意识形态工作报告、分析研判等制度。(2) 重抓队伍建设。选拔任用 2 名正科级、8 名副科级干部，调整交流 5 名科级干部。深化“导师带徒”，坚持“每周一练”，优选师资力量，采取理论与实践结合、思想教育与体能训练相结合、观摩讲解与个人展示相结合的方式开展岗前培训。(3) 严抓内部管理。明确年度重点任务，开展经常检查、月度小结、季度考核、年度评比。强化预算监督和合同管理，加强采购管理、规范采购程序，强化年度公用经费、维修养护经费支出进度管理。

【党建及精神文明建设】 (1) 强化政治建设。扎实开展党史学习教育，编发党建、党风廉政、精神文明创建工作要点，下发党建三级责任清单，贯彻落实“一把手”监督意见，全面压实党委主体责任、纪委监督责任、主要领导“第一责任人”责任、分管领导“一岗双责”。完成第八届党委、纪委换届选举，处属 6 个党支部均完成换届选举或补选支委。(2) 强化党建品牌实践。创新“1＋1＋N”结对共建模式，组织全处 6 个党支部与湖泊管理单位、乡村党支部结对共建，设立洪泽湖党建工作站，聘任“民间湖长”。荣获“全国水利文明单位”“江苏省文明单位”称号，处党委荣获“全省机关党建工作先进集体”称号，处湖泊监管科荣获“江苏省省级机关青年文明号”称号。(3) 实化为民服务理念。冬季送温暖、夏季送清凉，发放助农产品，慰问生活困难党员，认真落实离退休人员“两项待遇”。举办道德讲堂、廉政讲堂、职工讲堂、学习讲坛，配发建党 100 周年纪念册、首日封，颁发“光荣在党 50 周年”纪念章，开展党员“领岗示范”活动。

【安全生产】 (1) 优化管理模式。积极推行安全生产网格化管理模式，分为四级管理网格，明确网格长、网格员工作范围和职责，实现巡查任务明确、隐患排查及时、信息报送快捷。(2) 强化隐患排查。开展安全生产综合检查 12 次，专项联合督查 4 次，接受省水利厅检查 2 次，形成书面检查意见 53 份，查出安全隐患 120 个，完成整改 118 个。(3) 紧盯工程难点。针对三河船闸、蒋坝抽水站两个四类工程和洪泽湖大堤蒋坝段堤线不顺畅等“老大难”问题，委托设计院编制可研报告，推动工程早日上马。

【水文化建设】 (1) 水情教育勇争先。深入挖掘历史治水文化，打造明清治水文化带、生态文明示范带，完善宣教设施，运用报刊、网站、微信公众号等平台，扩大水情教育覆盖面。三河闸入选江苏首批水情教育基地，创成省级环保科普基地。(2) 水利景区再提升。完成《三河闸水利风景区发展报告》，凝练“大”“古”“文”“绿”的景区特色，完善景区标识标牌等硬件设施，创新设计文创产品。景区入围国家水利风景区高质量发展典型案例 30 强。(3) 水利遗产强管护。摸清遗产家底、加强遗产管理、促进保护展示，联合淮安市洪泽区、淮阴区人民政府和淮安市水利局等，高效完成洪泽湖大堤国家级水利遗产申报工作；三河闸工程、洪泽湖大堤和蒋坝水位站入选首批省级水利遗产。

省江都水利工程管理处

2021 年，江苏省江都水利工程管理处工程运行管理成效显著，国情水情教育质效并进，干部人才队伍展现新貌，管理处入选全国爱国主义教育示范基地，精细化管理模式荣获“第四届中国质量奖提名奖”，列入第一批国家水利风景区高质量发展典型案例，万福闸加固工程获“中国水利工程优质（大禹）奖”。列入水利部首批水利关键信息基础设施运营单位，参与修编国家标准1项，获部级科技二等奖1项。1名职工被评为第三届全国“最美水利人”“全国水利行业首席技师”，2名职工荣获“全国五一劳动奖章”，2名职工荣获“全国水利技能大奖”，1名职工获评全国总工会“绿色生态工匠”，2名职工分别获评“江苏大工匠”“江苏工匠”，1名职工被评为“江苏最美职工”。

【工程管理】 融合工程观测、工程巡查检查、设备检测试验、水文测报与运行状况监控等信息，构建全方位、立体化、智能化动态监测体系，强化数据动态分析、工程健康状况评估和预测预警能力，为工程安全运行和精准调度提供支持保障。编制江都四站智能化建设方案和泵站精密监测指标，建设泵站三维实景融合场景化联动系统、智能泵站AR展示系统，提升工程安全监测水平。优化处防汛调度系统，推行工程调度指令下达与执行流程化、闭环式管理，提高在线跟踪指令执行的及时性、准确性，督查运行值班情况，实时监管工情、水情、雨情；探索远程集中监控、优化调度管理、江都东闸自动引潮、江都站优化高效运行，不断提高调度指令执行效能；实施江都水利枢纽联合调度运行。开展精细化管理理论与探索实践研究，总结完善水利工程精细化管理的思路方法，深度融合现有信息化平台，重构工程监控和业务管理平台，推动水利工程管理信息化、数字化。

【防汛防旱】 规范汛前检查、汛后检查和度汛措施，组织泵站、水闸工程重点部位和重要设施监测巡查、隐患排查处置。统筹做好检查观测、电气试验、维修养护等工作，严格进行项目实施、质量监督、安全检查、进度控制、项目验收工作，保持工程完好、安全可靠。加强运行风险管控，将任务分解到岗，责任压实到人，坚持高质量运行与高标准维养相结合，严格执行上级防汛调度指令和汛期运行管理制度，强化“三级值班”，优化集中调度监控机制，研究感潮泵站、水闸智能控制技术，提高精准调度水平。提升应急处置能力，组建省属泵站抢险队，开展联合演练和技术培训；联合地方海事、航道、公安等部门，开展邵仙套闸通航应急救援演练。做好水闸、泵站运行期间水情和苏北供水、南水北调等专项水文测验工作，完成水文设施维修养护任务，参加全省水文系统应急监测演练。成功防御台风“烟花”灾害，工程防灾减灾效益得到充分发挥。该处全年排泄淮河洪水307亿立方米，自流引江水34亿立方米，抽引江水1.7亿立方米，抽排涝水6亿立方米，排泄城区涝水3 800万立方米，发电165万度。

【水政水资源】 举办水政监察员业务培训班，提升执法巡查规范化水平，联合地方有关部门实施汛期河道清障及捕（钓）鱼违法行为专项整治行动，设置核心工程安全警戒区告示牌，积极开展涉水建设项目审批前期监管，推动宜陵北闸、宜陵闸历史遗留问题处理。扎实开展“世界水日”“中国水周”“宪法宣传周”系列活动，组织“保护母亲河”巡江、护江行动。

配合做好省级河长巡河方案制定、路线查勘、联络协调等服务工作，制作专题汇报片2部。加强河湖空间管控，推进退圩还湖专项工程，开展“两河四湖”联合巡查，查处并销号高邮湖、邵伯湖违法行为，复核并落实扬州、淮安境内河湖“两违”整治。开展河湖水情、水质、水生态监测及健康评价工作，形成系统监测档案；加强卫星遥感监测，完成变化点对比核查工作。

【管理与改革】 分解年度7类32项173条目标任务，签订目标管理“三状两书”，及时修订完善处级规章制度，提高办文、办会、办事能力，开展综合整治，对东闸院区长期租用防空洞售卖香蕉等社会人员、占用管理用房养鸽行为进行清退，对危旧房屋予以拆除，解决历史遗留问题。做好部门预算整体支出绩效评价工作，落实政府采购新政策；做好水利科技项目绩效目标编制工作；及时组织专项工程评估督办；开展基层单位内部审计；做好企业改制股权划转相关工作；做好邵仙套闸收费系统优化和管理工作。

稳妥推进经营实体从劳务输出型向服务创新型转变，较好完成厅下达的年度净收入指标，邵仙套闸实现安全通航、优质服务。实行目标管理责任制，注重岗位练兵业务培训，以精湛服务赢得竞争力。成立驻外项目部临时党支部，结合“三送”慰问开展安全警示教育，各项目部实现疫情“无输入、零感染”目标，得到业主充分肯定，树立“走出去”服务品牌良好形象。

【党建及精神文明建设】 规范完成支部改选，开展党员干部领岗示范工作，推动支部品牌工作法落地见效，将党史学习嵌入第一议题、组织生活、青年学堂、岗位讲坛，创新“跟着总书记足迹学党史”等实践教育活动，实施“引水思源 精管强处”办实事工程，举办“践行嘱托 接续奋斗”系列活动。深化“两个专项”整治，开展职工八小时以外监督管理，实施“向上向善向好看我行”作风建设，坚持不懈涵养风清气正的政治生态。

承办全国水利系统第31届工会主席联席会议暨“助推绿色发展 建设美丽长江”全国引领性劳动和技能竞赛总结大会；完成第九届工会委员会委员补选；举办“践行嘱托 接续奋斗”职工运动会和摄影比赛；联合打造“康乃馨读书服务站”，实施关爱女职工服务计划。与地方团委联合举办“学党史 办实事 践初心”——梦想小屋集中交付暨结对关爱服务活动；疫情期间组织近百名志愿者踊跃投身疫情防控志愿服务，在信息排查、核酸检测、卡点值守等工作中累计志愿服务时长达1 000小时；水科所荣获“全国青年文明号”称号，“源头 · 水云间”青年志愿服务获得2020年“江苏省十佳志愿服务项目”称号，1名职工获省级机关“青春心向党 接力百年路”音频作品一等奖。

【国情水情教育】 创成“全国爱国主义教育示范基地”，增建“牢记嘱托开新局 一江清水向北送”等主题雕塑，入选党史学习教育红色基地，通过国家水利遗产申报初审，参加全国红色故事宣讲大赛，开工建设治水展示馆。入选国家水利风景区高质量发展典型案例，参加“百年征程，初心永恒”江苏百年党史展，承办“节水中国 你我同行”推进会暨“水韵江苏——节水少年行”主题宣传活动，举办“关爱山川河流 保护大运河”暨“源头杯”书画比赛，参加全国水利科普讲解大赛获奖。成立江苏南水北调水情教育中心，积极推进与都江堰共建合作后续交流，成立“源头”水情教育联盟。

【“践行嘱托 接续奋斗”系列活动】 在习近平总书记视察江都水利枢纽一周年之际，全处开展“践行嘱托 接续奋斗”系列活动，全方位、多角度、立体化展现管理处一年来取得的新成绩、焕发的新风貌。(1) 开展管理处高质量发展专题研讨。围绕“十四五”改革发展目标任务，开展专题学习研讨活动，就推动管理处高质量发展工作组织全体职工谈思路、谈举措、谈创新，统一思想、集思广益，为全处高质量发展培育新动能。(2) 正式运行江苏省南水北调水情教育中心暨成立南水北调东线源头水情教育联盟。践行习近平总书记“依托大型水利枢纽设施和江都水利枢纽展览馆，积极开展国情和水情教育”的嘱托，面向社会公众广泛开展国情水情教育，着力打造江都水利枢纽国情水情教育品牌。(3) “全国爱国主义教育示范基地”挂牌。作为2021年江苏省水利系统唯一入选全国爱国主义教育示范基地，举行全国爱国主义教育示范基地挂牌仪式，组织职工重走总书记视察路线，参加江苏省全国爱国主义教育示范基地故事演讲活动，切实发挥基地教育功能和示范引领作用。(4) 举办“党史故事大家讲”决赛。通过讲述党史故事，传承红色基因，缅怀先辈业绩，努力学懂、弄通、做实习近平总书记重要讲话指示精神，推动党史学习教育向管理处基层延伸，凝聚起全处奋斗新征程的强大力量。(5) 推进明珠阁治水展示馆建设。参加省河道局邀请的省内知名建筑专家专题讨论设计方案咨询会，根据专家组意见优化设计方案，完成前期工作，确保展示馆项目有序推进，并于 11 月 13 日举行开工仪式。(6) 举行升国旗仪式。11 月 13 日上午在办公楼前广场举行升旗仪式，激发全体职工爱国情怀，凝聚江都水利枢纽高质量发展奋斗力量。(7) 党建工作展示。讲述党建与业务工作深度融合的具体做法、管理处擦亮党建品牌名片的有效成果，汇编“一支部一品牌一工作法”，展示一年来管理处学习贯彻习近平总书记重要讲话指示精神成果。(8) 创作江都水利枢纽水情教育文创作品。以江都水利枢纽水脉文史和大运河文化带为主题，选择非物质文化遗产技艺传承团队，拓展挖掘国情水情教育内涵和外延，采用具有历史传统、民族特征、人文价值的世界非物质文化遗产扬州雕版印刷技艺，创作个性化雕版印刷包装。(9) 营造“向上、向善、向好”发展图景。围绕学习贯彻习近平总书记视察江都水利枢纽重要讲话指示精神，回顾管理处一年来取得的工作成果，制作系列报道、专题展板、“中国质量奖提名奖”宣传片；处领导结合分管工作，就学习贯彻情况形成谈工作感悟短语，采用横幅、电子屏等方式展示，营造浓厚良好工作氛围。(10) 开设专题宣传专栏。在管理处门户网站和微信公众号开设专栏，以“践行嘱托接续奋斗”为活动主题，鲜活生动展示工作成效。

省秦淮河水利工程管理处

2021 年，江苏省秦淮河水利工程管理处，立足“开创具有秦淮特色的生态治水之路，打造水利高质量发展成就在省会的展示窗口”，咬定目标，攻坚克难，以党史学习教育良好成效推动了管理处新阶段高质量发展，实现了工程运管能力强、防灾减灾效益佳、“两湖”生态复苏快、科技创新成效好、水情教育成果丰、发展后劲积蓄足的良好态势，打造江苏水利新阶段高质量发展的“秦淮河样板”。

【防汛防旱】 精准抗御“烟花”强台风，累计调度处属水利工程 72 次，以“高挡低排”方式实现水利工程高频率、安全联合运行。秦淮河水利枢纽在主汛期泄洪排涝近 13 亿立方米，控制南京城区内河水位低于 6.5 米，较好地发挥了流域控制性工程的防灾减灾效能，南京市防指专门发来感谢信。修订完善各类应急预案，开展演练 6 次，及时有效控制、减轻和消除突发事件引起的危害。加强防汛抢险队伍建设，组建省级涵闸抢险队，有效提升防汛抢险技能和实战水平。做好雨水情测报，加强信息传输保障，全年发报文 9 万条，报送数据超 16 万个，引入无人测量船、电波流速仪等设备，进一步提升水文测报能力。

【工程管理】 调整修订 102 项标准，固化、精细化管理流程，实现专项工作全过程、可视化管理。举办多轮精细化管理培训班，增强一线技术人员管理理论知识储备、熟练技术实操。搭建工程精细化管理平台，实现工程调度工作同步记录。开发智能巡检机器人，实现巡检定时定点、异常报警提示，巡检工作效率提高 60%，逐步取代了人工巡检。完成断流拍门和溢流拍门缓冲装置改造，开发了泵站机组压力脉动实时监测、建筑物伸缩缝自动观测、无人机智慧防控等业务应用系统，实现实时监测预警，保障了闸、站安全稳定运行。通过水利部“水利工程管理单位”“水利安全生产标准化一级单位”复核。

【水政水资源】 秦淮河水利枢纽全年为秦淮河补水超5亿立方米，常态化保障南京城市生态用水，满足秦淮河生态流量、生态水位需要，国省考断面各项指标优良。履行行业监管职能，完成全省“清四乱”抽查复核、河湖堤防及大中型水闸工程运行管理检查等多个现场督察事项。联合水警、渔政开展执法活动36次，基本杜绝夜钓等水事违法行为。建实水政执法队伍，按照“基地标准化、装备系列化、巡查信息化、队伍规范化、机制常态化”总要求，推进水政执法队伍标准化建设。

【管理与改革】 全方位培养水利人才，2人入选省“333”高层次人才，选拔2名80后科级干部，交流轮岗5名科级干部，获评正高1名、副高6名、中级职称7名，20多人通过竞聘上岗。成立多个创新创建青年团队，鼓励青年成长成才。推进处职工技能实训课堂和技师工作室建设，编印培训教材，定期开展技能培训和专题授课，共开展各类培训70余批次，培训率达100%。自主开发泵站水闸技能试题数据库和云端考试系统，打造水利职工特色化智能训练中心，组织岗位练兵和技能大比武，建强技能水利人才队伍。

【党建及精神文明建设】 修订基层党组织标准化规范化建设指导手册，持续深化基层党组织“五个一”工作法，打造“青年学堂”实践示范项目，应邀在省级机关理论研讨会上作党史学习教育经验交流。开展“两在两同”建新功行动和为民办实事工程，帮扶乡村水利建设，第八次蝉联“江苏省文明单位”称号。开展党员干部“领岗示范”工程，狠抓党风廉政建设，强化政治监督和风险防控，切实发挥党员模范带头作用，打造风清气正、实干担当的干部职工队伍。举办“赞歌献给党”歌咏大赛、“我把青春献给党”演讲比赛等建党百年庆祝系列活动，音乐视频《映山红》参加学习强国“云上拉歌”活动，被江苏党史学习教育官网、理论之光网选登。

【安全生产】 委托第三方进行应急能力评估，组织开展13次安全检查，聚焦重点部位、重点环节和重点时段安全生产，发现的问题和隐患全部落实整改。推进常态化疫情防控工作，扎实做好人员管控、动态排查、环境消杀、宣教监督等。开展网络安全攻防演练、水上消防疏散演练等活动，开展“6·16”水利安全咨询日活动，在全省水利安全生产知识竞赛中获优秀组织奖。

【幸福河湖】 在省管湖泊建成首个无人机智慧巡湖系统，实现无人机在线实时巡湖，建成水生态自动在线实时监测试点站、固城湖东岸高清视频监控系统，督促石臼湖管理范围内违法点“清零”，深化河湖全方位、全天候、全要素智慧管护。发挥武定门水利枢纽生态服务站作用，及时打捞水草，实现河道行洪通畅、河面清洁。协调推进秦淮河历史上第一次大规模清淤，中和桥至三汊河口闸13.35千米区间内，清淤量100万吨。

【科技创新】 建成智能实验室，引用AR智能巡检系统，3D打印轴流泵机组模型，即时获取、直观展示设备巡检信息和数据。建成秦淮河生态调水三维可视化平台，实现闸站调度工况模拟和演示分析，开发武定门泵站智能轨道巡检机器人，实现巡检定时定点、异常报警及时提示。建设无人机智慧防控系统，对目标和突发事件进行实时监控预警。年度科技创新与智能创造工作任务形成系统化成果15项，取得3项发明专利、7项实用新型专利，数字孪生创新成果在中国水利学会2021学术年会进行交流。

精准管控秦淮河水利枢纽，安全泄洪13亿立方米，引水超5亿立方米；石臼湖、固城湖率先实现智慧管护，合理控制秦淮河生态水位。建成智能实验室，探索闸站智能化管理，创建秦淮河生态调水三维可视化平台，构建枢纽工程数字孪生平台，发表15篇论文，取得10项专利，论文《基于数字孪生的秦淮河生态调水三维可视化平台》入选中国水利学会2021学术年会会刊。

【水文化】 建成水韵秦淮VR线上展厅，策划"秦淮河畔话水情"系列读本读物，搭建"秦淮水博苑"云平台；与南京市秦淮区教育系统、社区、南京广电等签订合作框架协议，立足"分龄分众"，结合"线上线下"互动，开展2021"秦淮河水情教育月"系列活动，水情教育全年直接受众达5万人次。举办第二届秦淮水文化讲坛活动，创新水文化研究和展示，完成水韵秦淮主题雕塑和秦淮水文化艺术展示项目，丰富秦淮水文化景观壁画，完成水利遗产普查和申报工作，开展"宝藏工程知多少"、省级水利风景区数字平台等宣传，秦淮水利风貌获多方点赞。秦淮水博苑获评首批省级水情教育基地，武定门节制闸、泵站入选首批省级水利遗产名录。

（王强　陈大卫　周晓雷）

省太湖地区水利工程管理处

2021年，在厅党组的正确领导下，江苏省太湖地区水利工程管理处党建引领凝聚发展合力，防汛抗旱工作取得全面胜利，水资源供给得到有力保障，工程管理水平持续提升，安全生产形势稳定向好，河湖健康管护卓有成效，人才队伍活力充分激发，水情教育建设稳步推进，圆满完成全年各项工作任务，实现了"十四五"良好开局。

【工程管理】 "三精"工作加快推进，搭建处精细化管理平台，首创专项任务单模式，做到全处"1个中心、6个管理所、N个模块"一个平台掌握。就管理任务、管理标准、管理流程、管理制度等方面，明确12类72项任务清单，梳理11类66项管理标准，优化12类72条工作流程，完善技术管理细则7本，修订作业指导书5类34本。高标准完成丹金闸枢纽、常熟枢纽、张家港水利枢纽、钟楼控制工程、江阴水利枢纽五家单位精细化评价单位验收，完成丹金闸枢纽省一级达标复核和江阴水利枢纽省二级达标创建工作。升级无人船测深仪和工程观测数据整编系统软件，增加分析预警模块，夯实精密监测基础。制定《处调度指令督查制度》，以实时水量为基础，对处属工程调度指令执行进行督查，确保精准调度。完成新沟河工程自动化控制信息网络建设。

【基础建设】 积极参与新孟河丹阳枢纽、奔牛枢纽工程建设工作；丹阳枢纽通过省水利厅组织的泵站机组启动验收。全力推进处机关综合管理用房2号楼改造项目，做好蠡河闸拆除重建前期工作。

【防汛防旱】 3月，充分发挥太湖联防指挥部作用，抽调8名相关职能部门技术骨干组成专项检查工作组，对太湖地区10座大中型水闸和6座水库进行安全督查，督促地方压紧压实责任。5月，成立防汛抢险队，系统开展险情处置实训演练。

6月10日，太湖流域入梅，梅雨期32天，梅雨量231.40毫米。5月27日，常熟枢纽开启节制闸排水，预降区域水位。7月9日，蠡河控制工程在确保安全运行的前提下投入排水运行，张家港水利枢纽、江阴水利枢纽梅雨期间均投入排水运行。梅雨期间常熟枢纽累计排水5.11亿立方米，江阴水利枢纽排水1.04亿立方米。

成功应对台风"烟花""灿都"，7月24日管理处启动防汛Ⅲ级应急响应，7月25日提升为防汛Ⅱ级应急响应，7月29日结束Ⅱ级应急响应。7月24日起，常熟枢纽、江阴水利枢纽相继投入闸泵联合排水运行，7 月 26 日至 7 月 29 日，蠡河控制工程节制闸开启，向望虞河排泄大运河涝水。丹金闸、钟楼防洪控制工程做好了运行准备。处属工程全年累计排水 46.59 亿立方米，其中泵排 6.82 亿立方米。

【引江济太】 科学统筹防洪与供水需求，精准调度水利工程，高质量实现太湖“两个确保”。常熟枢纽年内开启三次“引江济太”工作，分别为 2021 年 1 月 1 日至 2 月 10 日，2 月 27 日至 3 月 22 日，4 月 30 日至 5 月 27 日，为保障太湖流域供水安全和推进长三角一体化发展提供重要的水利支撑。9 月 19 日，为保障第三届大运河文化旅游博览会良好的水环境，常熟枢纽启动节制闸引水。引水期间，强化望虞河沿岸口门巡查督察，确保入湖水质优良。2021 年，常熟枢纽累计引水 12.90 亿立方米，其中抽引 9.46 亿立方米，入太湖 6.48 亿立方米。

【水政水资源】 推进太湖、滆湖、长荡湖网格化管理平台高效运行，加强涉河建设项目动态监管。服务省级河长巡河(湖)工作，起草《太湖地区省级河湖长制工作联席会议制度》，强化湖泊日常巡查、联合巡查，开展无人机操作及考证培训，扎实推进水行政执法太湖基地规范化建设。深入开展省管河湖水生态监测，2021 年共组织对 1 006 处省管河湖库遥感变化点的复核、审验、会商，为河湖治理提供数据支撑。加快推动滆湖基地建设，编制完善《江苏省太湖西部地区河湖管理中心建设项目建设书》；持续跟进长荡湖聚泥成岛工程建设，督促退圩还湖工程完成既定考核指标。巩固专项整治成果，协助省水利厅对无锡、苏州“两违”问题整治情况开展抽查复核，共抽查 220 个整治项目，整治完成率 100%。

【管理与改革】 全面落实疫情防控常态化责任，严格执行健康码通行、体温检测、信息登记等防控措施，实时掌握职工出行情况和健康状况。积极组织志愿者投身社区疫情防控，持续推进职工新冠疫苗接种，加大防疫物资保障，严格排查外来人员，确保各项疫情防控工作落细落实。采取集中授课、现场实训和成果测试相结合的方式，对近三年新进人员进行系统化、全方位培训。举办科技创新、“五小”等各类成果评选比赛，鼓励职工在生产实践中创新创优。举办第五届“强本领、互促进、共提高”技能竞赛，提升青年职工实践操作能力，评选 4 名技术能手，推荐 2 名职工参加省技能竞赛。召开职工代表大会，选举产生 46 名职工代表，征集提案 38 条并落实到位，以职代会方式确保民主管理从下到上形成网络，激发广大职工的主人翁精神。

【党建及精神文明建设】 实施“七个一”党史学习教育总体方案，积极开展专题党课、知识竞赛、文艺汇演等系列活动，扎实推进 12 项民生实事，认真开展“两在两同”建新功行动、践行“三在先、三带头”要求，全体党员干部奋力抗击台风“烟花”“灿都”，冲在第一线、守在第一线、干在第一线。处党委理论学习中心组共组织开展集中学习 14 次，交流研讨发言 71 人次。举办党的十九届六中全会和省十四次党代会精神专题学习研讨班，采取专家授课、专题宣讲、集中学习、研讨交流、岗位实践等多种方式，学思践行谋发展，凝心聚力促担当。召开党员大会，顺利完成党委、纪委换届选举，强化党组织核心引领作用。持续开展“五个讲坛”活动，提炼支部特色品牌，提升党建特色化水平。启动管理处“四项教育”，明确内容清单，定期组织党建工作“四合一”培训，开展业务培训、分析讲评、问题研讨。举办“学党史、强信念、跟党走”青年教育实践活动，建成标准化“青年学堂”，将理想信念融入青年日常，做到学用结合、知行合一。

巩固“两个专项整治”成果，修订 17 项制度，工程项目加强采购报告监管，集中采购项目全面落实招标代理。组织全体党员观看警示教育片7次，前往苏锡常等警示教育基地参观学习，开展兼职取酬和招标评标警示教育，以案明纪、以案说法。落实“吃公函”专项整治要求，全力推动先请示后接待、限期核报等制度落地。狠抓省水利厅巡察反馈意见整改，细化4个方面83条整改措施，整改工作和重点工作有机融合，明确责任人和完成时限，形成工作合力，切实整改到位。

依托常熟水利枢纽，建成望虞河工程展示馆，讲述60年前水利工程建设过程中形成的“望虞河精神”。结合水文化建设，以“节水中国，你我同行”“最美工程开放日”“关爱山川河流保护大运河”活动为载体，持续开展水法规、水生态保护等主题宣传，厚植节水护水理念，用心用情讲好太湖故事，荣获全国科普日优秀组织单位奖。

【安全生产】 细化安全责任清单，部署开展“安全生产月”10项系列活动，全员参与“全国水利安全生产知识网络竞赛——《水安将军》趣味活动”，3人获个人一等奖；积极参与“全省水利安全生产知识竞赛”，管理处获单位组织奖，45名职工获得个人优胜奖，其中一等奖3人。着眼专项整治三年行动等重点工作，2021年管理处开展安全检查40次，排查出一般安全隐患106个，全部整改完毕。加强蠡河控制工程四类水闸风险管控，制定执行工程限制运用方案，加密检查观测频次。

（谢铭慧）

省泰州引江河管理处
省灌溉动力管理一处

2021年，省泰州引江河管理处、江苏省灌溉动力管理一处统筹推进疫情防控、工程管理、防汛抗旱、河湖监管、船闸通航、从严治党、文明创建等工作，圆满完成全年各项目标任务，“十四五”实现良好开局，成功创建“省级法治文化建设示范点”，安全专著获水利部“安全生产标准化成果”一等奖，志愿服务获团中央表彰。各有1人获“全国水旱灾害防御工作先进个人”称号、“全国水利技能大奖”、省级党史知识竞赛一等奖。《河湖岸线工程监管信息化系统应用研究》《河长制下泰州引江河——里下河腹部地区多目标输水调控技术研究》分别获评“2021年度江苏省水利科技进步奖”二等奖、三等奖。

【工程管理】 管理处抓好工程巡视检查和维修养护工作，确保工程设备设施完好。以项目推进提升工程管理水平，按期完成18个维修养护、6个防汛项目。推进工程“三精”管理，高分通过省水利厅精细化管理工作评价验收。完善闸、站《工程管理细则》，修订全处综合预案2项、专项预案26项、现场处置方案8项，针对运行管理重点，开展了3次桌面演练、5次实战演练。以精细化管理系统为基础，优化管理处一体化管理平台。管理处工程观测和资料整编工作在江苏省河道局组织的评审中获得优秀等级。

【船闸运行与管理】 优化高港船闸运行调度流程，完善登记信息化和申报诚信化。积极应对疫情防控和船舶大型化压力，联合三峡船闸开展精准调度研究，高港船闸每闸次船舶吨位提升4%。全年放行单机船12.43万艘、船队1 445个，船舶通航量1.6亿吨，再创新高。

【防汛防旱】 落实防汛防旱责任制，抓好工程控制运用，全年共执行调度指令42次，高港枢纽常态化大流量引水292天计44.74亿立方米，抽排里下河涝水4.1亿立方米，向通南地区送水2.43亿立方米，拉马河闸开闸引水1 752万立方米。7月下旬台风“烟花”影响期间，处抢险队赶赴淮安市洪泽区、泰州市海陵区抢排城区积水9.16万立方米。

【河湖管理】 积极履行行业监管职能，

抓好河湖管理与保护工作。参与审查河湖管理范围内工程建设项目方案和防洪影响评价报告，加强在建项目监管。编印《里下河湖区管理动态》《里下河湖泊管理年报》。联合市、县两级巡查里下河湖区800多次，查处重大涉湖违法行为4起。深化里下河湖区网格化管理，推动涉湖违法行为查处，对盐城市境内里下河湖泊和通榆河、泰东河保护范围内完成整改的120个违法点进行销号验收。推进里下河退圩还湖，监督指导宝应、兴化、盐都等地7个湖泊湖荡退圩还湖工程，新增自由水面13.57平方千米。根据省河长办工作部署，对常州市境内36个、泰州市境内216个河湖“两违”问题的整治情况进行抽查复核。协助省河长办组织开展里下河地区“清剿水葫芦，改善水环境”联保共治专项行动，取得明显成效。推进里下河湖区、引江河、通榆河、泰东河遥感监测和射阳湖、大纵湖、泰州引江河、通榆河水生态监测等项目实施，建设泰州引江河电子一张图系统。开展泰州引江河陆域和水域巡查，督查涉河水事违法行为20余件。完成泰州、江都两地引江河原交叉管理区域遗留问题交接工作。

【水政水资源】 开展处水行政执法技能竞赛，提升水政队员素质能力。与地方渔政开展禁渔专项联合执法，制止违法捕鱼行为，全年累计收缴各类渔具20余件，放生渔获物200多千克，移交渔政部门查处案件4起。配合地方打击长江非法采砂，开展联合巡江7次，发现1艘非法运砂船舶，交长航公安立案查处。全年开展普法宣传活动10多次，发放各种宣传资料、宣传品3000多份，增强社会大众的水利法治意识。参与泰州、南通两地“清四乱”复查工作，完成泰州市13个点、南通市11个点“清四乱”复查工作。

【基础建设】 完成引江口门安全工作塔建设，为船闸水上通航提供安全指引和安全管理。为消除堤防安全隐患，泰州引江河高港枢纽闸站下游段左岸堤防应急加固工程经省发展和改革委员会批复同意，于2021年12月初开工。完成拉马河闸仓库改造。

【管理与改革】 聘请东南大学、同济大学专业团队，开展高港枢纽空间布局规划和动力一处环境提升改造规划。与高校科研院所合作开展相关课题研究，获省水利科技优秀成果2项、实用专利8项；与交通、公安、电信等部门进行结对共建，提升管理水平。优化人才队伍，录用大学生17名、转业退役士兵1名；提拔正科级干部1名、副科级干部6名，交流调整科级干部11名。

【党建及精神文明建设】 完成处党委和纪委换届选举，增设河湖党支部。强化理论武装，坚持把学习贯彻习近平新时代中国特色社会主义思想作为首要政治任务，扎实开展党史学习教育，组织开展庆祝建党一百周年系列活动，组织党员干部赴韶山开展党性教育培训，赴南通张謇纪念馆、扬州市廉政教育基地等开展警示教育。深入开展“两在两同”建新功行动和“我为群众办实事”实践活动，14个为民办实事项目全部完成，高港船闸“暖心港湾”项目、“党建+河湖监管”模式取得明显成效。成立青年党员突击队，开展党员干部领岗示范活动，17名党员干部领岗示范，设立15个党员示范岗。实施“强固堡垒”示范工程，培育党支部典型2个、党支部书记示范2名、青年党员干部标杆2名。巩固“全国文明单位”创建成果，有序有效开展各类创建活动112项。

江苏省泰州引江河管理处积极践行新时期治水方针，将依法治国重大决策和法治水利建设融入治水、管水、兴水全过程，坚持用法治思维和法治方式规范改革发展工作，丰富法治文化建设内涵，精心打造了“引江法韵”普法宣传特色品牌。通过组织建设、阵地建设、水情教育、主流媒体宣传、志愿者宣传、重要节点宣传等方式向社会宣传法治水利，倡导全社会节约水资源、保护水安全。2021年12月23日，中共江苏省委宣传部、中共江苏省委全面依法治省委员会办公室、江苏省法治宣传教育工作领导小组办公室等部门联合发文，引江法韵法治文化示范点入选第八批"省级法治文化建设示范点"。

【安全生产】 修订岗位安全生产责任清单104个、安全生产制度43项、各类预案36项，开展春季消防应急演练、泵站开机运行全所失电的反事故预案演练、防洪应急桌面演练、水闸管理所船舶反事故应急处置现场演练等8次。定期开展危险源辨识工作，管控率达到100%。组织开展安全监督检查自查20次，接受省水利厅督查6次、水利部督查1次，整改率达到100%。在全国"《水安将军》趣味知识竞赛"中获优秀集体奖，2人获个人奖；在全省"水利安全生产知识竞赛"中获单位组织奖，17人获个人奖。

江苏省泰州引江河管理处通过水利安全生产标准化一级单位认证后，持续加强安全生产标准化建设，积极研究探索水利工程运行系统安全，运用现代安全系统的观点、理论和方法，系统、全面地进行安全分析、评价，研究制定综合性的安全措施，全面推进管理处安全生产工作系统化规范化标准化。在此基础上，该处加以总结，组织编写了《水利工程运行系统安全》专著。2021年12月28日，《水利工程运行系统安全》专著获评"全国水利安全生产标准化建设成果评选展示活动"一等奖。

省防汛防旱抢险中心

2021年，省防汛防旱抢险中心赴吴江抗击台风"烟花"圆满完成任务，全省防汛应急抢险救援实战演练取得成功，举办19期防汛抢险培训班，累计达1 600人。完成精细化管理任务和标准编制，实现精细化管理全覆盖。拓展职能职责，成功举办全省首期防汛抢险工种等级工及技师培训班。成功创建省级御水文化水利风景区，新增水利"名片"。成功研制决口封堵闭气卷帘、两栖打桩机等新材料新装备，为高质量发展培育创新动能。

【防汛抗旱】 2021年7月18日，因强降雨，六合出现大面积积水，抗排队出动2辆泵车开展排涝工作，历时16小时，共计排水2万余立方米；7月28日，接中心前置工作组调令，派出人员前往滁河干堤开展无人机和人工配合巡查工作。成功举办全省防汛应急抢险救援实战演练，圆满完成厅属管理处防汛抢险队联合演练。训练中心举办19期防汛抢险培训班，累计培训人次达1 600人。

抗击台风"烟花"。2021年7月24日10时30分，中心启动防台Ⅲ级应急响应。7月25日至27日，前置工作组召开专题工作会议，分析"烟花"台风状况和全省水雨情，及时掌握台风、汛情发展趋势；同时，中心启动防汛应急预案，按照抢险、排涝、救援、后勤等工作任务细化分组，组织开展安全生产、设备操作规范等方面专题辅导，25台套潜水电泵装备物资装车到位，8辆特种作业车辆和货运车辆、40名抢险队员24小时待命。组织卫星通信车赴苏州，参与筹备太湖防总视频会议抢险中心演训分会场，通过视频连线向时任省长吴政隆汇报实战演练情况。

【水政水资源】 推进长江管护，抓巡查聚智创新。组织开展岸线季度巡查，编制巡查季报。参加长江采砂管理督导行动，累计出动人员39人次、船只16航次，巡查河道长度746千米、巡查水域面积1 095平方千米。3次派员前往镇扬泰水域、苏通水域参与打击长江非法采砂专项行动、长江"清江行动"。协助省水利厅出台《长江江苏段堤防岸线涉河巡查管理实施办法(试行)》。更新407条通江河道河长名单。组织完成年度长江江苏段水生态监测、水域及滩地遥感监测。复核596项长江干流岸线利用项目清理整治、100项中央环保督查“回头看”验收、河湖“两违”问题整治。开展长江堤防岸线及防汛专项检查，切实发挥流域联防职能。协助厅河湖长制工作处编制《江苏省长江河长制数字化监控系统建设方案》。应用倾斜摄影三维建模技术，建立部分长江堤防险工险段三维模型，协同推进长江数字化建设。

【基础和发展能力建设】 调整充实新址建设工作领导小组，持续与六合区沟通，催促制订项目建设工作计划，积极争取单位搬迁项目尽早上马。

2021年由中心承办首期全省防汛抢险工种等级工及技师升级培训工作。中心党委高度重视，成立领导小组和办公室，抽调中心中级以上技术骨干、技师以上工勤骨干近30人参与试卷编写、理论授课、实操考核等各项工作。10月15日，全省首期防汛抢险工种等级工及技师培训班在中心训练场顺利开班，27名等级工、9名技师参加培训。中心11名技术干部、2名河海大学教授用10天时间完成了10个课目80个学时的理论授课。26名等级工通过理论测试和实操考核取得了相应的等级工证书。8名技师通过第二阶段的理论测试、实操考核、论文答辩及评审，取得了防汛抢险工技师证书。

【管理与改革】 健全预案体系，修订《防汛应急抢险综合预案》《防汛物资调度专项预案》，制定《突发事件会商制度》。成功研制决口封堵闭气卷帘、野外抢险装袋机、两栖打桩机、轻量化尼龙弯头等新装备。开展同向培养和科长培养计划，选拔任用3名正科、3名副科级干部，缓解“岗位等人”矛盾。财务管理严格规范，加强预决算公开，全面推进网上采购，制定绩效目标，明确考核细则，开展绩效自评价现场复核，高分通过固定资产管理绩效评价。

推进精细化管理全覆盖，制定实施方案，完善精细化管理任务及管理标准，组织编制135本作业指导书，推进实践应用。

【党建及精神文明建设】 党史教育补钙铸魂，深入开展党史学习教育，党办组织交流研讨、专题宣讲20余次，开展“讲党史故事”“读书思享会”“红色经典诵读沙龙”等建党百年系列活动。党建引领凝聚合力，举办4期党务培训，组织季度督查，推进党支部规范化建设，以“三在先三带头”“两在两同建新功”等活动为抓手，宣传先进典型，运用宣传载体，多举措抓好意识形态工作。团总支打造志愿服务品牌，组织开展暖心扶贫、义务植树、无偿献血等志愿服务活动。工会认真组织，防汛抢险女子组成功创建江苏省“巾帼文明岗”。廉政建设氛围浓厚，纪律监督室充分发挥纪检委员作用，常态化开展监督检查。开展重要时间节点监督和防汛值班、防疫、安全检查等，累计36次。组织参观廉政教育基地，举办廉政道德讲堂，印发“八小时之外”警示宣传册。深入开展“两个专项”整治和“吃公函”专项整治，运用好监督执纪“四种形态”。

【安全生产】 2021年，中心实现全面安全生产无事故目标。(1)建立健全安全生产责任体系，组织逐级签订安全生产责任状，组织召开4次安全生产委员会工作会议，部署推进安全生产工作。(2)严格执行国家和本单位安全生产法律法规和规章制度，加强安全生产宣传教育，及时对安全生产管理体系、安全生产规章制度及岗位职责进行梳理、修订和完善，其中包括“四新”安全管理制度、安全风险管理制度、班组安全活动管理制度、安全生产承诺制度等51项安全制度。同时，组织职工观看《生命重于泰山——学习总书记关于安全生产重要论述》电视专题片、《生产安全事故典型案例盘点》等主题宣教片，参加“6·16”安全宣传咨询活动，开展消防演练、应急救护培训等6期教育培训和宣传活动，参加人员达270人次。6月中旬，对单位主要负责人和29名安全生产管理人员进行年度教育培训。(3) 加强安全隐患排查整治工作，组织定期检查、飞行检查、专项检查等各类安全检查12次，排查治理消防、电气、高空坠物、安全标志缺失等隐患36个。

【御水文化水利风景区创建】 以御水文化为主题，精心谋划，扎实推进，全力创建省级水利风景区。(1) 加强组织领导，将御水文化水利风景区创建作为年度重点任务，召开专门会议听取汇报、研究部署，成立景区管理办公室，具体负责景区建设、管理工作。(2) 深挖御水文化，组织创作御水赋，提炼御水精神，编制中心简史。(3) 坚持规划引领，委托专业机构编制规划纲要，邀请专家审查，将省防汛抢险训练场打造成具有抢险演练、御水文化宣传教育、水利科普和休闲体验特色的“四位一体”水利风景区。(4) 建设景点景观，景区内建设有抢险文化园区、自然文化长廊、“治水之典”文化长廊、“险”字观景平台、护坡展示区、挡墙展示区、冲锋舟码头、演练水池、抗洪排涝设施训练楼、混流泵训练区、柴油机训练区、电动泵训练区、VR虚拟教室、多媒体教室等室内外场所。

水利统计资料

水利统计资料　313～334页

2021 年江苏省水资源公报

综述

2021 年，全省年降水量 1 190.3 mm，折合降水总量 1 221.9 亿 m^3，比 2020 年减少 3.7%，比多年平均偏多 18.2%，属丰水年份。

全省水资源总量 500.8 亿 m^3，比多年平均偏多 47.7%，比 2020 年减少 7.8%，其中地表水资源量 442.5 亿 m^3，地下水资源量135.3 亿 m^3，重复计算量 77.0 亿 m^3。

全省 6 座大型水库和 43 座中型水库年末蓄水总量 10.32 亿 m^3，比年初增加 0.2 亿 m^3。全省 13 个省管湖泊(不含南四湖、石臼湖和里下河湖荡)年末蓄水总量 114.2 亿 m^3，比年初增加 7.0 亿 m^3。

全省供水总量 567.6 亿 m^3，其中，地表水源供水量 552.5 亿 m^3，地下水源供水量 3.2 亿 m^3，非常规水源供水量 11.9 亿 m^3。用水总量 567.6 亿 m^3，其中，生产用水 519.4 亿 m^3，生活用水 43.1 亿 m^3，生态环境用水 5.1 亿 m^3。废污水排放总量 68.3 亿 m^3。

全省人均综合用水量 667.3 m^3，全省万元地区生产总值(当年价)用水量 34.6 m^3，万元工业增加值(当年价)用水量 19.4 m^3。农田灌溉亩均用水量 395.1 m^3，农田灌溉水有效利用系数 0.618。城镇居民人均生活用水量 150.6 L/d，农村居民人均生活用水量 105.6 L/d。

一、水资源量

(一) 降水量

全省年降水量 1 190.3 mm，比 2020 年减少 3.7%，比多年平均偏多 18.2%，属丰水年份。

淮河流域平均降水量 1 183.9 mm，比多年平均偏多 24.9%；长江流域(不含太湖流域，下同)平均降水量 1 147.6 mm，比多年平均偏多 6.7%；太湖流域平均降水量 1 254.1 mm，比多年平均偏多 10.7%。与 2020 年比较，淮河流域增加 3.4%，长江流域减少 14.3%，太湖流域减少 12.8%。

13 个设区市降水量较多年平均均偏多，其中徐州、连云港、宿迁偏多 30%以上。全省设区市及流域分区降水量见表 1，全省年降水量等值线见图 1，全省年降水量距平见图 2，2000—2021 年全省年降水量与多年平均比较见图 3。

表 1　全省设区市及流域分区降水量

设区市及流域分区	年降水量(mm)	与 2020 年比较(%)	与多年平均比较(%)
南京	1 167.9	−17.5	8.1
无锡	1 285.9	−16.7	12.3
徐州	1 259.2	21.8	51.9
常州	1 349.8	−8.8	16.9
苏州	1 200.4	−15.1	7.1
南通	1 156.4	−11.5	7.4
连云港	1 255.7	9.2	40.1
淮安	1 111.4	−5.2	14.2
盐城	1 138.4	−4.8	13.0
扬州	1 114.8	−7.2	9.2
镇江	1 158.8	−2.9	5.5
泰州	1 143.6	−4.1	9.6
宿迁	1 245.4	12.2	39.3
全省	1 190.3	−3.7	18.2
淮河流域	1 183.9	3.4	24.9
长江流域	1 147.6	−14.3	6.7
太湖流域	1 254.1	−12.8	10.7

(二) 地表水资源

全省地表水资源量 442.5 亿 m^3，年径流深431.1 mm，比2020年少9.1%，比多年平均偏多52.5%。其中，淮河流域277.76亿m^3，长江流域64.84亿m^3，太湖流域99.89亿m^3。

13个设区市地表水资源量与多年平均比较，徐州、宿迁、连云港、常州、淮安均偏多50%以上。全省设区市及流域分区年地表水资源量见表2。

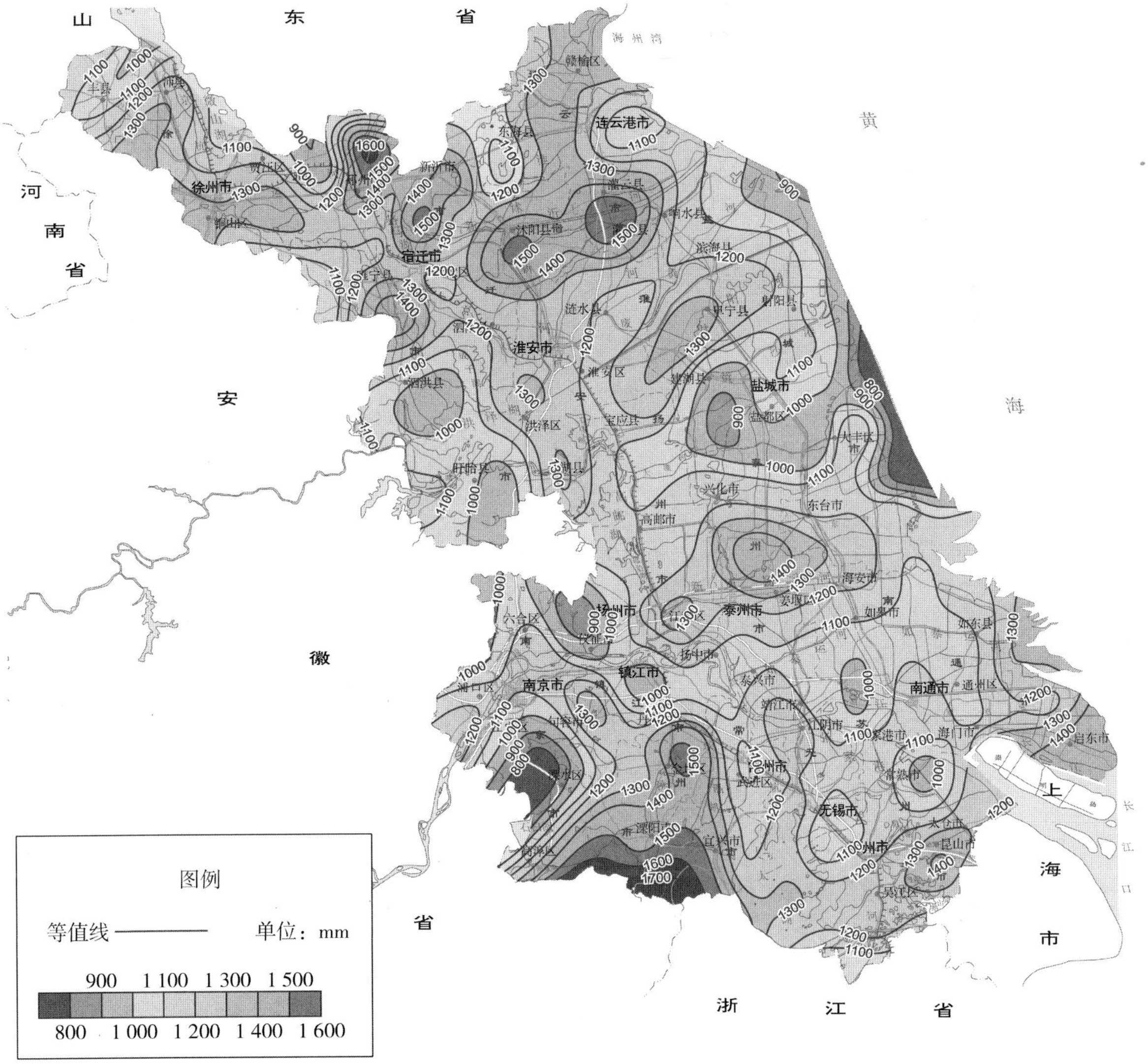

图1 全省年降水量等值线图

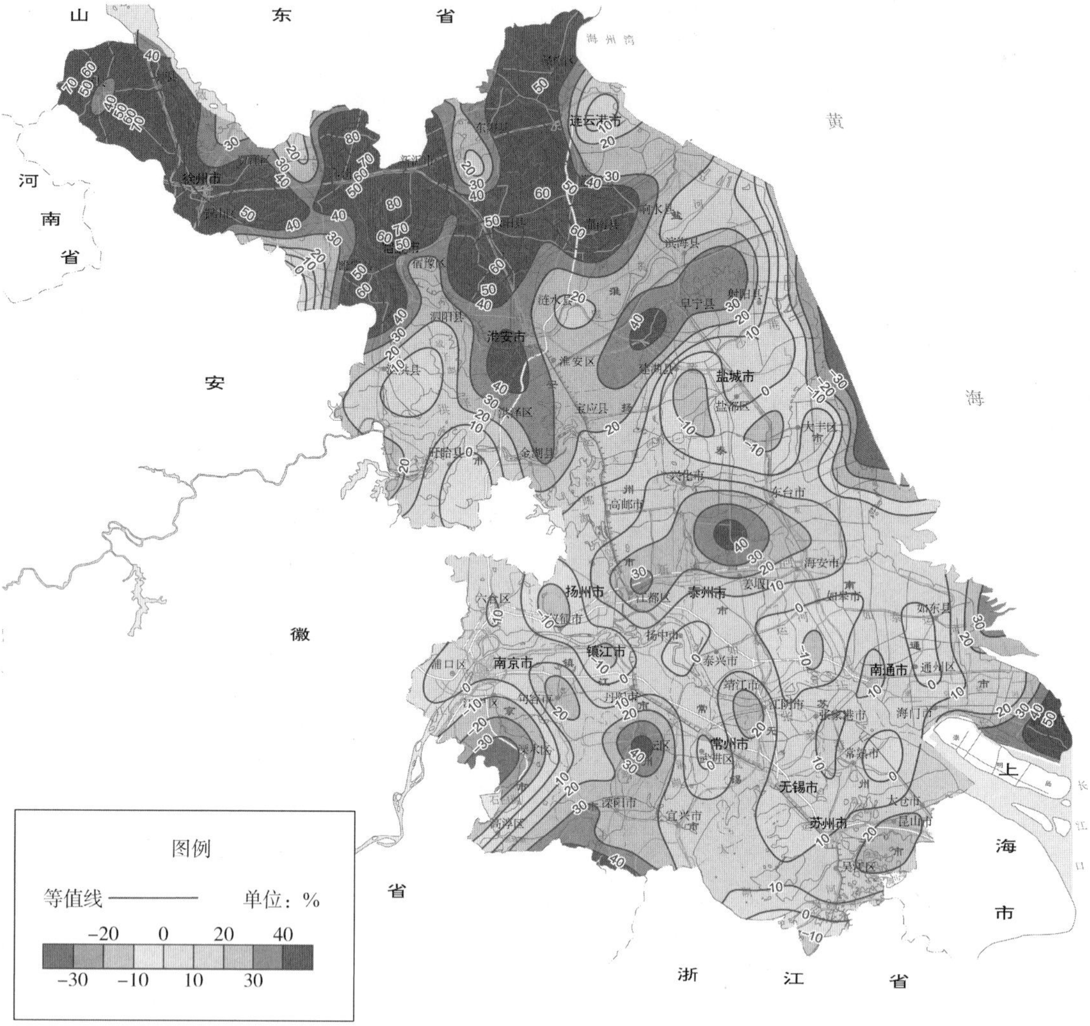

图 2　全省年降水量距平图

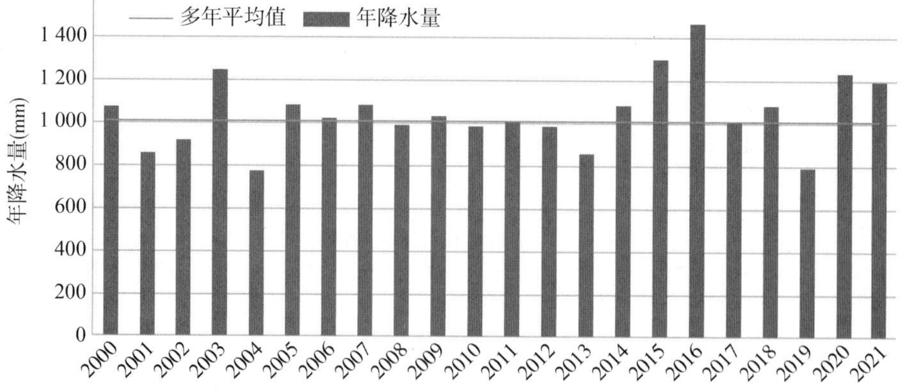

图 3　2000—2021 年全省年降水量与多年平均比较图

表 2　全省设区市及流域分区年地表水资源量表

设区市及流域分区	地表水资源量(亿 m³)	与 2020 年比较(%)	与多年平均比较(%)
南京	26.82	−33.5	23.0
无锡	25.28	−29.2	30.9
徐州	52.57	40.5	148.1
常州	27.55	−9.5	57.0
苏州	37.97	−30.7	29.2
南通	28.81	−29.8	13.5
连云港	41.02	17.0	101.1
淮安	39.69	−9.2	52.9
盐城	59.13	−13.2	31.1
扬州	24.09	−7.8	42.3
镇江	16.63	−3.0	19.2
泰州	20.25	−12.3	28.9
宿迁	42.67	26.8	143.4
全省	442.48	−9.1	52.5
淮河流域	277.76	5.5	71.5
长江流域	64.84	−31.4	19.5
太湖流域	99.89	−22.5	35.0

（三）出入境水量

全省入省境水量（不含长江干流）711.8 亿 m³，其中，长江下游支流来水 9.1 亿 m³，淮河上中游来水 476.6 亿 m³，淮河下游来水8.0 亿 m³，沂沭泗上游来水 123.6 亿 m³，浙江省来水 92.7 亿 m³，上海市来水 1.8 亿 m³。

出省境水量（不含长江干流）223.1 亿 m³，其中，进入上海市 129.9 亿 m³，进入浙江省 74.8 亿 m³，淮河流域支流进入安徽省 6.0 亿 m³，长江流域支流进入安徽省 6.2 亿 m³，南水北调入山东省 6.2 亿 m³；入海水量 539.5 亿 m³，其中，沂沭泗 264.4 亿 m³，淮河下游支流 261.5 亿 m³，长江流域 13.6 亿 m³。

长江干流年径流量（大通站）9 646 亿 m³。全省汇入长江干流水量 515.8 亿 m³，其中，长江以北 396.9 亿 m³，长江以南 118.9 亿 m³；引长江水量 282.7 亿 m³，其中，长江以北 167.0 亿 m³，长江以南 115.7 亿 m³。

出入省境和入海水量示意图见图 4。

（四）地下水资源量

全省地下水资源量（矿化度＜2g/L）135.3 亿 m³，比多年平均偏多 9.1%，比 2020 年减少 1.8%。其中，平原区地下水资源 120.9 亿 m³，山丘区地下水资源量 15.0 亿 m³，重复计算量 0.6 亿 m³。淮河流域 94.8 亿 m³，长江流域支流 23.1 亿 m³，太湖流域 17.4 亿 m³。

（五）水资源总量

全省水资源总量 500.8 亿 m³，比多年平均偏多 47.7%，比 2020 年减少 7.8%，其中，地表水资源量 442.5 亿 m³，地下水资源量 135.3 亿 m³，重复计算量 77.0 亿 m³；淮河流域水资源总量 321.8 亿 m³，长江流域水资源总量 73.0 亿 m³，太湖流域水资源总量 106.0 亿 m³。全省平均产水系数 0.41，平均产水模数 48.8 万 m³/km²。全省设区市降水量与水资源总量见图 5，全省设区市及流域分区水资源总量见表 3。

表 3　全省设区市及流域分区水资源总量表

设区市及流域分区	水资源总量(亿 m³)	与 2020 年比较(%)	与多年平均比较(%)
南京	27.88	−32.8	22.9
无锡	26.79	−28.3	31.4
徐州	64.38	35.6	99.3
常州	28.61	−10.6	52.4
苏州	41.04	−29.4	27.1
南通	35.44	−25.6	15.4
连云港	46.90	15.3	92.8
淮安	44.71	−8.3	44.5
盐城	67.67	−11.5	30.1
扬州	26.59	−6.7	41.7
镇江	17.31	−2.9	19.1
泰州	22.86	−10.5	29.8
宿迁	50.62	21.9	113.1
全省	500.80	−7.8	47.7
淮河流域	321.81	5.6	62.0
长江流域	73.04	−29.0	20.1
太湖流域	105.96	−22.0	33.1

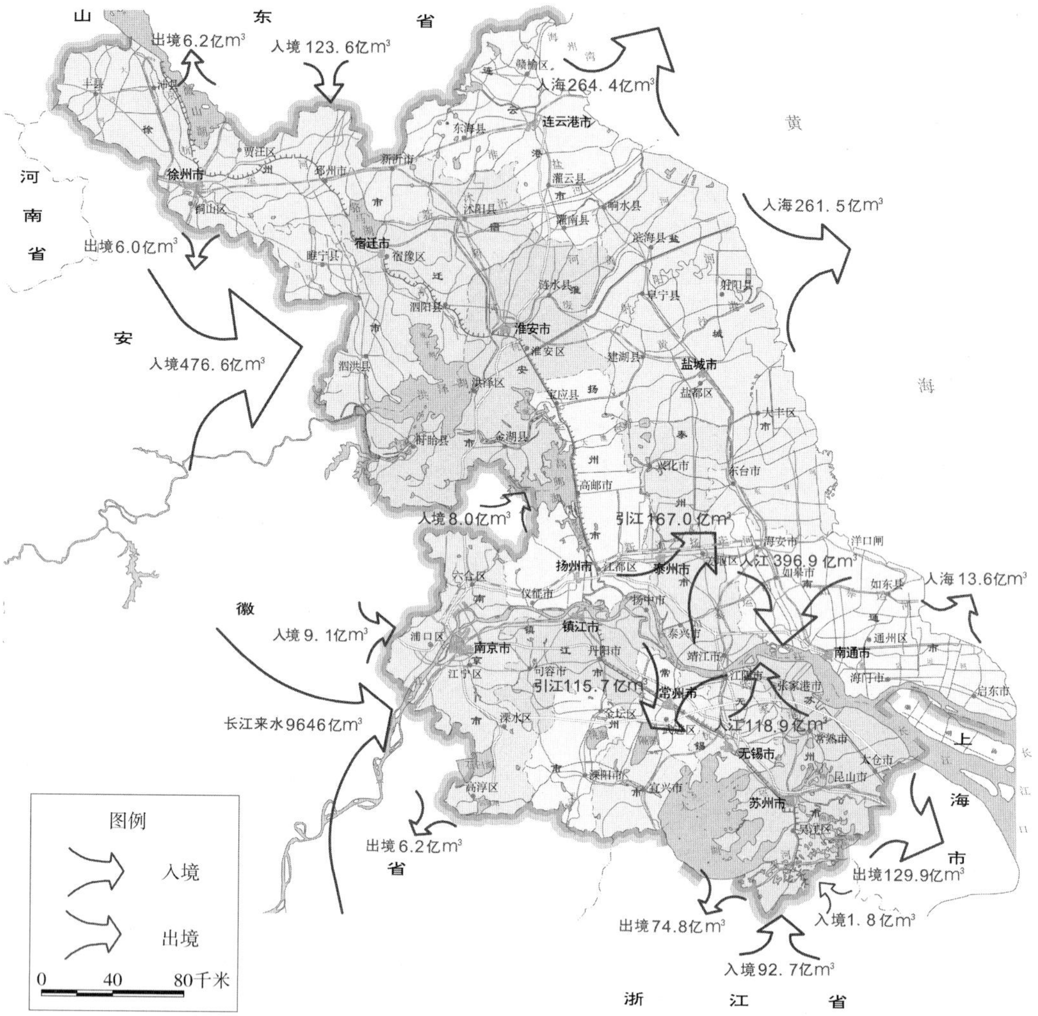

图 4 出入省境和入海水量示意图

与多年平均比较，全省年际间水资源总量差异较大，2000—2021 年全省水资源总量与多年平均比较见图 6。

(六) 蓄水动态

1. 省管湖泊

全省 28 个省管湖泊中，13 个重点省管湖泊(不含南四湖、石臼湖和里下河湖荡)年末蓄水总量 114.19 亿 m^3，比年初增加 6.97 亿 m^3。2021 年各重点省管湖泊年蓄水量见表 4。

表 4 重点省管湖泊蓄水量

单位:亿 m^3

湖泊名称	太湖	洪泽湖	骆马湖	固城湖	长荡湖	滆湖	白马湖	宝应湖	高邮湖	邵伯湖	总计
年初蓄水量	48.70	30.60	8.51	0.87	2.24	4.50	0.74	0.15	9.78	1.13	107.22
年末蓄水量	49.43	36.54	9.58	0.80	2.21	4.46	0.94	0.11	9.06	1.06	114.19
蓄水变量	0.73	5.94	1.07	−0.07	−0.03	−0.04	0.20	−0.04	−0.72	−0.07	6.97

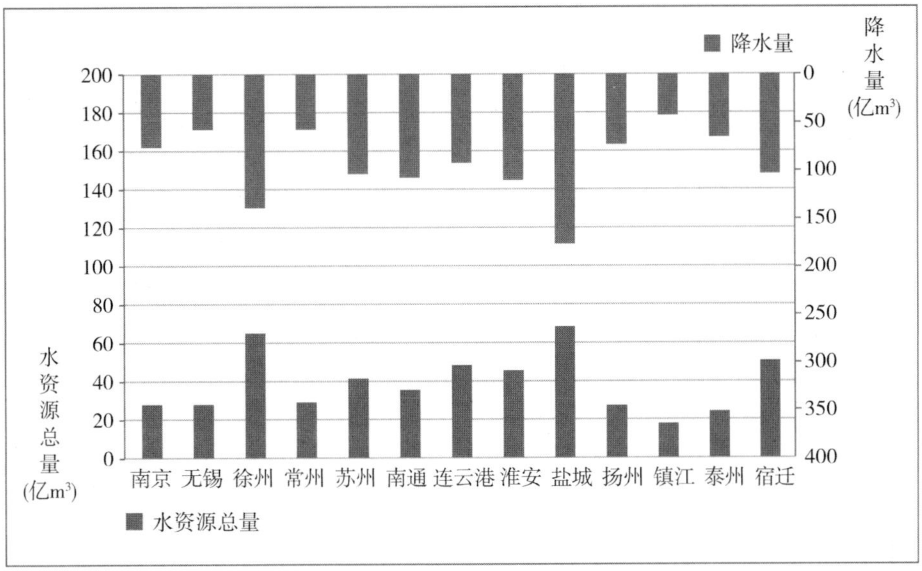

图5　全省设区市降水量与水资源总量图

图6　2000—2021年全省水资源总量与多年平均比较图

2. 大型水库

全省6座大型水库年末蓄水总量5.22亿m^3，比年初减少0.08亿m^3。大型水库蓄水量见表5。

表5　大型水库蓄水量表　　单位:亿m^3

水库名称	石梁河	小塔山	安峰山	沙河	大溪	横山	总计
年初蓄水量	2.58	1.09	0.35	0.46	0.56	0.26	5.30
年末蓄水量	2.24	1.26	0.58	0.40	0.51	0.23	5.22
蓄水变量	−0.34	0.17	0.23	−0.06	−0.05	−0.03	−0.08

3. 中型水库

全省 43 座中型水库年末蓄水总量 5.10 亿 m^3，比年初增加 0.28 亿 m^3。其中，淮河流域 19 座，年末蓄水总量 2.73 亿 m^3，比年初增加 0.34 亿 m^3；长江流域 17 座，年末蓄水总量 1.89m^3，比年初减少 0.09m^3；太湖流域 7 座，年末蓄水总量 0.48 亿 m^3，比年初增加 0.03 亿 m^3。

4. 浅层地下水

全省平原区浅层地下水年末储存量比年初减少 0.10 亿 m^3，其中水位上升区面积0.88 万 km^2，储存量增加 0.70 亿 m^3，水位相对稳定区面积 7.90 万 km^2，储存量增加 0.20 亿 m^3，水位相对下降区面积 0.48 万 km^2，储存量减少 1.00 亿 m^3，其中，淮河流域增加 1.80 亿 m^3，长江流域减少 1.01 亿 m^3，太湖流域减少 0.90 亿 m^3。

二、水资源利用

（一）供用水量

按取水计，全省供水总量 567.6 亿 m^3。其中，地表水源供水量 552.5 亿 m^3，占供水总量的 97.3%；地下水源供水量 3.2 亿 m^3，占供水总量的 0.6%；非常规水源供水量 11.9 亿 m^3，占供水总量的 2.1%。

按取水计，全省用水总量 567.6 亿 m^3。其中，生产用水 519.4 亿 m^3，占用水总量的 91.5%；生活用水 43.1 亿 m^3，占用水总量的 7.6%；生态环境用水 5.1 亿 m^3，占用水总量的 0.9%。

按产业结构划分，第一产业用水 246.2 亿 m^3，占生产用水的 47.4%，其中农田灌溉用水 221.5 亿 m^3，占第一产业用水的 90.0%；第二产业用水 253.0 亿 m^3，占 48.7%，其中，电力工业用水 210.2 亿 m^3，一般工业用水 40.0 亿 m^3；第三产业用水 20.2 亿 m^3，占 3.9%。各类用水量组成见图 7。

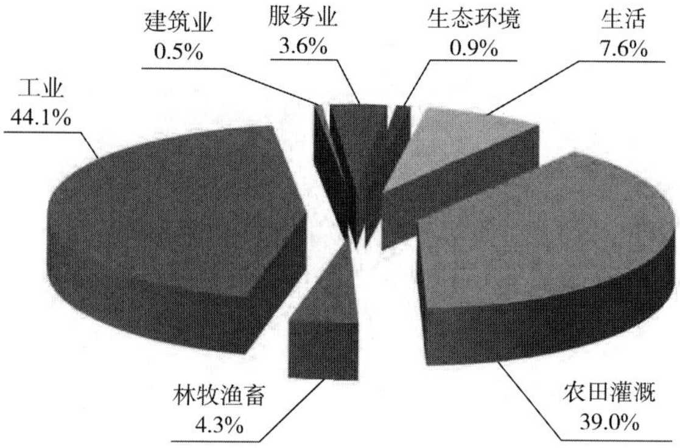

图 7 各类用水量组成图

分流域看，淮河流域用水量 207.1 亿 m^3，占用水总量的 36.5%；长江流域用水量 160.2 亿 m^3，占用水总量的 28.2%；太湖流域用水量 200.2 亿 m^3，占用水总量的 35.3%。分流域供用水量见表 6。

分区域看，苏南地区用水量 268.9 亿 m^3，占用水总量的 47.4%；苏中地区用水量 134.2 亿 m^3，占用水总量的 23.6%；苏北地区用水量 164.5 亿 m^3，占用水总量的 29.0%。

（二）废污水排放量

全省废污水排放总量 68.3 亿 m^3。

（三）地下水开发利用

全省地下水开采量 3.2 亿 m^3。全省 22 个地下水超采区，水位上升的 15 个，稳定的 7 个，无下降区。地下水漏斗区面积 4 071.5 km^2，主要分布于徐州、盐城、宿迁等地，较上年减少 243.5 km^2。苏锡常漏斗区消失。全省无超地下水水位红线区域。地下水漏斗区分布见图 8。

（四）用水指标

按当年价，全省万元地区生产总值用水量 34.6 m^3，万元工业增加值用水量 19.4 m^3，农田灌溉亩均用水量 395.1 m^3，农田灌溉水有效利用系数 0.618，城镇居民生活用水量 150.6 L/(人·d)，农村居民生活用水量105.6 L/(人·d)。

表 6　分流域供用水量　　　　单位：亿 m^3

流域分区	供水量				用水量			
	地表水	地下水	非常规水	合计	生产	生活	生态	合计
淮河流域	200.8	3.0	3.4	207.2	187.9	17.2	2.1	207.2
长江流域	157.1	0.1	2.9	160.1	149.0	9.9	1.3	160.2
太湖流域	194.6	0.1	5.6	200.3	182.5	16.0	1.7	200.2
全省	552.5	3.2	11.9	567.6	519.4	43.1	5.1	567.6

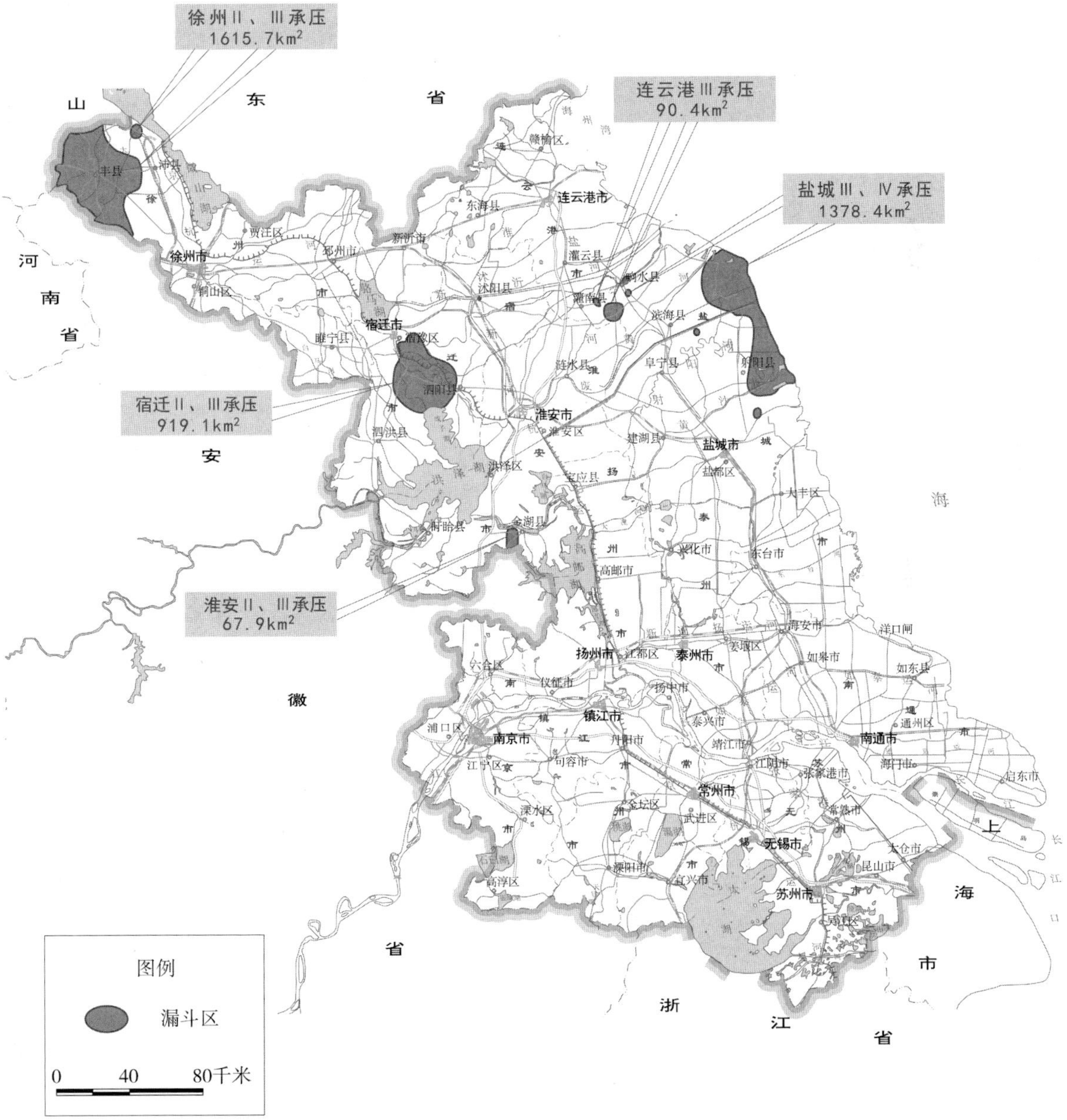

图 8　地下水漏斗区分布图

三、水资源调配

(一) 南水北调

按照江苏南水北调新建工程和江水北调工程"统一调度,联合运行"的原则,2020—2021年度,我省南水北调累计向山东省调水6.74亿m^3,圆满完成水利部下达的调水任务,水量与水质双达标。

(二) 江水北调

2021年,我省苏北地区降水偏多、河湖库蓄水良好,全年仅1月份实施了江水北调,江都站共抽江水1.6亿m^3。

(三) 江水东引

江都东闸、高港枢纽全年分别累计引江水36.5亿m^3、46.8亿m^3,沿海五大港闸累计排水141亿m^3,为里下河地区和沿海地区城乡生产生活、生态航运及冲淤保港等提供了充足的水源。

(四) 引江济太

常熟枢纽全年累计抽引江水14.4亿m^3,其中通过望亭立交入太湖7.2亿m^3;梅梁湖泵站(含大渲河泵站)年出湖水量7.4亿m^3,太浦闸全年出湖水量32.2亿m^3,有效补充了太湖地区河湖水量,促进梅梁湖、贡湖及东太湖水体流动,既维护了太湖良好水生态,又抑制了蓝藻大面积暴发,保障了无锡、苏州太湖水源地及宜兴沿太湖周边乡镇的供水安全。

(五) 秦淮河调水

秦淮新河枢纽全年累计抽引江水6.23亿m^3,武定门节制闸全年累计排水15.56亿m^3,促进了秦淮河水体流动、水生态改善。

四、水资源管理

(一) 实行最严格水资源管理制度

2021年9月,国务院以"国办函〔2021〕87号"通报表扬江苏省政府,我省在"十三五"期间实行最严格水资源管理制度考核中获得优秀等次;省级完成各设区市"十三五"期间实行最严格水资源管理制度综合考核,并经省政府审定后印发。充分发挥省级最严格水资源管理制度考核联席会议制度作用,利用专项监督检查、日常监督检查和"四不两直"检查等手段推进年度重点任务全面完成。

(二) 健全水资源配置保障体系

按照国家下达的"十四五"期末用水总量和效率控制指标,细化分解到各设区市。继续开展河湖水量分配工作,配合流域机构完成长江干流等跨省江河流域水量分配,完成并批复省内秦淮河等跨市河湖水量分配方案,提前完成水利部下达我省的目标任务;以县域为单元,组织开展区域可用水量确定工作。

(三) 强化取用水监督管理体系

制定印发《江苏省取水许可实施细则》,规范取水许可审批、验收、发证、延续全过程管理。组织开展取水工程设施的规范化管理,部署推进取水口监测计量体系建设三年实施方案,推进取水口规范化管理建设。强化水资源管理监督检查,组织取水工程进行"四不两直"监督检查。全年征收水资源费超18亿元,征收额度创历史新高。

(四) 深化水资源管理改革创新

组织开展水资源刚性约束"四水四定"试点,以南京江北新区、徐州丰县等8个地区为重点,开展丰水地区刚性约束指标体系和制度框架专题研究。持续推进水权改革,出台水权交易管理办法,建设省级水权交易平台,推动完成取水户间、行业间等不同类型水权交易。水资源论证区域评估全面推进,印发评估技术要求,完成26个省级以上开发区区域评估,推行取水许可承诺告知制度。

(五) 推进水资源信息化建设

加强水资源信息采集感知网建设,自动采集水量、水质、水位等各类实时数据并进行统计分析。完成水资源各专业系统数据国标化改造,实现数据融通与关联,积极构建数据底板，打造水资源管控“一张图”。全省实现非农用水全计量、全部用水 90%计量、65%以上水量在线计量。全省存量纸质取水许可证全部完成电子化转换，省、市、县全面应用电子证照系统，全面完善水资源管理与节水信息系统，积极探索数字孪生试点，建设水资源管理调配、地下水双控等子系统。

五、水资源节约

（一）全面落实国家节水行动

充分发挥节水行动协作机制作用，多次组织节水行动成员单位召开会议，研究部署、协同推进年度工作任务，节约用水主要指标纳入各级政府高质量发展考核体系和经济社会发展综合评价体系。省水利厅组织编制并联合省发改委、住建厅、工信厅、农业农村厅印发《江苏省“十四五”节水型社会建设规划》。

（二）加强用水节水全过程监管

严格按照用水总量控制目标核定用水计划，全面落实涉水规划和建设项目节水评价。制订印发《江苏省 2021 年部分行业补充用水定额》，发布酒精制造等 62 类产品 133 个用水定额值，提高用水定额覆盖率。联合省发展改革委等 10 部门印发《江苏省推进污水资源化利用实施方案》。对重点领域、行业、产品等实行年初下达目标任务、年中督促检查、年底综合考核的用水节水全过程监管。

（三）加快推进节水型社会建设

加快推进国家级县域节水型社会达标建设，累计完成 23 个国家级和 11 个省级节水型社会示范区建设，南水北调东线江苏沿线县级市实现国家级和省级节水达标示范“双覆盖”。大力推动节水型载体建设，遴选 20 家省级水效领跑者，建成国家级节水型高校 44 家，省级节水型教育基地 28 家、水利行业节水型单位 59 家、各类省级节水型载体 486 家，实施各类合同节水项目 20 个。建成首批省级节水型高速公路服务区 4 家和节水型工业园区 3 个。

（四）创新节约用水体制机制

率先制定出台江苏省用水单位水务经理管理制度、重点用水单位节约用水管理办法、节水型工业园区建设等制度标准，修订《江苏省节水型企业建设标准》，进一步完善节水管理制度体系。持续推进“节水贷”政策落地，向 66 个用水户发放节水贷约 16 亿元。

（五）加强宣传引导

积极开展“世界水日中国水周”“县委书记谈节水”等宣传活动。组织开展“节水中国，你我同行”联合宣传行动，省水利厅获优秀组织单位奖、联合行动十佳地区和联合行动最具人气地区奖。在“第二届全国节约用水知识大赛”中，省水利厅荣获特别组织单位奖。联合省教育厅、团省委等单位创新开展“水韵江苏——节水少年行”节水主题活动，录制《“水务经理”上岗记》《何为水平衡测试》等节水科普小视频，进一步推进节水宣传进企业、进单位、进机关、进学校、进社区、进乡村。

六、水资源保护

（一）加强饮用水源地保护

颁布实施首个《集中式饮用水水源地管理与保护规范》地方标准，启动开展水源地规范化建设，完成 31 个水源地规范化建设任务。加强水源地信息共享平台运维，发挥水源地安全监控预警作用。贯彻《长江保护法》要求，全面规范水源地核准、注销、变更等程序，动态更新水源地名录库。巩固完善县级以上城市双源供水和应急备用水源建设，形成相互调配与互为补充的安全供水格局。

（二）保障河湖生态水位（流量）

建立生态水位（流量）日监测、月评估、年考核机制，强化水利工程优化调度和取用水管控，省级确定 28 个重点河湖生态水位（流量）均得到有效保障。制定平原水网地区生态水位(流量)确定技术要求,出台生态水位(流量)监测与评估技术指南,建成生态水位实时监测预警系统,“一河一策”全面完成省级重点河湖生态水位保障实施方案,加强已批复重点河湖生态流量(水位)保障过程管理。

(三) 推进全域幸福河湖建设

省委、省政府主要负责同志签发《关于全力建设幸福河湖的动员令》,建成幸福河湖639条(个)、河长制主题公园162个。系统推进长江、太湖、洪泽湖等重点河湖治理保护,太湖水环境综合治理连续14年实现“两个确保”。开展生态河湖行动计划实施情况评估,梳理总结三年行动计划所取得的成效与经验。省级连续11年开展34条流域性河道、11个省管湖泊生态状况评估。

(四) 加强水资源监测体系建设

组织制定江苏省水资源监测管理办法,强化重点河湖水资源监测,持续开展长江入江支流、地下水、水生态、生态水位等监测工作。开展太湖、洪泽湖主要湖泊水资源质量监测。每月开展96个城市饮用水水源地监测,2021年累计发布12期水源地水文情报。配合开展全省1 452个水功能区监测,加强排污口监督性监测。开展行政区交界断面水资源质量监测,优化水资源配置。

(五) 加强地下水保护

认真组织开展《地下水管理条例》宣贯工作,率先完成《江苏省地下水管控指标确定方案》,经省政府同意后印发实施。组织完成全省地下水保护利用规划、地下水超采区划定方案、地下水监测站网规划。建立地下水位监测月度会商和预警机制,开展苏中、苏北地下水封井压采成效评估,全省地下水位稳定回升。

附注

1. 地表水资源量：指河流、湖泊、冰川等地表水体逐年更新的动态水量，即当地天然河川径流量。

2. 地下水资源量：指地下饱和含水层逐年更新的动态水量，即降水和地表水入渗对地下水的补给量。山丘区采用泄排量法计算，以总排泄量作为地下水资源量。平原区采用补给量法计算。在确定水资源分区或设区市的地下水资源量时，扣除了山丘区与平原区之间的重复计算量。

3. 水资源总量：指当地降水形成的地表和地下产水总量，即地表产流量与降水入渗补给地下水量之和。

4. 多年平均：采用1956—2016年系列。

5. 降水距平：指年降水量与多年平均值的比较。

6. 供水量：指各种水源为用水户提供的包括输水损失在内的毛水量，分地表水源、地下水源和其他水源统计。地表水源供水量指地表水工程的取水量；地下水源供水量指水井工程的开采量；其他水源供水量包括污水处理再利用、集雨工程、海水淡化等水源工程的供水量。海水直接利用量另行统计，不计入供水总量。

7. 用水量：指各类用水户取用的包括输水损失在内的毛水量，按生活、生产与城镇环境3大类用户统计，不包括海水直接利用量。生活用水包括城镇和农村生活用水。工业用水指工矿企业生产过程中用于制造、加工、冷却、空调、净化、洗涤等方面的用水，不包括企业内部的重复利用水量，工业企业直流火电冷却用水按取水量核算。

8. 第一产业用水：包括农田灌溉、林牧渔和牲畜用水。

9. 第二产业用水：包括工业和建筑业用水。

10. 第三产业用水：包括商品贸易、餐饮住宿、交通运输、机关团体等各种服务行业用水。

11. 万元国内生产总值用水量：用水总量与国内生产总值的比值。根据《水利部2021年度实行最严格水资源管理制度考核方案》，2000年后直流火电冷却用水以耗水计，河湖补水不计入用水总量。

12. 万元工业增加值用水量：工业用水量与工业增加值的比值。根据《水利部2021年度实行最严格水资源管理制度考核方案》，2000年后直流火电冷却用水以耗水计。

13. 废污水排放量：指第二产业、第三产业和城镇居民生活等用水户排放的水量，不包括火电直流冷却水排放量和矿坑排水量。

2021年江苏省水利建设主要指标统计表

2021.1

面积：千公顷

指标名称 省市	（耕地灌溉面积）有效灌溉面积	节水灌溉面积	除涝面积				水土流失综合治理面积		堤防总长度（千米）	达标堤防长度		
			小计	3～5年	5～10年	10年以上	合计	其中，小流域综合治理面积		总长度（千米）	其中，一级堤防（千米）	其中，二级堤防（千米）
江　苏	4 232.00		4 526.31	225.31	1 227.23	3 073.77	959.90	351.92	56 404.64	43 342.26	1 285.04	3 784.55
淮河流域	2 815.93		3 083.24	209.66	1 015.72	1 846.98	498.14	149.14	35 163.65	25 025.33	1 019.37	1 712.02
徐州市	540.39		600.13	70.36	139.33	390.44	65.64	9.69	4 970.17	2 849.75	53.93	371.93
南通市	93.28		225.09	15.55	15.77	137.33	3.75	0.27	860.97	612.71		114.65
连云港市	362.73		391.20	16.40	161.93	212.87	128.32	110.69	2 915.56	1 852.92	173.12	207.80
淮安市	436.11		442.76	6.90	160.20	275.66	115.83	15.63	4621.58	3201.28	362.73	262.27
盐城市	754.28		789.53	40.83	283.56	465.14	25.57	3.53	10 795.46	8 646.09	168.78	497.66
扬州市	209.37		169.63	2.80	40.48	135.99	17.27	0.35	4 582.58	2 687.07	66.84	179.11
泰州市	20.42		40.00	0.43	12.15	63.36			1 183.43	1 459.83		
宿迁市	399.35		424.90	56.40	202.31	166.19	141.75	8.99	5 233.90	3 715.67	193.97	78.60
长江流域	1 416.07		1 443.07	15.65	211.51	1 226.79	461.76	202.78	21 240.99	18 316.93	265.67	2 072.53
南京市	222.01		258.13	1.72	29.02	227.39	227.85	95.00	2 468.44	2 058.29	116.02	473.84
无锡市	101.46		108.55	2.18	1.14	105.23	46.07	6.62	2 195.81	2 057.19	61.81	145.75
常州市	141.51		166.90	4.03	17.68	145.19	33.32	4.81	2 667.49	1 762.83	10.78	141.54
苏州市	169.09		174.23	0.00	1.79	172.44	16.60	16.60	7 587.69	7 157.91	61.17	356.41
南通市	324.49		218.23	0.47	45.42	228.78	30.38	2.16	567.65	513.78	15.89	451.11
扬州市	67.33		118.38	1.83	34.70	72.21	39.52	39.90	684.41	389.13		94.77
镇江市	134.36		141.49	0.13	14.00	127.36	57.78	31.82	1 339.36	1 112.94		218.57
泰州市	255.82		257.16	5.28	67.75	148.19	10.24	5.87	3 730.14	3 264.87		190.54

2021年江苏省水利重点工程实施情况表

单位:万元

序号	项目名称	建设目标	本年完成	完成比例
一	172项节水供水重大水利工程	384 718	405 951	105.5%
1	淮河流域重点平原洼地近期治理工程	140 000	161 802	115.6%
2	淮河行蓄洪区及干流滩区居民迁建工程	54 484	54 484	100.0%
3	洪泽湖周边滞洪区近期建设工程	45 000	45 000	100.0%
4	新孟河延伸拓浚工程	90 234	95 490	105.8%
5	环湖大堤后续工程	45 000	47 175	104.8%
6	淮河入海水道二期工程	10 000	2 000	20.0%
二	国家专项规划项目	482 067	489 990	101.6%
1	中小河流治理工程	35 852	35 852	100.0%
2	江河支流治理工程	10 927	10 927	100.0%
3	排涝能力建设工程	72 401	73 112	101.0%
4	新一轮中小河流治理	150 000	156 842	104.6%
5	病险水闸水库加固	31 887	32 257	101.2%
6	农村重点水利工程	181 000	181 000	100.0%
三	省重点区域水利项目	453 215	491 335	108.4%
1	海堤巩固工程	18 264	20 364	111.5%
2	沿海水利建设工程	34 553	34 553	100.0%
3	2019年旱涝灾后应急治理工程	58 044	58 044	100.0%
4	2020年汛后应急治理工程	62 727	62 727	100.0%
5	中型泵站更新改造	7 890	7 890	100.0%
6	其他区域重点项目	251 890	287 890	114.3%
7	省属水利工程	19 847	19 867	100.1%
	合计	1 320 000	1 387 276	105.1%

2021 年度省级组织验收统计表

序号	项目名称	批复概算(万元)	竣工验收	验收时间	鉴定书印发情况	备注
1	长江镇扬河段三期整治工程	86 990	竣工验收	3 月 16 日	苏水办基〔2021〕7 号	
2	射阳港、东灶港海洋潮位站水文基础设施建设工程	1 498	竣工验收	3 月 18 日	苏水办基〔2021〕10 号	
3	江苏省水利数据中心一期工程	4 211		7 月 6 日	苏水办基〔2021〕12 号	

2021 年(度)江苏省水利科技进步奖获奖名单

序号	成果名称	主要完成单位	主要完成
一等奖(4 项)			
1	南水北调东线典型湖泊水资源智慧化管理关键技术研究	南水北调东线江苏水源有限责任公司、南京南瑞水利水电科技有限公司、南京工业大学	荣迎春、王亦斌、孙涛、杨喆、梁雪春、李松柏、王亦宁、吕学斌、谢凯、吴大俊、解斌、谢海洋、倪春、于贤磊、梁艳
2	江苏省水安全战略研究	江苏省水利工程规划办公室、水利部交通运输部国家能源局南京水利科学研究院	陈长奇、金乐君、欧建锋、张鹏、部书明、杨根林、张海滨、喻君杰、常虹、耿雷华、孙鹏、赵立梅、蒋燕华、尹鑫
3	平原河网水质提升与生态重构关键技术研究	江苏省水利科学研究院、河海大学	王俊、胡晓东、吴苏舒、李轶、王春美、黄睿、吴沛沛、张文龙、牛丽华、李志清、郭刘超、徐季雄、尹子龙、朱韩、丰叶
4	太湖蓝藻水华长尺度演变规律及情势预测	中国科学院南京地理与湖泊研究所、江苏省水文水资源勘测局	张民、陈文权、史小丽、于洋、阳振、曾巾、孔繁璠、孔祥臻、施丽梅、毛志刚、陈开宁、杨西月
二等奖(7 项)			
1	江苏沿海垦区盐渍旱涝减灾关键技术研究与应用	江苏省水利科学研究院、河海大学、水利部交通运输部国家能源局南京水利科学研究院	杨星、王俊、佘冬立、金秋、王冬梅、王志寰、刘伟、丁继辉、翁松干、侯苗
2	大型立式轴流泵流量监测关键技术研究与应用	扬州市瓜洲泵站工程建设处、河海大学	凌国栋、张东培、于永海、季暑月、周斌、陆春华、张伟、田志刚、李正安、王高鹏
3	一体化泵站自清洁及结构优化关键技术研究与应用	江苏省水利工程科技咨询股份有限公司、扬州大学、亚太泵阀有限公司	颜红勤、蒋红樱、成立、任玉彬、周喜武、吴玲玲、张成华、陈学东、张前进、夏鹤鹏
4	灌区作物结构与灌溉过程遥感监测关键技术与应用	宿迁市宿城区水利局、中国水利水电科学研究院	宋文龙、仝道斌、卢奕竹、叶茂、刘军、段媛媛、王瑞、李梦祎、陈敏、余琅
5	江苏水文化遗产的形成、分布与价值研究	南京大学文化与自然遗产研究所、江苏省河道管理局	贺云翱、于涛、干有成、曹瑛、李志平、孔莉莉、王新儒、张所新
6	河湖岸线工程监管信息化系统应用研究	江苏省工程勘测研究院有限责任公司、江苏省泰州引江河管理处	王志林、金晶、赵林章、李登富、许静波、王之顺、姜小青、温旋、王盟、赵得意
7	长江下游干流江沙资源化综合利用技术研究	南京市长江河道管理处、河海大学	臧英平、诸裕良、庄雪飞、李涛章、肖洋、江朝华、陈磊、吴海民、周玲霞、陈健

续表

序号	成果名称	主要完成单位	主要完成人员
三等奖(9项)			
1	新孟河界牌水利枢纽水工混凝土高性能化施工技术研究与应用	江苏省新孟河枢纽工程建管局、江苏省水利建设工程有限公司、江苏省水利科学研究院	吴忠、何勇、汤应来、朱炳喜、单海春、朱丽娟、戴健
2	洪泽湖水环境特征与演变趋势研究	江苏省洪泽湖水利工程管理处、中国科学院南京地理与湖泊研究所	陈昌仁、张敏、龚志军、唐荣桂、蔡永久、吴晓兵、施坤
3	江苏水利遥感云平台关键技术研究	江苏省水利科学研究院	王冬梅、高士佩、熊鹏波、梁文广、王轶虹、颜怀成、宋瑞平
4	长三角核心区长荡湖水生态环境综合治理技术	江苏省太湖水利规划设计研究院有限公司、中国科学院南京地理与湖泊研究所	汪院生、刘鹏、梁庆华、朱金格、朱林、胡维平、王飞
5	江苏省水文勘测技能评价管理系统研究与应用	江苏省水文水资源勘测局	王文辉、韩高源、王萍、王聪聪、钱睿智、陈磊、黄林霞
6	河长制下泰州引江河—里下河腹部地区多目标输水调控技术研究	江苏省泰州引江河管理处、河海大学	徐明、许静波、朱立琴、李一平、夏卫中、徐剑斌、唐春燕
7	大型灌区水源精准调度模式研究与应用	淮安市淮涟灌区管理所、扬州大学	牟汉书、仇锦先、周明耀、熊东红、李霞、张爱民、孙成屹
8	植被过滤带水土拦截耦合技术在塘坝综合整治中的应用	南京市江宁区水务局、河海大学	章二子、林洁、邵光成、张颖、佘冬立、施维军、江晓星
9	农业智能节水灌溉系统与控制设备研制开发	张家港水务局、扬州大学	刘海明、孟佳阳、史旺旺、单文华、程海峰、徐红、方东

2021 年江苏省洪涝灾害基本情况统计表(年报)

地区	受灾范围		受灾人口	农作物受灾面积	受淹城镇	死亡人口	失踪人口	转移人口	直接经济总损失	其中水利工程设施直接经济损失
	县(市、区)	乡(镇、街道)								
	(个)	(个)	(万人)	(千公顷)	(个)	(人)	(人)	(万人)	(亿元)	(亿元)
合计	60	658	78.092 1	103.044 6	5			28.137 5	8.890 5	1.355 7
省本级									0.267 7	0.267 7
南京市								0.077 4	0.2	
无锡市								14.014 7		
徐州市	8	153	1.310 9	36.0				0.839 5	0.575	0.069 5
常州市	3	27	0.990 8	2.320 3				0.984 6	0.528 3	0.089
苏州市	6	35	0.081 5	1.897 3					0.121 4	0.01
南通市	10	75	5.850 5	6.128				8.018 8	0.356 4	0.006
连云港市	9	106	5.093 3	6.635 1				0.161 4	0.471 4	0.184 2
淮安市	3	26	4.758 6	3.322 9	1			0.090 9	0.205 2	0.002 8
盐城市	2	32		1.645	1			0.403 1	0.019 6	0.019 6
扬州市	2	32	21.6	9.98	1			0.018 8	2.24	
镇江市	6	46	3.235 5	5.008 5				0.226 7	0.856 7	0.163 5
泰州市	5	39	19.221 9	4.889 8	1			3.301 6	0.353 2	0.007 1
宿迁市	6	87	15.949 1	25.217 8	1				2.695 8	0.536 2

2021 年江苏省农业灾情及抗旱情况统计表(年报)

地区	本年度累计播种面积		作物累计受旱面积	作物累计受灾面积			累计因旱人畜饮水困难		本年度粮食总产量	本年度粮食因旱损失		本年度经济作物因旱损失	本年度投入抗旱人数
	其中粮食作物	其中经济作物		受灾面积	其中成灾面积	其中绝收面积	人口	大牲畜					
	(千公顷)	(千公顷)	(千公顷)	(千公顷)	(千公顷)	(千公顷)	(万人)	(万头)	(万吨)	(万吨)	(亿元)	(亿元)	(万人)
合计	5 101.556 4	1 566.844	39.04						3 539.88 491 568				0.000 5
省本级													
南京市	134.91	36.26							97.83				
无锡市	70.37	55.35							50.856				
徐州市	767.9	69.95							501.92				
常州市	93.976 3	48.309 7							69.4 805 116				
苏州市	124.04	90.069 3							90.364 482				
南通市	538.2	213.2							340				
连云港市	511.73	323.512							368.80 122 208				
淮安市	681.890 8	0.12							490.36				
盐城市	911.631	286.012	39.04						666.584 9				0.000 5
扬州市	280.02	174.08							203.755				
镇江市	139.322 5	45.269 3							84.133				
泰州市	444.965 9	108.711 7							279.999 8				
宿迁市	402.6	116.0							295.8				

续表

地区	本年度投入抗旱设施				累计投入抗旱资金			累计完成抗旱浇灌面积		累计解决因旱人畜饮水困难		全年抗旱减灾效益		
	机电井	泵站	机动抗旱设备	机动运水车辆	合计	中央拨款	各级财政拨款			人口	大牲畜	其中挽回粮食损失		其中挽回经济作物损失
	（万眼）	（处）	（万台套）	（万辆）	（万元）	（万元）	（万元）	（千公顷）	（千公顷次）	（万人）	（万头）	（万吨）	（亿元）	（亿元）
合计		301	0.0028		38.9		38.9	39.04	43.04			46.0565	18.215	6.388
省本级														
南京市														
无锡市														
徐州市														
常州市												1.05	0.511	1.006
苏州市														
南通市														
连云港市														
淮安市														
盐城市		274	0.0012		38.9		38.9	39.04	43.04			35.1365	14.784	3.87
扬州市		27	0.0016									9.87	2.92	1.512
镇江市														
泰州市														
宿迁市														